工业和信息化普通高等教育"十三五"规划

21 世纪高等学校**会计学**系列教材

C OST
C ACCOUNTING

成本会计学

◆ 魏永宏 编著

人民邮电出版社

北 京

图书在版编目（ＣＩＰ）数据

成本会计学 / 魏永宏编著. -- 北京：人民邮电出
版社，2018.1（2021.8重印）
21世纪高等学校会计学系列教材
ISBN 978-7-115-47086-7

Ⅰ. ①成… Ⅱ. ①魏… Ⅲ. ①成本会计－高等学校－
教材 Ⅳ. ①F234.2

中国版本图书馆CIP数据核字(2017)第263853号

内 容 提 要

本书较为系统地阐述了成本会计的对象、成本会计的目的、成本会计的环节和成本会计的组织等与成本会计相关的基本理论问题，对读者全面认识成本会计的内容和作用、把握成本会计课程与其他相关会计课程之间的关系有着非常重要的意义。全书以工业企业为主，兼顾其他行业，内容精练、突出重点、实践性强。每章开头有学习目的与要求，每章结尾附有练习题，便于读者把握重点和难点，具有指导性。

本书可作为高等院校会计学专业和其他工商管理类专业以及工商管理硕士（MBA）成本会计课程的教学用书，也可作为企业管理人员及经济工作者学习成本管理理论与方法的自学用书。

◆ 编　　著　魏永宏

　　责任编辑　刘向荣

　　责任印制　马振武

◆ 人民邮电出版社出版发行　　北京市丰台区成寿寺路 11 号

　　邮编　100164　电子邮件　315@ptpress.com.cn

　　网址　http://www.ptpress.com.cn

　　三河市中晟雅豪印务有限公司印刷

◆ 开本：787×1092　1/16

　　印张：18.25　　　　　　　　　2018 年 1 月第 1 版

　　字数：533 千字　　　　　　　2021 年 8 月河北第 6 次印刷

定价：49.80 元

读者服务热线：(010)81055256　印装质量热线：(010)81055316
反盗版热线：(010)81055315
广告经营许可证：京东市监广登字 20170147 号

前言 Preface

　　成本会计学是会计学的一个分支学科，同时也是会计专业的核心课程之一。随着全球经济的快速发展以及企业经营管理要求的不断提高，成本会计作为会计工作的重要组成部分，在企业生产经营管理活动中起着举足轻重的作用。同时，成本会计学是一门理论性、专业性、操作性较强的学科，有着自身相对独立的理论和方法体系，因此，不论是高等院校财经类专业的学生，还是企业成本会计实务操作人员，都需要一本资料翔实丰富、体系结构合理、内容简明扼要、叙述通俗易懂、知识体系完整和理论联系实际的图书。

　　本书以工业企业为主、兼顾其他行业，系统地阐述了成本会计的对象、成本会计的目的、成本会计的环节和成本会计的组织等成本会计相关基本理论问题，对读者全面认识成本会计的内容和作用、把握成本会计课程与其他相关会计课程之间的关系有着非常重要的意义。

　　本书在编撰过程中，非常重视成本会计的形成过程和发展趋势，尤其对成本会计的具体核算内容、成本会计的计算方法、特殊行业的成本核算以及成本会计前沿知识等内容进行了详细阐述，便于读者更好地把握成本会计的历史、现在和未来。

　　本书在结构体系、内容安排以及创新上具有以下独到之处。

　　（1）内容全面，重点突出。全书遵循《企业会计准则》《企业财务通则》《企业产品成本核算制度（试行）》以及有关行业会计制度的要求，注重基本理论、基础知识和基本技能的讲解，也注意与相关学科的内部衔接，具有很强的实用性。

　　（2）注重实践，强调动手能力。本书尽量模拟实际企业生产环境，在加强理论阐述的同时还做了实务的展示；重视成本核算，运用大量的图表和实例，帮助读者理解和掌握成本核算的重、难点；章后配有大量的练习题以及空白的表格，供读者进行练习。

（3）案例丰富，设计多样。本书的案例不拘泥于某一个企业，在案例的选择上力求做到以工业企业会计成本核算的案例为主，又辅有多种不同类型企业成本核算的案例。

（4）具有前沿性。成本会计的理论与实务在不断地更新，出现了许多新的研究领域，本书及时补充了成本会计的新的理论、观点以及发展前沿性的问题，将成本会计学领域发生的变化及时反映到本书中，充实了教学内容。

由于编者学术水平与经验有限，书中不妥、不足之处在所难免，希望广大读者批评指正。

魏永宏

2017 年 9 月

目录 Contents

【学习目的与要求】

通过本章的学习，读者可以充分了解成本的经济内涵、成本的概念和作用，正确理解支出、费用和成本三者之间的相互联系和区别；了解成本会计的对象、职能和目标；认识到做好成本会计工作对于加强企业生产经营管理工作的重要意义。

第一节 成本概述

一、成本的基本概念

成本是会计理论中的一个非常重要的概念。学习成本会计，首先要了解成本的基本含义。成本是商品经济的产物，它是在商品经济发展到一定阶段之后才逐渐形成和完善起来的。在资本主义生产以前，小商品生产者为了维持再生产，也要考虑价值的补偿，但对活劳动的消耗并不十分在意。他们将出售产品所获得的收入主要用来补偿消耗掉的生产资料，剩余部分都用来供养家庭生活。所以，那时的成本概念不够完整。到了资本主义时期，资本家的全部预付资本，除了包括预付在生产资料上的不变资本外，还包括付给工人工资的可变资本。因而，资本主义商品生产就要核算生产商品所耗费的一切，并尽可能地用销售商品所获得的收入补偿其全部耗费。此时，才形成比较完整的成本概念。因此，成本是商品生产者为生产经营商品而发生的各种物化劳动和活劳动耗费的货币表现。成本包括以下几个方面的含义。

（一）理论成本

在商品经济发展到一定阶段后，马克思通过对成本的考察，既看到耗费，又重视补偿，形成了马克思关于"商品成本价格"理论。马克思在论述产品成本时说："按照资本主义生产方式生产的每一商品 W 的价值，用公式来表示是 $W=C+V+M$，如果我们从这个产品价值中减去剩余价值 M，那么，在商品中剩下来的，只是一个在生产要素上耗费的资本价值 $C+V$ 的等价物或补偿价值。"由此可见，商品价值由三个部分组成：一是已消耗的劳动对象的转移价值（原材料等）和已被磨损的劳动资料的转移价值（固定资产折旧费等）C；二是劳动者的必要劳动所创造的价值 V，即劳动者活劳动的消耗价值（工资等）；三是劳动者剩余劳动所创造的价值 M，成本的经济实质就是指商品价值中的 C 和 V 部分。因此，从理论上说，成本是企业在生产产品过程中已经耗费的、用货币表现的生产资料的价值与相当于工资的劳动者为自己劳动所创造的价值的总和。这种成本，被称为"理论成本"。它是成本研究的理论基础，是规范成本开支范围的客观依据。

（二）实际应用成本

实际应用成本是理论成本的具体化，是按照现行的财务会计制度规定的成本开支范围，以正常的生产经营活动为前提，根据生产过程中实际消耗的物化劳动的转移价值和活劳动所创造的价值中应纳入成本范围的那部分价值的货币表现。

实际应用成本与理论成本不完全相同。理论成本不考虑生产经营活动中偶然因素和异常情况的消耗，只对正常的物化劳动和活劳动消耗进行货币计量；而实际应用成本往往受客观条件，包括经济政策、财经法规、会计制度和当期生产经营条件变化的影响。

美国会计师协会（AICPA）1957年发布的《第4号会计名词公告》（Accounting Terminology Bulletin No.4）对成本的定义为："成本系指为获取货物或劳务而支付的现金或转移其他资产、发行股票、提供劳务，或发生负债，而以货币衡量的数额。"成本可分为未消耗成本和已消耗成本。未消耗成本可由未来的收入负担，如存货、预付费用、厂房、投资和递延费用等；已消耗成本不能由未来的收入负担，故应列为当期收入的减项或借记保留盈余。

美国会计学会（AAA）所属成本概念与标准委员会对成本的定义为："成本是指为达到特定目的而发生或应发生的价值牺牲，它可用货币单位加以衡量。"

《日本成本计算标准》中对成本的定义为："成本的实质是经营者为获得一定的经营成果而消耗的物质资料和劳务的价值。"

我国财政部制定的《企业会计制度》指出："成本是指企业为生产产品、提供劳务而发生的各种耗费。"该制度中所说的成本是指生产经营成本，它具有以下特征：第一，成本是经济资源的耗费。生产经营过程同时也是经济资源的耗费过程，例如，为生产产品需要耗费原材料、磨损固定资产以及用现金支付工资等。原材料、固定资产和现金都是企业的资产，这些资产原本可以为企业换取经济利益，现在被耗用掉了。第二，成本是以货币计量的耗费。生产经营成本是以货币支付计量的，它们不是过去已经支付了的货币，就是将来需要支付的货币。没有支付货币的耗费，如生产对环境的损害等，如果企业对此不需要支付现金则不能计入生产经营成本。第三，成本是特定对象的耗费。成本总是针对特定的对象或目的，成本是转嫁到一定产出物的耗费，这个产出物称为成本计算对象，它可以是一件产品或者一项服务。成本和费用的区别之一就是成本有特定的对象，而广义的费用是资产的耗费，它强调资产已经被耗费，而不是被"谁"耗费；狭义的费用仅指为取得营业收入的资产耗费，它强调与特定会计期间收入配比的耗费，而不是特定产出物的耗费。第四，成本是正常生产经营活动的耗费。

在实际工作中，为了促使企业厉行节约，减少生产损失，加强企业的经济责任，对某些不形成产品价值的损失性支出（如废品损失、季节性和修理期间的停工损失），也计入了产品成本中。此外，对某些应从为社会创造的价值中进行分配的部分（如企业车间的财产保险费等）也列入产品成本。这说明，产品成本的实际内容，一方面要求反映成本的客观经济内涵，另一方面又要按照国家规定的分配原则和财务管理的要求，把某些不属于 $C+V$ 的内容列入成本，这就形成了我们国家的理论成本。还有，对于企业的行政管理部门，为组织和管理企业生产经营而发生的管理费用、为筹集生产经营所需资金而发生的财务费用、为销售企业产品而发生的销售费用，本应列入企业产品成本（这些费用的发生虽不直接为生产产品而发生，但间接为生产产品发生或直接为销售产品而发生），但由于大多按时期发生，难以按产品归集和分配，为简化成本核算工作，都作为期间费用处理，直接计入当期损益，从当期利润中扣除，没有分配的计入产品成本。

为了统一成本所包含的内容，使企业列入成本的各种支出项目和内容保持一致，便于进行成本分析对比和控制，以挖掘降低成本的潜力，防止乱挤乱摊成本，减少资金浪费，从而正确计算利润和应交税金，我国在理论成本的基础上，为加强企业经济核算和成本管理要求，由财政部统一制定并颁发了"成本开支范围"，各企业必须严格执行。

因此，实际应用成本分为广义的成本概念和狭义的成本概念。广义的成本是指企业为生产经营产品而发生的一切费用，包括产品生产成本和为生产经营产品而发生的经营管理费用。狭义的成本仅指产品的制造成本，本书所说成本即狭义的成本。

二、支出、费用与成本

支出、费用与成本是三个不同的概念，三者之间既有联系，也有区别。

（一）支出

在企业的日常经济活动中，可能发生各种各样的支出。支出是指企业的一切开支及耗费。一般情况下，企业的支出可分为资本性支出、收益性支出、营业外支出和利润分配性支出四大类。

（1）资本性支出是指支出的效益及于几个会计年度（或几个营业周期）的支出，如企业购置和建造固定资产、购买无形资产，以及对外投资的支出等。由于资本性支出为多个会计期间受益，因而，发生支出时并不能全部转作费用，只能在整个受益期内分期转入费用。

（2）收益性支出是指支出的效益及于本年度（或一个营业周期）的支出，如生产过程中发生的原材料消耗、职工工资和福利费、制造费用以及期间费用的支出等。收益性支出于发生时全部转作费用。

（3）营业外支出是指与企业的生产经营活动没有直接联系的支出，如企业支付的罚款、违约金、赔偿金以及非常损失等。

（4）利润分配性支出是指利润分配环节发生的支出，如所得税支出、股利分配支出等。

（二）费用

费用是指企业在一定期间内为生产经营活动发生的各种耗费，包括物化劳动的耗费和活劳动的耗费。企业在生产经营活动和提供商品或劳务过程中，为获取营业收入需提供商品或劳务，会发生各种耗费，如原材料、动力、机器设备和人工耗费等。这些耗费或为制造产品而发生，或为实现产品销售而发生，或为以后确定的期间取得收入而发生。费用按其同产品生产的关系，可划分为生产费用和期间费用两类。

（1）生产费用是指产品生产过程中发生的物化劳动和活劳动的货币表现，如直接材料、直接人工和制造费用等耗费，它同产品生产有直接关系。

（2）期间费用是指同企业的经营管理活动有密切关系的耗费。它同产品的生产没有直接关系，但与发生的期间配比，作为当期收益的扣减，如销售费用、管理费用、财务费用等。

费用是企业支出的构成部分。在企业支出中，凡是同企业的生产经营有关的部分，即可表现或转化为费用；否则，不能列为费用。如企业用于购建固定资产、无形资产、其他资产及购买材料等与生产经营有关的支出，就能表现或转化为费用。

（三）生产费用与产品成本

成本是指企业产品的制造成本，它是为生产具体产品发生的各种生产耗费。成本是生产费用在其对象之间分配的结果。成本计算就是将生产费用分配于各对象的过程。也就是说，成本强调的是生产对象，而费用强调的是期间。产品的生产过程也就是产品成本的形成过程。产品的生产成本，即产品的制造成本，由直接制造成本和间接制造成本构成。直接制造成本或直接制造费用包括直接材料和直接人工。直接材料是指直接用于产品生产、构成产品实体的各种主要材料和有助于产品形成的辅助材料及燃料。直接人工指直接从事产品生产的人员工资及福利。间接制造成本指直接用于产品生产，但不便直接计入产品成本以及间接用于产品生产的各种费用。

费用与成本既有联系，又有区别。生产费用的发生过程，也是产品成本的形成过程，生产费用是产品成本的基础，产品成本是对象化的生产费用。换言之，某产品的总成本是该产品在生产过程中应负担的各项生产费用的总和，这是两者的共同点。两者的区别在于：生产费用指某一期间为进行生产而发生的费用，它与一定的时期相联系，而与生产哪一种产品无关；产品成本指为生产某一种类产品而消耗的费用，它与具体的产品相联系。支出、费用与产品成本的关系如图1-1所示。

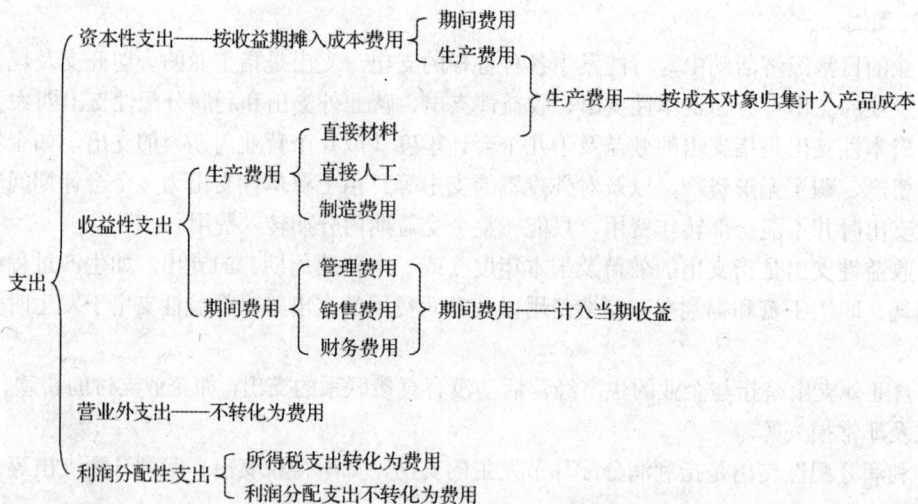

图 1-1 支出、费用与产品成本的关系

三、成本的作用

成本的经济实质决定了成本在经济管理工作中具有十分重要的作用。

（一）成本是补偿生产耗费的尺度

为了保证企业再生产的不断进行，必须对生产耗费，即资金耗费进行补偿。企业是自负盈亏的商品生产者和经营者，其生产耗费是用自身的生产成果，通过销售收入来补偿。而成本就是衡量这一补偿份额大小的尺度。企业在取得销售收入后，必须把相当于成本的数额划分出来，用以补偿生产经营中的资金耗费。这样，才能维持简单的再生产。如果企业能超过成本部分来补偿生产耗费，企业就可以扩大再生产；反之，如果企业不能按照成本部分来补偿生产耗费，企业资金就会短缺，必须缩小生产规模。成本也是划分生产经营耗费和企业纯收入的依据，在销售收入同等的情况下，成本低的企业纯收入就多。同理，成本低用于补偿生产经营中的资金耗费就少。

（二）成本是综合反映企业工作质量的重要指标

成本是一项综合性的经济指标，企业经营管理中各方面工作的业绩，都可以直接或间接地在成本上反映出来。例如，固定资产的利用率、原材料消耗的节约、工人技术的熟练程度以及产品质量等都直接影响产品的成本。所以各行业都有平均定额和先进定额。越先进的企业成本越低。因此，可以说成本是综合反映企业工作质量的指标。

企业可通过对成本的计划、控制、监督、考核和分析等工作，促进企业加强经济核算，努力改进管理，降低成本，提高经济效益；也可通过正确确定和认真执行企业内部的成本计划指标，控制成本水平和监督各项费用的日常开支，促使企业及企业内部努力降低各种耗费，以达到成本降低的目的。

（三）成本是制定产品价格的一项重要因素

在商品经济中，产品价格是产品价值的货币表现。产品价格应大体上符合其价值。无论是国家还是企业，在制定产品价格时都应遵循价值规律的基本要求。但在现阶段，人们还不能直接计算产品的价值，而只能计算成本，通过成本间接地、相对地掌握产品的价值。因此，成本就成了制定产品价格的重要因素。当然，产品的定价是一项复杂的工作，应考虑的因素很多，如国家的价格政策及其他经济政策、各种产品的比价关系、产品在市场上的供求关系及市场竞争态势等。因为成本是综合反映企业工作质量的重要指标，同样的产品由不同的企业生产其成本是不同的。所以产品成本只是制定产品价格的一项重要因素。

（四）成本是企业进行决策的重要依据

在市场经济环境中，任何一个经营管理者面对商机，首先考虑这项业务能不能做的标准，就是能否盈利，那么他必须知道成本，才能做出正确的决定。而企业的经营管理者要进行正确的生产经营决策，需要考虑的因素很多，成本是主要因素之一。这是因为，在价格等因素一定的前提下，成本的高低直接影响着企业盈利的多少；而较低的成本，可以使企业在市场竞争中处于有利的地位。

第二节 | 成本会计概述

一、成本会计的对象

成本会计的对象是指成本会计反映和监督的内容。明确成本会计的对象，对于确定成本会计的任务，研究和运用成本会计的方法，更好地发挥成本会计在经济管理中的作用，有着重要的意义。

成本包括的内容，也就是成本会计应该反映和监督的内容。为了更加详细、具体地解释成本会计的对象，必须结合企业的具体生产经营过程和现行企业会计制度的有关规定加以说明。下面以工业企业为例，说明成本会计应反映和监督的内容。

（一）工业企业产品在制造过程中各种生产费用的支出和产品生产成本的形成

在产品的直接生产过程中，即从原材料投入生产到产成品制成的产品制造过程中，一方面会制造出产品，另一方面要发生各种各样的生产耗费。这一过程中的生产耗费，概括地讲，包括劳动资料与劳动对象等物化劳动耗费和活劳动耗费两大部分。其中房屋、机器设备等作为固定资产的劳动资料，在生产过程中长期发挥作用，直至报废而不改变其实物形态，但其价值则随着固定资产的磨损，通过计提折旧的方式，逐步转移到制造的产品中，构成产品生产成本的一部分；原材料等劳动对象，在生产过程中或者被消耗掉，或者改变其实物形态，其价值也随之一次性转移到新产品中，构成产品生产成本的一部分；生产过程是劳动者借助于劳动工具对劳动对象进行加工、制造产品的过程，通过劳动者对劳动对象的加工，才能改变原有劳动对象的使用价值，并且创造出新的价值来。其中劳动者为自己劳动创造的那部分价值，则以工资形式支付给劳动者，用于个人消费，因此，这部分工资也构成产品生产成本的一部分。具体来说，在产品的制造过程中发生的各种生产耗费，主要包括原料及主要材料、辅助材料、燃料等支出，生产单位（如分厂、车间）固定资产的折旧，工资以及其他一些货币支出等。所有这些支出，就构成了企业在产品制造过程的全部生产费用，而为生产一定种类、一定数量产品而发生的各种生产费用支出的总和就构成了产品的生产成本。上述产品制造过程中各种生产费用的支出和产品生产成本的形成，是成本会计应反映和监督的主要内容。

（二）产品的销售过程中发生的各种费用支出

例如，应由企业负担的运输费、装卸费、包装费、保险费、展览费、差旅费、广告费，以及为销售本企业商品而专设销售机构的职工工资及福利费、类似工资性质的费用、业务费等，所有这些为销售本企业产品而发生的费用，构成了企业的销售费用，也是企业在生产经营过程中所发生的一项重要费用，它的支出及归集过程，也应该成为成本会计反映和监督的内容。

（三）企业的行政管理部门为组织和管理生产经营活动发生的各种费用

企业的行政管理部门为组织和管理生产经营活动也会发生一些费用，如企业行政管理部门人员的工资、固定资产折旧、工会经费、业务招待费等。这些费用可统称为管理费用。企业的管理费用，也是企业在生产经营过程中发生的一项重要费用，其支出及归集过程，也应该成为成本会计应反映和监督的内容。

此外，企业为筹集生产经营所需资金也会发生一些费用。例如，利息净支出、汇兑净损失、金融机构的手续费等，这些费用可统称为财务费用。财务费用也是企业在生产经营过程中发生的费用，它的支出及归集过程也应该属于成本会计要反映和监督的内容。

上述销售费用、管理费用和财务费用，与产品生产没有直接联系，而是按发生的期间归集，直接计入当期损益，因此，它们构成了企业的期间费用。综上所述，按照工业企业会计制度的有关规定，可以把工业企业成本会计的对象概括为：工业企业生产经营过程中发生的产品生产成本和期间费用。

商品流通企业、交通运输企业、施工企业和农业企业等其他行业企业的生产经营过程虽然各有其特点，但按照现行企业会计制度的有关规定，从总体上看，它们在生产经营过程中发生的各种费用，同样是部分地形成了企业的生产经营业务成本，部分作为期间费用直接计入当期损益。因此，从现行企业会计制度的有关规定出发，可以把成本会计的对象概括为：企业生产经营过程中发生的生产经营业务成本和期间费用。

以上按照现行企业会计制度的有关规定，对成本会计的对象进行了概括性的阐述。但成本会计不仅应该按照现行企业会计制度的有关规定为企业正确确定利润和进行成本管理提供可靠的生产经营业务成本和期间费用信息，而且应该从企业内部经营管理的需要出发，提供多方面的成本信息。例如，为了进行短期生产经营的预测和决策，应计算变动成本、固定成本、机会成本和差别成本等；为了加强企业内部的成本控制和考核，应计算可控成本和不可控成本；为了进一步提高成本信息的决策相关性，还可以计算作业成本等。上述按照现行企业会计制度的有关规定所计算的成本（包括生产经营业务成本和期间费用），可称为财务成本；为企业内部经营管理的需要所计算的成本，可称为管理成本。因此，成本会计的对象，总括地说应该包括各企业的财务成本和管理成本。

二、成本会计的职能和任务

（一）成本会计的职能

成本会计的职能，是指成本会计在经济管理中的功能。成本会计作为会计的一个重要分支，其基本职能同会计一样，具有反映和监督两大基本职能。但从成本会计产生和发展的历史看，随着生产过程的日趋复杂，生产、经营管理对成本会计不断提出新的要求，成本会计反映和监督的内涵也在不断发展。下面分别说明成本会计职能的基本内容。

1. 反映的职能

反映的职能是成本会计的首要职能。成本会计的反映职能，就是从价值补偿的角度出发，反映生产经营过程中各种费用的支出，以及生产经营业务成本和期间费用等的形成情况，为经营管理提供各种成本信息的功能。就成本会计反映职能最基本的方面来说，以已经发生的各种费用为依据，为经营管理提供真实的、可以验证的成本信息，从而使成本分析、考核等工作建立在有客观依据的基础上。随着社会生产的不断发展，经营规模的不断扩大，经济活动情况的日趋复杂，在成本管理上就需要加强计划性和预见性。因此，就对成本会计提出了更高的要求，需要通过成本会计为经营管理提供更多的信息，除了提供能反映成本现状的核算资料外，还要提供有关预测未来经济活动的成本信息资料，以便做出正确的决策并及时采取措施，达到预期的目的。由此可见，成本会计的反映职能，从事后反映发展为分析预测未来。只有这样，才能满足经营管理的需要，才能更好地发挥其在经营管理中的作用。

应当指出的是，反映过去同预测未来是密切相关的。要进行成本预测，必须先了解能够反映成本水平的现状和历史的各项指标以及它们之间的内在联系，才能据以分析未来的成本状况，以及为实现预期的成本管理目标应具备的条件和应采取的措施。因此，对实际发生的生产经营耗费的反映，提供实际的成本资料，是成本会计提供成本信息的基础。

2. 监督的职能

成本会计的监督职能，是指按照一定的目的和要求，通过控制、调节、指导和考核等机制，监督各项生产经营耗费的合理性、合法性和有效性，以实现预期的成本管理目标的功能。在市场经济中，任何企业为了达到自己预期的经营目标，不仅要制订计划、分配资源和组织计划的实施，而且必须进行有效的监督，使各项经济活动符合有关规定的要求。成本会计的监督是会计监督的重要组成内容，是对经济活动进行监督的一个重要方面。

成本会计的监督，包括事前、事中和事后监督。成本会计应从经济管理对降低成本、提高经济效益的要求出发，对企业未来经济活动的计划或方案进行审查，并提出合理化建议，从而发挥对经济活动的指导作用；在反映各种生产经营耗费的同时，进行事前监督，即以国家的有关政策、制度和企业的计划、预算及规定等为依据，对有关经济活动的合理性、合法性和有效性进行审查和规范。

成本会计的反映和监督两大职能是辩证统一、相辅相成的。没有正确、及时的反映，监督就失去了存在的基础，就无法在成本管理中发挥制约、控制、指导和考核等作用；而只有进行有效的监督，才能使成本会计为管理提供真实可靠的信息资料，使反映的职能得以充分发挥。可见，只有把反映和监督两大职能有机地结合起来，才能更为有效地发挥成本会计在管理中的作用。

（二）成本会计的任务

成本会计的任务是成本会计职能的具体化，也是人们期望成本会计应达到的目的和对成本会计的要求。具体来说，成本会计的任务主要有以下几个方面。

1. 进行成本预测，参与经营决策，编制成本计划，为企业有计划地进行成本管理提供基本依据

在市场经济中，企业应在遵守国家的有关政策、法令和制度的前提下，按照市场经济规律的要求，正确地组织自己的生产经营活动。为此，企业必须在经营管理中加强预见性和计划性。也就是说，面对市场，企业应在分析过去的基础上，科学地预测未来，周密地对自身的各项经济活动实行计划管理。就企业的成本管理工作来说，它是一项综合性很强、涉及面很广的管理工作，仅靠财会部门和成本会计的工作是难以完成的。但成本会计作为一项综合性很强的价值管理工作，应充分发挥自己的优势，在成本的计划管理中，发挥主导作用。为使企业有计划地进行成本管理工作并有效地控制费用开支，成本会计工作应与企业各有关方面配合，根据历史成本资料、市场调查情况以及其他有关方面（如生产、技术、财务等）的资料，采用科学的方法来预测成本水平及其发展趋势，拟订各种降低成本的方案，进而进行成本决策，选出最优方案，确定目标成本；然后再根据目标成本编制成本计划，制定成本费用的控制标准以及降低成本应采取的主要措施，作为对成本实行计划管理，建立成本管理的责任制，开展经济核算和控制费用支出的基础。

2. 严格审核和控制各项费用支出，努力节约开支，不断降低成本

企业作为自主经营、自负盈亏的商品生产者和经营者，应贯彻增产节约的原则，加强经济核算，不断提高自己的经济效益。这是社会主义市场经济对企业的客观要求，在这方面成本会计担负着极为重要的任务。为此，成本会计必须以国家有关成本费用开支范围和开支标准，以及企业的有关计划、预算、规定和定额等为依据，严格控制各项费用的开支，监督企业内部各单位严格按照计划、预算和规定办事，并积极探求节约开支、降低成本的途径和方法，促进企业不断提高经济效益。

3. 及时、正确地进行成本核算，为企业的经营管理提供有用的信息

按照国家有关法规、制度的要求和企业经营管理的需要，及时、正确地进行成本核算，提供真实、有用的成本信息，是成本会计的基本任务。这是因为，成本核算所提供的信息，不仅是企业正确地进行存货计价、正确确定利润和制定产品价格的依据，同时也是企业进行成本管理的基本依据。

在成本管理中，对各项费用的监督与控制主要是在成本核算过程中，利用有关核算资料进行的；成本预测、决策、计划、考核和分析等也是以成本核算提供的成本信息为基本依据。

4. 考核成本计划的完成情况，开展成本分析

在企业的经营管理中，成本是一个极为重要的经济指标，它可以综合反映企业以及企业内部有关单位的工作业绩。因此，成本会计必须按照成本计划等的要求，进行成本考核，肯定成绩，找出差距，鼓励先进，鞭策落后。成本是综合性很强的指标，其计划的完成情况是诸多因素共同作用的结果。因此，在成本管理工作中，还必须认真、全面地开展成本分析工作。通过成本分析，揭示影响成本升降的各种因素及其影响程度，以便正确评价企业以及企业内部各有关单位在成本管理工作中的业绩和揭示企业成本管理工作中的问题，从而促进成本管理工作的改善，提高企业的经济效益。

综上所述，成本会计的任务包括成本的预测、决策、计划、控制、核算、考核和分析。其中，进行成本核算，提供真实、有用的核算资料，是成本会计的基本任务和中心环节。

三、成本会计工作的组织

为了充分发挥成本会计的职能作用，圆满完成成本会计的任务，企业必须科学地组织成本会计工作。成本会计工作的组织，主要包括设置成本会计机构，配备必要的成本会计人员，制定科学、合理的成本会计制度等。

（一）成本会计工作组织的原则

一般说来，企业应根据本单位生产经营的特点、生产规模的大小和成本管理的要求等具体情况来组织成本会计工作。具体说来，必须遵循以下几项主要的原则。

1. 成本会计工作必须与技术相结合

成本是一项综合性的经济指标，它受多种因素的影响。其中产品的设计、加工工艺等技术是否先进、在经济上是否合理，对产品成本的高低有着决定性的影响。在传统的成本会计工作中，会计部门多注重产品加工中的耗费，而对产品的设计、加工工艺、质量和性能等与产品成本之间的联系则考虑较少，甚至有的成本会计人员不懂基本的技术问题；同理，工程技术只注重产品技术问题，而对产品成本关注较少。因此，成本会计人员必须改变传统的知识结构，具备与正确进行成本预测、参与经营决策相适应的生产技术方面的知识。只有这样，才能在成本管理上实现经济与技术的结合，才能使成本会计工作真正发挥其应有的作用。

2. 成本会计工作必须与经济责任制相结合

为了降低成本，实行成本管理上的经济责任制是一条重要的途径。由于成本会计是一项综合性的价值管理工作，涉及面宽、信息灵，因此，企业应摆脱传统上只注重成本会计事后核算作用的片面性，充分发挥成本会计的优势，将其与成本管理上的经济责任制有机地结合起来，这样可以使成本管理工作收到更好的效果。例如，在实行成本分级分口管理的情况下，应使成本会计工作处于中心地位，由其具体负责组织成本指标的制定、分解落实，日常的监督检查，成本信息的反馈、调节以及成本责任的考核、分析、奖惩等工作；又如，为了配合成本分级分口管理，不仅要搞好厂一级的成本会计工作，而且应该完善各车间的成本会计工作，使之能进行车间成本的核算和分析等工作，并指导和监督班组的日常成本管理工作，从而使成本会计工作渗透到企业生产经营过程的各个环节，更好地发挥其在成本管理经济责任制中的作用。

3. 成本会计工作必须建立全员管理基础

不断挖掘潜力，努力降低成本，是成本会计的根本目标。而各种耗费是在生产经营的各个环节中发生的，成本的高低取决于各部门、车间、班组全体职工的工作质量。因此，各级职工都要有成本意识，要有明确的责任和目标，只有这样才能将成本管理工作落到实处。

（二）成本会计机构

一般而言，大中型企业应在专设的会计部门，单独设置成本会计机构，从事成本会计工作；在规模较小、会计人员不多的企业，可以在会计部门中设置成本会计岗位，指定专人负责成本会计工作。另外，企业的有关职能部门和生产车间，也应根据工作需要设置成本会计组或者配备专职或兼职的成本会计人员。可以按成本会计所担负的各项任务进行分工，也可以按成本会计的对象分工，在分工的基础上建立岗位责任制，使每一个成本会计人员都明确自己的职责，每一项成本会计工作都有人负责。

（三）成本会计人员

在成本机构中，配备适当数量思想品德优秀、精通业务的成本会计人员是做好会计工作的关键。就思想品德而言，要求成本会计人员应具备脚踏实地、实事求是、敢于坚持原则的作风和高度的敬业精神；就业务素质而言，要求成本会计人员不仅要具备较为全面的会计知识，而且要掌握一定的生产技术和经营管理方面的知识。

为了充分调动和保护会计人员的工作积极性，国家在有关的会计法规中对会计人员的职责、权限、任免、奖惩以及会计人员的技术职称等方面，都做了明确的规定。这些规定对于成本会计人员也是完全适用的。

成本会计机构和成本会计人员应在企业总会计师和会计主管的领导下，忠实地履行自己的职责，认真完成成本会计的各项任务，并从降低成本、提高企业经济效益的角度出发，参与制定企业的生产经营决策。为此，成本会计人员应经常深入生产经营的各个环节，结合实际情况，向职工宣传、解释国家的有关方针、政策和制度，以及企业在成本管理方面的计划和目标，使职工了解企业的目标和自己的责任；深入了解生产经营的实际情况，及时发现成本管理中存在的问题并提出改进的意见和建议，当好企业负责人的参谋。

根据成本会计人员的职责，应赋予他们相应的权限。这些权限主要有：成本会计人员有权要求企业有关单位和人员认真执行成本计划，严格遵守国家的有关法规、制度和财经纪律；有权参与制定企业生产经营计划和各项定额，参加与成本管理有关的生产经营管理会议；有权监督企业各单位对成本计划和有关法规、制度、财经纪律的执行情况。

成本会计工作是一项涉及面很广、综合性很强的管理工作，尤其是随着市场经济体制的不断发展和完善、科学技术的不断进步，按照市场经济的要求，靠技术进步降低成本，增强企业的竞争能力，提高企业的经济效益，已经成为成本会计工作的重要内容。为此，成本会计人员必须刻苦钻研业务，认真学习有关的业务知识和业务技术，不断充实和更新自己的专业知识，提高自己的素质，以适应新形势的要求。

（四）成本会计制度

成本会计制度是成本会计工作的规范，是会计法规和制度的重要组成部分。企业应遵循国家有关法律、法规和制度，如《中华人民共和国会计法》《企业财务通则》《企业会计准则》《企业会计制度》等有关规定，并结合企业生产经营的特点和管理的要求，制定企业内部成本会计制度，作为企业成本会计工作的依据。

由于各行业生产经营的特点和管理的要求不同，所制定的成本会计制度也有所不同，就工业企业来说，成本会计制度一般应包括以下几个方面的内容。

（1）关于成本预测和决策的制度。

（2）关于成本定额的制度和成本计划编制的制度。

（3）关于成本控制的制度。

（4）关于成本核算规程的制度，包括成本计算对象和成本计算方法的确定；成本项目的设置；

各项费用的分配和归集的程序和方法；完工产品和在产品之间的费用分配方法等。

（5）关于责任成本的制度。

（6）关于企业内部结算价格和内部结算办法的制度。

（7）关于成本报表的制度。

（8）其他有关成本会计的制度。

成本会计制度是开展成本会计工作的依据和行为规范，其制定得是否科学、合理会直接影响成本会计工作的成效。因此，成本会计制度的制定，是一项复杂而细致的工作。在成本会计制度的制定过程中，有关人员不仅应熟悉国家有关法规、制度的规定，而且应深入基层做广泛、深入的调查和研究工作，在反复试点、具备充分依据的基础上进行成本会计制度的制定工作。成本会计制度一经制定，就应认真贯彻执行。但随着时间的推移，实际情况往往会发生变化，出现新的情况，这时应根据变化了的情况，对成本会计制度进行修订和完善，以保证成本会计制度的科学性和先进性。

练习题

1. 成本的经济内涵有哪些？
2. 成本的主要作用有哪些？
3. 什么是成本，什么是产品成本？
4. 试述成本会计的对象。
5. 现代成本会计的职能是什么？它们之间有何关系？
6. 企业成本会计工作的组织形式有哪些？简要说明它们的特点。
7. 试述生产费用与产品成本的关系。

成本核算的基本原理 | 第二章

【学习目的与要求】

通过本章的学习，读者可以理解企业经营管理对于成本核算的要求，熟悉企业费用的分类标准和方法；掌握企业费用要素与成本项目之间的联系和区别，成本核算的一般程序和相关的账户设置，为学习成本核算打下良好的基础。

第一节 | 成本核算的要求

成本核算是成本会计的核心内容。它是按照国家有关的法规、制度和企业经营管理的要求，对生产经营过程中实际发生的各种劳动耗费进行计算，并进行相应的账务处理，以提供真实、有用的成本信息的管理活动。

成本核算不仅是成本会计的基本任务，同时也是企业经营管理的重要组成部分。做好成本核算工作，对于降低成本和费用，提高企业生产经营管理水平，正确处理企业与国家、投资者之间的分配关系具有重要的意义。因此，为了充分发挥成本核算的作用，在成本核算工作中，应满足以下各项要求。

一、严格遵守国家规定的成本开支范围和费用开支标准

成本开支范围是国家为了加强成本管理，确保成本能够正确反映和计量企业生产经营耗费情况，根据成本的经济内容和国家成本管理的要求，对应计入企业成本的生产费用项目所做出的具体规定。

在我国，成本开支范围是在《企业财务通则》的一般原则指导下，由国家财政部按各类企业性质统一制定颁布的。它是一项重要的经济法规，每个企业都必须严格遵照执行，以防止乱挤乱摊成本的行为发生。

工业企业的成本开支范围包括产品制造成本开支范围和期间费用开支范围两部分。

（一）产品制造成本开支范围

（1）生产过程中实际消耗的各种材料、辅助材料、备品配料、外购半成品、燃料、动力、包装物、低值易耗品，以及运输、装卸、整理等费用。

（2）直接从事产品生产人员的工资、奖金、津贴和补贴、职工福利费、社会保险费、住房公积金、工会经费和职工教育经费、非货币性福利、因解除与职工的劳动关系给予的补偿以及其他与获得职工提供的服务相关的支出。社会保险费是指企业依法为生产人员支付的基本医疗、基本养老、失业、生育和工伤等保险支出。

（3）企业各个生产单位（车间）为组织和管理生产所发生的生产单位管理人员的职工薪酬。

（4）生产单位的房屋、建筑物、机器设备等折旧费，固定资产租赁费（不包括融资租赁费）等。

（5）生产单位一般性消耗的机物料、低值易耗品、取暖费、水电费、办公费、差旅费、运输费、保险费、设计制图费、检验费、劳动保护费、季节性、修理期间的停工损失及其他制造费用。

以上各项耗费都是企业为生产产品而发生的费用，其中第一项构成"直接材料"成本项目，第二项构成"直接人工"成本项目，第三项至第五项构成"制造费用"成本项目。

（二）期间费用开支范围

（1）管理费用。企业行政管理部门为组织和管理生产经营活动而发生的各项费用。包括企业在筹建期间内发生的开办费、董事会和行政管理部门在企业的经营管理中发生的或者应由企业统一负担的公司经费（包括行政管理部门职工工资及福利费、物料消耗、低值易耗品摊销、办公费和差旅费等）、工会经费、董事会费（包括董事会成员津贴、会议费和差旅费等）、聘请中介机构费、咨询费（含顾问费）、诉讼费、业务招待费、房产税、车船使用税、土地使用税、印花税、技术转让费、矿产资源补偿费、研究费用和排污费等。

（2）财务费用。企业筹集资金，即在理财活动过程中所发生的各项费用。包括利息费用（减利息收入）、汇兑损益（减汇兑收益）以及相关的手续费、发生的现金折扣或收到的现金折扣等。

（3）销售费用。工业企业在销售产品过程中所发生的保险费、包装费、展览和广告费、商品维修费、预计产品质量保证损失、运输费、装卸费等以及销售本企业商品而专门设立的销售机构（含销售网点、售后服务网点等）的职工薪酬、业务费、折旧费等经营费用以及专设销售机构相关的固定资产修理等后续支出。

二、正确划分各种费用界限

为了正确地进行成本核算，正确地计算产品成本和期间费用，必须正确划分以下五个方面的费用界限。

（一）正确划分计入产品成本与不计入产品成本的费用界限

企业的经济活动是多方面的，其支出的用途不尽相同。而不同用途的支出，其列支的项目也不同。例如，企业购建固定资产的支出，应计入固定资产的造价；固定资产盘亏损失、固定资产报废清理净损失等应计入营业外支出；用于产品生产和销售、用于组织和管理生产经营活动，以及为筹集生产经营资金所发生的各种支出，即企业日常生产经营管理活动中的各种耗费，则应计入产品成本或期间费用。企业应按照国家有关成本开支范围的有关规定，正确核算产品成本和期间费用。凡不属于企业日常生产经营方面的支出，均不得计入产品成本或期间费用。

（二）正确划分生产费用与期间费用的界限

企业日常生产经营中发生的各项耗费，其用途和计入损益的时间有所不同。用于产品生产的费用形成产品成本，并在产品销售后作为产品销售成本计入企业损益；由于当月投产的产品不一定能当月完工，当月完工的产品也不一定能当月销售，因而当月的生产费用往往不是计入当月的产品销售成本。而本月发生的销售费用、管理费用和财务费用，则是作为期间费用，直接计入当月损益。因此，为了正确计算产品成本和期间费用，正确计算企业各月的损益，必须正确地划分产品生产费用和各项期间费用的界限。避免混淆产品生产费用与期间费用的界限，借以调节各月产品成本和各月损益的错误发生。

（三）正确划分各个会计期间的费用界限

为了按月分析和考核成本计划的执行情况和结果，正确计算各月损益，还必须正确划分各月的费用界限。本月发生的费用，应该全部计入本月的成本、费用，不能将部分延至下月入账。此外，对应由本月和以后各月承担的长期待摊费用，要根据其受益期间，分别摊到受益各月，以便正确反映各月的成本和费用水平。正确划分这方面的费用界限既是准确计算各月产品成本和期间费用的基础，又是保证成本核算正确的重要环节。避免利用费用待摊的办法人为调节各个月的成本、费用及损益的错误发生。

（四）正确划分各种产品的费用界限

如果企业生产多种产品，为了正确计算各种产品的成本，正确分析和考核各种产品成本计划或定额成本的执行情况，必须将应计入本月产品成本的生产费用在各种产品之间正确地进行划分。凡属于某种产品单独发生，能够直接计入该种产品的费用，均应直接计入该种产品成本；凡属于几种产品共同发生，不能直接计入某种产品的费用，则应采用适当的分配方法，分配计入这几种产品的成本。避免在盈利产品与亏损产品之间、可比产品与不可比产品之间任意转移生产费用，掩盖成本超支或以盈补亏的错误发生。

（五）正确划分完工产品与在产品的费用界限

在月末计算产品成本时，如果某种产品已全部完工，那么，这种产品的各项生产费用之和就是这种产品的完工产品成本；如果某种产品均未完工，那么，这种产品的各项生产费用之和，就是这种产品的月末在产品成本；如果某种产品既有完工产品，又有在产品，则应将这种产品的各项生产费用，采用适当的分配方法在完工产品与月末在产品之间进行分配，分别计算完工产品成本和月末在产品成本。避免任意调整月末在产品成本，人为调节完工产品成本的错误发生。

上述五个方面费用界限的划分过程，就是产品成本的计算和各项期间费用的归集过程。在这一过程中，应贯彻受益原则，即谁受益谁负担费用，何时受益何时负担费用，负担费用的多少应与受益的程度进行合理的匹配。

三、正确确定财产物资的计价和价值结转的方法

企业拥有的财产物资，绝大部分是生产资料，它们的价值是要随着生产经营过程中的耗用，转移到产品成本或劳务成本和经营管理费用中去的。因此，这些财产物资的计价和价值结转的方法，也会影响成本和费用。如固定资产原值计算法、折旧方法、折旧率的种类和高低；材料价值（成本）的组成内容、材料按实际成本进行核算时发出材料单位成本的计算方法、材料按计划成本进行核算时材料成本差异率的种类（个别差异率、分类差异率还是综合差异率，本月差异率还是上月差异率）、采用分类差异率时材料类距的大小、固定资产与周转材料的划分标准、周转材料的摊销方法、摊销期限的长短和摊销率的高低等。

为了正确计算成本和费用，对于这些财产物资的计价和价值结转的方法，国家有统一的规定，应采用国家统一规定的方法。要防止任意改变财产物资计价和价值结转的方法（例如不按规定的方法和期限计算和调整材料成本差异）。只有选择科学、合理、简便易行的计价和价值转移方法，才能保证产品成本计算的正确性。

四、做好成本核算的基础工作

（一）建立和健全原始记录工作

原始记录，是企业记录各项经济业务实际情况的原始资料。与成本会计工作有关的原始记录主要有以下几类。

（1）产品生产方面的原始记录。如生产任务单、完工产品和半成品入库单、在产品转移交接单、在产品的盘存报告单等。

（2）生产经营过程中材料、物资耗费的原始记录。如领料单、投料单、退料单等。

（3）企业生产经营过程中活劳动耗费的原始记录。如职工考勤记录、工时记录、停工记录等。

（4）企业固定资产方面的原始记录。如设备移交单、设备报废单、设备事故单等。

（5）财务会计方面的原始记录。如现金收付款凭证和转账通知等。

正确的原始记录，是进行成本核算的前提条件。对于企业生产经营过程中，原材料、燃料、动力和工时的消耗，费用的开支，在产品、自制半成品在企业内部的转移以及产成品的验收入库等，都要及时准确地进行记录。

企业要根据自身生产经营的特点,结合成本核算的需要,认真制定既科学又简便易行、讲求实效的原始记录制度。组织有关人员做好各项原始记录的登记、传递、交接和保管工作,保证记录的真实正确,内容完整,手续完备,为成本核算提供可靠的信息。

(二) 做好定额的制定和修订工作

定额是指企业结合本单位的生产技术条件,对生产过程中消耗的人、财、物所做的规定和应达到的数量标准。工业企业的定额主要有以下几类。

(1) 劳动方面的定额。如工时定额、产量定额等。

(2) 物资消耗方面的定额。如原材料、燃料、动力和工具等的消耗定额。

(3) 设备利用方面的定额。如设备单位时间生产定额、有效作业时间定额等。

(4) 有关费用的计划控制定额。如各项制造费用的计划控制额等。

定额是成本管理的基础,是衡量企业经营管理水平的标尺。

(三) 建立和健全财产物资管理制度

企业资产中,大部分表现为财产物资。财产物资管理的好坏,关系到企业财产物资的安全完整与否,关系到成本核算正确与否。因此,企业要配备各种计量器具,建立和健全财产物资的计量、收发、领退和盘点制度。库存材料的收发、领退,在产品、半成品的内部转移和产成品的入库等,都要进行严格的计量、验收,填制相应的原始凭证,办理审批手续。库存的材料、半成品以及车间的在产品和半成品,要按规定定期进行盘点、清查,防止丢失、积压、损坏和变质等。

(四) 制定内部结算价格

企业的生产过程,是企业内部各个车间、部门共同协作的过程,如材料物资、在产品半成品、产成品等在企业内部各单位之间的流转,机器修理部门、运输部门向生产车间、管理部门提供劳务以及各部门之间相互提供劳务等。

为了分清企业内部各部门的经济责任,考核经济效果,对各个车间、部门之间相互提供的产品和劳务,应当采用内部结算价格进行计量核算。采用内部结算价格,可以明确各自的经济责任,促使各车间、部门进行经济核算,增产节约。内部结算价格,一般采用计划成本,也可以采用市场价格、协商价格。内部结算价格一经确立,应保持相对稳定。

第二节 | 成本费用的分类

企业生产经营过程中的耗费是多种多样的,为了科学地进行成本管理,正确计算产品成本和期间费用,需要对种类繁多的费用进行合理分类。费用可以按不同的标准分类,其中最基本的分类方法是按费用的经济内容和经济用途进行的分类。

一、 费用按经济内容的分类

企业的生产经营过程,也是物化劳动(劳动对象和劳动手段)和活劳动的耗费过程,因而生产经营过程中发生的费用,按其经济内容分类,可划分为劳动对象方面的费用、劳动手段方面的费用和活劳动方面的费用三大类,这三类可以称为费用的三大要素。为了具体反映各种费用的构成和水平,还应在此基础上,进一步划分为以下八个费用要素。所谓费用要素,就是费用按经济内容进行的分类。

(1) 外购材料,即企业为进行生产经营而耗用的一切从外单位购进的原料及主要材料、半成品、辅助材料、包装物、修理用备件和低值易耗品等。

（2）外购燃料，即企业为进行生产经营而耗用的一切从外单位购进的各种固体、液体和气体燃料。

（3）外购动力，即企业为进行生产经营而耗用的一切从外单位购进的各种动力。

（4）职工薪酬，即企业为进行生产经营而发生的各种职工薪酬。

（5）折旧费，即企业按照规定的固定资产折旧方法，对用于生产经营的固定资产计算提取的折旧费用。

（6）利息支出，即企业应计入财务费用的借入款项的利息支出减利息收入后的净额。

（7）税金，即应计入企业管理费用的各种税金，如房产税、车船使用税、土地使用税、印花税等。

（8）其他支出，即不属于以上各要素但应计入产品成本或期间费用的费用支出，如差旅费、租赁费、外部加工费以及保险费等。

按照以上费用要素反映的费用，称为要素费用。

但是，这种分类不能说明各项费用的用途，因而不便于分析各种费用的支出是否节约和合理。

二、费用按经济用途的分类

工业企业在生产经营中发生的费用，首先可以分为计入产品成本的生产费用和直接计入当期损益的期间费用两类。下面分别讲述这两类费用按照经济用途的分类。

（一）生产费用按经济用途的分类——成本项目

计入产品成本的生产费用在产品生产过程中的用途也不尽相同。有的直接用于产品生产，有的间接用于产品生产。因此，为具体反映计入产品成本的生产费用的各种用途，提供产品成本构成情况的资料，还应将其进一步划分为若干个项目，即产品生产成本项目。产品生产成本项目，简称成本项目，就是生产费用按其经济用途分类核算的项目。工业企业一般应设置以下几个成本项目。

（1）直接材料，是指直接用于产品生产、构成产品实体的原料和主要材料以及有助于产品形成的辅助材料费用。

（2）燃料及动力，即直接燃料及动力。这是指直接用于产品生产的各种燃料和动力费用。

（3）直接人工，是指直接参加产品生产的工人工资及福利费。

（4）制造费用，指间接用于产品生产的各项费用，以及虽直接用于产品生产，但不便于直接计入产品成本，因而没有专设成本项目的费用（如机器设备的折旧费用）。制造费用包括企业内部生产单位（分厂、车间）的管理人员工资及福利费、固定资产折旧费、修理费、租赁费（不包括融资租赁费）、机物料消耗、低值易耗品摊销、取暖费、水电费、办公费、运输费、保险费、设计制图费、试验检验费、劳动保护费、季节性或修理期间的停工损失及其他制造费用。

（5）废品损失，指企业在生产过程中，生产的产品不符合产品质量要求而产生的损失，包括可修复废品产生的修复费和不可修复废品的全部成本。为计算和考核企业因产生废品而造成的损失，可单独设置"废品损失"项目。因这一损失由当期生产的合格品负担，所以废品损失就构成了合格产品成本的一个项目。由此可见，提高产品质量也是降低成本的有效途径。

企业可根据生产特点和管理要求对上述成本项目做适当调整。对于管理上需要单独反映、控制和考核的费用，以及产品成本中比重较大的费用，应专设成本项目；否则，为了简化核算，不必专设成本项目。例如，如果废品损失在产品成本中所占比重较大，在管理上需要对其进行重点控制和考核，则应单设"废品损失"成本项目；又如，如果工艺上耗用的燃料和动力不多，为了简化核算，可将其中的工艺用燃料费用并入"原材料"成本项目，将其中的工艺用动力费用并入"制造费用"成本项目。

（二）期间费用按经济用途的分类

期间费用是指企业行政管理部门为组织和管理生产经营活动而发生的各种费用。期间费用不能直接归属于某个特定产品成本，而是在发生的当期全部转入损益，不计入产品成本。期间费用包括财务费用、销售费用和管理费用。

三、生产费用的其他分类

（一）生产费用按与生产工艺的关系分类

计入产品成本的各项生产费用，按与生产工艺的关系，可以分为直接生产费用和间接生产费用。直接生产费用是指由生产工艺本身引起的、直接用于产品生产的各项费用，如原料费用、主要材料费用、生产工人工资和机器设备折旧费等。间接生产费用是指与生产工艺没有联系，间接用于产品生产的各项费用，如机物料消耗、辅助工人工资和车间厂房折旧费等。

（二）生产费用按计入产品成本的方法分类

计入产品成本的各项生产费用，按计入产品成本的方法，可以分为直接计入费用（一般称为直接费用）和间接计入（或称分配计入）费用（一般称为间接费用）。直接计入费用是指可以分清哪种产品所耗用、可以直接计入某种产品成本的费用；间接计入费用，是指不能分清哪种产品所耗用、不能直接计入某种产品成本，而必须按照一定标准分配计入有关的各种产品成本的费用。

此外，费用还有其他的一些分类方法，如费用按与产量的关系可分为变动费用（变动成本）和固定费用（固定成本）等，其他分类方法的目的不是为了进行成本核算，故在此省略。

第三节 成本核算的一般程序和账户设置

一、成本核算的一般程序

按照不同的工艺过程和不同的成本管理要求，采取的核算方法有所不同，这是一项复杂的工作。但都遵循着一个基本程序，即确定成本计算对象、确定成本项目、确定成本计算期、设置成本明细账、归集和分配生产费用、计算完工产品成本和月末在产品成本、编制成本计算单计算完工产品总成本和单位成本。

产品生产成本核算的程序，就是按照成本核算的原则，将生产经营过程中发生的费用按其经济用途逐步进行分配和归集，最后计算出本月各种产品生产成本和各项期间费用的过程。工业企业生产成本核算的一般程序可归纳如下。

（一）确定成本计算对象

成本计算的最终目的是要将企业发生的成本费用归集到一定的成本计算对象上，计算出该对象的总成本和单位成本。因此，要进行成本计算，必须先确定成本计算对象。由于企业的生产工艺特点、管理水平和管理要求、企业规模大小不同，成本计算对象也不相同。对于制造企业，成本计算对象有产品品种、产品批别和产品生产步骤三种，企业应根据自身的生产经营特点和管理要求选择适合本企业的成本计算对象。

（二）确定成本项目

成本项目是费用按经济用途划分成的若干项目，它可以反映产品生产过程中各种资金的耗费情况，便于分析各项费用的支出是否合理。因此企业在成本核算中，应根据自身的特点和管理的要求，确定成本项目。一般可确定直接材料、直接工资及福利费、制造费用三个成本项目，如果需要，可做适当调整，还可单设废品损失、停工损失等成本项目。

（三）确定成本计算期

成本计算期是指每次计算成本的间隔期间，即多长时间计算一次成本。企业应根据产品生产组织的特点确定各成本对象的成本计算期。成本计算期分为定期和不定期两种。通常在大量大批生产的情况下，每月都有一定的产品完工，应定期按月计算产品成本，即成本计算期与会计核算期一致。在成批、单件生产的情况下，一般不要求定期按月计算产品成本，而是等一批产品完工后才计算该批产品成本，所以成本计算周期与生产周期一致。

（四）归集和分配生产费用

生产费用的归集和分配过程是成本核算的重要环节，一般应有以下步骤。

（1）必须对支出的费用进行审核和控制，确定各项费用是否应该开支，已开支的费用是否应该计入产品成本。

（2）确定应计入本月产品成本的费用。本月支付的生产费用，不一定都计入本月产品成本；属于本月产品成本负担的，也不一定都是本月支付的费用。企业应根据权责发生制原则和配比原则的要求，分清各项费用特别是跨期摊配费用的归属期：本月支付应由本月负担的生产费用，计入本月产品成本；以前月份支付应由本月负担的生产费用，分配摊入本月产品成本；应由本月负担而在以后月份支付的生产费用，预先计入本月产品成本；对于本月开支应由以后月份负担的生产费用，要区分清楚是什么费用后再做具体处理。

（3）将应计入本月产品成本的原材料、燃料、动力、工资和折旧费等各种要素费用在各有关产品之间，按照成本项目进行归集和分配。对于为生产某种产品直接发生的生产费用，能分清成本计算对象的，直接计入该产品成本；对于那些由几种产品共同负担的，或为产品生产服务发生的间接费用，可先按发生地点和用途进行归集汇总，然后分配计入各受益产品。可见，产品成本的计算过程也就是生产费用的归集、汇总和分配过程。

（五）计算完工产品成本和月末在产品成本

将生产费用计入各成本计算对象后，对于既有完工产品又有月末在产品的产品，应采用适当的方法，把生产费用在其完工产品和月末在产品之间进行分配，求出完工产品和月末在产品的成本，计算出产品的总成本和单位成本。

二、产品成本核算的账户设置

企业生产费用的归集和分配，都是通过建立生产费用核算的账户体系来进行的。为了正确划分各种费用界限，按成本计算对象分成本项目来归集和分配生产费用，计算产品成本，企业一般应设置"生产成本""制造费用"等账户。如果需要单独核算废品损失，还应设置"废品损失"账户。其中，"生产成本"账户一般下设"基本生产成本"和"辅助生产成本"两个明细账户，以分别核算基本生产车间和辅助生产车间的生产成本。

（一）"基本生产成本"账户

基本生产是指为完成企业主要生产目的而进行的商品产品生产。为了归集基本生产车间所发生的各种生产费用，计算基本生产车间产品的成本，应设置"基本生产成本"账户。该账户借方登记企业为生产产品而发生的各种费用，包括直接材料、直接人工、制造费用和废品损失；贷方登记转出的生产完工、验收入库的产品的实际成本；余额在借方，表示期末在产品成本，即基本生产车间尚未完工的在产品占用的资金。

"基本生产成本"账户应按产品品种或产品批别、生产步骤上的半成品等成本计算对象设置产品成本明细分类账（或称基本生产明细账、产品成本计算单），并按产品成本项目分设专栏或专行，其格式举例如表 2-1 所示。

表 2-1 产品成本明细账

车间：纺织

产品：C32S 棉纱　　　　　　　　　　　　产量：10 吨　　　　　　　　　　　　　　单位：元

201×年		摘要	成本项目			成本合计
月	日		直接材料	直接人工	制造费用	
11	1	月初在产品成本	15 000	1 500	1 950	18 450
11	30	本月生产费用	160 000	16 000	20 800	196 800
11	30	生产费用合计	175 000	17 500	22 750	215 250
11	30	转出完工产品成本	165 000	16 500	21 000	202 500
11	30	月末在产品成本	10 000	1 000	1 750	12 750

对一般企业而言，都会生产多种产品，很少只生产一种产品，如纺织车间，尽管产品都是纱锭，但支数不同的纱锭成本不同。因此，企业都应按产品设置明细账。

（二）"辅助生产成本"账户

辅助生产是为基本生产服务而进行的产品生产和劳务供应。为了归集辅助生产所发生的各种生产费用，计算辅助生产所提供的产品和劳务的成本，应设置"辅助生产成本"账户。该账户的借方登记为进行辅助生产而发生的各种费用；月末通过贷方转出分配计入受益对象；期末一般无余额。该账户应按辅助生产车间和生产的产品以及提供的劳务分设明细分类账，并按成本项目分设专栏或专行进行明细核算。

（三）"制造费用"账户

为了核算企业为生产产品和提供劳务而发生的各项间接费用，应设置"制造费用"账户。该账户的借方登记实际发生的间接费用；贷方登记月末分配转出的间接费用；除季节性生产的企业外，该账户月末应无余额。该账户应按车间、部门设置明细分类账，按费用项目设专栏进行明细核算。

（四）"废品损失"账户

需要单独核算废品损失的企业，应设置"废品损失"账户。该账户的借方登记不可修复废品的生产成本和可修复废品的修复费用；贷方登记废品残料回收的价值、应收的赔款以及转出的废品净损失；该账户月末应无余额。"废品损失"账户应按车间设置明细分类账，按产品品种分设专户，并按成本项目设置专栏或专行进行明细核算。

（五）期间费用科目

企业行政管理部门为组织和管理生产经营活动而发生的各种费用，按费用的经济用途分别设置财务费用、销售费用、管理费用进行核算，借方登记实际发生的费用，贷方登记期末转入"本年利润"的费用，这些期间费用科目期末无余额。尽管这些科目不直接归属于某个特定产品成本，不计入产品成本，但在各种费用要素核算时都会涉及这些科目。

（六）"长期待摊费用"账户

在成本核算过程中，有些费用在某个会计期间一次支出，但这些费用应由多个期间（1 年以上）

共同承担，为核算这类费用而设置"长期待摊费用"科目。该账户的借方登记实际支付的各项长期待摊费用；贷方登记分期摊销的长期待摊费用；借方余额表示企业尚未摊销的各项长期待摊费用的摊销剩余价值。

综上所述，为了对成本核算账务处理有一个概括性的了解，根据成本核算的一般程序和成本核算设置主要账户的对应关系，产品成本核算的主要账务处理程序以"T"形账户表示，如图 2-1 所示。

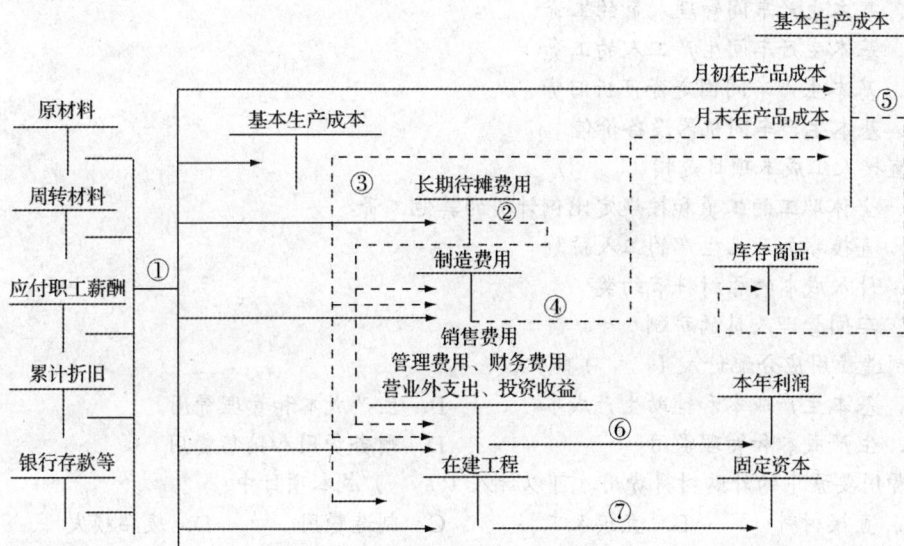

注：①各项费用要素的归集和分配；②摊销长期待摊费用；③分配附注生产费用；④分配制造费用；⑤结转完工产品成本；⑥结转期间费用、直接计入当期损益的支出和损失；⑦结转计入固定资产的在建工程。

图 2-1　成本核算账务处理流程

练习题

一、选择题

1. 下列各项中，不应计入成本费用的支出有（　　　）。

　　A. 对外投资的支出　　　　　　　　　B. 购置无形资产、固定资产的支出

　　C. 支付的滞纳金、罚款、违约金　　　D. 支付给金融机构的手续费

2. 下列属于成本项目的有（　　　）。

　　A. 工资　　　　　　B. 直接人工　　　　C. 直接材料　　　D. 制造费用

3. 要素费用中的税金包括（　　　）。

　　A. 房产税　　　　　B. 车船使用税　　　C. 印花税　　　D. 增值税

4. 计入产品成本的生产费用，按计入方式不同分为（　　　）。

　　A. 制造费用　　　　B. 直接人工　　　　C. 直接计入费用　　D. 间接计入费用

5. 下列费用中，应计入产品成本的有（　　　）。

　　A. 管理费用　　　　B. 财务费用　　　　C. 制造费用　　　D. 销售费用

6. 下列各项中，属于要素费用的是（　　　）。

　　A. 直接材料　　　　B. 外购材料　　　　C. 直接人工　　　D. 制造费用

7. 月末核算企业为生产产品和提供劳务而发生的各项间接费用的账户是（　　　）。

　　A. 基本生产成本　　B. 制造费用　　　　C. 管理费用　　　D. 财务费用

8. "生产成本"账户借方登记的内容有（　　　）。

    A. 外购材料　　　　　B. 直接材料　　　　　C. 直接人工　　　　　D. 外购动力

    E. 各种产品应负担的制造费用

9. 下列各项中，应计入制造费用的是（　　　）。

    A. 基本生产车间进行设备维修耗用的材料

    B. 基本生产车间管理人员的工资

    C. 基本生产车间生产工人的工资

    D. 基本生产车间固定资产折旧费

    E. 基本生产车间机器设备价值

10. 直接人工成本项目是指（　　　）。

    A. 全体职工的工资和按规定比例计提的其他工资

    B. 直接参加产品生产的工人薪酬

    C. 计入成本的原材料节约奖

    D. 车间管理人员的薪酬

11. 制造费用应分配计入（　　　）账户。

    A. 基本生产成本和辅助生产成本　　　　　B. 生产成本和管理费用

    C. 生产成本和管理费用　　　　　　　　　D. 财务费用和销售费用

12. 费用要素中的外购材料费用，可以计入（　　　）成本项目中。

    A. 直接材料　　　　　B. 直接人工　　　　　C. 制造费用　　　　　D. 废品损失

二、判断题

1. 产品成本项目是指工业企业生产费用按经济内容的分类。（　　　）

2. 费用要素反映的费用就是成本项目。（　　　）

3. 要素费用中的外购材料与成本项目中的直接材料费用内涵是一致的。（　　　）

4. 企业在生产经营活动中发生的一切费用支出都应计入产品成本。（　　　）

5. 期间费用在发生的当期就全部转入损益而不计入产品成本。（　　　）

6. 内部结算价格一般以计划单位成本为基础。（　　　）

7. 制造费用即间接费用，直接材料、直接人工即直接费用。（　　　）

8. 凡不应计入产品成本的支出，全部作为营业外支出处理。（　　　）

9. 企业支付的职工工资，都属于生产费用要素中工资项目的组成。（　　　）

10. 当期产品生产费用不一定都计入本期完工产品成本。（　　　）

三、简答题

1. 试述工业企业产品成本核算的基本要求。

2. 试述工业企业成本核算的一般程序。

3. 试述应该划清的五大费用界限。

4. 生产费用按不同标准可分为哪几类？其中最基本的分类是什么？

第三章

构成产品成本的要素核算

【学习目的与要求】

通过本章的学习，读者可以了解企业生产经营过程中所发生的各种耗费，这些耗费中哪些最终构成产品成本，而哪些作为期间费用计入当期损益。熟悉耗费形成成本的过程以及对应的账务处理。熟练掌握辅助生产费用的分配和归集、分配所采用的方法、各种方法的特点及适用性。掌握制造费用的归集和分配问题，了解生产损失形成的原因、计算方法以及账务处理。

第一节 材料费用核算

一、材料费用核算的内容

材料费用包括企业生产经营过程中耗费的原料及主要材料、辅助材料、燃料、外购半成品（外购件）、修理用的备件（备品备件）、周转材料等发生的费用。材料费用核算就是对产品生产过程中发生的材料耗费，根据领料凭证归集到相关的成本对象中。有些共耗材料（被几种产品共同耗用），无法根据领料凭证直接归集到成本对象中，就需要采用适当的方法在成本对象之间进行分配后计入。材料费用核算包括归集与分配。

材料费用核算的内容包括以下几项。

（1）原材料是指作为主要劳动对象，经过加工以后构成产品实体的原料及主要材料。如纺织企业耗用的棉纱、炼铁企业耗用的铁矿石、轧钢企业耗用的钢坯等。

（2）辅助材料是指在生产中有助于产品形成，或为创造正常劳动条件所耗用，或为劳动工具所消耗的各种辅助性材料。如纺织行业的染料、化工行业的催化剂等，均是与原材料结合有助于产品形成的辅助材料。

（3）外购半成品是指为企业配套产品而耗用的外购件。如纺织厂购买的纱锭（对只有织布而没有纺纱的企业而言，纱锭既是半成品也是原材料），生产空调需从外单位购入的压缩机、生产摩托车需从外单位购入的发动机等。

（4）修理用备件配件是指为修理本企业的机器设备、运输设备等所专用的零件、部件及配件。其他修理用材料列入辅助材料。

（5）燃料是指用于生产燃烧发热的各种固体燃料、液体燃料和气体燃料。如煤、汽油、天然气等。

（6）周转材料是指企业能够多次使用、逐渐转移其价值但仍保持原有形态，但不确认为固定资产的材料，如包装物和低值易耗品。包装物是指为包装本企业产品而储备的，随产品出售、出租或出借的各种包装容器。如包装用的箱、袋、桶、瓶、坛等。低值易耗品是指单位价值较低或容易损耗，不能作为固定资产核算的各种用具物品。如各种工具、管理用具、玻璃器皿，以及在经营过程中周转使用的包装容器等。

上述前五类材料费用都在"原材料"科目进行核算，第六类在"周转材料"科目进行核算。

二、材料费用的归集

材料费用的归集是指企业在生产经营过程中发生的各种材料费用，都必须按照材料领用的原始凭证，即领料单上所填写的材料类别、材料名称、型号规格、数量、单价、金额、领用部门、用途进行分类汇总，将发生的费用归集到对应的账户。

要正确核算材料的费用，首先，必须正确核算发出材料的成本；然后，根据发出材料的具体用途，分配材料费用，计入各种产品成本和费用中。企业在生产过程中耗用的材料，在领取材料时，必须填制领料单（见表 3-1）或领料登记簿（见表 3-2）等发料凭证。

表 3-1 领料单

领料部门：纺纱车间 发料仓库：原料库

用　　途：C21S 纱锭　　　　　　　　　　201×年 11 月 20 日

材料编号	材料名称	规格	计量单位	数量		计划成本（元）	
				请领	实发	单位成本	总成本
	原棉	一级	千克	100	100	30	3 000

记账：　　　　发料人：张保全　　　　领料部门负责人：李生产　　　　领料人：王小易

表 3-2 领料登记簿

材料类别：原材料 领料部门：纺纱车间

材料名称：原棉 发料仓库：原料库

材料单价：30 元

日期	领用数量		发料人	领料人	备注
	当日	累计			
201×.10.02	100	100	张保全	王小易	
201×.10.13	50	150	张保全	王小易	
201×.10.15	70	220	张保全	王小易	
201×.10.21	35	255	张保全	王小易	
201×.10.28	100	355	张保全	王小易	
			合计金额：10 650 元		

领料单是一种一次使用的领发材料的原始凭证，领料登记簿是一种多次使用的累计领发材料凭证。经过审核、签章的发料凭证才能据以发料，并作为发料核算的原始凭证。为了控制材料的消耗，企业对于经常领用并有消耗定额的材料，应填制限额领料单，并尽可能实行限额领料制度。在生产过程中发生的各种边角余料，不可修复废品的残料，应估价入账，从材料费用中扣除。

每个月末，应将本月所有的领料单，按照领料部门、用途、材料类别进行汇总，统计出发出材料汇总表，如表 3-3 所示。

表 3-3 材料发出汇总表

201×年 11 月　　　　　　　　　　　　　　　　　　　　　　　　　　　　单位：元

领料部门和用途		材料名称			合计
		原棉	辅助材料	其他材料	
纺纱车间	C21S 纱锭	168 000			168 000
	C40S 纱锭				
	一般耗用		2 000	4 000	6 000
机修车间	维修使用		3 000	2 000	5 000
销售部	包装产品			4 000	4 000
管理部门	其他材料			1 200	1 200
合计		168 000	5 000	11 200	184 200

注：为简化统计，除主要原料外，其他材料不分类别统计。

发出材料汇总表是发出材料总分类核算的依据。按照表 3-3 的汇总结果，可将材料费用分别归集到"基本生产成本"账户、"辅助生产成本"账户、"制造费用"账户、"销售费用"账户、"管理费用"账户。因为归集到"辅助生产成本"账户、"制造费用"账户、"销售费用"账户、"管理费用"账户的费用可直接计入，所以无须进行分配。只有归集到"基本生产成本"账户的原材料才需要在各产品中进行分配。所以材料费用分配主要是原材料及主要材料费用的分配。

在此特别说明，在企业的实际工作中，材料费用分配的核算并不是从材料发出的总分类核算中单独进行的，而是作为材料发出总分类核算的内容并列进行的。因此，发出材料的总分类核算同样是根据发料凭证汇总表（见表 3-4）进行的，而不是直接根据材料费用分配表进行。在成本会计实务中，处理"材料费用分配表"和"发料凭证汇总表"的编制关系，因企业不同而采用的方法各异，但可概括为以下几种。

表 3-4　发料凭证汇总表

201×年 11 月　　　　　　　　　　　　　　　　　单位：元

应借科目	应贷科目		
	原材料	周转材料	合计
基本生产成本			
1～10 日	62 000		62 000
11～20 日	54 000		54 000
21～30 日	52 000		52 000
合计	168 000		168 000
辅助生产成本			
1～10 日	1 000		1 000
11～20 日	2 500	500	3 000
21～30 日	1 000		1 000
合计	4 500	500	5 000
制造费用			
1～10 日	1 400	200	1 600
11～20 日	2 400		2 400
21～30 日	1 800	200	2 000
合计	5 600	400	6 000
销售费用			
1～10 日	800	400	1 200
11～20 日	1 200	600	1 800
21～30 日	600	400	1 000
合计	2 600	1 400	4 000
管理费用			
1～10 日	250	150	400
11～20 日	250	150	400
21～30 日	300	100	400
合计	800	400	1 200
本月发出总计	181 500	2 700	184 200

（1）生产部门的材料核算员，根据领、退料单及材料的用途，编制材料费用分配表，交给成本会计，以此作为材料费用分配的依据，登记成本、费用明细账，进行材料费用的明细核算。仓库材料会计，根据领、退料单编制"发料凭证汇总表"，登记相关的总账科目，进行材料发出的总分类核算。

（2）仓库材料会计和成本会计，根据领、退料单分别编制发料凭证汇总表和材料费用分配表，相互核对后，仓库材料会计根据"发料凭证汇总表"，登记相关的总账科目，进行材料发出的总分类核算。而成本会计根据"材料费用分配表"，登记成本、费用明细账，进行材料费用的明细核算。这种方法核算工作量较大，但核算的准确性高。

三、材料费用的分配

对于生产产品发生的直接材料费用，如表 3-3 中的原棉，应在生产成本明细账中设"直接材料"项目进行归集；若是一种产品单独耗用的材料，则直接计入该产品成本的"直接材料"成本项目；若是几种产品共同耗用的材料，则应该选择适当的方法在有关产品之间进行分配，再计入各种产品成本的"直接材料"成本项目。对车间、厂部管理部门、销售机构耗用的材料，如表 3-3 的非生产领用的材料，应根据领料部门及用途分别归集后计入"制造费用""管理费用"和"销售费用"账户。

对于多种产品共耗材料费用的分配，有多种分配方法，如按定额耗用量比例分配、按产品的重量或体积分配、按标准产量比例分配等。每种分配方法都有其适合的对象，因此在选择分配方法时，应注意与企业的实际相结合，在最大程度上保证产品成本计算的正确性。

（一）材料费用的分配方法

1. 定额耗用量比例分配法

定额耗用量比例分配法，是以各种产品材料定额耗用量为分配标准进行材料费用分配的方法。所谓定额耗用量是指一定产量的产品按照消耗定额计算的材料耗用数量，而消耗定额是指生产单位产品消耗某种材料的数量限额。如果企业对各种产品的材料消耗都制定有比较先进和合理的消耗定额，则可采用定额耗用量比例法进行共耗材料费用的分配。

其计算步骤及公式如下：

（1）计算某种产品材料定额耗用量

某产品定额耗用量=该产品实际产量×该产品材料消耗定额

（2）计算材料耗用量分配率

$$材料费用分配率=\frac{各种产品共同耗用材料总量}{各种产品定额耗用量之和}$$

（3）计算某种产品应分摊的材料数量

某产品应分配的材料数量=该产品定额耗用量×材料费用分配率

（4）计算某种产品应分摊的材料费用

某产品应分配的材料费用=该种产品应分配的材料数量×材料单价

【例 3-1】对表 3-3 的原材料采用定额比例法，在两种产品之间进行分配。纺织车间分别产出 C21S 纱锭 3 吨；C40S 纱锭 2.5 吨，共耗原棉 6 吨（每吨 28 000 元，共计 168 000 元）。C21S 纱锭每吨定额消耗 1.02 吨原棉，C40S 纱锭每吨定额消耗 1.07 吨原棉，原棉单价参见表 3-2。

（1）计算两种产品材料定额耗用量

C21S 纱锭定额耗用量=1.02×3=3.06（吨）

C40S 纱锭定额耗用量=1.07×2.5=2.675（吨）

（2）计算材料耗用量分配率

材料耗用量分配率=6÷（3.06+2.675）=1.046 2

（3）计算两种产品应分配的材料数量

C21S 纱锭应分配的材料数量=1.046 2×3.06=3.2（吨）

C40S 纱锭应分配的材料数量=1.046 2×2.675=2.798 585≈2.8（吨）

（4）计算两种产品应分配的材料费用

C21S 纱锭应分配的材料费用=28 000×3.2=89 600（元）

C40S 纱锭应分配的材料费用=28 000×2.8=78 400（元）

两种产品共耗材料费用：168 000 元（见表 3-3）。

【例 3-2】 某液压泵厂的铸造车间，主要铸件产品为单联泵泵体、双联泵泵体、三联泵泵体，这些铸件只是形状、规格、重量不同，而所用材料完全相同。共同耗用材料 6 695 千克价值 2 678 元，本月投产单联泵泵体 200 件、双联泵泵体 100 件、三联泵泵体 60 件。单联泵泵体定额消耗材料 15 千克；双联泵泵体定额消耗材料 20 千克；三联泵泵体定额消耗材料 25 千克。材料单价为 0.4 元/千克。计算分配如下：

（1）计算三种产品材料定额耗用量

单联泵（泵体）材料定额耗用量=15×200=3 000（千克）

双联泵（泵体）材料定额耗用量=20×100=2 000（千克）

三联泵（泵体）材料定额耗用量=25×60=1 500（千克）

（2）计算材料耗用量分配率

材料耗用量分配率=6 695÷（3 000+2 000+1 500）=1.03

（3）计算三种产品应分配的材料数量

单联泵（泵体）应分配的材料数量=3 000×1.03=3 090（千克）

双联泵（泵体）应分配的材料数量=2 000×1.03=2 060（千克）

三联泵（泵体）应分配的材料数量=1 500×1.03=1 545（千克）

（4）计算三种产品应分配的材料费用

单联泵（泵体）应分配的材料费用=0.4×3 090=1 236（元）

双联泵（泵体）应分配的材料费用=0.4×2 060=824（元）

三联泵（泵体）应分配的材料费用=0.4×1 545=618（元）

采用该方法分配材料费用，可以同时考核产品各种材料消耗定额的执行情况，有利于材料消耗的实物管理。但该计算方法工作量大。为简化分配计算工作，可按材料定额耗用量比例直接分配共同耗用的材料费用。首先，应根据各种产品的产量和各种产品的材料消耗定额，算出各种产品的定额耗用量；其次，根据应分配材料费用的总额和全部产品的定额耗用总量计算材料费用分配率；最后，根据材料费用分配率和各种产品的定额耗用量计算出该种产品应分配的材料费用。其计算公式为：

某种产品的定额耗用量=该种产品实际产量×该产品材料消耗定额

$$材料费用分配率=\frac{各种产品共同耗用材料费用总额}{全部产品的定额耗用量之和}$$

某种产品应负担的材料费用=该种产品定额耗用量×材料费用分配率

【例 3-3】 仍以**【例 3-2】** 为例，采用简化后的方法进行计算。

（1）计算三种产品的材料定额耗用量

单联泵（泵体）材料定额用量=15×200=3 000（千克）

双联泵（泵体）材料定额用量=20×100=2 000（千克）

三联泵（泵体）材料定额用量=25×60=1 500（千克）

（2）计算材料费用分配率

材料费用分配率=2 678×（3 000+2 000+1 500）=0.412

（3）计算三种产品应分配的材料费用

单联泵（泵体）应分配的材料费用=3 000×0.412=1 236（元）

双联泵（泵体）应分配的材料费用=2 000×0.412=824（元）

三联泵（泵体）应分配的材料费用=1 500×0.412=618（元）

2. 标准产量比例分配法

标准产量比例分配法又称系数分配法，它是从企业生产的不同品种或不同规格的产品中选择某一产品作为标准产品，将各种产品的实际产量按照预定的折合系数折算为标准产量，再以标准产量为分配标准进行材料费用分配的方法。

标准产量比例分配法计算步骤如下。

（1）选择标准产品。一般应选择正常稳定、大量生产的产品作为标准产品，或者选择系列产品中规格型号居中的产品作为标准产品。

（2）计算各种产品的折合系数。折合系数是指某种产品与标准产品的比例关系。标准产品的系数为 1，其他产品的折合系数可根据产品的材料消耗定额、重量、体积、面积或售价等来计算。其计算公式为：

$$某产品的折合系数=\frac{该产品的材料消耗定额（或重量、体积、面积、售价等）}{标准产品材料消耗定额（或重量、体积、面积、售价等）}$$

（3）计算标准产量。标准产量就是各种产品的实际产量按预定系数换算为标准产品的产量。其计算公式如下：

某产品的标准产量=该产品的实际产量×该产品的折合系数

（4）计算材料费用分配率。以各种产品共同耗用的材料费用和各种产品标准产量之和计算材料费用分配率。其计算公式为：

$$材料费用分配率=\frac{各种产品共同耗用的材料费用总额}{各种产品标准产量之和}$$

（5）计算各种产品应分配的材料费用。各种产品应分配的材料费用等于该产品的标准产量乘以材料费用分配率。其计算公式为：

某产品应分配材料费用=该产品标准产量×材料费用分配率

【例 3-4】仍以【例 3-2】为例，选择单联泵体为标准产品，因为其他产品是该产品的变型产品。现采用标准产量比例分配法进行材料费用分配。其计算步骤如下：

（1）计算各种产品的折合系数

双联泵（泵体）折合标准产品系数=20÷15=1.333

三联泵（泵体）折合标准产品系数=25÷15=1.667

（2）计算标准产量

双联泵（泵体）折合标准产量=100×1.333=133.3（件）

三联泵（泵体）折合标准产量=60×1.667=100.02（件）

标准产量合计=200+133.3+100.02=433.32（件）

（3）计算材料费用分配率

材料费用分配率=2 678÷433.32 ≈ 6.18

（4）计算各种产品应分配的材料费用

单联泵体应分配的材料费用=200×6.18=1 236（元）

双联泵体应分配的材料费用=133.3×6.18 ≈ 824（元）

三联泵体应分配的材料费用=100.02×6.18 ≈ 618（元）

以上是以铸件产品为例说明原材料费用的分配方法。一般而言，每个企业对长期生产的主要产品，在多年的生产经营过程中都积累了丰富的经验，为了控制成本，企业都有完整的定额资料。

（二）材料费用分配的账务处理

根据发出材料汇总表（见表 3-3）和【例 3-1】的计算结果，编制材料费用分配表（见表 3-5）。

表 3-5　材料费用分配表

201×年 11 月　　　　　　　　　　　　　　　　　　　　　　　　　单位：元

应借科目		直接计入	分配计入		合计
			分配材料数量	分配金额	
基本生产成本	C21S 纱锭		3.2	89 600	89 600
	C40S 纱锭		2.8	78 400	78 400
	小计		6	168 000	168 000
制造费用		6 000			6 000
辅助生产成本		5 000			5 000
销售费用		4 000			4 000
管理费用		1 200			1 200
合计		16 200		168 000	184 200

根据表 3-5 材料费用分配结果，编制如下会计分录：

借：基本生产成本——C21S 纱锭　　　　　　　　　89 600

　　　　　　　　　——C40S 纱锭　　　　　　　　　78 400

　　制造费用　　　　　　　　　　　　　　　　　　6 000

　　辅助生产成本　　　　　　　　　　　　　　　　5 000

　　销售费用　　　　　　　　　　　　　　　　　　4 000

　　管理费用　　　　　　　　　　　　　　　　　　1 200

　　贷：原材料——原棉　　　　　　　　　　　　168 000

　　　　　　　——辅助材料　　　　　　　　　　　5 000

　　　　　　　——其他材料　　　　　　　　　　11 200

根据【例 3-2】的计算结果编制原材料费用分配表（见表 3-6）。

表 3-6　原材料费用分配表

201×年 11 月　　　　　　　　　　　　　　　　　　　　　　　　　单位：元

应借科目		分配计入	
		定额消耗量	分配金额
基本生产成本	单联泵（泵体）	3 000	1 236
	双联泵（泵体）	2 000	824
	三联泵（泵体）	1 500	618
合计			2 648

根据原材料费用分配表编制如下会计分录：

借：基本生产成本——单联泵体　　　　　　　　　1 236

　　　　　　　　　——双联泵体　　　　　　　　　824

　　　　　　　　　——三联泵体　　　　　　　　　618

　　贷：原材料——铁沙料　　　　　　　　　　　2 678

（三）燃料费用的归集与分配

燃料费用的分配方法与原材料的分配方法相同。如果企业燃料费用较少，在产品成本中所占比重很小，可直接在生产成本明细账的"直接材料"项目中进行归集核算。但在耗用燃料较多、燃料费用在产品成本中所占比重较大的生产企业，如火电厂，应与动力费用一起在生产成本明细账专设"燃料和动力"成本项目进行核算，同时可相应增设"燃料"总账账户，并按燃料的种类、品名设置明细账进行明细分类核算，以便全面核算燃料的增减变动和结存情况。

直接用于产品生产的燃料，如果是生产某种产品单独使用的，应根据领、退料凭证直接计入该产品成本明细账的"燃料和动力"成本项目；如果是几种产品共同耗用的燃料，则应采用适当的分配方法，分配计入各有关产品成本明细账的"燃料和动力"成本项目。燃料费用的分配标准主要有产品的重量、体积、所耗材料的数量或费用，以及燃料定额耗用量或定额费用等。

（四）周转材料中低值易耗品和包装物的摊销

1. 低值易耗品摊销的核算

低值易耗品是指不能作为固定资产核算的单位价值和使用年限在规定限额以下的物品用具，包括工具、管理用具、玻璃器皿，以及在经营过程中周转使用的包装容器等。

低值易耗品在使用过程中其实物形态基本保持不变，其价值应采用适当的摊销方法计入有关成本费用中。为了正确地反映低值易耗品的入库、领用、摊销和结存情况，企业可以通过"周转材料"账户核算低值易耗品和包装物，也可以单独设置"低值易耗品"和"包装物"总账账户进行总分类核算，并按照其类别、品种、规格设置明细账进行明细分类核算。车间领用的低值易耗品摊销价值，应记入"制造费用"账户；管理部门为组织和管理生产经营活动领用的低值易耗品摊销价值，应记入"管理费用"账户。

低值易耗品的摊销方法一般有一次摊销法和五五摊销法两种。

（1）一次摊销法。一次摊销是指领用低值易耗品时，将其全部价值一次性摊销计入当月有关成本费用的方法。这种方法计算简便，但由于低值易耗品的使用期一般不只1个月，因此一次摊销法会使各月成本费用负担不太合理，同时由于低值易耗品一经领用即从账面上消失，不利于进行实物管理。这种方法一般适用于单位价值较低，使用期限较短，领用数量不多，以及容易破损的低值易耗品。

【例3-5】纺织车间领用工具一批，价值520元。编制会计分录如下：

借：制造费用　　　　　　　　　　　　　　　　　　　　　　　520

　　贷：低值易耗品　　　　　　　　　　　　　　　　　　　　　　　520

（2）五五摊销法。五五摊销法又称"五成法"，是指在领用低值易耗品时，摊销其价值的一半，报废时再摊销其价值的另一半。为了反映在库、在用低值易耗品的价值和低值易耗品的摊余价值，应在"低值易耗品"总账科目下分设"在库低值易耗品""在用低值易耗品"及"低值易耗品摊销"三个二级科目。从仓库领出交付给使用部门时，借记"低值易耗品——在用低值易耗品"科目，贷记"低值易耗品——在库低值易耗品"账户；同时，按其价值的50%计算摊销额，借记"制造费用""管理费用""其他业务成本"等账户，贷记"低值易耗品——低值易耗品摊销"账户。报废时如有残值，借记"原材料"等账户，贷记"低值易耗品在用低值易耗品"账户，以示冲减；也可以在进行低值易耗品报废摊销时，按报废低值易耗品价值的50%减去残值后的差额，借记"制造费用""管理费用""其他业务成本"等账户，贷记"低值易耗品——低值易耗品摊销"账户。

此外，还应将报废低值易耗品的价值及其累计摊销额注销，借记"低值易耗品——低值易耗品摊销"账户，贷记"低值易耗品——在用低值易耗品"账户。如果低值易耗品按计划成本进行日常核算，月末也要调整分配所领低值易耗品的计划成本分配成本差异。

【例3-6】承【例3-5】资料：采用五五摊销法，编制会计分录如下：

领用低值易耗品时，

借：低值易耗品——在用低值易耗品　　　　　　　　　　　　　520

　　贷：低值易耗品——在库低值易耗品　　　　　　　　　　　　　520

借：制造费用   260

  贷：低值易耗品——低值易耗品摊销   260

低值易耗品报废时，

借：制造费用   260

  贷：低值易耗品——低值易耗品摊销   260

借：低值易耗品——低值易耗品摊销   520

  贷：低值易耗品——在用低值易耗品   520

报废时如有残值，残值收入作为摊销时计入的相应费用的冲减，借记"原材料"账户，贷记"制造费用""管理费用""其他业务成本"等账户。报废时，如残料作价50元作为辅助材料入库，则需编制如下会计分录：

借：原材料   50

  贷：制造费用   50

2. 包装物的核算

为了正确地反映包装物的发出和摊销情况，企业可以单独设置"包装物"账户进行周转材料中包装物的总分类核算。

需要注意的是，包装物与包装材料不同，例如铁丝、绳子、纸等各种包装材料，属于原材料，应在"原材料"账户中核算；用于储存和保管产品、不对外出售、出租和出借的包装容器，按其单位价值的大小和使用年限的长短，应分别在"包装物"或"固定资产"账户中核算；作为企业商品产品的自制包装物，属于企业的产成品，应通过"库存商品"账户进行核算。

包装物的采购、自制和验收入库的核算，与原材料的核算方法基本相同，该节主要介绍包装物领用、发出的核算。

（1）包装物领用的核算。包装物的用途不同，其核算方法也有所不同。生产过程中领用，用于包装产品，成为产品组成部分的包装物，应借记"生产成本"账户；销售过程中领用，随产品出售不单独计价的包装物，应借记"销售费用"账户；而销售过程中领用，随产品出售单独计价的包装物，应借记"其他业务成本"账户。发出包装物的成本，则应贷记"包装物"账户。按计划成本计价进行包装物核算的企业，还要分摊发出包装物的成本差异。

【例3-7】鹏华纺织厂按计划成本计价进行包装物的核算。201×年11月包装物的领用情况如下：用于包装C20S纱锭产品的塑料袋计划成本为1 200元，用于包装C32S纱锭产品的塑料袋计划成本为800元，用于包装C16S纱锭产品的塑料袋计划成本为1 600元。销售时，应客户要求，用编织物将小袋包装成大件，随产品出售不单独计价的编制物计划成本为2 600元。本月包装物成本差异率为1%。根据上述资料，编制发出包装物会计分录如下：

借：基本生产成本——C20S纱锭   1 200

      ——C32S纱锭   800

      ——C16S纱锭   1 600

  销售费用——包装费   2 600

  贷：周转材料——包装物   6 200

同时结转发出包装物的材料成本差异，编制会计分录如下：

借：基本生产成本——C20S纱锭   12

      ——C32S纱锭   8

      ——C16S纱锭   16

  销售费用——包装费   26

  贷：材料成本差异——包装物   62

（2）出租、出借包装物的核算。出租、出借包装物在周转使用过程中因磨损而损耗的价值，应采用适当的摊销方法进行摊销。出借包装物是为了保证产品销售顺利进行和促进产品销售，因此，出借包装物的价值摊销和产品的修理费用等，应作为产品销售费用处理，记入"销售费用"账户借方；出租包装物属于非生产性经营业务，租金收入应作为其他业务收入，其价值摊销应记入"其他业务成本"账户借方。企业应根据出租、出借包装物业务的数量多少、金额大小和企业对包装物的管理要求，采用不同的摊销方法进行核算，主要方法有一次摊销法和五五摊销法。

① 一次摊销法。一次摊销法是指在发出包装物时，将其价值一次全额摊销的方法。这种方法适用于出租、出借价值较小、易破损、使用时间短的包装物。发出出租、出借包装物时，应分别借记"其他业务成本"和"销售费用"账户，贷记"包装物"账户。

【例 3-8】鹏华棉纺厂，本月发出全新塑料包装箱 10 个，借给鹏润织布厂使用，每个塑料箱计划成本 40 元，出租大包装箱 25 个，计划成本为每个 100 元，本月包装物成本差异率为 3%。发出上述包装物采用一次摊销法应做如下会计分录：

发出包装物，

借：销售费用——包装费　　　　　　　　　　　　　　　400

　　其他业务成本　　　　　　　　　　　　　　　　　 2 500

　　贷：包装物　　　　　　　　　　　　　　　　　　　　　 2 900

结转包装物成本差异，

借：销售费用——包装费　　　　　　　　　　　　　　　 12

　　其他业务成本　　　　　　　　　　　　　　　　　　 75

　　贷：材料成本差异——包装物　　　　　　　　　　　　　　　 87

② 五五摊销法。五五摊销法是指在包装物发出时摊销其价值的 50%，报废时，再摊销 50%（扣除残值）的方法。采用五五摊销法，"包装物"账户应设置"库存未用包装物""出借包装物""出租包装物""库存已用包装物"和"包装物摊销"五个明细账户，分别核算包装物库存、使用、出租、出借和摊销情况。

出租库存未用的包装物时，应借记"包装物——出租包装物"账户，贷记"包装物——库存未用包装物"账户。

摊销其价值的 50%时，借记"其他业务成本"账户，贷记"包装物——包装物摊销"账户。

如果包装物按计划成本计价核算，还应分摊成本差异，借记"其他业务成本"账户，贷记"材料成本差异"账户。

收回出租包装物时，借记"包装物——库存已用包装物"账户，贷记"包装物——出租包装物"账户。

出租包装物发生修理费用时，应借记"其他业务成本"账户，贷记"库存现金""银行存款"等账户。

出租包装物报废时，摊销其价值的剩余 50%，扣除残料价值，借记"其他业务成本""原材料"等账户，贷记"包装物——包装物摊销"账户。

注销报废的出租包装物，应借记"包装物——包装物摊销"账户，贷记"包装物——出租包装物"账户。

出借包装物五五摊销法的核算与上述方法相似，主要不同点是摊销时应借记"销售费用"账户。

五五摊销法便于有效地对包装物实行价值管理和实物监督，但其核算工作量比较大。这种方法一般适用于每月发出和报废包装物的数量比较均衡，各月的成本、费用负担相差不多的包装物的核算。

【例 3-9】承【例 3-8】用五五摊销法进行核算，有关会计分录如下：

出借新塑料箱，

借：包装物——出借包装物		400
贷：包装物——库存未用包装物		400

出租新塑料包装箱，

借：包装物——出租包装物		2 500
贷：包装物——库存未用包装物		2 500

摊销出租新塑料包装箱价值的 50%时，

借：销售费用——包装费		200
贷：包装物——包装物摊销		200

摊销出租新塑料包装箱价值的 50%时，

借：其他业务成本		1 250
贷：包装物——包装物摊销		1 250

第二节　外购动力费用的归集与分配

外购动力费用是指企业从外部购入的各种电力、热力等所发生的费用。外购动力有的直接用于产品生产，例如电镀、电焊等生产工艺用动力，电解铝、轧钢的生产过程都耗用大量的电力；有的间接用于生产，例如生产车间照明用的动力；有的则是管理部门用于经营管理，例如行政管理部门照明用动力和空调等设备用动力。

外购动力费用应按其用途分配计入有关成本、费用。外购动力的耗用量，一般应根据电表等计量仪表所示的数据进行计算。如果是为生产一种产品耗用的动力，则应直接计入该产品生产成本；如果动力费用是为多种产品共同耗用的，则应先按生产工时比例、机器工时比例或定额耗用量比例等进行分配，再计入各产品生产成本。车间、行政管理部门为组织和管理生产经营活动而发生的动力费用，应按发生地点分别记入"制造费用""管理费用"等账户。

一般而言，生产车间不会按产品分别安装电表，因而车间动力用电费应在各种产品之间按产品的生产工时比例、机器工时比例、定额耗电量比例或其他比例分配。

动力（以电力为例）费用分配的计算公式为：

$$电力费用分配率 = \frac{电力费用总额}{各车间、部门动力和照明用电度数之和}$$

某车间、部门照明用电力费用＝该车间、部门照明用电度数×电力费用分配率

某车间动力用电力费用＝该车间动力用电度数×电力费用分配率

$$某车间动力用电力费用分配率 = \frac{该车间动力用电力费用}{该车间各种产品生产工时之和}$$

某产品分配动力用电力费用＝该车间某产品生产工时×该车间动力用电力费用分配率

随着生产自动化程度的提高，直接用于产品生产的动力费用在产品成本中所占的比重越来越大，为了便于考核和降低能耗，企业产品成本明细账中应单独设置"动力"成本项目。在实际工作中，由于企业支付外购动力费用的时间与成本费用计算时间不一致，所以，支付外购动力费用和分配动力费用的核算一般都通过"应付账款"账户进行。即在支付外购动力费用时，借记"应付账款"账户，贷记"银行存款"账户；分配外购动力费用时，借记有关成本、费用账户，贷记"应付账款"账户。

【例3-10】鹏华棉纺厂，201×年11月耗电总计61 000千瓦·时，直接用于生产耗电56 000千瓦·时，生产C20S纱锭15吨；C32S纱锭10吨；C16S纱锭20吨（动力用电与照明用电分装电表），生产车间照明用电1 400千瓦·时，厂部及管理部门用电2 900千瓦·时（销售部门用电1 100千瓦·时，管理部门用电1 800千瓦·时），电价每度0.85元。产品之间按每吨耗用量分配，C20S纱锭每吨耗电1 200千瓦·时，C32S纱锭每吨耗电1 600千瓦·时，C16S纱锭每吨耗电1 100千瓦·时。

（1）计算电力费用分配率

电力费用分配率=0.85×61 000÷（56 000+1 400+1 800+1 100）=0.859 9

（2）计算生产动力用电费用

生产动力用电费用=0.859 9×56 000=48 154（元）

C20S纱锭用电费用=0.859 9×1 200×15=15 478（元）

C32S纱锭用电费用=0.859 9×1 600×10=13 758（元）

C16S纱锭用电费用=0.859 9×1 100×20=18 918（元）

（3）计算车间照明用电费用

车间照明用电费用=0.859 9×1 400=1 203（元）

（4）计算管理部门用电费用

管理部门用电费用=0.859 9×1 800=1 547（元）

（5）计算销售部门用电费用

销售部门用电费用=0.859 9×1 100=946（元）

根据【例3-10】的计算结果，编制外购动力费用分配表，如表3-7所示。

表3-7 外购动力费用分配表

201×年11月

应借科目		成本项目	产量（吨）	每吨耗电量 （千瓦·时）	耗电总量（度）	电力费用分配率 0.859 9	金额（元）
基本生产成本	C20S 纱锭	外购动力	15	1 200	18 000		15 478
	C32S 纱锭	外购动力	10	1 600	16 000		13 758
	C16S 纱锭	外购动力	20	1 100	22 000		18 918
	小计				56 000		48 154
制造费用		电费			1 400		1 203
管理费用		电费			1 800		1 547
销售费用		电费			1 100		946
合计					60 300		51 850

根据表3-7，编制会计分录如下：

借：基本生产成本——C20S 纱锭　　　　　　　　　　　　　　15 478

　　　　　　　　——C32S 纱锭　　　　　　　　　　　　　　13 758

　　　　　　　　——C16S 纱锭　　　　　　　　　　　　　　18 918

　　制造费用——电费　　　　　　　　　　　　　　　　　　1 203

　　管理费用——电费　　　　　　　　　　　　　　　　　　1 547

　　销售费用——电费　　　　　　　　　　　　　　　　　　946

　　贷：银行存款（或应付账款）　　　　　　　　　　　　　51 850

第三节 人工费用的核算

一、人工费用核算的内容

人工费用由两部分构成：一是企业在一定时期内支付给职工的工资总额；二是按工资总额的规定比例提取的职工福利、社会保险费、住房公积金、工会经费及职工教育经费等总额。

（一）职工工资总额构成

按照国家统计局的规定构成工资总额的有计时工资、计件工资、奖金、津贴和补贴、加班加点工资以及特殊情况下支付的工资等。

1. 计时工资

计时工资是按计时工资标准和工作时间支付给职工的劳动报酬。计时工资标准是每个职工在单位时间（月、日或小时）内应得的劳动报酬。一般根据职工从事工作的技术难度、熟练程度、劳动强度及所负责任大小来确定职工的工资标准。

2. 计件工资

计件工资是按职工所完成的工作量和计件单价计算支付的劳动报酬。计件单价是指完成单位工作量应得的工资额。计件工资包括：一是实行超额累进计件、直接无限计件、限额计件和超定额计件等工资制，按定额和计件单价计算支付给职工的工资；二是按工作任务包干方法支付给职工的工资；三是按营业额或利润额提成办法支付给职工的工资。

计件工资分为个人计件工资和集体计件工资两种，集体计件工资应在集体成员内部按照每一成员的劳动数量和劳动质量进行分配。

3. 奖金

奖金是指支付给职工的超额劳动报酬和由于增收节支而给予职工的奖励。奖金包括超产奖、节约奖、劳动竞赛奖、综合奖等。

4. 津贴和补贴

津贴是指为补偿职工特殊的或额外的劳动消耗而支付给职工的报酬。如 X 光工作室、炼钢的炉前工等的保健性津贴、技术性津贴。补贴是为了保证职工工资水平不受物价变动的影响支付给职工的物价补贴。

5. 加班工资

加班加点工资是指按照规定标准支付给职工在法定工作时间以外从事劳动的报酬。

6. 特殊情况下支付的工资

特殊情况下支付的工资是指按国家规定支付给职工某些非工作时间的报酬。如病假工资、工伤假工资、产假工资和探亲假工资等。

（二）工资费用核算的原始记录

进行工资费用的核算，必须做好各项核算的基础工作，以准确的原始记录为依据。工资费用核算的原始记录主要有考勤记录、产量和工时记录等。企业应根据自身生产工艺特点和管理要求，合理设计考勤记录、产量记录和工时记录等原始凭证的格式，认真做好考勤、产量和工时等原始记录，并及时进行统计汇总。为正确计算应付工资、归集和分配人工费用、进行产品制造成本和期间费用核算提供依据，为考核劳动消耗定额执行情况提供前提条件。

1. 考勤记录

考勤记录是计算计时工资的主要依据，是登记职工出勤、缺勤时间和原因的原始记录。它是计算职工工资和分配工资费用的依据。考勤记录一般采用考勤表和考勤卡两种形式，还有的采用电子刷卡形式记考勤。无论采用何种形式考勤，考勤人员都应在月末将经部门负责人检查、签章的考勤记录，连同有关证明文件送交工资核算部门，据以计算职工工资。

2. 产量和工时记录

产量和工时记录是登记工人或生产班组在出勤时间内完成产品的数量、质量和生产产品所用工时数量的原始记录。它是统计产量和工时、计算计件工资的依据，也是考核劳动生产率和工时定额执行情况的依据，并且为多种产品共同耗用费用的分配提供依据。

由于生产工艺特点和管理要求的不同，不同的生产企业采用的产量和工时记录的形式也不尽相同。产量和工时记录形式多样，一般表现形式为：生产任务单、工作进程单和工作班组产量记录等。

生产任务单又名工单，是车间作业任务的生产指令，它在下达任务时记录了生产什么产品，所需消耗的物料名称、物料规格、计量单位、计划生产数量、计划发料日期、计划开工日期、计划完工日期、生产车间、工艺路线等数据，在生产任务执行时填入实际开工日期，当任务完成时，填写实际完工日期、实际完工数量、报废数、遗失数等数据，这些数据都是成本核算的基础数据。

工序进程单，是生产任务单的具体执行步骤和环节，工序进程单随产品在工序间移动，并顺序登记各工序材料投入量、加工的实际产量、耗用工时，作为计算工资统计产量消耗的原始凭证。

二、人工费用的归集与分配

归集人工费用，首先必须正确地进行职工工资的计算。企业可以根据具体情况采用各种不同的工资制度来进行工资的计算，一般主要有计时工资制度和计件工资制度两种。

（一）计时工资的计算

计时工资是根据考勤记录登记的每个职工的出勤与缺勤情况，按照规定的工资标准计算的。工资标准按其计算时间长短不同形成了不同的工资计算和工资结算制度，分为按年计算的年薪，按月计算的月薪，按周计算的周薪，按日计算的日薪和按小时计算的小时工资。我国企业一般采用月薪制，具体计算方法有两种。

1. 月薪制的两种计算方法

（1）按月标准工资扣除缺勤工资计算的方法

应付工资=月标准工资-事假天数×日工资率-病假天数×日工资率×病假扣薪比例

（2）按出勤天数计算的方法

应付工资=出勤天数×日工资率+病假天数×日工资率×（1-病假扣薪比例）

无论采用哪种方法，都应首先计算出职工的日工资标准，即日工资率。日工资率等于职工月标准工资除以各月的天数，由于各月份的日历天数不同，造成各月标准工资也不同。为了简化工资计算，日工资率有两种计算方法。

2. 日工资率的两种计算方法

（1）每年总天数按国家统计口径 360 天计算，每月平均 30 天，日工资率按每月固定 30 天计算，即日工资率等于月标准工资除以 30。每月固定按 30 天计算日工资率的情况下，由于没有扣除双休日和法定节假日，所以，双休日和法定节假日照计工资。

（2）按每年日历天数 365 天减去 104 个双休日和 11 个法定节假日之差，再除以 12，计算出每月平均工作天数约为 21 天。日工资标准按每月固定 21 天计算，即日工资率等于月标准工资除以 21。

（二）计件工资的计算

计件工资是以产量和工时记录为依据，按规定的计件单价和完成合格品的数量计算支付的工资。计件工资是根据验收合格的产品数量来计算的。如果因生产工人本人在生产过程中的过失而产生的废品（简称工废），不仅不应计算支付工资，还应根据具体情况由责任人赔偿部分或全部赔偿；如果不是生产工人的过失而是因为材料质量问题产生的废品（简称料废），应按规定的计件单价支付工资。

产品的计件单价应根据加工单位产品所需耗用的工时定额和该等级工人每小时工资率的乘积计算求得。对于未完成整个加工过程，则不能按计件单价全额计算工资，需将其折算为相当于完工产品的数量即约当产量，按约当产量或生产工人完成的定额工时计算计件工资。

工资总额组成内容中的奖金应根据企业有关规定和职工奖励制度及考核结果进行计算并支付；此外，还有各种工资性质的津贴、补贴、加班加点工资和特殊情况下支付的工资，应分别根据有关原始凭证和国家有关规定进行计算。

三、人工费用的分配核算

（一）工资费用分配的依据

企业按有关工资制度计算出应付职工工资总额后，应按照工资费用的用途和发生部门进行归集和分配。财会部门应根据有关数据和资料编制工资单与工资汇总表等工资结算凭证作为工资费用分配的依据。工资单是分车间、部门编制的，用以反映企业与每个职工的工资结算情况。

工资单中应分职工类别并按每一职工反映企业应付职工工资、代扣款项和实发工资等项内容。

工资单格式如表 3-8 所示，工资单一般一式三份，其中，有一份经过职工签收后作为工资结算和付款的原始凭证。工资汇总表是根据工资单汇总编制的，用以反映整个企业工资结算的总括情况，它是进行工资费用分配的依据，工资汇总表格式如表 3-9 所示。

表 3-8　职工工资单

201×年 11 月　　　　　　　　　　　　　　　　　　　　　　单位：元

部门	姓名	人员类别	基本工资	奖金	津贴	事假扣款	应发合计
纺织车间	刘思宇	管理	3 500	1 200	600	0	5 300
	任笑	管理	3 500	1 200	600	0	5 300
	小计		7 000	2 400	1 200		10 600
纺织车间	龙胜强	生产	3 000	1 100	550	0	4 650
	疗江	生产	3 000	1 100	550	0	4 650
	王浩	生产	3 000	1 100	550	144	4 506
	徐晓	生产	3 000	1 100	550	0	4 650
	袋熊	生产	3 000	1 100	550	0	4 650
	熊伟	生产	3 000	1 100	550	0	4 650
	小计		18 000	6 600	3 300	144	27 756
企管部	李明	管理	4 000	1 200	600	0	5 800
	邓超	管理	4 000	1 200	600	0	5 800
销售部	熊卓	管理	4 000	1 300	650	342	5 608
	徐娟	管理	4 000	1 300	650	0	5 950
	孙莉	管理	4 000	1 300	650	0	5 950

续表

部门	姓名	人员类别	基本工资	奖金	津贴	事假扣款	应发合计
采购部	刘雄伟	管理	4 000	1 000	600	384	5 216
	刘壮	管理	4 000	1 000	600	0	5 600
财务部	邓娟	管理	4 000	900	500	0	5 400
	吴迪	管理	4 000	900	500	0	5 400
	李杰	管理	4 000	900	500	192	5 208
	小计		40 000	11 000	5 850	918	55 932
合计			65 000	20 000	10 350	1 062	94 288

表 3-9 工资汇总表

201×年 11 月

单位：元

部门/车间		基本工资	奖金	津贴	事假扣款	应发合计
纺织车间	管理人员小计	7 000	2 400	1 200		10 600
	生产人员小计	18 000	6 600	3 300	144	27 756
管理部门	企管部小计	8 000	2 400	1 200	0	11 600
	采购部小计	8 000	2 400	1 200	384	10 816
	销售部小计	12 000	3 900	1 950	342	17 508
	财务部小计	12 000	2 700	1 500	192	16 008
合计		65 000	20 000	10 350	1 062	94 288

（二）人工费用核算的账户设置

企业发生工资等人工费用应设置"应付职工薪酬"账户进行核算，该账户属于负债类账户，用来核算企业根据有关规定应付给职工的各种薪酬。"应付职工薪酬"账户应当按照"工资""职工福利""社会保险费""住房公积金""工会经费""职工教育经费""非货币性福利""辞退福利""股份支付"等进行明细核算。

企业发放和支付职工薪酬时，借记本账户，贷记"银行存款""库存现金"等账户；企业分配应付职工薪酬时，应借记"生产成本""制造费用""管理费用""销售费用""在建工程"等账户，贷记本账户。本账户期末贷方余额反映企业应付未付的职工薪酬。

（三）职工薪酬费用分配的账务处理

基本生产车间直接从事产品生产的工人的工资费用。应记入"基本生产成本"账户的借方，并在产品成本明细账中单独设置"直接人工"项目列示。在计件工资形式下，生产工人的计件工资，可以直接计入各种产品成本中。若采用计时工资，则需视具体情况处理，如果生产车间只生产一种产品，则该生产车间汇总的生产工人工资可直接计入该种产品成本中；如果生产车间生产多种产品，则车间生产工人的工资就应按一定的分配方法进行分配后，分别计入有关产品成本中。

直接人工费用一般按产品的生产工时（实际或定额）比例进行分配，其计算公式为：

$$工资费用分配率 = \frac{某车间生产工人工资总额}{该车间各种产品生产工时（实际或定额）之和}$$

某产品应分配的工资费用＝该产品生产工时（实际或定额）×工资费用分配率

【例 3-11】鹏华棉纺厂 201×年生产的产品产量如表 3-7 所示，工资费用如表 3-9 所示，C20S 纱锭每吨生产工时 50.2，C32S 纱锭每吨生产工时 78，C16S 纱锭每吨生产工时 39。

（1）计算工资费用分配率

工资费用分配率=车间生产工人工资总额÷∑车间各种产品生产工时=27 756÷(15×50.2+10×78+20×39)=27 756÷2 313=12

（2）分配工资费用

C20S 纱锭应分配的工资费用=12×50.2×15=9 036（元）

C32S 纱锭应分配的工资费用=12×78×10=9 360（元）

C16S 纱锭应分配的工资费用=12×39×20=9 360（元）

分配结果如表 3-10 所示。

表 3-10　工资费用分配表

单位：元

应借科目		成本项目	直接计入	分配计入			工资费用合计
				生产工时	分配率	分配金额	
基本生产成本	C20S 纱锭	直接人工		753	12	9 036	9 036
	C32S 纱锭	直接人工		780	12	9 360	9 360
	C16S 纱锭	直接人工		780	12	9 360	9 360
	小计					27 756	27 756
制造费用	生产车间	职工薪酬	10 600				10 600
	小计		10 600				10 600
管理费用		职工薪酬	38 424				38 424
销售费用		职工薪酬	17 508				17 508
合计			66 532			27 756	94 288

借：基本生产成本——C20S 纱锭　　　　　　　　9 036

　　　　　　　　——C32S 纱锭　　　　　　　　9 360

　　　　　　　　——C16S 纱锭　　　　　　　　9 360

　　制造费用——职工薪酬　　　　　　　　　　10 600

　　管理费用——职工薪酬　　　　　　　　　　38 424

　　销售费用——职工薪酬　　　　　　　　　　17 508

　　贷：应付职工薪酬　　　　　　　　　　　　94 288

四、其他职工薪酬的计提与分配

其他职工薪酬包括职工福利费、医疗保险费、养老保险费、失业保险费、工伤保险费和生育保险费等社会保险费、住房公积金、工会经费和职工教育经费等。

按现行会计准则的规定，上述职工薪酬应按照工资总额的一定比例提取，并依据工资费用分配的对象计入成本和当期费用。

【例 3-12】根据表 3-9 工资汇总表，分别按工资总额的 10%、12%、2% 和 10.5% 计提医疗保险费、养老保险、失业保险和住房公积金；分别按工资总额的 2%、2% 和 1.5% 计提职工福利费、工会经费及职工教育经费。

应记入"基本生产成本"科目的其他职工薪酬金额：

C20S 纱锭：9 036×（10%+12%+2%+10.5%+2%+2%+1.5%）=3 614.40（元）

C32S 纱锭：9 360×（10%+12%+2%+10.5%+2%+2%+1.5%）=3 744（元）

C16S 纱锭：9 360×（10%+12%+2%+10.5%+2%+2%+1.5%）=3 744（元）

应记入"制造费用"科目的其他职工薪酬金额：

基本生产车间：10 600×（10%+12%+2%+10.5%+2%+2%+1.5%）=4 240（元）

应记入"管理费用"科目的其他职工薪酬金额：

38 424×（10%+12%+2%+10.5%+2%+2%+1.5%）=15 369.60（元）

应记入"销售费用"科目的其他职工薪酬金额：

17 508×（10%+12%+2%+10.5%+2%+2%+1.5%）=7 003.20（元）

根据以上计算结果，编制的其他职工薪酬费用分配表如表 3-11 所示。

表 3-11 其他职工薪酬费用分配表

201×年 11 月

单位：元

应借科目		成本项目	工资总额	计提其他职工薪酬
基本生产成本	C20S 纱锭	直接人工	9 036	3 614.40
	C32S 纱锭	直接人工	9 360	3 744
	C16S 纱锭	直接人工	9 360	3 744
	小计		27 756	11 102.40
制造费用	生产车间	职工薪酬	10 600	4 240
	小计		10 600	4 240
管理费用		职工薪酬	38 424	15 369.60
销售费用		职工薪酬	17 508	7 003.20
合计			94 288	37 715.2

其他职工薪酬费用分配表的会计分录如下：

借：基本生产成本——C20S 纱锭　　　　　　　　　　3 614.40

　　　　　　　——C32S 纱锭　　　　　　　　　　3 744.00

　　　　　　　——C16S 纱锭　　　　　　　　　　3 744.00

　　制造费用——职工薪酬　　　　　　　　　　　　4 240.00

　　管理费用——职工薪酬　　　　　　　　　　　　15 369.60

　　销售费用——职工薪酬　　　　　　　　　　　　7 003.20

　　贷：应付职工薪酬——医疗保险费　　　　　　　　9 428.80

　　　　　　　　　　——养老保险费　　　　　　　　11 314.56

　　　　　　　　　　——失业保险费　　　　　　　　1 885.76

　　　　　　　　　　——住房公积金　　　　　　　　9 900.24

　　　　　　　　　　——职工福利费　　　　　　　　1 885.76

　　　　　　　　　　——工会经费　　　　　　　　　1 885.76

　　　　　　　　　　——职工教育经费　　　　　　　1 414.32

第四节 折旧费用的核算

一、折旧费用的内容

折旧是指固定资产使用过程中由于损耗而转移到产品成本或期间费用中去的那部分价值。企业计提固定资产折旧的方法主要有平均年限法、工作量法、双倍余额递减法和年数总和法等。折旧方法一经确定，不得随意更改。

折旧费用的核算是通过编制各车间、部门折旧计算明细表，而后汇总编制整个企业的折旧计算汇总表。各车间、部门折旧计算明细表应根据月初计提折旧固定资产的有关资料和确定的折旧计算方法编制。按规定，当月内开始使用的固定资产，当月不计提折旧，从下月起计提折旧；当月内减少或停用的固定资产，当月仍计提折旧，从下月起停止计提折旧。

在实际工作中，企业应于每月月末编制"固定资产折旧计算表"，计算分配各分厂、车间、部门的折旧额，并据以进行固定资产折旧费用的核算。企业按规定计提的折旧费，应根据固定资产的使用地点和用途进行分配，分别记入有关成本费用账户。对于生产车间计提的折旧，应记入"制造费用"账户；行政管理部门计提的折旧费，应记入"管理费用"账户；销售机构计提的折旧费，应记入"销售费用"账户；对于租出固定资产计提的折旧费，应记入"其他业务成本"账户。

二、折旧费的计算方法

（一）平均年限法

平均年限法是指将固定资产应计折旧费按预计使用年限平均分摊的一种方法。计算公式为：

$$月折旧率=\frac{1-预计净残值率}{预计使用年限×12}×100$$

$$月折旧额=固定资产原值×月折旧率$$

或

$$月折旧额=\frac{固定资产原值-预计净残值}{预计使用年限×12}$$

该方法适合于使用程度比较均衡的固定资产（如办公大楼、厂房等）计提折旧费。

（二）工作量法

工作量法是按固定资产承担的工作量计算折旧费的一种方法。计算公式为：

$$单位工作量折旧费=\frac{固定资产原值×（1-预计净残值率）}{预计工作总量}$$

$$月折旧费=固定资产当月实际工作量×单位工作量折旧费$$

该方法适合于使用不均衡的固定资产计提折旧费。

（三）加速折旧法

加速折旧法在固定资产使用前期多计提折旧费，后期少计提，折旧费逐年递减。对于贬值较快的固定资产可采用该方法。

1. 双倍余额递减法

该方法是根据各年年初固定资产账面价值和不考虑净残值的双倍平均年限法折旧率计算各年折旧率的一种方法。计算公式为：

$$年折旧费=年初固定资产账面净值×\frac{2}{预计使用年限}$$

$$月折旧费=\frac{年折旧费}{12}$$

采用双倍余额递减法计算折旧时，应在可使用年限的最后2年，将应计折旧费与已计折旧费的差额平均分摊。

2. 年数总和法

年数总和法是根据应计折旧费乘以可使用年限与预计使用年限之和之比,计算折旧的一种方法。计算公式如下:

$$年折旧费=应计折旧费用 \times \frac{剩余可使用年限}{预计使用年限之和}$$

$$月折旧费= \frac{年折旧费}{12}$$

三、折旧费计算表

在实际工作中,计提折旧时根据固定资产原值及增、减变动统计表,计算固定资产折旧费,编制固定资产折旧费计算表,如表 3-12 所示。

表 3-12 折旧费计算表

201×年 11 月　　　　　　　　　　　　　　　　　　　　　　　　单位:元

使用部门	固定资产项目	上月折旧	上月增加固定资产		上月减少固定资产		本月折旧
			原值	折旧费	原值	折旧费	
基本生产车间	厂房	18 600					18 600
	机器设备	6 200	240 000	2 000			8 200
	小计	24 800	240 000	2 000			26 800
辅助生产车间	厂房	8 000					8 000
	机器设备	900					900
	小计	8 900					8 900
行政管理部门	办公楼	8 000					8 000
	设备	1 000			24 000	200	800
	小计	9 000			24 000	200	8 800
专设销售机构	设备	1 020					1 020
	小计	1 020					1 020
合计		43 720	240 000	2 000	24 000	200	45 520

对表 3-12 中数据的计算说明:如果没有固定资产的增、减变动情况发生,采用平均年限法计算折旧费,每月的折旧费相同。如上月有新增固定资产,本月折旧费应在上月折旧的基础上再加上新增固定资产的折旧,如上月减少了固定资产,本月折旧费应在上月折旧的基础上减去固定资产减少部分的折旧。表 3-12 中新增资产,减少资产,预计使用年限为 10 年,净残值为 0。采用平均年限法计算折旧费。

新增资产的月折旧费:月折旧额=240 000÷(10×12)=2 000(元)

减少资产的月折旧费:月折旧额=24 000÷(10×12)=200(元)

根据折旧费用计算表,将折旧费用按使用部门计入对应会计科目,编制会计分录如下:

借:制造费用　　　　　　　　　　　　　　　　　　　　　　　26 800

　　生产成本——辅助生产成本　　　　　　　　　　　　　　　8 900

　　管理费用　　　　　　　　　　　　　　　　　　　　　　　8 800

　　销售费用　　　　　　　　　　　　　　　　　　　　　　　1 020

　　贷:累计折旧　　　　　　　　　　　　　　　　　　　　　　　45 520

第五节　辅助生产费用的核算

一、辅助生产费用核算的内容

（一）辅助生产及辅助生产费用

工业企业的生产按其职能不同可以分为基本生产和辅助生产。基本生产是企业中直接为制造产品而进行的生产过程，而辅助生产则是在企业内部为保证基本生产和其他部门服务的需要而进行的生产。如为基本生产车间提供修理劳务，供应水、电、气，以及生产基本生产所需的工具、模具、修理用备件等。从事辅助生产的车间为辅助生产车间。辅助生产车间除了为基本生产车间生产产品和提供劳务外，有时还为企业内部其他部门提供产品和劳务，甚至对外销售产品，但这不是它的主要任务。

辅助生产车间从事生产和提供劳务，必然要发生材料、人工等各种耗费。辅助生产车间所耗费的各种生产费用之和，就形成了辅助生产产品和劳务的成本。而对于耗用辅助生产产品和劳务的基本生产车间和其他经营管理部门来说，辅助生产产品和劳务的成本又是一种费用，即辅助生产费用。

辅助生产费用经过分配，最终计入基本生产成本或期间费用。所以，辅助生产产品或劳务成本的高低，对基本生产成本和经营管理费用的高低有着直接影响。只有在辅助生产费用正确归集分配以后，才能计算基本生产成本和经营管理费用。因此，正确、及时地组织辅助生产费用的归集和分配，加强对辅助生产费用的核算和监督，对企业降低成本、节约费用、正确计算产品成本和利润有着十分重要的意义。

（二）辅助生产费用核算的特点

辅助生产车间按其提供的产品和劳务种类的多少，可分为两种类型：一种是只提供一种产品、劳务或作业的单品种辅助生产车间，如供水车间、供电车间、供气车间、机修车间和运输车间等；另一种是提供多种产品、劳务或作业的多品种辅助生产车间，如从事工具、模具、刀具和修理用备件生产的车间等。

不同类型的辅助生产车间，辅助生产费用的归集和分配方法也不尽相同。单品种辅助生产车间只提供一种产品、劳务或作业，其发生的各种费用都是该车间提供产品、劳务或作业的直接成本，只需按车间分别归集其总费用，然后在各受益部门之间按受益比例进行分配；多品种辅助生产车间提供多种产品、劳务或作业，其发生的各种费用在归集时必须区分直接费用和间接费用，发生的费用如能分清是哪一种产品、劳务或作业耗用的，则可直接计入该种产品、劳务或作业的成本中。为管理和组织生产活动而发生的各项费用，是间接费用，不能直接计入辅助生产成本，需要按辅助生产车间分别归集，月末将归集的间接费用在各种产品、劳务或作业间按一定比例进行分配后，再计入辅助生产成本。

有些辅助生产车间产品完成后形成企业的存货，例如模具车间提供的模具等。形成企业存货的辅助生产可能会有月末在产品，这就需要将辅助生产过程中发生的费用在完工产品和在产品之间进行分配。这种辅助生产产品成本计算方法与本书以后章节介绍的基本生产成本的成本计算方法相同。

有些辅助生产产品、劳务或作业是直接提供给受益部门使用的，例如供电车间提供电力、辅助生产提供的产品、劳务或作业，主要是为基本生产车间和行政管理部门等使用和服务的，但某些辅助生产车间之间会相互提供产品和劳务。例如,供电车间为机修车间供电,机修车间为供电车间提供修理劳务。因此,为了正确计算辅助生产产品和劳务的成本,并且将辅助生产费用正确地分配计入基本生产成本,在分配辅助生产费用时,还应将辅助生产费用在各辅助生产车间之间进行交互分配,这也是辅助生产费用核算的特点。

二、辅助生产费用的归集

辅助生产车间发生的各项费用,应记入"辅助生产成本"账户的借方进行归集。

对于单品种辅助生产车间,其发生的所有费用都是直接费用,应根据有关费用分配凭证和费用支付凭证借记"辅助生产成本"账户,贷记"原材料""材料成本差异""低值易耗品""应付职工薪酬""累计折旧""银行存款"等账户,并将有关费用直接记入"辅助生产成本"明细账相应的专栏中。

对于多品种辅助生产车间,其发生的各种费用应先区分为直接费用和间接费用。直接用于某种辅助生产产品或劳务的费用,借记"辅助生产成本"账户,贷记有关账户,并将其直接记入该产品或劳务的"辅助生产成本"明细账相应的专栏。间接费用的核算有两种方法。

(一)不设置"制造费用——辅助生产车间"账户归集辅助生产车间的间接费用

这种方法主要适用于:辅助生产车间规模较小,提供的劳务或产品单一,且不对外销售产品或提供劳务,不需要按照规定的成本项目计算辅助生产成本的情况。这样,对辅助生产车间的制造费用就可以简化核算,发生制造费用,直接借记"辅助生产成本"账户,并将制造费用直接记入"辅助生产成本"明细账的费用项目专栏。

纺织厂的机修车间,201×年11月辅助生产成本明细账格式如表3-13所示。

表3-13　辅助生产成本明细账

辅助车间:机修　　　　　　　　　　201×年11月　　　　　　　　　　　单位:元

摘要	直接材料	燃料和动力	直接人工	制造费用	合计	转出
材料费用分配表	26 000				26 000	
外购动力分配表		4 600			4 600	
工资费用分配表			32 000		32 000	
其他职工薪酬分配表			26 000		26 000	
制造费用				26 800	26 800	
合计	26 000	4 600	58 000	26 800	115 400	115 400

(二)设置"制造费用——辅助生产车间"账户,核算辅助生产车间发生的间接费用

辅助生产车间发生制造费用,先记入"制造费用——辅助生产车间"账户的借方,期末汇总后,再将归集的制造费用从"制造费用——辅助生产车间"账户的贷方,直接转入或分配转入"生产成本——辅助生产成本"账户的借方,计算辅助生产成本(见表3-14)。

表3-14　制造费用明细账

辅助车间:机修　　　　　　　　　　201×年11月　　　　　　　　　　　单位:元

摘要	直接材料	燃料和动力	直接人工	制造费用	合计	转出
材料费用分配表	1 200				1 200	
外购动力分配表		800			800	
工资费用分配表			6 000		6 000	
其他职工薪酬分配表			3 200		3 200	
折旧费用分配表				15 600	15 600	

续表

摘要	直接材料	燃料和动力	直接人工	制造费用	合计	转出
老保费（银行存款支付）						
制造费用分配表						26 800
合计	1 200	800	9 200	15 600	26 800	26 800

三、辅助生产费用的分配

（一）辅助生产费用的归案

辅助生产费用归集后，期末应通过一定的程序和方法在各受益单位之间进行分配。辅助生产的类型不同，其费用分配结转的程序和方法也不同。

对需要入库形成企业存货的辅助生产，应计算辅助生产产品如工具、模具、修理用备件等的生产成本，产品完工入库时，将其成本从"辅助生产成本"账户的贷方结转到"低值易耗品"或"原材料"账户的借方。有关部门领用时，再从"低值易耗品"或"原材料"等账户的贷方转入"制造费用""销售费用""管理费用"等账户的借方，其核算方法和程序与基本生产车间产品成本的核算方法基本相同。

对提供水、电、气、修理和运输等劳务作业的辅助生产，其发生的费用应在各受益单位之间按照所耗数量或其他分配标准进行分配。分配时，从"辅助生产成本"账户的贷方转入"基本生产成本""制造费用""管理费用""销售费用""其他业务成本""在建工程"等账户的借方。

（二）辅助生产费用的分配方法

辅助生产费用的分配方法有多种，常用的分配方法有直接分配法、交互分配法、代数分配法、计划成本分配法等，企业应结合自身实际情况选用适当的方法进行辅助生产费用的分配。

1. 直接分配法

直接分配法是指在分配辅助生产费用时，不考虑各辅助生产车间之间相互提供产品或劳务的情况，直接将各辅助生产车间发生的费用在辅助生产车间以外的受益单位之间按受益比例进行分配的方法。直接分配法一般适用于辅助生产车间之间不相互提供产品或劳务的企业，或者相互提供产品或劳务较少的企业。

直接分配法的分配程序是：首先，根据各辅助生产车间发生的费用总额和向辅助生产以外的各受益单位提供的产品或劳务数量，计算费用分配率；然后，再根据各受益单位的耗用量和费用分配率，计算各受益单位应分配的费用。

$$某种辅助生产费用分配率=\frac{待分配的该种辅助生产费用总额}{该种辅助生产车间以外耗用该种劳务的数量之和}$$

【例3-13】某企业有机修和运输两个辅助单位，机修车间的全部费用如表3-13所示，运输部门的全部费用28 985元，由于这两个辅助生产部门都是以提供劳务为主，并且具有劳务记录明细账。运输部的劳务成本按里程分配，维修劳务按工时分配，对于维修耗用的材料费用，直接计入服务对象。辅助生产单位提供的劳务明细账及汇总表如表3-15～表3-18所示。

表3-15　机修车间劳务明细账

201×年		摘要	使用材料	使用备件	耗用工时（小时）
11	3	第一生产车间	1 200	260	4/每人（2 人）
11	5	第二生产车间	1 600	140	6/每人（3 人）
11	6	厂部		220	2
11	8	运输部	50	180	4
……	……	……	……	……	……
11	30	合计	20 000	6 000	982

表 3-16　机修车间劳务汇总表

| 201×年 | | 摘要 | 维修耗材费用 | | | 耗用工时 |
月	日		材料（元）	备件（元）	合计（元）	（小时）
11	30	第一生产车间	2 800	9 700	12 500	398
11	30	第二生产车间	1 600	4 400	6 000	268
11	30	厂部办公室	220	300	520	20
11	30	工程部	1 380	5 600	6 980	270
11	30	运输部				26
11	30	合计	6 000	20 000	26 000	982

表 3-17　运输部出车记录

| 201×年 | | 摘要 | 车型 | 用途 | 里程（千米） |
月	日				
11	1	厂部	小车	到机场	120
11	2	第一生产车间	货车	运设备	160
11	3	销售部门	客车	接待客户	50
……	……	……	……	……	……
11	30	合计			16 960

表 3-18　运输部出车汇总表

单位：千米

| 201×年 | | 摘要 | 小车 | 客车 | 货车 | 标准里程 |
月	日					
11	30	厂长办公室	4 000	800		6 400
11	30	总经理办公室	3 500	200		4 100
11	30	第一生产车间	300	180	200	1 840
11	30	第二生产车间	600	120	60	1 260
11	30	销售部	3 000		3 500	20 500
11	30	机修车间		500		1 500
11	30	合计	11 400	1 800	3 760	35 600

（1）机修车间的辅助费用分配

$$计算劳务单位成本（分配率）=\frac{待分配的辅助生产费用}{辅助生产车间以外部门耗用该种劳务总数（维修耗材费用}$$
包括材料和备件，直接计入服务对象）

工时成本 =（115 400-26 000）÷（982-26）= 93.514 6（元/工时）

（2）计算每千米的用车费用

将不同的车型按系数换算成统一的标准：客车里程按小车的 3 倍计算，货车里程按小车的 5 倍计算。

每千米费用（分配率）= 28 985÷（35 600-1 500）= 0.85（元/千米）

表 3-19　辅助生产费用分配表（直接分配法）

单位：元

辅助生产部门		机修	运输	金额合计
待分配辅助生产费用		115 400	28 985	144 385
辅助生产单位以外的劳务数量		956	34 100	
单位劳务成本（分配率）		93.514 6	0.85	
基本生产车间	一车间一般耗用	37 218.8+（12 500）	1 564	51 282.8
	二车间一般耗用	25 061.9+（6 000）	1 071	32 132.9

续表

辅助生产部门		机修	运输	金额合计
工程部	专项工程	25 248.9+（6 980）		32 228.6
行政管理部门	厂部办公室	1 870.4+（520）	5 440	7 830.4
	总经理办公室		3 485	3 485
销售部			17 425	17 425
分配金额合计		89 400+（26 000）	28 985	144 385

根据表3-19的分配结果，编制会计分录如下：

借：制造费用——一车间   51 282.8
    ——二车间   32 132.9
  在建工程   32 228.9
  管理费用   11 315.4
  销售费用   17 425
 贷：辅助生产成本——机修车间   115 400
      ——运输部门   28 985

采用直接分配法，各辅助生产车间的待分配费用只对辅助生产车间以外的各受益单位进行分配，计算比较简便。但如果辅助生产车间之间相互提供的产品或劳务较多时，采用直接分配法进行分配就会影响辅助生产费用分配的正确性，从而影响产品制造成本计算的正确性。因此，在辅助生产车间相互提供的产品或劳务较多的情况下，辅助生产费用的分配应采用交互分配的方法。

2. 交互分配法

交互分配法又称一次交互分配法，是指先将辅助生产车间的费用在辅助生产车间之间进行交互分配，将辅助生产车间交互分配前待分配的费用加上交互分配转入的费用，减去交互分配转出的费用，计算出交互分配后的待分配费用，然后在辅助生产车间以外各受益单位之间进行直接分配的方法，具体计算步骤如下。

（1）计算辅助生产费用交互分配率，并以该分配率在辅助生产车间内部进行一次交互分配。

$$辅助生产费用交互分配率 = \frac{该辅助生产车间待分配的费用总额}{该辅助生产车间提供的产品或劳务总量}$$

$$\begin{matrix} 某辅助生产车间应分 \\ 配的辅助生产费用 \end{matrix} = \begin{matrix} 该辅助生产车间耗用 \\ 的产品或劳务总量 \end{matrix} \times \begin{matrix} 辅助生产费用 \\ 交互分配率 \end{matrix}$$

（2）计算交互分配后各辅助生产车间的实际费用。

交互分配后的实际费用 = 交互分配前的费用 + 交互分配转入费用 − 交互分配转出费用

（3）根据交互分配后的实际费用和辅助生产车间以外的各受益单位的受益量，进行对外分配。

$$对外分配的费用分配率 = \frac{某辅助生产车间交互分配后的实际费用}{该辅助生产车间提供的产品或劳务总量 − 该辅助生产车间向其他辅助生产车间提供的产品或劳务量}$$

$$\begin{matrix} 辅助生产部门以外的各受益 \\ 单位应分的辅助生产费用 \end{matrix} = \begin{matrix} 该受益单位耗用的辅助 \\ 生产车间的产品或劳务 \end{matrix} \times \begin{matrix} 对外分配的 \\ 费用分配率 \end{matrix}$$

采用交互分配法分配辅助生产费用，提高了分配结果的正确性，但由于各种辅助生产费用的分配都要计算两个费用分配率，进行两次分配，增加了计算工作量。因此，交互分配法适用于各辅助生产车间相互提供产品或劳务量较多且不平衡的企业。

【例 3-14】 引用【例 3-13】资料，采用交互分配法进行分配。

（1）计算辅助生产费用交互分配率

机修车间交互分配率＝（115 400－26 000）÷982＝91.04

运输部门的交互分配率＝28 985/35 600＝0.814 2（元/千米）

（2）交互分配

机修车间分配的运输费＝0.814 2×1 500＝1 221.30（元）

运输部门的分配修理费＝91.04×26＝2 367.04（元）

（3）交互分配后的劳务实际费用

机修车间交互分配后的实际费用＝89 400＋1 221.3－2 367.04＝88 254.26（元）

运输部门交互分配后的实际费用＝28 985＋2 367.04－1 221.3＝30 130.74（元）

（4）交互分配后的分配率

机修车间交互分配后的分配率＝88 254.26÷956＝92.316 2

运输部门交互分配后的分配率＝30 130.74÷34 100＝0.883 6

（5）对外分配的劳务费用

机修车间的费用分配：

基本生产车间（一车间）分配的修理费用＝92.316 2×398＝36 741.84（元）

基本生产车间（二车间）分配的修理费用＝92.316 2×268＝24 740.74（元）

工程部分配的修理费用＝92.316 2×270＝24 925.37（元）

行政管理部门分配的修理费用＝92.316 2×20＝1 846.31（元）

运输部门的费用分配：

基本生产车间（一车间）分配的运输费用＝0.883 6×1 840＝1 625.81（元）

基本生产车间（二车间）分配的运输费用＝0.883 6×1 260＝1 113.33（元）

行政管理部门分配的运输费用＝0.883 6×10 500＝9 277.8（元）

销售部分配的运输费用＝0.883 6×20 500＝18 113.8（元）

采用交互分配方法，分配结果如表 3-20 所示。

表 3-20　辅助生产费用分配表（交互分配法）

201×年 11 月

辅助生产部门			机修			运输		
待分配辅助生产费用			工时	分配率	金额（元）	千米	分配率	金额（元）
			982		89 400	35 600	0.814 2	28 985
交互分配	辅助生产车间	机修			1 221.3	-1 500		-1 221.3
		运输	-26		-2 367.04			2 367.04
应对外分配的劳务数量及辅助生产费用			956	92.316 2	88 254.26	34 100	0.814 2	30 130.74
基本生产车间	一车间一般耗用		398		36 741.84	1 840		1 625.81
	二车间一般耗用		268		24 740.74	1 260		1 113.33
行政管理部门			20		1 846.31	10 500		9 277.8
销售部						20 500		18 113.8
工程部			270		24 925.37			
分配合计			956		88 254.26	34 100		30 130.74

根据表 3-20 的分配结果，编制会计分录如下：

借：辅助生产成本——机修车间　　　　　　　　　1 221.3
　　　　　　　　　——运输部门　　　　　　　　　2 367.04
　　贷：辅助生产成本——机修车间　　　　　　　　　　　　　2 367.04
　　　　　　　　　——运输部门　　　　　　　　　　　　　1 221.3
借：制造费用——一车间　　　　　　　　　　　38 367.65
　　　　　　——二车间　　　　　　　　　　　25 854.07
　　管理费用　　　　　　　　　　　　　　　　11 124.11
　　销售费用　　　　　　　　　　　　　　　　18 113.8
　　在建工程　　　　　　　　　　　　　　　　24 925.37
　　贷：辅助生产成本——机修车间　　　　　　　　　　　　88 254.26
　　　　　　　　　——运输部门　　　　　　　　　　　　30 130.74

3. 代数分配法

代数分配法，是运用代数中多元一次联立方程的原理，在辅助生产车间之间相互提供产品或劳务情况下的一种辅助生产成本费用分配方法。采用这种分配方法，首先，应根据各辅助生产车间相互提供产品和劳务的数量，求解联立方程式，计算辅助生产产品或劳务的单位成本；然后，根据各受益单位（包括辅助生产内部和外部各单位）耗用产品或劳务的数量和单位成本，计算分配辅助生产费用。

【例 3-15】以【例 3-13】资料为例，采用代数分配法，进行分配编制辅助生产费用分配表（见表 3-21）。

设机修车间的工时单位成本为 X 元，运输单位成本为 Y 元，建立以下联立方程：

$$\begin{cases} 89\,400+1\,500Y=982X \\ 28\,985+26X=35\,600Y \end{cases}$$

解得：X＝92.385 4　（工时单位成本）
　　　Y＝0.881 657　（运输单位成本）

分配转入的费用：

　　机修车间分配转入的费用＝0.881 657×1 500＝1 322.49（元）
　　运输部门分配转入的费用＝92.385 4×26＝2 402.02（元）

表 3-21　辅助生产费用分配表（代数分配法）

201×年 11 月　　　　　　　　　　　　　　　　　　　　　　　单位：元

辅助生产部门			机修	运输	合计
待分配辅助生产费用			89 400	28 985	118 385
待分配的劳务数量			982	35 600	
单位成本（分配率）			92.385 4	0.881 6	
辅助生产车间	机修车间	耗用数量		1 500	
		分配金额		1 322.49	1 322.49
	运输部门	耗用数量	26		
		分配金额	2 402.02		2 402.02
基本生产车间	一车间一般耗用	耗用数量	398	1 840	
		分配金额	36 769.40	1 622.25	38 391.65
	二车间一般耗用	耗用数量	268	1 260	
		分配金额	24 759.29	1 110.89	25 870.18
行政管理部	耗用数量		20	10 500	
	分配金额		1 847.71	9 257.41	11 105.12

续表

辅助生产部门		机修	运输	合计
销售部	耗用数量		20 500	
	分配金额		18 073.99	18 073.99
工程部	耗用数量	270		
	分配金额	24 744.06		24 944.06
	分配金额合计	90 522.48	31 387.03	122 109.51

根据辅助生产费用分配表，编制会计分录如下：

```
借：辅助生产成本——机修车间                           1 322.49
              ——运输部门                           2 402.02
    制造费用——一车间                               38 391.65
          ——二车间                               25 870.18
    管理费用                                       11 105.12
    销售费用                                       18 073.99
    在建工程                                       24 944.06
    贷：辅助生产成本——机修车间                        90 522.48
                  ——运输部分                        31 387.03
```

4. 计划成本分配法

计划成本分配法是先按各种辅助生产的计划单位成本，将辅助生产费用在各受益单位（包括辅助生产车间）之间进行分配；然后计算辅助生产计划分配额与实际费用的差额，最后将辅助生产成本差异进行追加调整分配的一种分配方法。其计算步骤如下。

（1）计划单位成本分配。按计划单位成本和各受益单位（包括辅助生产车间）实际耗用产品或劳务的数量进行分配

$$\begin{matrix} \text{某受益单位应负担的辅助} \\ \text{生产车间生产费用计划成本} \end{matrix} = \begin{matrix} \text{该受益单位实际耗用辅助} \\ \text{生产车间产品或劳务数量} \end{matrix} \times \begin{matrix} \text{该产品或劳务} \\ \text{的计划成本} \end{matrix}$$

（2）计算各辅助生产车间实际发生的费用

$$\begin{matrix} \text{某辅助生产} \\ \text{车间实际费用} \end{matrix} = \begin{matrix} \text{该辅助生产车间} \\ \text{分配前的费用} \end{matrix} + \begin{matrix} \text{按计划单位成本从其他辅助} \\ \text{生产车间分配转入的费用} \end{matrix}$$

（3）计算各辅助生产车间的成本差异

$$\begin{matrix} \text{某辅助生产} \\ \text{车间的成本差异} \end{matrix} = \begin{matrix} \text{该辅助生产车间} \\ \text{的实际费用} \end{matrix} - \begin{matrix} \text{按计划单位成本} \\ \text{分配转出的费用} \end{matrix}$$

（4）进行成本差异的追加分配。对各辅助生产车间的成本差异，应按实际受益比例在辅助生产车间以外的各受益单位之间进行追加分配。如果成本差异比较小，为了简化计算，可不进行追加分配，将成本差异全部计入管理费用。

【例 3-16】沿用【例 3-15】资料，假定维修每工时计划成本 92 元，运输费用每千米计划成本 0.8 元。采用计划成本分配法进行分配。

（1）计算各受益部门应分配的辅助费用

运输部门应分配的维修费用=92×26=2 392（元）

基本生产（一车间）应分配的维修费用=92×398=36 616（元）

基本生产（二车间）应分配的维修费用=92×268=24 656（元）

行政管理部门应分配的维修费用=92×20=1 840（元）

专项工程部门应分配的维修费用=92×270=24 840（元）

合计=2 392+36 616+24 656+1 840+24 840=90 344（元）

机修车间应分配的运输费用=0.8×1 500=1 200（元）

基本生产（一车间）应分配的运输费用=0.8×1 840=1 472（元）

基本生产（二车间）应分配的运输费用=0.8×1 260=1 008（元）

行政管理部门应分配的运输费用=0.8×10 500=8 400（元）

销售部门应分配的运输费用=0.8×20 500=16 400（元）

合计=1 200+1 472+1 008+8 400+16 400=28 480（元）

（2）计算辅助生产车间的实际生产费用

机修车间的实际费用=89 400+0.8×1 500=90 600（元）

运输部门的实际费用=28 985+26×92=31 377（元）

（3）计算各辅助生产车间的成本差异

机修车间费用分配的差额=90 600-90 344=256（元）

运输部门费用分配的差额=31 377-28 480=2897（元）

采用计划成本分配法编制的辅助生产费用分配表，如表3-22所示。

表3-22 辅助生产费用分配表（计划成本分配表）

201×年11月

项目		辅助生产部门	机修 计划单位成本 （92元/工时）	运输 计划单位成本 （0.8元/千米）	合计（元）
辅助生产车间	机修车间	耗用数量		1 500	
		分配金额		1 200	1 200
	运输部门	耗用数量	26		
		分配金额	2 392		2 392
基本生产车间	一车间一般耗用	耗用数量	398	1 840	
		分配金额	36 616	1 472	38 088
	二车间一般耗用	耗用数量	268	1 260	
		分配金额	24 656	1 008	25 664
行政管理部门		耗用数量	20	10 500	
		分配金额	1 840	8 400	10 240
销售部		耗用数量		20 500	
		分配金额		16 400	16 400
工程部		耗用数量	270		
		分配金额	24 840		24 840
按计划成本分配金额合计			90 344	28 480	118 824
辅助生产实际费用			90 600	31 377	121 977
辅助生产费用分配的差额			256	-103	3 153

根据辅助生产费用分配表，编制会计分录如下：

借：辅助生产成本——机修车间　　　　　　　　　　　1 200

　　　　　　　——运输部门　　　　　　　　　　　2 392

　　制造费用——一车间　　　　　　　　　　　　　38 088

　　　　　　——二车间　　　　　　　　　　　　　25 664

　　管理费用　　　　　　　　　　　　　　　　　　10 240

　　销售费用　　　　　　　　　　　　　　　　　　16 400

　　在建工程　　　　　　　　　　　　　　　　　　24 840

　　贷：辅助生产成本——机修车间　　　　　　　　　　　　90 344

　　　　　　　　——运输部门　　　　　　　　　　　　28 480

结转差异额。

借：管理费用   3 153

    贷：辅助生产成本——机修车间   256

              ——运输部门   2 897

第六节 制造费用的核算

企业在产品生产过程中，除了直接耗用各种原材料、燃料及动力和支付职工薪酬等各种耗费、支出外，还会发生各种制造费用。为此，就要正确地核算制造费用，这对于正确计算产品的生产成本非常有必要。由于辅助生产的制造费用归集和分配的核算已在上节中讲述，因此本节着重讲述基本生产的制造费用归集和分配的核算。

制造费用是指间接用于产品生产的各项耗费、支出，以及虽直接用于产品生产，但不便于直接计入产品成本，因而没有专设成本项目的耗费、支出。制造费用包括企业内部生产单位（分厂、车间）管理人员的职工薪酬、固定资产折旧费、修理费、租赁费（不包括融资租赁费）、机物料消耗、取暖费、水电费、办公费、运输费、保险费、设计制图费、试验检验费、劳动保护费、季节性或修理期间的停工损失以及其他制造费用。

一、制造费用的归集

制造费用的归集和分配是通过"制造费用"账户进行的。该账户的借方登记当月内发生的各种制造费用；贷方登记分配转入"基本生产成本"账户借方，应由各种产品成本负担的制造费用。该账户一般应按车间设置明细分类账，账内按照费用项目设置专栏，进行明细核算。制造费用发生时，根据有关的付款凭证、转账凭证和前述各种费用分配表，记入"制造费用"账户的借方，并视具体情况，分别记入"原材料""周转材料""应付职工薪酬""累计折旧""应付利息""银行存款"等账户的贷方；期末按照一定的标准进行分配时，从该账户的贷方转出，记入"基本生产成本"等账户的借方；除季节性的生产企业外，"制造费用"账户期末应无余额。

（1）生产车间发生的机物料消耗，借记本账户，贷记"原材料"等账户。

（2）发生的生产车间管理人员的工资等职工薪酬，借记本账户，贷记"应付职工薪酬"账户。

（3）生产车间计提的固定资产折旧，借记本账户，贷记"累计折旧"账户。

（4）生产车间支付的办公费、水电费等，借记本账户，贷记"银行存款"等账户。

（5）发生季节性的停工损失，借记本账户，贷记"原材料""应付职工薪酬""银行存款"等账户。

（6）将制造费用分配计入有关的成本核算对象，借记"基本生产成本""劳务成本"等账户，贷记本账户。

（7）季节性生产企业制造费用全年实际发生额与分配额的差额，除其中属于为下一年开工生产做准备的可留待下一年分配外，其余部分实际发生额大于分配额的差额，借记"基本生产成本"账户，贷记本账户；实际发生额小于分配额的差额做相反的会计分录。

二、制造费用的分配

为了正确计算产品的生产成本，必须合理地分配制造费用。基本生产车间的制造费用是产品生产成本的组成部分，在只生产一种产品的车间，制造费用可以直接计入该种产品生产成本；在生产多种产品的车间中，制造费用则应该采用既合理又较简便的分配方法，分配计入各种产品的生产成本，即记入"基本生产成本"账户及其明细分类账"制造费用"成本项目。制造费用的分配方法一般有生产工时比例法、生产工人工资比例法、机器工时比例法和年度计划分配率分配法等。分配方法一经确定，不应随意变更。

（一）生产工时比例法

生产工时比例法是按照各种产品所用生产工人工时的比例分配制造费用的一种方法。计算公式如下：

$$制造费用分配率=\frac{某车间归集的制造费用总额}{该车间各种产品生产工时合计}$$

某产品应分配的制造费用=该种产品生产工时×制造费用分配率

按生产工时比例分配，可以是各种产品实际耗用的生产工时（实用工时）。如果产品的工时定额比较准确，制造费用也可以按定额工时的比例分配。即公式中"生产工时"可以是实际生产工时，也可以是定额工时（定额工时=产品产量×单位产品工时定额）。

【例 3-17】鹏华棉纺厂纺织生产车间 201×年 11 月归集的制造费用总额为 122 589 元（见表 3-23），基本生产车间生产的三种产品分别耗用生产工时为 753、780、780 共 2 313 生产工时。计算分配如下：

制造费用分配率=122 589÷2 313=53（元/工时）

C20S 纱锭应分配的制造费用=53×753=39 909（元）

C32S 纱锭应分配的制造费用=53×780=41 340（元）

C16S 纱锭应分配的制造费用=53×780=41 340（元）

表 3-23　制造费用分配表

单位：元

摘要	机物料消耗	燃料和动力	职工薪酬	折旧费用	办公费	周转材料	差旅费	劳保费	合计	转出
材料费用分配表	200					520			720	
外购动力分配表		1 203							1 203	
工资费用分配表			10 600						10 600	
其他职工薪酬分配表			4 240						4 240	
折旧费用分配表				26 800					26 800	
辅助生产费用分配表	51 282								51 282	
其他费用汇总表					6 800		12 460	4 484	27 744	
制造费用分配表										122 589
合计	51 482	1 203	14 840	26 800	6 800	520	12 460	8 484	122 589	122 589

根据以上计算结果，编制 11 月"制造费用分配表"，如表 3-24 所示。

表 3-24　制造费用分配表

201×年 11 月

单位：元

项目 / 应借科目	生产工时	分配率	制造费用
基本生产成本——C20S 纱锭	753	53	39 909
基本生产成本——C32S 纱锭	780		41 340
基本生产成本——C16S 纱锭	780		41 340
合计	2 313		122 589

根据"制造费用分配表"编制会计分录如下：

借：基本生产成本——C20S 纱锭   39 909

     ——C32S 纱锭   41 340

     ——C16S 纱锭   41 340

  贷：制造费用   122 589

（二）生产工人工资比例法

生产工人工资比例法又称生产工资比例法，是以各种产品的生产工人工资的比例分配制造费用的一种方法。计算公式如下：

$$制造费用分配率=\frac{某车间归集的制造费用总额}{该车间各种产品生产工人工资合计}$$

某产品应分配的制造费用=该种产品生产工人工资×制造费用分配率

此种分配方法的计算过程与生产工时比例法的计算过程基本一致。由于"工资分配表"中有已知的生产工人工资的资料，所以该种分配方法核算工作更为简便，仍沿用【例 3-17】的资料进行计算。

制造费用分配率=122 589÷27 756=4.416 7（注：27 756 取自表 3-8 和表 3-10）

C20S 纱锭应分配的制造费用=4.416 7×9 036=39 909（元）

C32S 纱锭应分配的制造费用=4.416 7×9 360=41 340（元）

C16S 纱锭应分配的制造费用=4.416 7×9 360=41 340（元）

根据计算结果，编制"制造费用分配表"，如表 3-25 所示。

表 3-25　制造费用分配表

201×年 11 月   单位：元

应借科目 ＼ 项目	生产工人工资	分配率	制造费用
基本生产成本——C20S 纱锭	9 036		39 909
基本生产成本——C32S 纱锭	9 360		41 340
基本生产成本——C16S 纱锭	9 360		41 340
合计	27 756	4.416 7	122 589

借：基本生产成本——C20S 纱锭   39 909

     ——C32S 纱锭   41 340

     ——C16S 纱锭   41 340

  贷：制造费用   122 589

（三）机器工时比例法

机器工时比例法是按照各种产品所用机器设备运转时间的比例分配制造费用的一种方法。这种方法适用于机械化程度较高的车间，因为在这种车间中，折旧费用、修理费用的多少与机器运转时间的长短有着密切的联系。采用这种方法，必须正确做好各种产品所耗用机器工时的记录工作，以保证工时记录的准确性。该方法的计算程序、原理与生产工时比例法基本相同，只是将分配标准由生产工时替换成耗用的机器工时，所以，在此不再举例说明。

（四）年度计划分配率分配法

年度计划分配率分配法，是按照年度开始前确定的全年适用的计划分配率分配制造费用的一种方法。采用这种分配方法，不论各月实际发生的制造费用为多少，每月各种产品成本中的制造费用都按年度计划确定的计划分配率分配。

$$年度计划分配率=\frac{年度制造费用计划总额}{年度各种产品计划产量的定额标准之和}$$

产品应分配的制造费用=产品实际产量的定额标准数×年度计划分配率

公式中的年度制造费用计划总额可以是年度制造费用预算额，分母中的定额标准可以是定额人工工时、生产工人定额工资或机器定额工时。

采用年度计划分配率分配法时，每月实际发生的制造费用与分配转出的制造费用金额不等，因此，"制造费用"账户一般有月末余额，可能是借方余额，也可能是贷方余额。如为借方余额，表示年度内累计实际发生的制造费用大于按计划分配率分配累计的分配转出额，是该月超过计划的预付费用；如为贷方余额，表示年度内按计划分配率分配累计的分配转出额大于累计的实际发生额，是该月按照计划应付未付费用。"制造费用"账户的年末余额，就是全年制造费用的实际发生额与计划分配额的差额，一般应在年末调整计入 12 月的产品成本。实际发生额大于计划分配额，借记"基本生产成本"科目，贷记"制造费用"科目；实际发生额小于计划分配额，则用红字冲减，或者借记"制造费用"科目，贷记"基本生产成本"科目，年末差异调整采用下式计算。

$$年末差异调整分配率=\frac{全年实际制造费用-全年按计划分配率分配的制造费用}{全年各产品计划分配率的制造费用之和}$$

某产品应分配的差额=该产品全年已分配的制造费用×差额分配率

【例 3-18】鹏华棉纺厂年计划制造费用 1 484 580 元，全年各种产品的计划产量 C20S 纱锭 180 吨，C32S 纱锭 135 吨，C16S 纱锭 210 吨；定额工时分别为 C20S 纱锭 50 工时/吨，C32S 纱锭 76 工时/吨，C16S 纱锭 38 工时/吨；201× 年 11 月实际产量为：C20S 纱锭 15 吨；C32S 纱锭 10 吨；C16S 纱锭 20 吨。

C20S 纱锭计划产量定额工时=50×180=9 000（工时）

C32S 纱锭计划产量定额工时=76×135=10 260（工时）

C16S 纱锭计划产量定额工时=38×210=7 980（工时）

制造费用计划分配率=1 484 580÷（9 000+10 260+7 980）=1 484 580÷27 240=54.5

201× 年 11 月各产品应分配的制造费用：

C20S 纱锭分配的制造费用=54.5×15×50=40 875（元）

C32S 纱锭分配的制造费用=54.5×10×76=41 420（元）

C16S 纱锭分配的制造费用=54.5×20×38=41 420（元）

根据计算结果，编制 11 月"制造费用分配表"，如表 3-26 所示。

表 3-26　制造费用分配表

201× 年 11 月

项目 应借科目	实际产量（吨）	每吨工时 定额	实际产量 定额工时	计划 分配率	制造费用（元）
基本生产成本——C20S 纱锭	15	50	750		40 875
基本生产成本——C32S 纱锭	10	76	760		41 420
基本生产成本——C16S 纱锭	20	38	760		41 420
合计			2 270	54.5	123 715

该月实际发生的制造费用为：122 589 元，按制造费用计划分配率分配的制造费用为 123 715 元，差额为 1 126 元，本月不做调整，依据制造费用分配表编制会计分录如下：

```
借：基本生产成本——C20S 纱锭                    40 875
        ——C32S 纱锭                    41 420
        ——C16S 纱锭                    41 420
    贷：制造费用                                    123 715
```

承【例 3-18】，假定鹏华棉纺厂年底按制造费用计划分配率分配的制造费用为 1 485 000 元，C20S 纱锭已分配 474 000 元，C32S 纱锭已分配 507 000 元，C16S 纱锭已分配 504 000 元。而实际全年累计发生的制造费用为 1 484 000 元，本年度多分配制造费用 1 000 元。需在三种产品中再进行差额分配，计算如下（注：下列公式中括号里的数据为制造费用差异分配率）：

C20S 纱锭应分配数=474 000×（1 000/1 485 000）=319.2（元）

C32S 纱锭应分配数=507 000×（1 000/1 485 000）=341.4（元）

C16S 纱锭应分配数=504 000×（1 000/1 485 000）=339.4（元）

上述计算分配过程的账务处理如下：

借：基本生产成本——C20S 纱锭　　　　　　　　　　　319.2

　　　　　　　——C32S 纱锭　　　　　　　　　　　341.4

　　　　　　　——C16S 纱锭　　　　　　　　　　　339.4

　　贷：制造费用　　　　　　　　　　　　　　　　　　1 000

年末差额调整后，"制造费用"总账及其所属明细账均无余额。按年度计划分配制造费用，不管各月实际发生的制造费用多少，都按年度计划分配，不必每月等到实际制造费用资料出来后再进行分配，可有效避免成本报表滞后的问题，及时反映制造费用预算数与实际数的差异，有助于预算执行情况的分析。

运用该方法的基础前提是，企业具有科学合理的预算，每年滚动调整，保证计划与实际差异不会影响成本计算的准确性。如果计划与实际差异较大，就说明预算不合理，不适合采用该方法。

第七节　生产损失的核算

生产损失是指企业在产品生产过程中由于生产原因而发生的不能形成正常产出的损失，包括废品损失、停工损失以及管理不善而造成的在产品损失等。企业由于管理不善造成的产品损失与生产不直接相关，因此不能计入产品生产成本，而应视具体情况分别计入期间费用或营业外支出。这里主要介绍与产品生产成本相关的生产损失，即废品损失和停工损失。

一、废品损失的核算

（一）废品的概念

废品是指由于生产原因而造成的质量不符合规定的技术标准，不能按其设计要求加以利用，或者需要加工修理后才能符合规定技术指标的在产品、半成品和产成品。这些问题可能在生产过程中被发现，也可能入库时被抽检发现。

（二）废品的分类

废品因种类不同，而废品损失的核算方法也不一样。因此，有必要对废品进行分类，以明确责任和废品损失的确认。

（1）废品按其产生的原因不同可分为料废和工废。料废是指由于原料不符合质量要求而造成的废品。工废是指由于加工原因，如操作违反规程、看错或绘错图纸等造成的废品。料废是因材料供应部门责任造成的，应由材料供应部门负责。工废是加工过程造成的，应由生产车间负责，因此，区分废品是属于料废还是工废，有利于分清产生废品的责任，有利于企业贯彻经济责任制。

（2）废品按其能否修复可分为可修复废品和不可修复废品。可修复废品是指技术上可以修复，而且所花费的修复费用在经济上合算的废品，可修复废品一般经过修复，即可成为合格产品。

（三）废品损失的确认

废品损失是指产生废品而发生的损失，包括可修复废品的修复费用和不可修复废品的报废净损失。修复费用是指可修复废品在返修过程中发生的材料、人工等各项费用；报废净损失是指不可修复废品的生产成本扣除回收的废品残料价值和过失人的赔偿款的净损失。

废品损失不包括以下几种损失：

（1）经检验部门鉴定不需要返修而可以降价出售的不合格品，其成本与合格品相同，其售价低于合格品售价所发生的损失，应计入销售损益，不作为废品损失处理。

（2）产品入库后由于保管不善等原因而损坏变质的损失，应作为管理费用处理，不作为废品损失处理。

（3）实行"包退、包换、包修"三包服务的企业，在产品出售后发现的废品，所发生的一切损失，应计入管理费用，不包括在废品损失内。

（四）废品损失的归集与分配

单独核算废品损失的企业，应设置"废品损失"账户进行废品损失的归集和分配。该账户借方登记可修复废品的修复费用和不可修复废品的生产成本；贷方登记不可修复废品回收的残值、应向责任人索赔的数额和月末转入产品生产成本的废品净损失。月末结转后该账户无余额。

"废品损失"账户应按基本生产车间分产品品种设置账页，并按成本项目设置专栏，进行废品损失的明细核算。

1. 不可修复废品损失的归集和分配

不可修复废品损失由不可修复废品生产成本、废品回收残料价值和责任人赔款三个部分组成。由于不可修复废品的生产成本与合格品的生产成本是归集在一起的，并已计入产品生产成本明细账中相关成本项目，因此，若要计算不可修复废品的生产成本，应采用适当方法将产品的全部生产成本在合格品与不可修复废品之间进行分配，计算出不可修复废品的生产成本，并从"基本生产成本"账户及相应的明细账转入"废品损失"账户。计算分配的方法有许多种，常用的方法一般有两种：按照废品所耗实际费用计算；按照废品所耗定额费用计算。

不可修复废品成本确定后，应从"基本生产成本"账户及相应明细账转入"废品损失"账户。不可修复废品的残料回收入库及应收过失人的赔偿款，则应由"废品损失"账户转入"原材料""其他应收款"等账户，冲减废品损失。

通过上述三个项目计算结转后，就可以确定出不可修复废品的净损失，这一净损失应按月转入同种类产品的合格品的生产成本。借记"基本生产成本"账户，贷记"废品损失"账户。

单独核算废品损失的企业，应增设"废品损失"成本项目。

（1）按实际成本计算，就是将生产合格品与不可修复的废品的全部实际费用，按一定的分配方法，在合格品和不可修复废品之间进行分配，计算出废品的实际成本。

如果不可修复废品是在完工后发现的，那么单位废品与单位合格品负担的费用是相等的，可按合格品与废品的数量比例分配各项生产费用；如果废品是在加工过程中发现的，不可修复废品应负担的直接人工费用和制造费用与完工程度直接相关，可按生产工时比例进行分配。直接材料费用在一次投料的情况下，可直接按废品数量和合格品数量比例分配，如果原材料是分次投入，不可修复废品的直接材料费用应按产品生产的投料程度分配。

【例 3-19】科远公司生产的甲产品，11 月生产完工产品 1 000 件，经检验发现不可修复废品 20 件。本月汇集的产品生产成本为：直接材料 86 000 元，直接人工 23 000 元，制造费用 41 400 元。材料在生产开始时一次投入。产品生产总工时为 9 200 小时，其中不可修复废品的生产工时为 184 小时；废品残料验收入库，作价 560 元。直接材料费用按合格品和废品数量比例分配，其他费用按生产工时比例分配。根据资料，计算并编制不可修复废品损失计算表，如表 3-27 所示。

表 3-27 甲产品不可修复废品损失计算表

201×年 11 月

项目	数量（件）	直接材料（元）	生产工时（元）	直接人工（元）	制造费用（元）	成本合计（元）
生产总成本	1 000	86 000	9 200	23 000	41 400	150 400
费用分配率		86		2.5	4.5	
废品成本	20	1 720	184	460	828	3 008
减：废品残值		560				560
废品损失		1 160		460	828	2 448

根据废品损失计算表，编制有关会计分录，并据以登记入账。

（1）结转废品生产成本

借：废品损失——甲产品　　　　　　　　　　　　　　　　3 008
　　贷：基本生产成本——甲产品　　　　　　　　　　　　　　　3 008

（2）回收废品残料

借：原材料　　　　　　　　　　　　　　　　　　　　　560
　　贷：废品损失——甲产品（直接材料）　　　　　　　　　　　560

（3）废品净损失转入同种产品合格品成本

借：基本生产成本——甲产品（废品损失）　　　　　　　2 448
　　贷：废品损失——甲产品　　　　　　　　　　　　　　　　2 448

（2）按定额费用计算。为了简化核算，在消耗定额和费用定额比较健全的企业，可以按废品所耗定额费用计算不可修复废品的生产成本，即根据废品的实际数量和各项消耗定额、费用定额计算不可修复废品的生产成本，实际成本与定额成本的差额全部由合格产品负担。

【例 3-20】承【例 3-19】采用定额费用计算，计算的废品损失计算表如表 3-28 所示。

表 3-28 不可修复废品损失计算表

项目	生产工时（小时）	直接材料（元）	直接人工（元）	制造费用（元）	成本合计（元）
费用定额		86	2.5	4.5	
废品定额成本	184	1 720	460	828	3 008
减：废品残值		560			560
废品净损失		1 160	460	828	2 448

根据表 3-28 的计算结果，编制会计分录如下：

（1）计算不可修复废品的定额生产成本，结转废品生产成本

借：废品损失——甲产品　　　　　　　　　　　　　　　3 008
　　贷：基本生产成本——甲产品　　　　　　　　　　　　　　　3 008

（2）残料入库

借：原材料　　　　　　　　　　　　　　　　　　　　　560
　　贷：废品损失——甲产品　　　　　　　　　　　　　　　　560

（3）结转废品净损失

借：基本生产成本——甲产品　　　　　　　　　　　　　2 448
　　贷：废品损失——甲产品　　　　　　　　　　　　　　　　2 448

采用按定额费用计算废品损失的方法，计算简便、及时，有利于考核和分析废品损失，控制废品损失的发生。该种方法要求企业必须有健全的定额管理制度，具有比较准确的定额成本资料。

2. 可修复废品损失的确认与账务处理

可修复废品损失是指废品在返修过程中所发生的各种修复费用，包括为修复废品所耗用的直接材料、直接人工和制造费用等。废品在返修前发生的生产费用，不是废品损失，仍保留在"基本生产成本"账户及其有关的生产成本明细账户，不必转出。在返修过程中，如果有残值或赔款，则应从修复费用中扣除。

【例 3-21】某企业 201×年 11 月第一车间所生产的乙产品中，发现 10 件可修复废品，修复后验收入库。修复过程中耗用原材料 460 元，耗用修理工时 60 小时，每小时直接人工费用为 2.5 元，制造费用 4.5 元。追究责任后，相关责任人赔款 100 元。根据资料计算可修复废品的修复费用，编制废品损失计算表，如表 3-29 所示。

表 3-29　废品损失计算表

项目	生产工时（小时）	直接材料（元）	直接人工（元）	制造费用（元）	成本合计（元）
修复废品费用	60	460	150	270	880
减：责任人赔偿			100		
废品净损失		460	50	270	780

（1）计算结转可修复废品的返修费

借：废品损失——乙产品　　　　　　　　　　　　　　　　　880

　　贷：原材料　　　　　　　　　　　　　　　　　　　　　　460

　　　　应付职工薪酬　　　　　　　　　　　　　　　　　　150

　　　　制造费用　　　　　　　　　　　　　　　　　　　　270

（2）结转责任人赔偿款

借：其他应收款——具体责任人　　　　　　　　　　　　　100

　　贷：废品损失——乙产品　　　　　　　　　　　　　　　100

可修复废品净损失=880-100=780（元）

（3）结转废品净损失

借：基本生产成本——乙产品　　　　　　　　　　　　　　780

　　贷：废品损失——乙产品　　　　　　　　　　　　　　　780

二、停工损失的核算

（一）停工损失的概念及内容

停工损失是指企业分厂、车间或班组由于计划减产或停电、待料、机器故障等意外事故停止生产而造成的损失。停工损失包括停工期间所支付的生产工人的薪酬、所耗用的燃料和动力费，以及应负担的制造费用等。

企业发生停工的原因很多，一般可分为计划内停工和计划外停工两种。计划内停工主要是指由于计划减产、季节性生产和固定资产大修理造成的停工；计划外停工是指由于各种事故和非常灾害造成的停工。由于计划减产使企业主要生产车间连续停产 1 个月以上或整个企业连续停产 10 天以上造成的停工损失，按制度规定应列入营业外支出；自然灾害造成停工的损失也应计入营业外支出；因季节性生产或大修理停工在停工期间发生的一切费用，应列入制造费用，由开工期内生产的产品成本负担，不单独核算其停工损失；停工不满 1 个工作日的，为了简化核算，一般不计算停工损失。

（二）停工损失的核算

1. 账户设置

停工损失可以单独核算，也可以不单独核算。一般而言，小型企业和停工很少的企业不单独核算，如果企业单独核算停工损失，应设置"停工损失"账户，或在"生产成本"账户下设置"停工损失"二级账户，进行停工损失的核算。在成本项目中，应当增设"停工损失"项目。

"停工损失"账户借方登记因停工发生的各项费用；贷方登记应由责任人或责任单位赔偿的赔款，以及分配计入产品成本或营业外支出中的净损失。月末分配结转后，"停工损失"账户无余额，如果停工1个月以上，"停工损失"账户月末有余额，表示停工期间累计发生的费用。"停工损失"账户应按车间设置明细账，账内分别按成本项目设置专栏。

2. 账务处理

企业发生停工时，应填制"停工报告单"，写明停工原因、时间和责任人或单位等，经有关部门审核后，据以计算停工损失。

停工期间发生的各种费用，应根据停工报告单和各种费用分配表，借记"停工损失"账户，贷记"原材料""应付职工薪酬"和"制造费用"等账户。应由责任人、责任单位和保险公司负担的赔款，应借记"其他应收款"账户，贷记"停工损失"账户；应计入营业外支出的停工损失，应借记"营业外支出"账户，贷记"停工损失"账户；应计入产品成本的停工损失，应借记"基本生产成本"账户，贷记"停工损失"账户。如果车间生产多种产品，停工损失应按制造费用的分配方法，在各种产品之间进行分配。停工损失一般都由完工产品负担，在产品和自制半成品不负担停工损失。

在不单独核算停工损失的企业，不需要设置"停工损失"账户，停工期间发生的各种停工损失直接计入"营业外支出""制造费用"等账户。

【例3-22】某企业基本生产车间只生产甲产品，201×年8月因机器故障停工10天，停工期间支付生产工人工资9 000元，应负担制造费用3 000元，经检查机器故障是由于生产工人违规操作导致的，按规定应由责任人赔偿1 600元。根据有关凭证，编制会计分录如下：

（1）计算归集停工损失

借：停工损失　　　　　　　　　　　　　　　　　　　　12 000
　　贷：应付职工薪酬　　　　　　　　　　　　　　　　　　9 000
　　　　制造费用　　　　　　　　　　　　　　　　　　　　3 000

（2）结转责任人赔偿款

借：其他应收款——具体责任人　　　　　　　　　　　　1 600
　　贷：停工损失　　　　　　　　　　　　　　　　　　　　1 600

（3）分配结转停工净损失

借：生产成本——基本生产成本——甲产品　　　　　　　10 400
　　贷：停工损失　　　　　　　　　　　　　　　　　　　10 400

练习题

一、单项选择题

1. 企业在未设置"燃料和动力"成本项目的情况下，生产车间发生的直接用于产品生产的动力费，应计入（　　）。

　　A. 管理费用　　　B. 基本生产成本　　　C. 辅助生产成本　　　D. 制造费用

2. 辅助生产费用的直接分配法，是将辅助生产费用（　　　）。

   A. 直接计入基本生产成本的方法

   B. 直接计入辅助生产成本的方法

   C. 直接分配给辅助生产以外的各受益单位的方法

   D. 直接分配给所有受益单位的方法

3. 辅助生产费用的交互分配法，交互分配是在（　　　）。

   A. 各受益单位之间进行分配

   B. 相互受益的辅助生产车间进行分配

   C. 辅助生产以外受益单位之间进行分配

   D. 各受益的基本车间之间进行分配

4. 生产过程中或入库后发现的各种废品损失，不包括（　　　）。

   A. 修复废品人员工资　　　　　　　　B. 修复废品领用材料

   C. 不可修复废品的报废损失　　　　　D. 实行"三包"损失

5. 基本生产车间为组织和管理生产领用的材料应计入（　　　）。

   A. 基本生产成本　　B. 制造费用　　　　C. 管理费用　　　　D. 销售费用

二、多项选择题

1. 几种产品共同耗用的原材料费用，属于间接计入费用，其分配标准可以按照（　　　）。

   A. 产品的材料定额耗用量比例分配　　　B. 产品的材料定额费用比例分配

   C. 产品的体积分配　　　　　　　　　　D. 产品的重量分配

2. 下列各项中，应计入计件工资的有（　　　）。

   A. 本人加工完成的合格品

   B. 本人加工完成的不合格品（料废）

   C. 本人加工完成的不合格品（本人过失）

   D. 本人加工完成的不合格品（前序班组过失）

3. 下列所列方法中，属于辅助生产费用分配方法的有（　　　）。

   A. 定额比例法　　　B. 交互分配法　　　C. 代数分配法　　　D. 顺序分配法

4. 按年度计划分配率法分配制造费用后，"制造费用"科目月末可能（　　　）。

   A. 有余额　　　　　B. 无余额　　　　　C. 有借方余额　　　D. 有贷方余额

5. 废品损失应该包括（　　　）。

   A. 不可修复废品的报废损失　　　　　B. 可修复废品的修复费用

   C. 不合格品的降价损失　　　　　　　D. 产品保管不善的损坏变质损失

三、判断题

1. 用于基本生产车间和辅助生产车间以及行政管理部门的照明用电不计入成本，应计入管理费用。（　　　）

2. 在采用计件工资形式下，如果是生产多种产品，则应采用一定的分配标准分配工资费用，然后再记入各种产品成本明细账"直接人工"项目。（　　　）

3. 在实行月薪制计算计时工资的单位，不论当月实际日历天数多少，只要职工按规定出勤，每月都可以得到相同的月标准工资。（　　　）

4. 辅助生产成本明细账一般应按车间以及产品或劳务的种类设置，账内按成本项目设置专栏。（　　　）

5. 采用交互分配法分配辅助生产费用时，对外分配的辅助生产费用，应为交互分配前的费用加上交互分配时分配转入的费用。（　　　）

6. 无论制造费用采用什么方法分配，"制造费用"科目期末都没有余额。（　　　）

四、业务题

1. 某企业生产甲、乙两种产品，耗用原材料费用共计 15 000 千克，单价 5 元。本月投产甲产品 250 件，乙产品 200 件。单件产品原材料消耗定额：甲产品 4 千克，乙产品 5 千克。

要求：（1）采用原材料定额费用比例分配甲、乙产品实际耗用的原材料费用。

（2）采用原材料定额耗用量比例分配甲、乙产品实际耗用的原材料费用。

2. 张三为某企业职工。月标准工资为 1 500 元，3 月共 31 天，张三有事假 5 天，病假 2 天，周末休息 8 天，出勤 16 天。根据该工人的工龄，其病假工资按工资标准的 80% 给付，病假和事假期间没有节假日。

要求：（1）按日历天数 30 天计算日工资率，按月薪制计算张三该月应得计时工资。

（2）按法定工作日 20.92 天计算日工资率，按月薪制计算张三该月应得计时工资。

（3）按日历天数 30 天计算日工资率，按日薪制计算张三该月应得计时工资。

3. 某企业 7 月耗电 40 000 千瓦·时，每千瓦·时电单价 0.50 元，应付电费 20 000 元，尚未支付。该企业基本生产车间耗用 33 000 千瓦·时，其中车间照明用电 3 000 千瓦·时；企业行政管理部门耗用 7 000 千瓦·时。企业基本生产车间生产 A、B 两种产品，A 产品生产工时 36 000 小时，B 产品生产工时 24 000 小时。

要求：（1）计算分配电费，其中 A、B 产品电费按生产工时分配。

（2）编制分配电费的会计分录。

4. 某企业设有供电和修理两个辅助生产车间。6 月，供电车间发生辅助生产费用 28 050 元，供电 54 000 千瓦·时，其中，A 产品生产耗用 20 000 千瓦·时，B 产品生产耗用 25 000 千瓦·时，基本生产车间耗用 4 000 千瓦·时，行政管理部门耗用 2 000 千瓦·时，修理车间耗用 3 000 千瓦·时；修理车间发生辅助生产费用 20 000 元，提供修理工时数为 4 600 小时，其中，基本生产车间耗用 3 400 小时，行政管理部门耗用 600 小时，供电车间耗用 600 小时。

要求：（1）用直接分配法分配辅助生产车间费用并编制相应分录。

（2）用交互分配法分配辅助生产车间费用并编制相应分录。

5. 某企业基本生产车间 10 月制造费用总额为 68 000 元，实际生产工时为 80 000 小时，其中，甲产品实际生产工时为 60 000 小时，乙产品实际生产工时为 20 000 小时。

要求：按生产工时分配制造费用并编制相应会计分录。

6. 某企业基本生产车间 11 月生产的甲产品 450 件，其中合格品 420 件，不可修复废品 30 件。共耗用生产工时 2 000 小时，其中废品的生产工时为 400 小时。甲产品"基本生产成本"明细账所列本期生产费用合计为：原材料 90 000 元，燃料及动力 6 000 元，工资薪酬 8 000 元，制造费用 6 000 元。废品回收材料价值为 2 000 元，责任人赔偿 500 元。原材料在生产开始时一次投入。

要求：计算废品损失并编制相应的会计分录。

生产费用在完工产品与在产品之间的分配

第四章

【学习目的与要求】

通过本章的学习，读者可以了解在产品的含义及其确定方法，并且理解在产品数量的核算是正确进行生产费用在本月完工产品与月末在产品之间进行分配的前提。熟练掌握生产费用在本月完工产品与月末在产品之间进行分配的各种具体方法，了解这些分配方法的应用条件，以及适当采用这些方法对于正确计算本月完工产品成本和月末在产品成本的作用，掌握完工产品成本结转的账务处理。

第一节 | 在产品的数量核算

一、在产品的概念

在产品是指没有完成企业全部的生产过程，不能作为商品销售的产品。在产品有广义和狭义之分。广义在产品是从整个企业来看，凡是处于企业各生产车间加工中的在制品（包括返修中的可修复废品），还需继续加工的自制半成品（包括未经验收入库的产成品和等待返修的可修复废品）均在此列。狭义在产品是指正在各个车间或各生产步骤加工的在制品。

在产品数量不仅是计算在产品成本的基础，也是计算完工产品成本的前提条件。因此，正确进行在产品数量核算，及时反映、了解在产品数量增减变动结存情况，对加强在产品实物管理，掌握在产品动态，保证其安全完整，合理组织生产，加速资金周转，正确计算产品成本，都具有十分重要的意义。

二、在产品台账的设置

在产品的计算包括自制半成品和在制品的计算。自制半成品的数量可根据验收入库的自制半成品入库凭证计算，与完工产品的数量核算相同。在制品的数量一般是通过在产品台账进行计算的，其格式如表 4-1 所示。

表 4-1 在产品收、发、存账（在产品台账）

在产品名称：　　　　　　　　　　　车间名称：　　　　　　　　　　　单位：件

年		摘要	收入		发出		结存	
月	日		凭证号	数量	凭证号	数量	完工	未完工
	合计							

企业归集各项生产费用、计算在产品数量的目的是确定完工产品的成本。当月末某种产品既有完工产品、又有未完工产品时，就需将归集的生产费用在完工产品和月末在产品之间分配。分配时，首先，应将"生产成本——基本生产成本"账户的月初在产品成本，加上本月归集在借方的各项生产费用，计算出生产费用累计数；其次，根据在产品数量及完工程度、各项费用比重大小以及定额管理水平等具体情况，选择适当的分配方法，将生产费用累计数在完工产品和月末在产品之间进行分配。

第二节 | 完工产品和在产品之间费用的分配方法

完工产品和月末在产品之间分配费用，是成本计算工作中一个重要而复杂的问题，在产品结构复杂、零部件种类和加工工序较多的情况下更是如此。企业应该根据在产品数量的多少、各月在产品数量变化的大小、各项费用比重的大小以及定额管理基础的好坏等具体条件，选择既合理又较简便的分配方法，在完工产品与月末在产品之间分配费用。

为便于理解各项具体条件与分配方法之间的联系，将月初在产品费用、本月生产费用、本月完工产品费用和月末在产品费用之间相互关系的公式表达如下：

月初在产品成本+本月生产费用=本月完工产品成本+月末在产品成本

本月完工产品成本=月初在产品成本+本月生产费用-月末在产品成本

完工产品与在产品之间分配费用通常采用的分配方法有：不计算在产品成本法、按年初（固定成本）计算在产品成本法、在产品按所耗原材料费用计价法、约当产量比例法、在产品按完工产品成本计算法、定额成本计价法和定额比例法。

一、不计算在产品成本法

不计算在产品成本法，是指虽然月末有结存在产品，但月末在产品数量很少，价值很低，且各月在产品数量比较稳定的情况下，对月末在产品成本忽略不计的一种方法。采用这种方法是因为月初与月末在产品成本很小，月初在产品成本与月末在产品成本之差可忽略，不计算各月月末在产品成本对完工产品成本影响不大。因此，根据成本核算的重要性原则，同时考虑简化产品成本计算工作，可不计算月末在产品成本，例如连续型生产企业都可采用此方法。采用该方法，本月产品发生的生产费用（即本月完工产品的总成本）除以本月完工产品产量，即可求得单位产品制造成本。其计算公式如下：

本月完工产品成本=本月发生生产费用

二、按年初（固定成本）计算在产品成本法

按年初计算在产品成本法，是对各月月末在产品成本按年初在产品成本计价的一种方法。这种方法适用于各月月末在产品结存数量较少，或者虽然在产品结存数量较多，但各月月末在产品数量稳定，起伏变化不大的产品。在月末在产品结存数量较少，但价值较大，或者在产品数量较多的情况下，如采用不计算在产品成本法，则会使成本计算不正确，使会计反映失实，如果月末在产品结存数量较少，或者在产品结存数量较多，但在各月月末在产品结存数量稳定的情况下，由于在产品成本各月月初与月末之间的差额很小，因此，以年初在产品成本对各月月末在产品进行计价，则对各月完工产品成本的影响不大。所以，为简化产品制造成本的计算工作，对各月月末在产品可按年初在产品成本计价，这样，各月月末在产品成本不变，月初与月末在产品成本相等，那么每月各产品发生的生产费用即为本月该完工产品的总成本。

在年末，应该根据实际盘点的在产品数量，具体计算在产品成本，据以计算12月产品成本，并将算出的年末在产品成本作为下一年度各月固定的在产品成本，以免相隔时间过长，在产品成本与实际出入太大，影响产品成本计算的正确性。产量稳定的冶炼企业和化工企业的产品，由于高炉和化学反应装置的容积固定，其在产品成本就可以这样计算。在物价变动较大的情况下，则不宜采用

此方法，以防止成本计算不准确。其计算公式如下：

　　　　本月完工产品成本=本月发生生产费用

　　　　本月在产品成本=年初在产品成本

　　假定企业年初在产品成本为 54 万元。那么，本年度 1～11 月的月末在产品成本都按照 54 万元计算。由于上月末与下月初为同一个时点。因此，本年度 12 个月的月初在产品成本都是 54 万元，即 1～11 月的月初在产品成本等于月末在产品成本。12 月月末就要根据实际盘点的在产品数量，将固定成本调整为月末在产品成本的实际成本，并以此作为下一年度在产品的年初固定成本。

三、在产品按所耗原材料计算法

　　采用这种分配方法时，月末在产品只计算其所耗用的原材料费用，不计算生产工人薪酬等加工费用，即产品的加工费用全部由完工产品成本负担。某种产品的全部生产费用，减去月末在产品的原材料费用，就是完工产品的成本。

　　这种分配方法适用于：（1）各月末在产品数量较大，各月在产品数量变化也较大；（2）原材料费用在成本中所占比重较大，而生产工人薪酬等加工费用在成本中所占比重不大；（3）在产品成本中的加工费用以及月初、月末在产品加工费用的差额不大，月初和月末在产品的加工费用基本上可以互相抵消。因此，为了简化计算工作，在产品可以不计算加工费用，这时，这种产品的全部生产费用，减去按所耗原材料费用计算的在产品成本，就是该种完工产品的成本。纺织、造纸和酿酒等企业的产品，原材料费用比重较大，都可以用这种分配方法。其计算公式为：

$$直接材料费用分配率=\frac{月初直接材料费用+本月发生的直接材料费用}{本月完工产品+月末在产品}$$

　　　　完工产品负担直接材料费用=完工产品数量×直接材料费用分配率

　　　　月末在产品负担直接材料费用（月末在产品成本）=月末在产品数量×直接材料费用分配率

　　【例 4-1】某酒厂生产同一品牌的 52 度白酒，酒的主要原料是粮食，原料成本占总成本的 90%左右。酿酒工序为原料前处理（粉碎或整粒浸泡）；高温蒸煮（专业术语叫糊化）；加曲糖化发酵；蒸馏；陈酿老熟；勾兑调配；包装。原材料（粮食）费用是在生产开始时一次投入的，月初在产品成本原材料费用 4 800 元，本月生产费用 286 000 元，其中原材料费用 257 400 元，人工费用 11 440 元，制造费用 17 160 元，本月已包装 10 088 瓶（每瓶 500 毫升），月末未包装的在产品 200 千克（400 瓶）。

　　　　直接材料费用分配率=（4 800+257 400）÷（10 088+400）=25

　　　　完工产品负担直接材料费用=10 088×25=252 200（元）

　　　　月末在产品负担直接材料费用（月末在产品成本）=400×25=10 000（元）

　　　　完工产品成本=252 200+11 440+17 160=280 800（元）

　　产品成本明细账如表 4-2 所示。

表 4-2　产品成本明细账

单位：元

摘要	直接材料	直接人工	制造费用	合计
月初在产品成本	4 800			4 800
本月生产费用	257 400	11 440	17 160	286 000
本月生产费用合计	262 200	44 440	17 160	290 800
本月完工产品成本	252 200	11 440	17 160	280 800
月末在产品成本	10 000			10 000

四、在产品按完工产品成本计价法

有些产品生产周期很短，并且自动化程度很高，如面粉厂、冶炼厂、轧钢厂一般月末在产品已接近完工，或者已经完工，只是尚未包装或尚未验收入库。在这种情况下，在产品的成本已经非常接近甚至等于完工产品的成本。为了简化成本核算工作，可以将在产品视同完工产品，按两者的数量比例分配原材料费用和各项加工费用。其计算公式为：

$$生产费用分配率=\frac{生产费用合计}{完工产品数量+月末在产品数量}$$

$$完工产品成本=生产费用分配率×完工产品数量$$

$$月末在产品成本=生产费用分配率×月末在产品数量$$

【例4-2】某轧钢厂，201×年11月已生产轧螺纹钢1 000吨，月末已轧制未精整的在产品20吨，月末在产品成本按完工产品成本计算，月初在产品成本为：直接材料成本116 000元，直接人工120 120元，制造费用32 340元。本月发生生产费用4 924 360元，其中，直接材料4 168 000元，直接人工600 000元，制造费用156 360元。根据资料计算月末在产品成本和完工产品成本如下。

（1）按生产费用总额进行分配

生产费用分配率=（116 000+120 120+32 340+4 924 360）÷（1 000+20）=5 192 820÷1 020=5 091

完工产品成本=5 091×1 000=5 091 000（元）

月末在产品成本=5 091×20=101 820（元）

或月末在产品成本=5 192 820−5 091 000=101 820（元）

这种计算方法简单，可直接计算完工产品成本与在产品成本，但不便于分项进行成本分析，所以一般情况下，应按成本项目进行核算。

（2）按成本项目计算

直接材料费用分配率=（116 000+4 168 000）÷（1 000+20）=4 200

直接人工费用分配率=（120 120+600 000）÷（1 000+20）=706

制造费用分配率=（32 340+156 360）÷（1 000+20）=185

产品单位成本=4 200+706+185=5 091（元）

完工产品直接材料费用=4 200×1 000=4 200 000（元）

完工产品直接人工费用=706×1 000=706 000（元）

完工产品制造费用=185×1 000=185 000（元）

完工产品总成本=4 200 000+706 000+185 000=5 091 000（元）

月末在产品直接材料费用=4 200×20=84 000（元）

月末在产品直接人工费用=706×20=14 120（元）

月末在产品制造费用=185×20=3 700（元）

月末在产品总成本=84 000+14 120+3 700=101 820（元）

费用分配结果如表4-3所示。

表4-3　产品成本计算单

产品名称：螺纹钢　　　　　　　　　　　　　　　　201×年11月　　　　　　　　　　　　　　　单位：元

成本项目	生产费用	费用分配率	完工产品		月末在产品	
			数量	费用	数量	费用
直接材料	4 284 000	4 200	1 000	4 200 000	20	84 000
直接人工	720 120	706	1 000	706 000	20	14 120
制造费用	188 700	185	1 000	185 000	20	3 700
合计	5 192 820			5 091 000		101 820

五、约当产量法

约当产量是指将月末实际结存的在产品数量，按其完工程度或投料程度折算为相当于完工产品的数量。约当产量法就是根据完工产品数量和月末在产品约当产量比例来分配生产费用，从而确定完工产品成本和月末在产品成本的方法。为了反映完工产品成本构成情况，分配生产费用时，应按成本项目分别计算，其计算公式为：

在产品约当产量=月末在产品数量×完工程度（或投料程度）

$$某项费用分配率=\frac{该项项目总额}{完工产品产量+在产品约当产量}$$

完工产品费用分配额=本月完工产品数量×费用分配率

在产品费用分配额=月末在产品约当产量×费用分配率

在上述公式中，除在产品约当产量外，其余数量都可以直接从有关账簿资料中得到。采用约当产量法分配生产费用的关键是正确计算在产品的约当产量，它的正确与否主要取决于在产品的完工程度和投料程度的确定。由于月末在产品的投料程度和加工程度可能不一致，直接材料和直接人工、制造费用的投入程度也就可能不同，因此应按成本项目计算月末在产品的约当产量。

直接材料成本项目应根据月末在产品所耗直接材料的投入程度折算约当产量；直接人工、燃料及动力和制造费用成本项目应根据月末在产品的加工程度折算约当产量，并应分成本项目计算约当产量单位成本和完工产品成本，月末在产品成本。

（一）直接人工、制造费用的分配

在计算分配直接人工和制造费用所依据的在产品约当量，采用的是在产品的加工程度（完工率）。在产品加工程度的确定方法及加工费用的分配方法如下。

各工序在产品完工程度的确定：

$$某工序在产品完工率=\frac{已完成的加工工时}{产品工时定额}×100\%$$

【例4-3】某机械组合件，使用铝合金圆管作原材料。月末完工产品1 070件，分布在各个不同的生产环节的在产品为：完成第一道工序的310件，完成第二道工序的240件，完成第三道工序110件。各工序的完工率如表4-4所示。本月直接材料费用692 000元，直接人工费用为170 905元，制造费用为97 660元。直接材料是在切割工序一次投入，人工费用及制造费用应按约当产量进行分配。

表4-4 各工序测定的完工率

工序	所耗时间（小时）	完工率（%）	月末在产品数量（件）	约当产量（件）
1	2	10	310	31
2	4	40	240	96
3	4	80	110	88
合计	10	—	660	215

（1）计算月末在产品约当产量

月末在产品约当产量=110×80%+240×40%+310×10%=215（件）

（2）直接人工费用分配

直接人工费用分配率=170 905÷（1 070+215）=133

完工产品直接人工费用=133×1 070=142 310（元）

月末在产品直接人工费用=133×215=28 595（元）

（3）制造费用分配

制造费用分配率=97 660÷（1 070+215）=76

完工产品制造费用=76×1 070=81 320（元）

月末在产品制造费用=76×215=16 340（元）

（二）原材料费用的分配

在约当产量比例法下，计算分配原材料费用所依据的在产品约当量时，采用的是在产品的投料程度。在产品的投料程度，根据原材料投入方式不同而有所不同。在产品投料程度的确定方法有 4 种，现分述如下。

1. 原材料在生产开始时一次投入

在这种情况下，在产品所消耗的原材料与完工产品相同，即在产品的投料率为 100%。因此，原材料费用应按完工产品的数量与月末在产品数量的比例进行分配。

【例 4-4】承【例 4-3】采用表 4-4 的数据，计算材料费用分配。

（1）计算直接材料费用分配率

直接材料费用分配率=692 000÷（1 070+110+240+310）=400

（2）计算完工产品直接材料费用

完工产品直接材料费用=400×1 070=428 000（元）

（3）计算月末在产品直接材料费用

月末在产品直接材料费用=400×（110+240+310）=264 000（元）

该铝合金圆管硬模构件的成本计算单如表 4-5 所示。

表 4-5　产品成本计算单

产品名称：构件　　　　　　　　　　　　201×年 11 月　　　　　　　　　　　　单位：元

成本项目	生产费用（元）	费用分配率	完工产品		月末在产品	
			数量（件）	费用（元）	数量（件）	费用（元）
直接材料	692 000	400	1 070	428 000	660	264 000
直接人工	170 905	133	1 070	142 310	215	28 595
制造费用	97 660	76	1 070	81 320	215	16 340
合计	960 565			651 630		308 935

2. 原材料随着生产进度分工序投入

原材料随着生产进度分工序投入，每道工序在工序开始时一次投入，在这种情况下，应将一次投料的计算方法与陆续投料的计算方法结合起来计算投料程度，并在此基础上计算确定月末在产品的约当产量，其计算公式为：

$$某道工序的投料程度（\%）=\frac{以前工序的消耗定额之和+本工序消耗定额}{完工产品原材料消耗定额}×100\%$$

3. 原材料随着生产进度陆续投入

（1）原材料随着生产进度陆续投入，但投料程度与生产进度不一致。在这种情况下，为了提高原材料费用分配的正确性，应按每一工序原材料的消耗定额计算投料率，进而计算确定月末在产品的约当产量。其计算公式为：

$$某道工序的投料程度（\%）=\frac{以前工序的消耗定额之和+本工序消耗定额×50\%}{完工产品原材料消耗定额}×100\%$$

月末在产品约当产量=Σ（各工序在产品数量×各工序在产品投料程度）

（2）原材料随着生产进度陆续投入，但投料程度与生产进度基本一致。

现假设生产某产品需经过两道工序，工序1：需要2小时，原材料投入量80%；工序2：需要3小时，原材料投入量20%，分别采用2和3中的三种方法计算的投料程度如表4-6所示。

表4-6 方法2-3确定的完工率和投料程度

在产品	方法2		方法3①		方法3②	
	完工率	投料程度	完工率	投料程度	完工率	投料程度
工序1	20%	80%	20%	40%	20%	20%
工序2	70%	100%	70%	90%	70%	70%

六、定额成本计算法

定额成本计算法有两种：一种是在产品按定额成本计算，另一种是完工产品按定额成本计算。

（一）在产品按定额成本计算法

定额成本法是指根据月末在产品数量、投料量和加工程度，以及单位材料消耗定额、工时定额、加工费用定额等资料，计算月末在产品成本的方法。首先用定额资料计算月末在产品成本，然后将月末在产品成本从本月总生产费用中扣除，得出本月完工产品成本。其计算公式为：

在产品材料定额成本=在产品数量×单位材料消耗定额×材料计划单价

在产品工资（费用）定额成本=在产品数量×单位工时定额×单位定额工资（费用）

月末在产品定额成本=在产品材料定额成本+在产品工资定额成本+在产品制造费用定额成本

完工产品成本=月初在产品定额成本+本月生产费用-月末在产品定额成本

这种分配方法适用于定额管理制度完善，各项消耗定额比较准确、产品生产稳定，保持各月在产品数量变动不大的产品。

一般而言，企业月末在产品的完工率是不同的。因此，也不可能有一个固定的定额成本，月末在产品按定额成本计算法，其实是约当产量计算法的简化而已，这就需要确定在产品的材料定额和工时定额。如果材料是开工时一次投入，材料费用投料（率）就是100%，在产品的加工费用采用统一的平均完工率计算，即按照在产品的定额工时或定额费用进行分配。

【例4-5】承【例4-4】的资料，在产品材料定额成本为480元，每工时费用定额分别为：人工费用12元，制造费用8元，本月直接材料费用692 000元，直接人工费用为172 000元，制造费用为98 000元。月末完工产品1 070件，在产品360件，在产品定额工时为5.5。采用定额成本计算法计算。计算结果如表4-7所示。

表4-7 产品成本计算单

产品名称：构件　　　　　　　　　　　　　201×年11月

成本项目	生产费用（元）	定额工时（小时）	费用定额（元）	完工产品		月末在产品	
				数量（件）	费用（元）	数量（件）	费用（元）
直接材料	692 000		480	1 070	519 200	360	172 800
直接人工	172 000	5.5	12	1 070	148 240	360	23 760
制造费用	98 000		8	1 070	82 160	360	15 840
合计	962 000				749 600		212 400

（1）计算在产品成本

　　在产品的材料成本=360×480=172 800（元）

　　在产品的人工成本=12×5.5×360=23 760（元）

　　在产品的制造费用=8×5.5×360=15 840（元）

（2）计算完工产品成本

　　完工产品的材料成本=692 000-172 800=519 200（元）

　　完工产品的人工成本=172 000-23 760=148 240（元）

　　完工产品的制造费用=98 000-15 840=82 160（元）

特别说明，在【例4-5】中，因产品的材料是一次投入的，所以在产品的材料费用定额是按照该产品的材料成本预算确定的，而人工费用和制造费用按照在产品平均完工率确定的工时。完工产品耗用的工时为11。如果采用约当产量法计算，那么，在产品的定额工时也是11，但分配人工费用和制造费用时，在产品数量就是折合的约当产量180件。因为这种分配方法，月末在产品定额成本与实际成本之间的差异，全部由完工产品承担，所以在产品原材料及工时定额的准确度，决定了在产品定额成本与实际成本之间的差异额。

（二）完工产品按定额成本计算法

完工产品按定额成本计算法，是根据月末完工产品的定额费用和数量，确定完工产品成本，然后将本月生产费用合计减去完工产品成本的定额成本，得出月末在产品成本，该方法将完工产品成本的定额与实际的差异都计入在产品成本。采用该方法计算简单，可不用确定月末在产品的完工率。因为完工产品的定额可参照企业长期以来产品成本的核算资料制定，也是比较准确的。在企业实际成本核算工作中，采用完工产品按定额成本计算法要多于采用在产品按定额成本计算法。

【例4-6】承【例4-5】完工产品的定额工时为11小时，材料费用为480元，其他资料不变。计算结果如表4-8所示。

表4-8　产品成本计算单

产品名称：自行车架　　　　　　　　　　　　　201×年11月

成本项目	生产费用（元）	定额工时（小时）	费用定额（元）	完工产品		月末在产品（元）
				数量（件）	费用（元）	
直接材料	692 000		480	1 070	513 600	178 400
直接人工	172 000	11	12	1 070	141 240	30 760
制造费用	98 000		8	1 070	94 160	3 840
合计	962 000				749 000	213 000

　　完工产品的材料成本=480×1 070=513 600（元）

　　完工产品的人工成本=1 070×12×11=141 240（元）

　　完工产品的制造费用=1 070×8×11=94 160（元）

　　完工产品成本=513 600+141 240+94 160=749 000（元）

　　月末在产品=962 000-749 000=213 000（元）

　　月末在产品的材料成本=692 000-513 600=178 400（元）

　　月末在产品的人工成本=172 000-141 240=30 760（元）

　　月末在产品的制造费用=98 000-94 160=3 840（元）

比较以上两种定额成本法，便可发现，如果定额资料完善且在产品完工率测定准确，无论采用哪种方法，计算结果都相差不多。但一般而言，完工产品的定额要比测定不同工序在产品的完工率容易得多，且完工产品要办理验收入库，因此有准确的盘点数量。所以该方法被广泛采用。

七、定额比例法

定额比例法是按完工产品和月末在产品的定额耗用量或定额费用的比例分配生产费用的一种在产品成本计算方法。采用定额比例法，必须分别按成本项目进行费用的分配。直接材料费用可按照原材料定额耗用量或原材料定额费用比例分配，直接人工和制造费用一般按定额工时的比例进行分配。

$$费用分配率 = \frac{月初在产品成本 + 本月生产费用}{完工产品定额消耗量 + 在产品定额消耗量}$$

或：

$$消耗量分配率 = \frac{月初在产品实际消耗量 + 本月实际消耗量}{完工产品定额消耗量 + 月末在产品定额消耗量}$$

完工产品成本 = 完工产品定额消耗量 × 费用分配率

月末在产品成本 = 本月生产费用累计 − 完工产品成本

费用分配率公式，可以是材料费用分配率、人工费用分配率、制造费用分配率，公式中的分子是实际发生的费用，分母是定额耗用量（或定额费用、定额工时）。

按定额消耗比例分配生产费用的优点是有利于考核、分析各项消耗定额的执行情况，有利于控制各项费用耗用量。但是，如果产品所耗原材料品种较多，而不同原材料的消耗量不能汇总，就需逐一计算每种原材料的分配率及分配额，这势必会增大计算工作量。因此，若企业产品消耗原材料品种较多时，可按定额费用比例进行分配。其方法是将上述公式中的"定额消耗量"换成"定额费用"。在实际工作中，常将这两种方法结合运用。

【例4-7】企业生产自行车车架，月初在产品的实际费用为：直接材料4 300元，直接人工680元，制造费用460元。月初在产品直接材料定额费用为4 000元，定额工时为55小时。本月实际费用为：直接材料424 556元，直接人工146 929元，制造费用83 888元。本月投入生产的直接材料定额费用为424 000元，定额工时为11 660小时。本月完工产品1 070件，直接材料定额费用为420 000元，定额工时为11 550小时。月末在产品的直接材料费用定额为8 000元，定额工时为165小时。直接材料费用按原材料定额费用比例分配，其他费用按定额工时比例分配。实际费用资料如表4-9所示，定额资料整理如表4-10所示。

表4-9　实际费用

单位：元

成本项目	直接材料	直接人工	制造费用	合计	备注
月初在产品成本	4 300	680	460	5 440	分别构成费用分配率的分子
本月生产费用	424 556	146 929	83 888	655 373	
合计	428 856	147 609	84 348		

表4-10　定额资料

单位：元

成本项目	直接材料	直接人工（制造费用）	备注
月初在产品成本	4 000	55 小时	
本月生产费用	424 000	11 660 小时	
本月合计①	428 000	11 715	费用分配率的分母可以采用①或②，并对应两个不同的公式
完工产品	420 000	11 550 小时	
月末在产品	8 000	165 小时	
合计②	428 000	11 715	

（1）计算直接材料费用分配率：

$$直接材料费用分配率 = \left(\begin{matrix}月初在产品\\实际原材料费用\end{matrix} + \begin{matrix}本月实际\\原材料费用\end{matrix}\right) \div \left(\begin{matrix}月初在产品定额\\原材料费用\end{matrix} + \begin{matrix}本月发生定额\\原材料费用\end{matrix}\right)$$

$$= （4\,300+424\,556）\div（4\,000+424\,000）=428\,856/428\,000=1.002$$

完工产品分配的直接材料费用=420 000×1.002=420 840（元）

月末在产品分配的直接材料费用=8 000×1.002=8 016（元）

（2）直接人工费用分配率=（680+146 929）÷（55+11 660）=12.6

完工产品分配的直接人工费用=11 550×12.6=145 530（元）

在产品分配的直接人工费用=165×12.6=2 079（元）

（3）制造费用分配率=（460+83 888）÷（55+116 600）=7.2

完工产品分配的制造费用=11 550×7.2=83 160（元）

在产品分配的制造费用=165×7.2=1 188（元）

各项费用分配计算的结果如表4-11所示。

表4-11　产品成本计算单

产品名称：自行车架　　　　　　　　　　201×年11月　　　　　　　　　　　　单位：元

成本项目	月初在产品	本月生产费用	生产费用合计	分配率	完工产品		月末在产品	
					定额	实际	定额	实际
直接材料	4 300	424 556	428 856	1.002	420 000	420 840	8 000	8 016
直接人工	680	146 929	147 609	12.6	11 550	145 530	165	2 079
制造费用	460	83 888	84 348	7.2	11 550	83 160	165	1 188
合计	5 440	655 373	660 373			649 530		11 283

定额比例法避免了月末在产品按定额成本计价法的不足，将定额成本与实际成本的差异，在完工产品与月末在产品成本之间按比例进行分配，提高了产品成本计算的准确性。

第三节　完工产品成本结转的核算

企业的成本核算过程，首先进行各项费用要素的核算，将生产费用在生产的产品中进行分配，然后再将生产费用在完工产品和在产品之间进行分配，便可计算出完工产品成本。对于产品成本计算单中的完工产品，应从"基本生产成本"账户的贷方转入"库存商品"账户的借方。"基本生产成本"总账户的期末余额，就是在产品成本。

【例4-8】根据表4-3所示的螺纹钢的成本计算单，结转完工产品成本，应编制会计分录如下：

借：库存商品——螺纹钢　　　　　　　　　　　　　　　　　5 091 000

　　贷：基本生产成本——螺纹钢　　　　　　　　　　　　　　　　5 091 000

根据表4-8自行车架的成本计算单，结转完工产品成本，编制会计分录如下：

借：库存商品——自行车架　　　　　　　　　　　　　　　　749 000

　　贷：基本生产成本——自行车架　　　　　　　　　　　　　　　749 000

练习题

一、选择题

1. 在产品成本按所耗直接材料费用计算的方法，适用于（　　）。

　　A. 各月末在产品数量不多　　　　　　B. 各月末在产品数量较多

　　C. 各月末在产品数量不稳　　　　　　D. 直接材料在成本中所占比重较大

2. 原材料在生产开工时一次投入，月末在产品的投料程度应按（　　）计算。

　　A. 100%　　　　　　　　　　　　　　B. 50%

　　C. 定额耗用量比例　　　　　　　　　D. 定额工时比例

3. 在产品成本按定额成本法计算，适用于（　　）的企业。

　　A. 定额管理水平较高，定额资料完整、准确、稳定

　　B. 各月在产品数量变动不大

　　C. 各月在产品数量变动较大

　　D. 原材料费用在产品成本中所占比重较大

4. 计算月末在产品约当产量的依据是（　　）。

　　A. 月末在产品数量

　　B. 本月完工产品数量

　　C. 月末在产品数量和完工程度或投料程度

　　D. 月末在产品定额成本和定额工时

5. 产品所耗原材料费用在生产开始时一次投料，其完工产品与月末在产品的原材料费用，应按完工产品和月末在产品的（　　）比例分配计算。

　　A. 所耗原材料数量　　　　　　　　　B. 约当产量

　　C. 数量之半　　　　　　　　　　　　D. 数量

6. 假设某企业甲产品本月完工 250 件，月末在产品为 160 件，在产品完工程度测定为 40%，月初和本月发生的原材料费用共计 56 520 元，原材料随着加工进度陆续投入，且投料程度与完工程度基本一致，则完工产品和月末在产品的原材料费用分别为（　　）。

　　A. 45 000 元和 11 250 元　　　　　　B. 40 000 元和 16 250 元

　　C. 34 298 元和 21 952 元　　　　　　D. 45 000 元和 11 520 元

7. 假设某企业生产的乙产品本月完工 300 件，月末在产品为 100 件，在产品完工程度为 50%，月初和本月发生的原材料费用累计为 70 000 元，原材料随着生产过程陆续投入，则完工产品和月末在产品的原材料费用分别为（　　）。

　　A. 60 000 元和 10 000 元　　　　　　B. 55 000 元和 15 000 元

　　C. 52 500 元和 17 500 元　　　　　　D. 42 000 元和 38 000 元

8. 甲产品经过两道工序制成，第一道工序的工时定额为 40 小时，第二道工序的工时定额为 60 小时，则第二道工序的完工程度为（　　）。

　　A. 40%　　　　　B. 60%　　　　　C. 70%　　　　　D. 100%

9. 某种产品月末在产品数量较大，各月末在产品数量变化也较大，产品成本中原材料费用和工资等其他费用所占比重相差不多，应采用（　　）。

　　A. 定额比例法　　　　　　　　　　　B. 约当产量法

　　C. 固定成本计算　　　　　　　　　　D. 按在产品所耗原材料费用计算

10. 广义在产品包括（　　　）。

    A. 正在各个车间加工中的在制品

    B. 外部购入的半成品

    C. 已经完成一个或几个生产步骤，但还需继续加工的自制半成品

    D. 已完工但尚未验收入库的产成品

    E. 等待返修的可修复废品

11. 在产品成本按年初在产品成本计算的方法，适用于（　　　）的企业。

    A. 各月在产品数量较少

    B. 各月在产品数量较大

    C. 各月末在产品数量变化较大

    D. 各月末在产品数量较多，但各月数量比较均衡

12. 采用约当产量法计算月末在产品成本，在产品的约当产量应按（　　　）计算。

    A. 投料程度　　　　B. 完工程度　　　　C. 预计废品率　　　　D. 完工入库程度

13. 期末在产品成本的计算，应根据生产特点和成本管理的要求，采用（　　　）等不同的方法进行计算。

    A. 交互分配法　　　B. 约当产量法　　　C. 计划成本法　　　D. 定额比例法

14. 企业在产品成本的计算方法可按（　　　）计算。

    A. 所耗原材料费用　　　　　　　　　B. 定额成本

    C. 定额耗用量比例　　　　　　　　　D. 约当产量

15. 采用约当产量法时，完工程度的测定方法有（　　　）。

    A. 按 50% 平均计算　　　　　　　　　B. 分工序分别计算

    C. 按定额比例计算　　　　　　　　　D. 按原材料消耗定额计算

16. 选择完工产品与在产品之间费用分配方法时，应考虑的因素有（　　　）。

    A. 在产品数量的多少　　　　　　　　B. 各月在产品数量变化的大小

    C. 各项费用比重的大小　　　　　　　D. 定额管理基础好坏

17. 完工产品与在产品之间分配费用的方法有（　　　）。

    A. 约当产量比例法　　　　　　　　　B. 交互分配法

    C. 按年初数固定计算法　　　　　　　D. 定额比例法

二、判断题

1. 企业本月完工产品总成本应等于本月生产费用累计数。（　　　）

2. 正确确定本期完工产品成本，关键是正确计算期末在产品成本。（　　　）

3. 在产品约当产量也就是在产品盘点数量。（　　　）

4. 月末在产品数量变化较大时，可以按年初固定成本计算月末在产品的成本。（　　　）

5. 在产品只计算材料成本法，只适用于材料费用占产品成本比重较大的产品。（　　　）

6. 在产品约当产量是指期末在产品按其完工程度折合为完工产品数量。（　　　）

7. 定额比例法的分配标准是单位完工产品和在产品的消耗定额或费用定额。（　　　）

8. 采用在产品按固定成本计算时，全年也不需要进行实地盘点，可以简化计算工作。（　　　）

9. 采用在产品不计算成本法，某产品本月发生的生产费用就是月末在产品的成本。（　　　）

10. 在产品盘盈或盘亏时，应及时调整账面记录，增加或减少在产品的账面价值。（　　　）

三、业务题：生产费用在完工产品与在产品之间的分配

资料：（1）兴华公司第一车间生产甲产品。201×年12月产品产量及完工情况如表4-12所示。

表 4-12　在产品收发结存账

生产单位：第二车间　　　　　　　零件名称编号：111　　　　　　　产品名称：甲产品　　　　　　　单位：件

201×年		摘要	收入		转出			结存	
月	日		凭证号	数量	凭证号	合格品	废品	完工	未完工
12	1	上月结存							20
	7	本月投产		400					420
	12	完工交出				80			340
12	31	本月合计		920		850	10		80

（2）甲产品生产成本明细账有关数据如表 4-13 所示。

表 4-13　基本生产成本明细账

产品名称：甲产品　　　　　　　　　　　　　　　　　　　　　　　　　　　　　　　单位：元

201×年		凭证字号	摘要	成本项目			合计
月	日			直接材料	直接人工	制造费用	
12	1		月初在产品成本	3 000	1 200	1 000	5 200
	31	略	分配材料费用	18 000			18 000
	31	略	分配人工费用		9 800		9 800
	31	略	分配制造费用			8 200	8 200

（3）甲产品材料在生产开始时一次投入。月末在产品完工程度 40%。

要求：①按约当产量法分配完工产品与月末在产品成本，编制产品成本计算单如表 4-14 所示。

表 4-14　产品成本计算单

产品名称：甲产品

201×年		摘要	成本项目			合计
月	日		直接材料	直接人工	制造费用	
12	31	月初在产品成本				
	31	本月发生生产费用				
	31	生产费用合计				
	31	完工产品产量				
	31	在产品约当产量				
	31	约当总产量				
	31	分配率				
	31	完工产品成本				
	31	月末在产品成本				

②结转完工产品成本，编制相应记账凭证如表 4-15 所示。

表4-15 记账凭证

年 月 日

摘要	总账科目	明细科目	借方金额										记账符号	贷方金额										记账符号
			千	百	十	万	千	百	十	元	角	分		千	百	十	万	千	百	十	元	角	分	
合　计																								

会计主管：　　　　　　　　记账：　　　　　　　　复核：

四、简答题

1. 生产费用在完工产品与月末在产品之间进行分配的方法有哪几种？
2. 约当产量法的特点和适用范围各是什么？
3. 如何测定在产品的完工程度？
4. 在产品按定额成本计价法的特点和适用范围是什么？
5. 定额比例法的特点和适用范围各是什么？
6. 在产品按所耗原材料费用计价法的特点和适用范围各是什么？

【学习目的与要求】

通过本章的学习，读者能够将成本计算的一般程序与企业的生产特点和管理要求结合起来，具体确定企业所应采用的产品成本计算方法；了解工业企业生产的各种类型，理解各种类型生产的特点和成本管理要求对产品成本计算的影响，掌握工业企业产品成本计算方法的种类及其应用条件；了解工业企业产品成本计算基本方法和辅助方法的划分标准，以及如何适应企业生产特点和成本管理要求确定企业所应采用的产品成本计算方法。

第一节 生产特点和管理要求对产品成本计算方法的影响

产品的生产过程就是产品成本的形成过程，而生产过程所发生费用的对象化过程就是产品成本的计算过程。在这个过程中，按照生产费用要素的归集方法将发生在不同生产车间、不同地点和具有不同用途的生产费用进行逐步的归集和分配，最终形成产品成本。而生产费用的逐步归集汇总与分配不是孤立进行的，它与企业的生产过程密切相关，生产类型决定成本的计算过程。生产类型体现了不同企业的生产特点，而生产特点主要表现在两个方面，即企业的生产工艺技术特点和生产组织特点。

一、生产工艺技术与生产组织特点

（一）生产工艺技术特点

工业企业的生产，从工艺技术过程来看，基本上可分为连续式生产和装配式生产两大类型。

1. 连续式生产

连续式生产是指产品的生产要经过若干个连续的生产步骤，才能最终生产制造出产品的生产。其特点是原材料从第一个生产步骤投入，经第一个生产步骤制造完工后，依次转移到第二个、第三个等生产步骤继续进行加工制造，直至最终加工制造成产成品。这种类型的生产又可根据其生产过程是否可以间断，分为连续式的简单生产和连续式的复杂生产。

连续式的简单生产，是指在生产工艺技术要求上，各个生产步骤之间是不可以中断的，是指自原材料投入生产后，各个生产步骤之间在时间上不可以中断，它们必须紧密衔接、连续不断地制造，直至最终生产出产成品。所以，这种连续式生产实际上是属于单步骤的生产，其特点是各个中间生产步骤所生产的半成品必须全部转移到下一个生产步骤，即各个中间步骤在会计期末不存在半成品。正因为如此，可视为单步骤的简单生产，例如自来水厂自来水的生产、面粉厂面粉的生产、发电厂电的生产、化工厂化工产品的制造生产等，全部属于这种生产类型。炼钢厂的生产工艺如图 5-1 所示。

从图 5-1 中可以看出，炼钢生产线工艺流程分为五个步骤，但步骤之间是不可分割的，各步骤之间也不会进行在产品的盘点移交，这就是连续式单步骤生产。

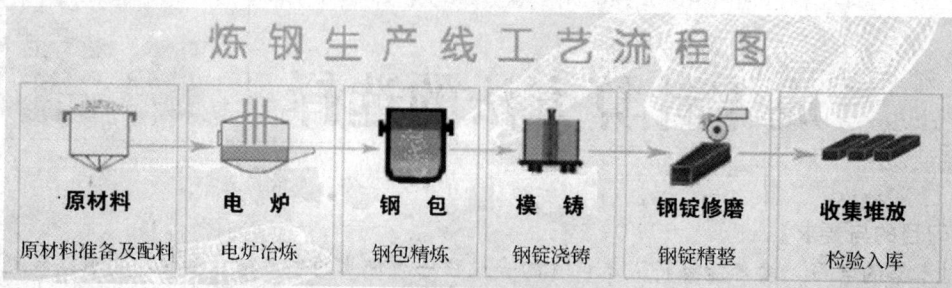

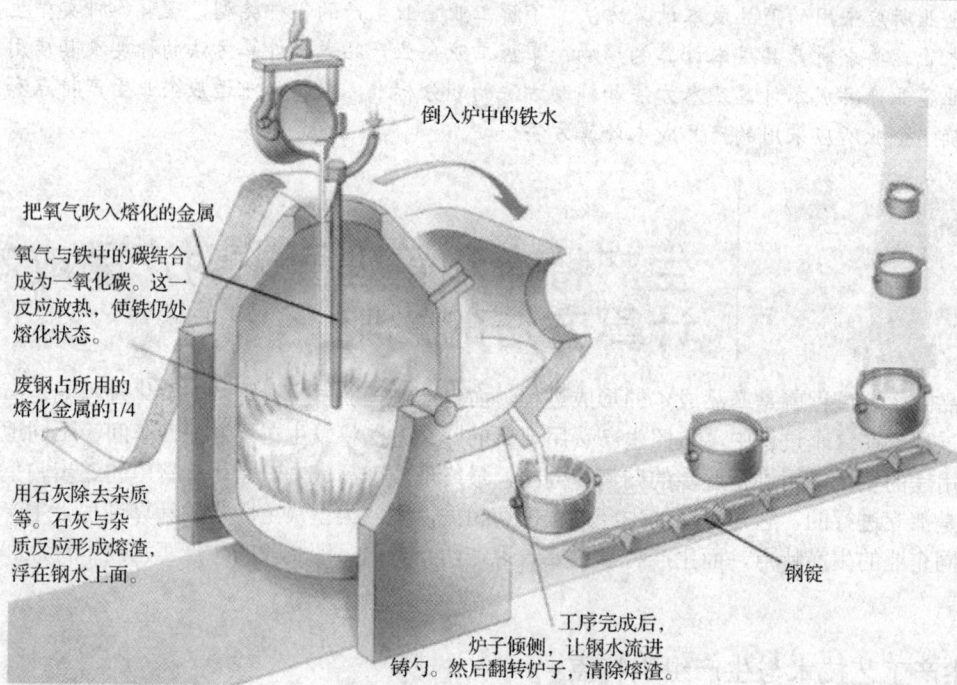

图 5-1　炼钢生产线工艺流程图

图 5-2 展示的是一种连续式的复杂生产。连续式的复杂生产是指在生产工艺技术要求上，各个生产步骤之间可以中断，完成了某一个加工步骤后，工艺上不要求马上转移到下一个生产步骤，即其在时间上可以是不连续的。这种连续式生产属于多步骤的复杂生产，其特点是除最后一个生产步骤完工的产成品外，其他各个中间生产步骤生产完成的都是在产品，而且在会计期末，这些中间生产步骤都有本步骤的在产品。

钢铁集团从铁矿石到铁锭再到钢材的生产，都属于连续式生产类型。图 5-3 所示的是从焦化、烧结到轧钢的生产流程图。这些产品都可以单独出售，如烧结矿、焦炭、铁水（冷却为铁块）、钢坯、钢材。

2. 装配式生产

装配式生产是指原材料平行地投入到各个生产车间，加工产品的某一部分，如产品的零部件等，然后再集中到其他生产车间（如总装车间）进行装配，最终制造出产成品。这种类型也属于多步骤的复杂生产，只是其各个步骤的生产是同时进行或平行进行的，这样，其各个生产步骤在会计期末都有期末在产品。例如，机械产品的制造是属于这种类型的生产。这种生产类型，必须设立在产品账户及明细账，各步骤之间需要收发登记。如自行车是由车架和车轮装配而成，车轮又由车轮圈、内轮胎和外胎组合而成，其装配过程如图 5-4 所示。

清花　　　　　梳棉　　　　　预并　　　　　条并卷

细纱　　　　　粗纱　　　一并、二并、三并　　　精梳

自络　　　　　并线　　　　　倍捻

图 5-2　纺纱生产流程图

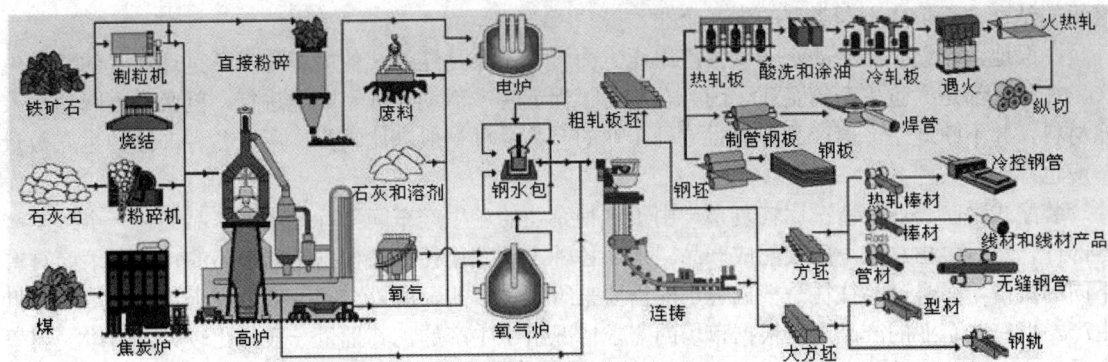

图 5-3　长线炼钢流程图

车架流水线　　　　生产线　　　　轮胎

自行车组装

图 5-4　自行车装配生产示意图

（二）生产组织特点

生产组织是指企业产品生产的方式，它体现着企业生产专业化和生产过程重复程度的高低。企业的生产组织可分为大量生产、成批生产和单件生产三种不同的类型。

（1）大量生产。大量生产是指企业在某一会计期间内重复大量地生产某一种或几种特定的产品。这种类型的企业所生产的产品品种往往都较少，但每种产品的数量都比较大，而且每种产品的规格都比较单一。所以，这类企业的生产专业化水平一般都比较高。例如，上述所列举的自来水厂、面粉厂、化工厂、采掘企业、钢铁制造企业、造纸企业等，都属于这种生产组织类型。

（2）成批生产。成批生产是指企业在某一会计期间按照不同品种、规格生产一定批量的产品。这种类型的企业生产的产品品种一般都比较多，而且不同品种的产品又有不同的规格，至于每种产品的生产数量视不同的企业和不同品种的产品而有所不同，有的产品的产量可能比较大，而有的可能就很小。例如，服装厂服装的生产、机械厂机械产品的生产等，都属于这种生产组织类型。

（3）单件生产。单件生产是指企业在某会计期间内所生产的数量少，种类多的产品。它一般是按客户要求的规格和数量来组织生产的，由于不同客户对产品有不同的规格要求，所以产品的品种可能就比较多，但每种产品的数量一般都很少，而且生产完成后，该规格产品一般就不再重复生产。例如造船厂船舶的生产、重型机械厂重型机械的生产等，都属于这种生产组织类型。

（三）生产工艺技术与生产组织的结合

在企业生产经营活动中，生产工艺技术与生产组织是不可分割的。不同的生产工艺技术与生产组织的结合，就形成不同类型的生产企业。

一般地，连续式生产的企业从生产组织方面看，不论是连续式的简单生产还是连续式的复杂生产，往往又都是大量生产的企业。因为企业为了保证生产活动连续不断地进行，就必须不断地投入原材料，并不断地生产出产品，而且这种企业的产品品种一般都比较少，所以各种产品的生产数量一般也都比较大。

装配式生产企业的情况比较复杂，由于这种企业的各生产车间平行地生产产品的某一个或某些零部件，然后再由总装车间装配成产品。那么各种零部件往往都是根据不同产品的特定要求而具有不同的规格，而且产品往往是根据客户的需要来组织生产的，所以，它一般是属于单件生产或成批生产。但有些企业的产品则是根据市场的需求情况组织生产的，其批量一般都比较大，所以又属于大量生产。工业企业的生产类型如图 5-5 所示。

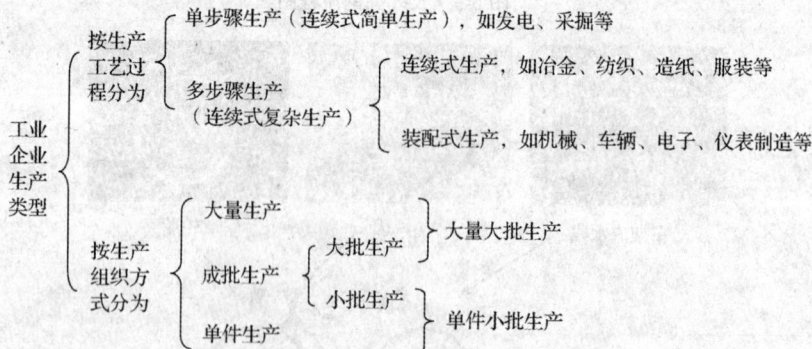

图 5-5　工业企业的生产类型

二、产品成本计算方法的构成

产品成本计算方法是指把生产费用在企业生产的各种产品之间，完工产品与在产品之间进行分配的方法。构成一个产品成本的计算方法，一般包括以下几方面的内容。

（1）成本计算对象的确定；

（2）生产成本明细账的设置；

（3）成本项目的设置；

（4）生产费用的归集及计入产品成本的程序；

（5）间接费用的分配标准；

（6）成本计算期的确定；

（7）生产费用在完工产品与在产品之间的分配；

（8）产品总成本和单位成本的计算。

三、生产类型的特点和成本管理要求对产品成本计算方法的影响

生产类型不同，必然产生不同的成本控制问题，所以，对成本管理的要求也不一样，这些都将影响成本计算。其影响主要表现在成本计算对象、成本计算期、生产费用在本期完工产品与期末在产品之间分配三个方面。

（一）对成本计算对象的影响

成本计算实际上就是将生产费用化为各个成本计算对象的成本。这里所指的成本计算对象，就是生产费用的承担者，即生产费用的归属对象。确定成本计算对象是进行成本计算的前提，因为只有确定了成本计算对象，才能在生产费用核算中将企业为生产产品所发生的生产费用按照各个成本计算对象进行归集和分配。

企业生产经营活动主要是生产各种可供对外销售的产品。所以，企业生产的各种产品就是生产费用的归属对象，而且一般是以企业最终制造完工的产品为其成本计算对象。例如，面粉加工厂的成本计算对象就是其所生产的面粉；生产电视机的企业，其成本计算对象就是企业所生产的各种类型的电视机；纺织厂的成本计算对象就是企业所生产的各种布料等。但在多步骤生产企业中，产品在完工之前往往要经过若干个生产步骤。结合企业经营（如各步骤的半成品可以对外销售）或成本管理（如进行成本考核、成本预算）的要求、也可以计算各步骤的半成品成本。所以，企业在各个生产步骤所生产的半成品也是成本计算对象。但必须指出，企业对半成品进行成本计算，对于考核和编制成本预算具有重要的意义，因为成本计算得越细，所提供的会计信息就越准确，越有利于成本预算的编制，但它将花费大量的人力和财力，也很难及时地提供企业所需要的信息。所以，成本计算对象的确定，特别是对半成品成本计算对象的确定，必须考虑各个企业的生产特点、成本管理要求。

（1）从产品生产的工艺技术过程特点看，单步骤生产其工艺技术过程不能间断，因而只能按照生产产品的品种计算成本。而在多步骤生产中，为了加强各个生产步骤的成本管理，往往不仅要求按照产品的品种和批别计算成本，而且要求按照产品生产的步骤考核生产费用，计算产品成本。但是，如果企业的生产规模较小，管理上不要求按照生产步骤计算产品成本，也可以不按照生产步骤计算产品成本，而只按照产品品种或产品批别计算成本。

（2）从产品的生产组织特点看，在大量生产的情况下，一种或若干种相同产品连续不断地重复生产，因而管理上只要求按照产品的品种计算成本，而且也只能按照产品的品种计算成本。大批生产往往集中投料，生产一批零部件供几批产品耗用；耗用量较多的零部件，也可以另行分批生产。在这种情况下，零部件生产的批别与产品生产的批别往往不一致，因而也就不能按照产品的批别计算成本，而只能按照产品的品种计算成本。小批、单件生产，由于生产产品的批量小，一批产品一般可以同时完工，因而有可能按照产品的批别或件别计算成本。

综合以上分析，生产特点和管理要求对成本计算对象的影响，可用表 5-1 表示。

表 5-1　生产特点和管理要求对成本计算对象的影响

生产组织特点	生产工艺特点	成本管理要求	成本计算方法特点			成本计算方法	主要适用企业类型
			成本计算对象	成本计算期	是否计算在产品成本		
大量大批生产	单步骤	要求按品种计算成本	产成品（产品品种）	按月计算	一般不需要计算在产品成本	品种法	发电、采掘、面粉加工等
	多步骤	不要求按步骤计算成本		按月计算	一般需要计算在产品成本		钢铁、造纸、食品等
		要求按步骤计算成本	产成品及各步骤半成品（生产步骤）	按月计算	一般需要计算在产品成本	分步法	冶金、汽车、纺织等
单件小批生产	多步骤	要求按步骤计算成本	产成品及各步骤半成品（生产步骤）	按月计算			
	单步骤或多步骤	要求按批别计算成本	产成品（批别或订单）	不固定	一般不需要计算在产品成本	分批法	船舶、重型机械等

从以上所述可以看出，受企业生产特点和管理要求的影响，工业企业产品成本计算中有三种不同的成本计算对象，即产品品种、产品批别和产品生产步骤。

成本计算对象的确定是设置产品成本明细账，归集生产费用，计算产品成本的前提。

（二）对成本计算期的影响

在不同的生产类型中，成本计算期也不尽相同。成本计算期主要取决于生产组织的特点。

在单件、小批生产中，由于生产一般都不是重复进行的，所以，产品成本只能在某件或某批产品制造完工之后才能进行计算。因此，其成本计算是不定期的，而且成本计算期与生产周期一致。

在大批、大量生产中，由于生产是连续不断进行的，企业不断地投入原材料，就不断地生产出产品来，而且投料与生产出的产品在时间上往往都是交叉进行的。在这种情况下，按产品生产周期计算成本几乎是不可能的，所以，一般以财务报告期（如月份）作为成本计算期，并定期地进行成本计算。

（三）生产费用在本期完工产品与期末在产品之间分配的影响

在连续式简单生产条件下，由于生产周期一般都比较短，而且生产过程又是连续不断、均衡地进行，期末一般都没有在产品，或在产品数量很少而且各期的在产品数量大致相同。为了简化成本计算手续，一般都将当期发生的生产费用作为当期完工产品的成本处理，即不需要将生产费用在本期完工产品与期末在产品之间进行分配。

至于连续式的复杂生产和装配式生产，由于其生产周期一般比较长，会计期末通常都有在产品，而生产费用如何在完工产品与在产品之间分配，则应根据生产组织的不同而有所不同。在单件或小批生产下，由于以单件或小批作为成本计算对象，如果该件产品或该批产品没有完工，则所发生已归属于该件产品或该批产品负担的所有生产费用都是在产品的成本；如果该件产品或该批产品制造完工，则所发生已归属于该件产品或该批产品负担的所有生产费用都是完工产品的成本，所以也无须对生产费用在完工产品与在产品之间分配。

在大批量生产条件下，由于不断的生产投入，就不断有产成品的产出，投料与完工之间互相交错，因而经常有一定数量的期末在产品，这就需要将生产费用在本期完工产品与期末在产品之间进行分配。

第二节 | 产品成本计算方法的种类

前面介绍了生产类型特点和管理要求对成本计算的影响主要表现在成本计算对象的确定上。在产品成本计算工作中有三种不同的成本计算对象，即产品的品种、批别、生产步骤。以此为标志，产生了三种成本计算的基本方法：品种法、分批法和分步法。

（一）品种法

品种法是以产品品种为成本计算对象的产品成本计算方法。一般适于单步骤的大量生产，例如发电、采掘等。品种法也可用于不需要分步骤计算成本的多步骤大批量生产，例如小型造纸厂、小型水泥厂等。品种法由于核算工作简单，故也称简单法。

（二）分批法

分批法是以产品批别为成本计算对象的产品成本计算方法。它适于小批、单件且在管理上不要求分步骤计算成本的多步骤生产，例如专用工具模具制造、重型机器制造、船舶制造等。这种方法是按订货单位的订单来归集生产费用和核算产品成本，所以也称为订单法。

（三）分步法

分步法是以产品生产步骤为成本计算对象的产品成本计算方法。它适于大批量的多步骤生产，例如纺织、钢铁企业的生产。

品种法、分批法和分步法是三种产品成本计算的基本方法，这三种方法与不同的生产类型特点有直接联系，是计算产品实际成本必不可少的方法。这三种方法与生产工艺过程特点和生产组织方式特点的关系，如表 5-1 所示。

在成本计算工作中，除了上述三种基本方法外，有的企业基于不同的需要，还广泛采用了一些辅助方法，例如在产品品种、规格繁多的工业企业中，为了简化成本计算工作，采用了一种简便的产品成本计算方法——分类法；在定额管理工作有一定基础的工业企业中，为了配合和加强生产费用和产品成本的定额管理，采用了一种将符合定额的费用和脱离定额的差异分别核算的产品成本计算方法——定额法。此外，有些企业还学习和运用了西方发达国家在成本计算中使用的方法，例如，为了向企业的决策人提供进行短期生产经营预测和决策的数据，采用只计算产品生产的变动成本，而将固定生产成本直接计入当期损益的变动成本法；为了加强企业内部成本控制和分析，采用一种只计算产品的标准成本，而将实际成本与标准成本的差异直接计入当期损益的标准成本法；等等。

第三节 不同成本计算方法之间的关系

一、不同计算方法的结合应用

一种产品的不同生产步骤，由于生产特点和管理要求不同，可以采用不同的成本计算方法。例如，小批、单件生产的大型机械厂，铸造车间可采用品种法计算铸件的成本；加工、装配车间可采用分批法计算各批产品的成本；而在铸造车间和加工、装配车间，则可采用逐步结转分步法结转铸件的成本；若加工车间和装配车间之间要求分步骤计算成本，但加工车间不要求计算半成品成本，则在加工车间和装配车间之间可采用平行结转分步法结转成本。这样，该厂就在分批法的基础上，结合采用了品种法和分步法。

在一种产品的不同零件、部件之间，由于管理要求不同，也可以采用不同的成本计算方法。例如，某种产品由若干零件、部件组装而成，其中不需对外出售的零件和部件不要求单独计算成本；经常对外销售的零件、部件，管理上要求计算零件、部件成本，采用适当成本计算方法单独计算成本。

一种产品的不同成本项目，可以结合采用不同的成本计算方法。例如，大量大批多步骤生产的某种产品，该产品原材料费用比重较大，原材料费用可采用逐步结转分步法，分步计算该产品的原材料费用；其他比重较小的成本项目，则可采用品种法等适当的成本计算方法。

分类法和定额法作为辅助成本计算方法，是为了简化成本核算和加强成本定额管理而采用的，前已述及，必须与三种基本方法结合使用。例如，灯泡厂生产各类灯泡的成本，可采用分类法和分步法相结合的方法，即先采用分步法计算各类灯泡的成本，再用分类法分配计算每类产品中各种灯泡的成本。

二、各种计算方法的转换

品种法、分批法和分步法是产品成本计算的三种基本方法，虽然三种方法都有各自的特点和适用对象，但它们之间是有内在联系的，三种方法都可以视为品种法。假定将分批法的成本对象（一个批次的产品）视为一个品种的产品，那么分批法实质上就是品种法；同样，将分步法的每一个步骤视为一种产品，分步法就是多个品种法的组合。因此，成本计算方法中，最基本的方法就是品种法，只要掌握了品种法的核算过程和原理，其他方法都可以看作品种法的演变。

（一）分步法的分解

以某钢铁集团的生产工艺流程为例，从烧结、炼铁到炼钢全过程分析，可以将其视为分步法。

第一步骤：烧结。该步骤的产品是烧结矿，烧结矿通过振动筛，直接送入炼铁高炉（见图5-6）。如果炼铁厂的产能大于烧结厂，就需要外购烧结矿；如果烧结厂的产能大于炼铁厂，则可出售烧结矿。其他步骤亦如此。

第二步骤：炼铁。炼铁厂的原料主要是烧结矿，产品是铁水，铁水就是炼钢的主要原料，可直接进入炼钢炉，同样两者之间也有产能问题，多余的铁水可以做成铸铁块，单独出售给其他炼钢厂。

第三步骤：炼钢。铁水是炼钢的主要原料，需加不同含量的合金料，炼出不同性能的钢坯和钢锭，如果连铸（见图5-3），可用钢水直接铸成一些型材；而大部分型材需要轧制，即进入轧钢厂。同理，钢坯或钢锭也可以单独出售。

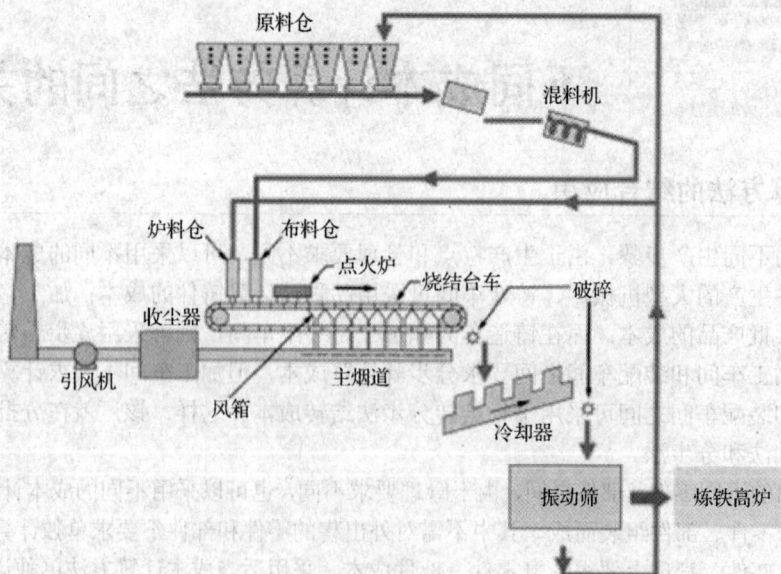

图5-6 烧结作业流程

第四步骤：轧钢。轧钢厂的工艺流程如图 5-7 所示。

图 5-7　轧钢生产线工艺流程

钢坯是炼钢厂的最终产品，如果有轧钢厂，还需要进一步加工，钢材是轧钢厂的最终产品。因此，半成品与产成品是相对的，对于长流程企业而言，一个分厂是一个步骤，而单一的炼铁厂、炼钢厂，就成为单步骤的品种法。

（二）分步法和品种法的关系

由以上四个步骤完成钢材的生产分析可知，半成品与产成品是相对的，对于长流程企业而言，一个分厂可视为一个单步骤，可采用分步法进行计算；而对于单一的炼铁厂、炼钢厂，就成为单步骤的品种法。因此，品种法是最基本的方法，分步法是品种法的组合，只要熟练掌握了品种法，就打下了成本核算的基础。

练习题

一、选择题

1. 生产特点和管理要求对产品成本计算的影响，主要表现在（　　）的确定上。

　　A. 成本计算对象　　　　　　　　B. 间接费用的分配方法

　　C. 成本计算日期　　　　　　　　D. 完工产品与在产品之间分配费用的方法

2. 区分各种成本计算的基本方法的主要标志是（　　）。

　　A. 成本计算对象　　B. 成本计算日期　　C. 成本项目　　　D. 制造费用的分配方法

3. 在小批单件多步骤生产情况下，如果管理不要求分步计算产品成本，应采用的成本计算方法有（　　）。

　　A. 分批法　　　　　B. 分步法　　　　　C. 分类法　　　　D. 定额成本法

4. 下列方法中最基本的成本计算方法是（　　）。

　　A. 分步法　　　　　B. 分批法　　　　　C. 品种法　　　　D. 定额法

5. 品种法适用于（　　）。

　　A. 小批单件单步骤生产

　　B. 大量大批多步骤生产

　　C. 管理上不要求分步骤计算产品成本的小批单件多步骤生产

　　D. 管理上不要求分步骤计算产品成本的大量大批多步骤生产

　　E. 管理上要求分步骤计算产品成本的大量大批多步骤生产

6. 成本计算方法应根据（　　）来确定。

　　A. 产品产量　　　　B. 生产组织的特点　　C. 生产工艺的特点

　　D. 成本管理要求　　E. 生产规模大小

7. 产品成本计算期与产品生产周期不一致的成本计算方法有（　　）。

　　A. 品种法　　　　　B. 分批法　　　　　C. 分步法　　　　D. 定额比例法

8. 产品成本计算的辅助方法有（　　　）。

    A. 分类法　　　　　B. 定额法　　　　　C. 品种法　　　　　D. 分步法

二、判断题

1. 按企业生产工艺过程划分，企业的生产可分为大量生产、成批生产和单件生产。（　　　）

2. 成本计算对象是区分产品成本计算基本方法的主要标志。（　　　）

3. 发电企业属于大量大批、多步骤生产企业。（　　　）

4. 在一个工厂内可以同时采用几种产品成本计算方法，但同一种产品只能采用一种产品成本计算方法。（　　　）

5. 品种法和分批法的成本计算期与产品的生产周期一致。（　　　）

6. 产品成本计算的基本方法可以在成本计算中单独使用，也可结合使用。（　　　）

7. 在多步骤生产中，为了加强生产步骤的成本管理，都应当按照生产步骤计算产品成本。（　　　）

8. 单步骤生产由于工艺过程不能间断，因而只能按照产品的品种计算成本。（　　　）

9. 由于按照产品品种计算成本是产品成本计算的最一般、最起码的要求，因而只有品种法才是计算产品成本的基本方法。（　　　）

10. 品种法只适用于单步骤、大批大量生产的企业。（　　　）

三、简答题

1. 试述企业按生产工艺过程特点和生产组织方式分类的情况。

2. 试述生产类型及其特点对产品成本计算方法的影响。

3. 产品成本计算方法包括哪些？各自适用的条件是什么？

产品成本计算的基本方法——品种法 | 第六章

【学习目的与要求】

通过本章的学习，读者可以了解品种法的成本计算程序；掌握品种法的实际运用；通过实例，领会各项费用归集与分配方法的综合运用。

第一节 | 品种法的成本计算程序

品种法是以产品品种为成本计算对象计算产品成本的一种方法。

一、按产品品种设置有关成本明细账

品种法下，通常需要设置基本生产成本明细账、辅助生产成本明细账、制造费用明细账等，单独进行废品损失核算的企业，还需要设置废品损失明细账。

（一）基本生产成本明细账

品种法的成本计算对象是产品品种。因此，基本生产成本明细账按产品品种设置。为了更好地反映每种产品成本项目的构成情况，再依据成本项目进一步设置明细，通常设置直接材料、直接人工、制造费用等成本项目。企业也可以根据需要增设成本项目，如燃料及动力、废品损失等。品种法基本生产成本明细账的一般格式如表6-1所示。

表6-1 基本生产成本明细账

产品名称：　　　　　　　　　　　　　　　　　　　　　　　　　　　　　　　　　　　　单位：

年		凭证字号	摘要	成本项目			合计
月	日			直接材料	直接人工	制造费用	

（二）辅助生产成本明细账

设有辅助生产车间的企业在成本核算时需要设置辅助生产成本明细账来归集和分配各项辅助生产费用。辅助生产成本明细账按辅助生产车间和生产的产品、提供的劳务分别设置，账中再按辅助生产的成本项目或费用项目分设专栏进行明细登记。其一般格式如表6-2和表6-3所示。

表6-2 辅助生产成本明细账（按成本项目设专栏）

车间名称：　　　　　　　　　　　　　　　　　　　　　　　　　　　　　　　　　　　　单位：

年		凭证字号	摘要	成本项目			合计
月	日			直接材料	直接人工	制造费用	

表6-3 辅助生产成本明细账（按费用项目设专栏）

车间名称：　　　　　　　　　　　　　　　　　　　　　　　　　　　　　　　　　　　　单位：

年		凭证字号	摘要	费用项目						合计
月	日			材料费	人工费	折旧费	水电费	办公费	其他	

（三）制造费用明细账

制造费用明细账按车间、部门分别设置。账内再按费用项目分设专栏进行明细登记。其一般格式如表 6-4 所示。

表 6-4 制造费用明细账

车间名称：　　　　　　　　　　　　　　　　　　　　　　　　　　　　　　　　　　单位：

年		凭证字号	摘要	费用项目						合计
月	日			材料费	人工费	折旧费	水电费	办公费	其他	

（四）废品损失明细账

废品损失明细账按生产车间、产品品种分别设置，账内按成本项目设专栏进行明细登记。其一般格式如表 6-5 所示。

表 6-5 废品损失明细账

××车间：××产品　　　　　　　　　　　　　　　　　　　　　　　　　　　　　　　单位：

年		凭证字号	摘要	成本项目			合计
月	日			直接材料	直接人工	制造费用	

二、归集和分配各种要素费用

（一）材料费用归集与分配

根据有关领料凭证编制发料凭证汇总表，归集材料费用。对几种产品共同耗用材料费用，根据有关分配标准，编制材料费用分配表进行分配。根据分配结果编制记账凭证，登记相应明细账。

（二）外购动力费用归集与分配

根据有关仪器记录数据或动力费用发票，归集本期外购动力费用。对多个部门或几种产品共同耗用费用，根据有关分配标准，编制外购动力费用分配表进行分配。根据分配结果编制记账凭证，登记相应明细账。

（三）人工费用归集与分配

根据考勤记录、产量记录和工资卡等原始记录，按照工资组成内容和计算方法，归集本期人工费用。对同时服务于不同产品生产的生产工人工资，根据有关分配标准，编制工资及福利费分配表（工资结算汇总表）进行分配。根据分配结果编制记账凭证，登记相应明细账。

（四）折旧费用归集与分配

根据各种资产的折旧计算办法，计算归集本期应提折旧费用。将计提的折旧费用按其使用车间、部门或用途，编制折旧费用分配表进行分配。根据分配结果编制记账凭证，登记相应明细账。

（五）其他费用归集与分配

对影响产品成本的其他费用，如设备修理费用、保险费等，根据其计提或摊销方法，归集本期费用。将归集的费用按其服务对象，编制有关费用分配表进行分配。根据分配结果编制记账凭证，登记相应明细账。

三、归集和分配辅助生产费用

根据各种要素费用分配的结果和其他有关费用资料登记相应明细账后，归集辅助生产成本明细账的有关记录数据即为本期辅助生产费用。对归集的辅助生产费用，采用适当的分配方法，编制辅助生产费用分配表，在其受益对象之间进行分配。根据分配结果编制记账凭证，登记相应明细账。

四、归集和分配基本生产车间制造费用

根据各种要素费用和辅助生产费用分配的结果和其他有关费用资料登记相应明细账后，归集基本生产车间制造费用明细账的有关记录数据即为本期基本生产车间制造费用。对归集的制造费用，如果基本生产车间同时生产不同产品，则需采用一定的分配方法，编制制造费用分配表，在不同产品之间进行分配。根据分配结果编制记账凭证，登记相应明细账。

五、核算生产损失

生产损失中的停工损失，企业一般不单独核算。因此，单独进行生产损失核算的企业主要核算的是废品损失。根据废品损失有关原始记录对废品损失按车间分产品品种进行归集，并根据其产生的原因进行处理，编制记账凭证，登记相应明细账。

六、计算完工产品成本和在产品成本

根据上述各种费用分配的结果和其他有关费用资料登记相应明细账后，归集各种产品基本生产成本明细账的有关记录数据即为本期各种产品生产费用。对归集的生产费用，如存在月末在产品，需采用一定的分配方法，编制产品成本计算单，将其在完工产品和在产品之间进行分配。

七、结转完工产品成本

根据产品成本计算单，编制完工产品成本汇总表，计算各种产品完工产品总成本和单位成本。编制记账凭证，登记相应明细账，结转完工产品成本。品种法产品成本计算的程序如图 6-1 所示。

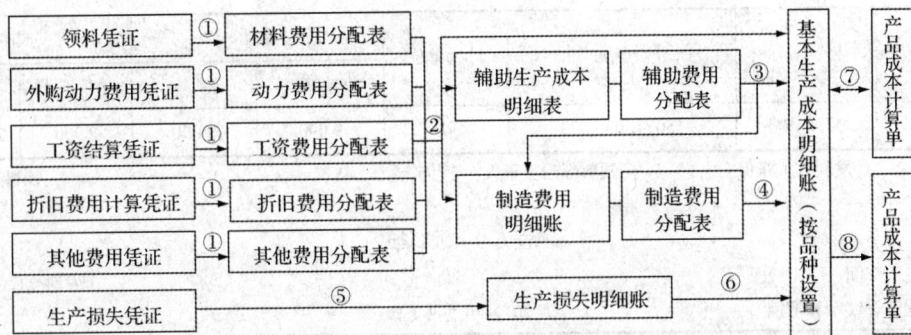

图 6-1　品种法产品成本计算程序

注：①根据原始凭证编制各项要素费用分配表，归集和分配各项要素费用。②根据各项要素费用分配表登记相应明细账。③分配辅助生产费用。④分配制造费用。⑤根据生产损失凭证，归集生产损失。⑥结转生产净损失。⑦编制产品成本计算单，计算完工产品总成本和单位成本。⑧结转完工产品成本。

第二节 品种法的应用

【例6-1】已知201×年1月新世纪钢铁公司螺纹钢和槽钢有关成本计算资料，要求运用品种法进行成本计算。

一、有关资料

（一）产品产量情况（见表6-6）

表6-6　产量资料

单位：吨

产品名称	月初在产品		本月投产	本月完工	月末在产品	
	数量	完工率			数量	完工率
螺纹钢	250	90%	9 000	9 100	150	90%
槽钢	150	90%	6 000	6 050	100	90%

（二）月初在产品成本（见表6-7）

表6-7　月初在产品成本

单位：元

产品名称	直接材料	燃料及动力	直接人工	制造费用	合计
螺纹钢	732 500	22 200	225	1 625	756 550
槽钢	437 250	10 056	108	780	448 194

（三）本月发生生产费用（见表6-8～表6-17）

表6-8　领料单

领料部门：轧钢车间　　　　　　　　　　　　　　　　　　　　发料仓库：原料仓库

用　　途：生产螺纹钢　　　　　　　　201×年1月1日　　　　　　　　单位：元

材料编号	材料名称	规格	计量单位	数量		成本	
				请领	实发	单位成本	总成本
10001	Q235 钢坯	150×150×9 000	吨	9 090	9 090	2 900	26 361 000

记账：　　　　发料人：张保全　　　　领料部门负责人：李生产　　　　　　　　领料人：王小易

表6-9　领料单

领料部门：轧钢车间　　　　　　　　　　　　　　　　　　　　发料仓库：原料仓库

用　　途：生产螺纹钢和槽钢　　　　　　201×年1月1日　　　　　　　　单位：元

材料编号	材料名称	规格	计量单位	数量		成本	
				请领	实发	单位成本	总成本
20001	重油	180#	吨	225	225	4 200	945 000

记账：　　　　发料人：张保全　　　　领料部门负责人：李生产　　　　　　　　领料人：王小易

表6-10 领料单

领料部门：轧钢车间　　　　　　　　　　　　　　　　　　　　　　　　　　　　发料仓库：原料仓库
用　　途：生产槽钢　　　　　　　　　　　　　　201×年1月18日　　　　　　　　　　　　　　单位：元

材料编号	材料名称	规格	计量单位	数量		成本	
				请领	实发	单位成本	总成本
10001	Q235钢坯	150×150×9 000	吨	6 030	6 030	2 900	17 487 000

记账：　　　　　发料人：张保全　　　　　领料部门负责人：李生产　　　　　　　　　领料人：王小易

表6-11 领料单

领料部门：修理车间　　　　　　　　　　　　　　　　　　　　　　　　　　　　发料仓库：原料仓库
用　　途：修理用　　　　　　　　　　　　　　　201×年1月18日　　　　　　　　　　　　　　单位：元

材料编号	材料名称	规格	计量单位	数量		成本	
				请领	实发	单位成本	总成本
40001	备品备料		个	1 000	1 000	20	20 000

记账：　　　　　发料人：张保全　　　　　领料部门负责人：李生产　　　　　　　　　领料人：王小易

表6-12 领料单

领料部门：运输车间　　　　　　　　　　　　　　　　　　　　　　　　　　　　发料仓库：原料仓库
用　　途：运输耗用　　　　　　　　　　　　　　201×年1月18日　　　　　　　　　　　　　　单位：元

材料编号	材料名称	规格	计量单位	数量		成本	
				请领	实发	单位成本	总成本
50001	柴油	5#	升	2 250	2 250	5.88	13 230

记账：　　　　　发料人：张保全　　　　　领料部门负责人：李生产　　　　　　　　　领料人：王小易

表6-13 市自来水公司水费清单

户名	新世纪钢铁公司		表号：
地址	舜江路148号		日期：
本月抄表数	上月抄表数	用水量（吨）	收款单位公章
246 760	234 260	12 500	
单价（元）	金额（元）	滞纳金（元）	
2	25 000		
人民币（大写）	贰万伍仟圆整		

表6-14 市电力公司电费清单

户名	新世纪钢铁公司		表号：
地址	舜江路148号		日期：
本月抄表数	上月抄表数	用水量（吨）	收款单位公章
723 818 660	722 298 660	1 520 000	
单价（元）	金额（元）	滞纳金（元）	
0.5	760 000		
人民币（大写）	柒拾陆万圆整		

表 6-15　职工工资表

单位：元

部门	姓名	人员类别	基本工资	奖金	津贴	事假扣款	应发合计
轧钢车间	刘思宇	管理	2 500	600	300		3 400
	任笑	管理	2 500	600	300		3 400
	龙胜强	工人	1 000	550	200		1 750
	谢江	工人	1 500	550	200		2 250
	王浩	工人	1 500	550	200	100	2 150
	徐晓	工人	1 800	550	200		2 550
	戴熊	工人	1 000	550	200		1 750
	雄伟	工人	1 500	500	200	75	2 125
	周莹	工人	1 500	550	200		2 250
	陈政	工人	1 500	500	200		2 200
	小计		16 300	5 500	2 200	175	23 825
修理车间	王璐妮	管理	2 500	600	300		3 400
	翁宇	工人	1 500	550	200		2 250
	徐培杰	工人	1 500	500	200	50	2 150
	小计		5 500	1 650	700	50	7 800
运输车间	张搜	管理	2 500	600	300		3 400
	江家丽	工人	1 500	550	200		2 250
	姜雨薇	工人	1 500	500	200		2 200
	小计		5 500	1 650	700		7 850
人事部	李明	管理	2 500	500	300		3 300
	邓超	管理	1 800	300	200		2 300
	小计		4 300	800	500		5 600
财务部	熊卓	管理	2 500	500	300		3 300
	徐娟	管理	1 800	300	200	80	2 220
	孙莉	管理	1 800	300	200		2 300
	小计		6 100	1 100	700	80	7 820
采购部	刘雄伟	管理	2 500	500	300		3 300
	刘壮	管理	1 800	300	200		2 300
	小计		4 300	800	500		5 600
后勤部	詹慧	管理	2 500	500	300		3 300
	蓝浩	管理	1 800	300	200		2 300
	张丽	管理	1 800	300	200		2 300
	小计		6 100	1 100	700		7 900
原料仓库	方帅	管理	2 500	500	300		3 300
	江波	管理	1 800	300	200		2 300
	小计		4 300	800	500		5 600
产成品仓库	谭毅	管理	2 500	500	300		3 300
	高强	管理	1 800	300	200		2 300
	小计		4 300	800	500		5 600
销售机构	邓娟	管理	2 500	1 000	300		3 800
	吴迪	管理	1 500	800	200		2 500
	李杰	管理	1 500	800	200		2 500
	小计		5 500	2 600	700		8 800
合计			62 200	16 800	7 700	305	86 395

表 6-16 固定资产折旧计算表

单位：元

部门	固定资产名称	原值	月折旧率（%）	月折旧额
轧钢车间	设备	8 500 000	0.8	68 000
	房屋建筑	2 100 000	0.5	10 500
修理车间	设备	300 000	0.8	2 400
	房屋建筑	200 000	0.5	1 000
运输车间	运输设备	1 000 000	1.5	15 000
	房屋建筑	200 000	0.5	1 000
行政管理部门	办公设备	500 000	1.5	7 500
	房屋建筑	5 000 000	0.5	25 000
原料仓库	办公设备	20 000	1.5	300
	房屋建筑	1 000 000	0.5	5 000
产成品仓库	办公设备	20 000	1.5	300
	房屋建筑	1 000 000	0.5	5 000
销售机构	办公设备	50 000	1.5	750
合计		19 890 000		141 750

表 6-17 本月支付的财产保险、固定资产租金费用表

单位：元

项目	部门	金额
财产保险费	轧钢车间	10 000
	运输车间	3 000
	小计	13 000
经营租赁固定资产租金	销售机构	4 000
	小计	4 000
合计		17 000

（四）其他资料

1. 各部门水、电耗用量情况（见表 6-18）

表 6-18 各部门水、电耗用量

受益单位	水（吨）	电（千瓦·时）
轧钢车间生产产品耗用	12 000	1 500 000
轧钢车间一般耗用	200	300
修理车间	150	10 000
运输车间	40	200
行政管理部门	100	8 000

续表

受益单位	水（吨）	电（千瓦·时）
原料仓库	3	500
产成品仓库	3	500
销售机构	4	500
合计	12 500	1 520 000

2. 车间产品耗用工时情况（见表 6-19）

表 6-19　车间产品耗用工时报告单

单位：小时

车间	产品	生产耗用工时	备注
轧钢车间	螺纹钢	1 050	
	槽钢	950	
合计		2 000	

3. 辅助生产车间劳务供应情况（见表 6-20）

表 6-20　辅助生产车间劳务供应情况

受益对象	修理车间（小时）	运输车间（千米）
轧钢车间	500	700
修理车间		50
运输车间	10	
行政管理部门	90	
原料仓库	20	100
产成品仓库	20	150
销售机构	10	4 000
合计	650	5 000

4. 各种费用及产品成本分配方法

（1）共同材料费用和外购动力费用采用产品产量比例进行分配。由于月初、月末在产品数量相差不大，分配时，产量采用本期投产量数据。

（2）共同人工费用和制造费用分配采用生产工时比例进行分配。

（3）辅助生产费用采用直接分配法进行分配。

（4）生产费用采用约当产量法在完工产品和在产品之间分配。

二、成本计算

（一）设置成本明细账并登记期初余额

1. 基本生产成本明细账

按产品品种设置两个基本生产成本明细账如表 6-21 和表 6-22 所示。由于企业在生产过程中，燃料及动力费用所占比重较高，在明细账中设置"燃料及动力"成本项目单独反映。根据表 6-7 的数据登记基本生产成本明细账的期初余额。

表 6-21　基本生产成本明细账（1）

产品名称：螺纹钢　　　　　　　　　　　　　　　　　　　　　　　　　　　　　　　　单位：元

201×年		凭证字号	摘要	成本项目				合计
月	日			直接材料	燃料及动力	直接人工	制造费用	
1	31	略	月初在产品成本	732 500	22 200	225	1 625	756 550
	31	略	分配材料费用	26 361 000	567 000			26 928 000
	31	略	分配水费		14 400			14 400
	31	略	分配电费		450 000			450 000
	31	略	分配人工费			8 938.13		8 938.13
	31	略	分配制造费用				68 280.95	68 280.95
			合计	27 093 500	1 053 600	9 163.13	69 905.95	28 226 169.08
	31	略	结转完工产品成本	−26 654 173	−1 038 219	−9 009	−68 887	−27 770 288
			月末在产品成本	439 327	15 381	154.13	1 018.95	455 881.08

表 6-22　基本生产成本明细账（2）

产品名称：槽钢　　　　　　　　　　　　　　　　　　　　　　　　　　　　　　　　　单位：元

201×年		凭证字号	摘要	成本项目				合计
月	日			直接材料	燃料及动力	直接人工	制造费用	
1	31	略	月初在产品成本	437 250	10 056	108		448 194
	31	略	分配材料费用	17 487 000	378 000			17 865 000
	31	略	分配水费		9 600			9 600
	31	略	分配电费		300 000			300 000
	31	略	分配人工费			8 086.87		8 086.87
	31	略	分配制造费用				61 778	61 778
			合计	17 924 250	697 656	8 194.87	62 558	18 692 658.87
	31	略	结转完工产品成本	−17 632 785.50	−687 401	−8 046.50	−61 649.50	−18 389 882.50
			月末在产品成本	291 464.50	10 255	148.37	908.50	302 776.37

2. 辅助生产成本明细账

为了归集和分配修理车间和运输车间的各项费用，分别为两个车间设置辅助生产成本明细账，账内按费用项目设专栏如表 6-23 和表 6-24 所示。

表6-23　辅助生产成本明细账

车间名称：修理车间　　　　　　　　　　　　　　　　　　　　　　　　　　　　　　　　　单位：元

201×年		凭证字号	摘要	费用项目					合计
月	日			材料费	人工费	折旧费	水电费	其他	
1	31	略	分配材料费用	20 000					20 000
	31	略	分配水费				300		300
	31	略	分配电费				5 000		5 000
	31	略	分配人工费		7 800				7 800
	31	略	分配折旧费			3 400			3 400
			合计	20 000	7 800	3 400	5 300		36 500
	31	略	分配辅助生产费用	-20 000	-7 800	-3 400	-5 300		-36 500

表6-24　辅助生产成本明细账

车间名称：运输车间　　　　　　　　　　　　　　　　　　　　　　　　　　　　　　　　　单位：元

201×年		凭证字号	摘要	费用项目					合计
月	日			材料费	人工费	折旧费	水电费	其他	
1	31	略	分配材料费用	13 230					13 230
	31	略	分配水费				80		80
	31	略	分配电费				100		100
	31	略	分配人工费		7 850				7 850
	31	略	分配折旧费			16 000			16 000
	31	略	分配预付费用					3 000	3 000
			合计	13 230	7 850	16 000	180	3 000	40 260
	31	略	分配辅助生产费用	-13 230	-7 850	-16 000	-180	-3 000	-40 260

3. 制造费用明细账

为了合理归集和分配轧钢车间发生的各项一般费用，设立制造费用明细账，账内按费用项目分设专栏如表6-25所示。

表6-25　制造费用分配表

车间名称：轧钢车间　　　　　　　　　　　　201×年1月　　　　　　　　　　　　　　　单位：元

201×年		凭证字号	摘要	费用项目						合计
月	日			材料费	人工费	折旧费	水电费	修理费	其他	
1	31		分配水费				400			400
	31		分配电费				150			150
	31		分配人工费		6 800					6 800
	31		分配折旧费			78 500				78 500
	31		分配预付费用						10 000	10 000
	31		分配辅助费用					28 515.62	5 693.33	34 208.95
			合计	6 800	78 500	550	28 515.62	15 693.33	130 058.95
	31		分配制造费用	-6 800	-78 500	-550	-28 515.62	-15 693.33	-130 058.954

（二）归集和分配各种要素费用

1. 材料费用归集与分配

根据表 6-8～表 6-12，编制发料凭证汇总表，归集本期材料费用如表 6-26 所示。

表 6-26　材料发出汇总表

201×年 1 月　　　　　　　　　　　　　　　　　　　　　　　　　　　　　　　　　　　单位：元

领料部门和用途		材料名称				合计
		Q235 钢坯	重油	备品备件	柴油	
轧钢车间	生产螺纹钢耗用	26 361 000				26 361 000
	生产槽钢耗用	17 487 000				17 487 000
	生产产品共同耗用		945 000			945 000
修理车间	修理用			20 000		20 000
运输车间	运输耗用				13 230	13 230
合计		43 848 000	945 000	20 000	13 230	44 826 230

根据表 6-6 产量资料及表 6-26 材料发出汇总表有关数据，编制材料费用分配表，如表 6-27 所示。

表 6-27　材料费用分配表

201×年 1 月　　　　　　　　　　　　　　　　　　　　　　　　　　　　　　　　　　　单位：元

应借账户		间接借入			直接计入	合计
		产量（件）	分配率	分配金额		
基本生产成本	螺纹钢	9 000		567 000	26 361 000	26 928 000
	槽钢	6 000		378 000	17 487 000	17 865 000
	小计	15 000	63	945 000	43 848 000	44 793 000
辅助生产成本	修理车间				20 000	20 000
	运输车间				13 230	13 230
合计				945 000	43 881 230	44 826 230

根据分配结果编制材料费用分配分录并登记相应明细账。

借：基本生产成本——螺纹钢（直接材料）　　　　　　　26 361 000

　　　　　　　　——槽钢（直接材料）　　　　　　　　17 487 000

　　　　　　　　——螺纹钢（燃料及动力）　　　　　　　　567 000

　　　　　　　　——槽钢（燃料及动力）　　　　　　　　　378 000

　　辅助生产成本——修理车间　　　　　　　　　　　　　　20 000

　　　　　　　　——运输车间　　　　　　　　　　　　　　13 230

　　贷：原材料——Q235 钢坯　　　　　　　　　　　　　43 848 000

　　　　　　——重油　　　　　　　　　　　　　　　　　945 000

　　　　　　——备品备件　　　　　　　　　　　　　　　20 000

　　　　　　——柴油　　　　　　　　　　　　　　　　　13 230

2. 外购动力费用归集与分配

公司的动力费用主要涉及水费和电费。根据表 6-13 水费清单和表 6-14 电费清单归集本期水费和电费，并根据表 6-18 中有关耗用量数据将其分配至不同部门和产品，如表 6-28 和表 6-29 所示。

表 6-28　水费分配表

201×年1月　　　　　　　　　　　　　　　　　　　　　　　　　　　　　　　　　　　　单位：元

应借账户		间接计入			直接计入	合计
		产量（件）	分配率	分配金额		
基本生产成本	螺纹钢	9 000		14 400		14 400
	槽钢	6 000		9 600		9 600
	小计	15 000	1.6	24 000		24 000
制造费用	轧钢车间				400	400
辅助生产成本	修理车间				300	300
	运输车间				80	80
	小计				380	380
管理费用	水费				212	212
销售费用	水费				8	8
合计				24 000	1 000	25 000

表 6-29　电费分配表

201×年1月　　　　　　　　　　　　　　　　　　　　　　　　　　　　　　　　　　　　单位：元

应借账户		间接计入			直接计入	合计
		产量（件）	分配率	分配金额		
基本生产成本	螺纹钢	9 000		450 000		450 000
	槽钢	6 000		300 000		300 000
	小计	15 000	50	750 000		750 000
制造费用	轧钢车间				150	150
辅助生产成本	修理车间				5 000	5 000
	运输车间				100	100
	小计				5 100	5 100
管理费用	水费				4 500	4 500
销售费用	水费				250	250
合计				750 000	10 000	760 000

根据分配结果，编制水费和电费分配分录并登记相应明细账。

借：基本生产成本——螺纹钢（燃料及动力）　　　　14 400
　　　　　　　　——槽钢（燃料及动力）　　　　9 600
　　制造费用——轧钢车间　　　　400
　　辅助生产成本——修理车间　　　　300
　　　　　　　　——运输车间　　　　80
　　管理费用　　　　212
　　销售费用　　　　8
　　贷：应付账款——市自来水公司　　　　25 000

借：基本生产成本——螺纹钢（燃料及动力）　　　　　　　　450 000

　　　　　　　　　　——槽钢（燃料及动力）　　　　　　　300 000

　　制造费用——轧钢车间　　　　　　　　　　　　　　　　150

　　辅助生产成本——修理车间　　　　　　　　　　　　　5 000

　　　　　　　　　　——运输车间　　　　　　　　　　　　100

　　管理费用　　　　　　　　　　　　　　　　　　　　　4 500

　　销售费用　　　　　　　　　　　　　　　　　　　　　200

　　贷：应付账款——市电力公司　　　　　　　　　　　　760 000

3. 人工费用归集与分配

根据表 6-15 职工工资表，编制工资结算汇总表，如表 6-30 所示。

表 6-30　工资结算汇总表

单位：元

部门/车间		基本工资	奖金	津贴	事假扣款	应发合计
轧钢车间	管理人员	5 000	1 200	600		6 800
	生产人员	11 300	4 300	1 600	175	17 025
	小计	16 300	5 500	2 200	175	23 825
修理车间		5 500	1 650	700	50	7 800
运输车间		5 500	1 650	700		7 850
	人事部	4 300	800	500		5 600
	财务部	6 100	1 100	700	80	7 820
	采购部	4 300	800	500		5 600
	后勤部	6 100	1 100	700		7 900
	小计	20 800	3 800	2 400	80	2 690
原料仓库		4 300	800	500		5 600
产成品仓库		4 300	800	500		5 600
销售机构		5 500	2 600	700		8 800
合计		62 200	16 800	7 700	305	86 395

根据表 6-30 工资结算汇总表和表 6-19 车间产品耗用工时报告单，编制人工费用分配表，如表 6-31 所示。

表 6-31　人工费用分配表

单位：元

应借科目	产品或部门	直接计入	分配计入			合计
			生产耗用工时（h）	分配率	分配金额	
基本生产成本	螺纹钢		1 050		8 938.13	8 938.13
	槽钢		950		8 086.87	8 086.87
	小计		2 000	8.512 5	17 025	17 025
制造费用	轧钢车间	6 800				6 800
辅助生产成本	修理车间	7 800				7 800
	运输车间	7 850				7 850
	小计	15 650				15 650

续表

应借科目	产品或部门	直接计入	分配计入			合计
			生产耗用工时（h）	分配率	分配金额	
管理费用	行政管理部门	26 920				26 920
	原料仓库	5 600				5 600
	产成品仓库	5 600				5 600
	小计	38 120				38 120
管理费用	销售机构	8 800				8 800
合计		69 370			17 025	86 395

根据分配结果编制人工费用分配分录并登记相应明细账。

借：基本生产成本——螺纹钢（直接人工）　　　　　　　　　8 938.13
　　　　　　　　——槽钢（直接人工）　　　　　　　　　　 8 086.87
　　制造费用——轧钢车间　　　　　　　　　　　　　　　　 6 800
　　辅助生产成本——修理车间　　　　　　　　　　　　　　 7 800
　　　　　　　　——运输车间　　　　　　　　　　　　　　 7 850
　　管理费用　　　　　　　　　　　　　　　　　　　　　　 38 120
　　销售费用　　　　　　　　　　　　　　　　　　　　　　 8 800
　　贷：应付职工薪酬　　　　　　　　　　　　　　　　　　 86 395

4. 折旧费用归集与分配

根据表6-16固定资产折旧计算表编制固定资产折旧费用分配表，如表6-32所示。

表6-32　折旧费用分配表

单位：元

应借科目	车间部门	本月折旧
制造费用	轧钢车间	78 500
辅助生产成本	修理车间	3 400
	运输车间	16 000
	小计	19 400
管理费用	行政管理部门	32 500
	原料仓库	5 300
	产成品仓库	5 300
	小计	43 100
销售费用	销售机构	750
合计		141 750

根据分配结果编制折旧费用分配分录并登记相应明细账。

借：制造费用——轧钢车间　　　　　　　　　　　　　　　 78 500
　　辅助生产成本——修理车间　　　　　　　　　　　　　　 3 400
　　　　　　　　——运输车间　　　　　　　　　　　　　　 16 000
　　管理费用　　　　　　　　　　　　　　　　　　　　　　 43 100
　　销售费用　　　　　　　　　　　　　　　　　　　　　　 750
　　贷：累计折旧　　　　　　　　　　　　　　　　　　　　 141 750

5. 其他费用归集与分配

根据表 6-17 编制财产保险、固定资产租金费用分配表，如表 6-33 所示。

表 6-33 财产保险、固定资产租金费用分配表

单位：元

应借科目	车间部门	成本或费用项目	金额
制造费用	轧钢车间	财产保险费	10 000
辅助生产成本	运输车间	财产保险费	3 000
销售费用	销售机构	固定资产租金	4 000
合计			17 000

根据分配结果编制分配分录并登记相应明细账。

借：制造费用——轧钢车间　　　　　　　　　　　10 000
　　辅助生产成本——运输车间　　　　　　　　　　3 000
　　销售费用　　　　　　　　　　　　　　　　　　4 000
　　贷：银行存款　　　　　　　　　　　　　　　　　　17 000

（三）归集和分配辅助生产费用

1. 归集辅助生产费用

根据前述各项要素费用的分配结果，编制分录并登记各明细账后，汇总辅助生产成本明细账的数据即为本期辅助生产费用合计。由表 6-23 和表 6-24 可知，本期修理车间生产费用合计为 36 500 元，运输车间生产费用合计为 40 260 元。

2. 分配辅助生产费用

根据修理车间和运输车间本期劳务供应情况（见表 6-21），编制辅助生产费用分配表，如表 6-34 所示。

表 6-34 辅助生产费用分配表

单位：元

项目		修理车间	运输车间	合计
待分配辅助生产费用		36 500	40 260	76 760
供应辅助生产以外的劳务数量		640	4 950	
分配率		57.031 25	8.13 333	
轧钢车间	耗用数量	500	700	
	分配金额	28 515.62	5 693.33	34 208.95
行政管理部门	耗用数量	90		
	分配金额	5 132.81		5 132.81
原料仓库	耗用数量	20	100	
	分配金额	1 140.63	813.33	1 953.96
产成品仓库	耗用数量	20	150	
	分配金额	1 140.63	1 220	2 360.63
销售机构	耗用数量	10	4 000	
	分配金额	570.31	32 533.34	33 103.65
合计		36 500	40 260	76 760

根据分配结果编制辅助生产费用分配分录并登记相应明细账。

借：制造费用——轧钢车间　　　　　　　　　　　　　　　34 208.95

管理费用　　　　　　　　　　　　　　　　　　　　　9 447.40

销售费用　　　　　　　　　　　　　　　　　　　　　33 103.65

贷：辅助生产成本——修理车间　　　　　　　　　　　　36 500

　　　　　　　　——运输车间　　　　　　　　　　　　40 260

（四）归集和分配制造费用

1. 归集制造费用

根据前述各项要素费用和辅助生产费用分配结果，编制分录并登记有关明细账后，汇总制造费用明细账的数据即为本期制造费用合计。由表 6-25 可知，本期轧钢车间的制造费用合计为 130 058.95 元。

2. 分配制造费用

根据轧钢车间统计的本期生产工时情况（见表 6-19），编制制造费用分配表如表 6-35 所示。

表 6-35　制造费用分配表

单位：轧钢车间　　　　　　　　　　　　　　　　　　　　　　　　　　　单位：元
　　　　　　　　　　　　　　　　　　　　　　　　　　　　　　　　　　201×年 1 月

应借科目	生产工时（小时）	分配率	分配金额
基本生产成本——螺纹钢（制造费用）	1 050		68 280.95
基本生产成本——槽钢（制造费用）	950		61 778
合计	2 000	65 029 475	130 058.95

根据分配结果编制制造费用分配分录并登记相应明细账。

借：基本生产成本——螺纹钢（制造费用）　　　　　　　　68 280.95

　　　　　　　　——槽钢（制造费用）　　　　　　　　　61 778

贷：制造费用——轧钢车间　　　　　　　　　　　　　　130 058.95

（五）计算完工产品成本和在产品成本

1. 归集本期各种产品生产费用

根据上述各项费用分配结果登记基本生产成本明细账后，分别汇总两个基本生产成本明细账有关数据即得本期螺纹钢和槽钢的生产费用。由表 6-21 和表 6-22 可知，本期螺纹钢的生产费用合计为 28 226 169.08 元，槽钢的生产费用合计为 18 692 658.87 元。

2. 将生产费用在完工产品与在产品之间分配

根据表 6-6 产量资料及基本生产成本明细账有关生产费用数据，编制产品成本计算单如表 6-36 和表 6-37 所示。其中，月末在产品成本是用生产费用合计减完工产品成本计算而得。以后各章节有关内容均采用此法，将不再说明。

表 6-36　产品成本计算单

产品名称：螺纹钢　　　　　　本月完工：9 100 吨　　　　　　月末在产品：150 吨　　　　　　单位：元

摘要	直接材料	燃料及动力	直接人工	制造费用	合计
月初在产品成本	732 500	22 200	225	1 625	756 550
本月生产费用	26 361 000	1 031 400	8 938.13	68 280.95	27 469 619.08
生产费用合计	27 093 500	1 053 600	9 163.13	69 905.95	28 226 169.08
完工产品约当产量	9 100	9 100	9 100	9 100	
在产品约当产量	150	135	135	135	
约当总产量	9 250	9 235	9 235	9 235	

续表

摘要	直接材料	燃料及动力	直接人工	制造费用	合计
分配率（单位成本）	2 929.03	114.09	0.99	7.57	3 051.68
完工产品成本	26 654 173	1 038 219	9 009	68 887	27 770 288
月末在产品成本	439 327	15 381	154.13	1 018.95	455 881.08

注：月末在产品成本是倒挤出的。

表6-37 产品成本计算单

产品名称：槽钢　　　　　　　　本月完工：6 050 吨　　　　　　月末在产品：100 吨　　　　　　单位：元

摘要	直接材料	燃料及动力	直接人工	制造费用	合计
月初在产品成本	437 250	10 056	108	780	448 194
本月生产费用	17 487 000	687 600	8 086.87	61 778	18 244 464.97
生产费用合计	17 924 250	697 656	8 194.87	62 558	18 692 658.87
完工产品约当产量	6 050	6 050	6 050	6 050	
在产品约当产量	100	90	90	90	
约当总产量	6 150	6 140	6 140	6 140	
分配率（单位成本）	2 914.51	113.62	1.33	10.19	3 039.65
完工产品成本	17 632 785.50	687 401	8 046.50	61 649.50	18 389 882.50
月末在产品成本	291 464.50	10 255	148.37	908.50	302 776.37

（六）结转完工产品成本

根据产品成本计算单，编制完工产品成本汇总表如表6-38所示。

表6-38 产品成本汇总表

201×年1月　　　　　　　　　　　　　　　　　　　　　　　　　　　　　　单位：元

产品名称	直接材料	燃料及动力	直接人工	制造费用	合计
螺纹钢	26 654 173	1 038 219	9 009	68 887	27 770 288
槽钢	17 632 785.50	687 401	8 046.50	61 649.50	18 389 882.50
合计	44 286 958.50	1 725 620	17 055.50	130 536.50	46 160 170.50

根据产品成本汇总表编制完工产品成本结转分录并登记相应明细账。

借：库存商品——螺纹钢　　　　　　　　　　　　　27 770 288
　　　　　　——槽钢　　　　　　　　　　　　　　18 389 882.50
　贷：基本生产成本——螺纹钢　　　　　　　　　　　　27 770 288
　　　　　　　　——槽钢　　　　　　　　　　　　　18 389 882.50

练习题

一、选择题

1. 采用品种法进行成本计算，成本明细账应该按照（　　）设置。

　　A. 产品品种　　　　B. 产品批别　　　　C. 产品生产步骤　　　D. 产品类别

2. 品种法的成本计算期与（　　）一致，一般按月进行。

　　A. 生产周期　　　　B. 会计报告期　　　　C. 会计分期　　　　D. 生产日期

3. 品种法是产品成本计算的（　　　）。

　A. 主要方法　　　　B. 重要方法　　　　C. 最基本方法　　　D. 最一般方法

4. 品种法适用于（　　　）。

　A. 大量生产　　　　B. 大量小批生产　　　C. 单件小批生产

　D. 大量大批、单步骤生产或管理上不要求分步骤计算的多步骤生产

二、判断题

1. 采用品种法，一般不存在完工产品和期末在产品成本划分问题。（　　　）

2. 品种法只适用于大批量、单步骤的生产企业。（　　　）

3. 在成本计算基本方法中，品种法是最基本的方法，体现了成本计算的最基本程序。（　　　）

4. 由于每个工业企业最终都必须按照产品品种计算成本，因而品种法适用于所有工业企业，应用范围最广泛。（　　　）

三、业务题

山河公司有一个基本生产车间和一个辅助生产车间（修理车间）。基本生产车间大量生产 A、B 两种产品。公司采用品种法计算产品成本。辅助生产车间的制造费用不通过"制造费用"账户核算。201×年 5 月有关核算资料如下。

（1）月初在产品成本情况

A 产品月初在产品成本 9 500 元，其中：原材料费用 6 500 元，人工费用 2 000 元，制造费用 1 000 元。B 产品月初在产品成本 11 500 元，其中：原材料费用 6 000 元，人工费用 3 500 元，制造费用 2 000 元。

（2）产量情况

本月 A 产品完工 200 件，月末在产品 100 件；B 产品本月完工 100 件，月末在产品 50 件，完工率为 40%。

（3）本月发生生产费用情况

① 发出材料 42 500 元。其中：直接用于 A 产品生产的甲材料 11 000 元，直接用于 B 产品生产的乙材料 18 000 元，A、B 产品共同耗用的丙材料 10 000 元，车间一般耗用甲材料 1 000 元，辅助生产车间领用乙材料 2 500 元。

② 结算本月应付职工工资。其中：基本生产车间的工人工资 18 000 元，基本生产车间管理人员工资 2 600 元，辅助生产车间职工工资 2 500 元。

③ 计提固定资产折旧费。其中：基本生产车间月初应计折旧固定资产原值 120 000 元，辅助生产车间月初应计折旧固定资产原值 50 000 元，月折旧率为 1%。

④ 基本生产车间和辅助生产车间发生的其他费用分别为 1 200 元和 600 元，均通过银行转账支付。

⑤ 辅助生产车间提供劳务 3 000 小时，其中：为基本生产车间提供劳务 2 500 小时，为管理部门提供劳务 500 小时。

（4）其他资料

① 共耗材料费用按 A、B 产品的定额消耗量比例进行分配。A 产品的定额消耗量为 540 千克，B 产品的定额消耗量为 460 千克。

② 人工费用和制造费用按 A、B 产品耗用的生产工时比例分配。A 产品生产工时为 400 小时，B 产品的生产工时为 500 小时。

③ 生产费用在完工产品与在产品之间分配的方法。A 产品各月在产品数量变化不大，采用在产品按月初数固定计算。B 产品按约当产量法进行分配，其中，原材料在生产开始时一次投入，其他

费用均匀发生。

要求：（1）编制各项元素费用分配的会计分录。

（2）编制辅助生产费用分配的会计分录。

（3）编制结转基本生产车间制造费用的会计分录。

（4）计算并填列 A、B 产品成本明细账（见表 6-39 和表 6-40），计算 A、B 产品成本。

（5）编制结转入库产成品成本的会计分录。

表 6-39　基本生产成本明细账

产品名称：　　　　　　　　　　　　　　　　　　　　　　　　　　　　　　　　　　　　　　　单位：元

年		凭证	摘要	成本项目			合计
月	日	字号		直接材料	直接人工	制造费用	

表 6-40　基本生产成本明细账

产品名称：　　　　　　　　　　　　　　　　　　　　　　　　　　　　　　　　　　　　　　　单位：元

年		凭证	摘要	成本项目			合计
月	日	字号		直接材料	直接人工	制造费用	

第七章 | 产品成本计算的基本方法 ——分批法

【学习目的与要求】

通过本章的学习，读者可以了解简化分批法的含义及特点；熟悉一般分批法和简化分批法的成本计算程序；掌握一般分批法和简化分批法的实际运用。

第一节 | 分批法的成本计算程序

分批法是按照产品生产批别计算产品成本的一种方法。

一、按产品批别设置有关成本明细账

分批法需要设置的成本明细账种类与品种法相同。各种明细账的格式与品种法的不同之处在于，由于分批法的成本计算对象是产品批别，因此，其基本生产成本明细账和废品损失明细账是按产品批别而不是按产品品种来设置的。

（一）基本生产成本明细账

分批法下，基本生产成本明细账按产品批别分别设置。账内分成本项目设置专栏。此外，在明细账内通常还需注明该批产品的批量、投产日期、完工日期和所属品种等信息，其一般格式如表 7-1 所示。

表 7-1　基本生产成本明细账

单位：元

产品批号：　　　　　　　　　　　　　　　　　　　　　　　　　　投产日期：

产品名称：　　　　　　　　　　　　产品批量：　　　　　　　　　　完工日期：

年		凭证字号	摘要	成本项目			合计
月	日			直接材料	直接人工	制造费用	

（二）废品损失明细账

废品损失按生产车间、产品批别分设明细账，账内按成本项目设专栏进行明细登记。其一般格式如表 7-2 所示。

表 7-2　废品损失明细账

××车间：××批次产品

单位：元

年		凭证字号	摘要	成本项目			合计
月	日			直接材料	直接人工	制造费用	

二、归集和分配各种费用

分批法归集和分配各种费用的内容和步骤与品种法基本相同,区别之处在于,分批法是按产品的批别归集和分配各种费用,即各种费用如果能区分是哪个批次耗用,则作为直接费用直接计入相应批次的成本明细账,而对于不能直接区分的共同费用则按一定的费用分配方法在不同的批次之间进行分配。

三、计算并结转完工产品成本

分批法由于其生产的特点,月末,通常是整个批次全部完工或全部未完工。根据上述各种费用分配的结果和其他有关费用资料登记相应明细账后,归集相应批次产品基本生产成本明细账的有关记录数据,对于全部完工批次而言,即为该批次完工产品成本,除以批量的单位成本;对全部未完工批次而言,即为该批次在产品成本。因此,分批法下,月末一般无须进行完工产品和在产品的成本分配。如果出现批内产品跨月陆续完工的情况,则仍需采用一定的方法将归集的生产费用在完工产品和在产品之间分配。对完工批次产品,编制记账凭证,登记相应明细账,结转完工产品成本。分批法产品成本计算的程序如图7-1所示。

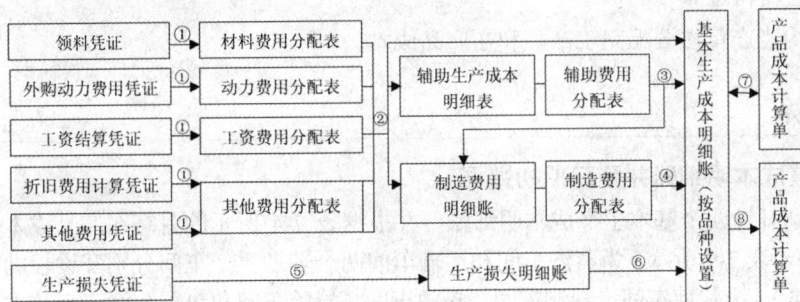

图 7-1　分批法产品成本计算程序

注:①根据原始凭证编制各项要素费用分配表,归集和分配各项要素费用。②根据各项要素费用分配表登记相应明细账。③分配辅助生产费用。④分配制造费用。⑤根据生产损失凭证,归集生产损失。⑥结转生产净损失。⑦编制产品成本计算单,计算完工产品总成本和单位成本。⑧结转完工产品成本。

第二节　分批法的应用

【例 7-1】已知 201×年 5 月诚生服装公司有关成本计算资料,要求运用分批法进行成本计算。

一、有关资料

(一)产品生产情况(见表 7-3)

表 7-3　产品生产情况

单位:件

产品批别	产品名称	投产情况	完工情况	月末在产品
0411	西服	4月25日投产250	5月8日完工250	
0521	衬衣	5月10日投产500	5月20日完工500	
0531	文化衫	5月20日投产2 000	5月31日完工1 500	500,投料率100%,完工率50%
0511	西服	5月25日投产200		200,投料率100%,完工率50%

（二）月初在产品成本（见表 7-4）

表 7-4　月初在产品成本

单位：元

产品批别	产品名称	直接材料	直接人工	制造费用	合计
0411	西服	56 250	20 000	35 000	111 250

（三）本月发生生产费用（见表 7-5）

表 7-5　本月生产费用

单位：元

产品批别	产品名称	直接材料	直接人工	制造费用	合计
0411	西服		5 000	8 750	13 750
0521	衬衣	13 500	6 000	10 500	30 000
0531	文化衫	13 500	5 250	9 187	27 937
0511	西服	67 500	18 000	31 500	117 000

（四）其他资料

公司采用约当产量法分配完工产品和在产品成本。

二、成本计算

（一）设置成本明细账并登记期初数据

按产品批别开设四个基本生产成本明细账，并根据表 7-4 所示的月初在产品成本登记相应期初数据，如表 7-6～表 7-9 所示。为蒸汽车间和运输车间两个辅助生产车间分别开设辅助生产成本明细账（具体格式略）。为裁剪车间、缝制车间、整烫车间、检验车间和包装车间五个基本生产车间分别开设制造费用明细账（具体格式略）。

（二）归集和分配各项费用

分批法下各项费用的归集和分配步骤同品种法，此处不详述。通过归集和分配各项要素费用、辅助生产成本、制造费用最终取得各批次产品本期生产费用情况如表 7-5 所示，据此登记相应批次基本生产成本明细账。

（三）计算并结转完工产品成本

根据上述各项费用分配结果登记基本生产成本明细账后，分别汇总各批次基本生产成本明细账有关数据即得出本期各批次生产费用合计。

由于 0411 批次和 0521 批次全部完工，因此，该两批次本期生产费用合计即为完工产品成本。0511 批次本期全部未完工，因此，该批次本期生产费用合计即为月末在产品成本。0531 批次本期部分完工，部分未完工，需要将本期生产费用合计在完工产品和在产品之间分配。各批次产品成本计算情况如表 7-6～表 7-9 所示。

表 7-6　基本生产成本明细账

产品批号：0411　　　　　　　　　　　　　　　　　　　　　投产日期：4 月 25 日

产品名称：西服　　　　　　　产品批量：250 件　　　　　　　完工日期：5 月 8 日

201×年		凭证字号	摘要	成本项目			合计（元）
月	日			直接材料（元）	直接人工（元）	制造费用（元）	
5	1		月初在产品成本	56 250	20 000	35 000	111 250

续表

201×年		凭证	摘要	成本项目			合计（元）
月	日	字号		直接材料（元）	直接人工（元）	制造费用（元）	
	31	略	分配人工费用		5 000		5 000
	31	略	分配制造费用			8 750	8 750
			合计	56 250	25 000	43 750	125 000
			完工产品成本	-56 250	-25 000	-43 750	-125 000
			单位成本	225	100	175	500

表 7-7 基本生产成本明细账

产品批号：0521　　　　　　　　　　　　　　　　　　　　　　　　　　投产日期：5 月 10 日
产品名称：衬衣　　　　　　　　　　　　　产品批量：500 件　　　　　　　完工日期：5 月 20 日

201×年		凭证	摘要	成本项目			合计（元）
月	日	字号		直接材料（元）	直接人工（元）	制造费用（元）	
5	31	略	分配材料费用	13 500			13 500
	31	略	分配人工费用		6 000		6 000
	31	略	分配制造费用			10 500	10 500
			合计	13 500	6 000	10 500	30 000
			完工产品成本	-13 500	-6 000	-10 500	-30 000
			单位成本	27	12	21	60

表 7-8 基本生产成本明细账

　　　　　　　　　　　　　　　　　　　　　　　　　　　　　　　投产日期：5 月 20 日
　　　　　　　　　　　　　　　　　　　　　　　　　　　　　　　完工日期：5 月 31 日
产品批号：0531　　　　　　　　　　　　　　　　　　　　　　　　完工数量：1 500 件
产品名称：文化衫　　　　　　　　　　　　产品批量：2 000 件　　　　在产品：500 件

201×年		凭证	摘要	成本项目			合计（元）
月	日	字号		直接材料（元）	直接人工（元）	制造费用（元）	
5	31	略	分配材料费用	13 500			13 500
	31	略	分配人工费用		5 250		5 250
	31	略	分配制造费用			9 187	9 187
			合计	13 500	5 250	9 187	27 937
			约当产量	2 000	1 750	1 750	
			分配率（单位成本）	6.75	3	5.25	15
			完工产品成本	-10 125	-4 500	-7 875	-22 500
			月末在产品成本	3 375	750	1 312	5 437

表 7-9 基本生产成本明细账

产品批号：0511　　　　　　　　　　　　　　　　　　　　　　　　　　投产日期：5 月 25 日
产品名称：西服　　　　　　　　　　　　产品批量：200 件　　　　　　　完工日期：

201×年		凭证	摘要	成本项目			合计（元）
月	日	字号		直接材料（元）	直接人工（元）	制造费用（元）	
5	31	略	分配材料费用	67 500			67 500
	31	略	分配人工费用		18 000		18 000
	31	略	分配制造费用			31 500	31 500
			合计	67 500	18 000	31 500	117 000
			月末在产品成本	67 500	18 000	31 500	117 000

表中有关数据计算如下：

直接材料约当产量=1 500+500×100%=2 000（件）

直接材料分配率=13 500÷2 000=6.75

完工产品材料成本=1 500×6.75=10 125（元）

在产品材料成本=13 500-10 125=3 375（元）

其他费用项目约当产量=1 500+500×50%=1 750（件）

直接人工分配率=5 250÷1 750=3

完工产品人工成本=1 500×3=4 500（元）

在产品人工成本=5 250-4 500=750（元）

制造费用分配率=9 187÷1 750=5.25

完工产品制造费用成本=1 500×5.25=7 875（元）

在产品人工成本=9 187-7 875=1 312（元）

对完工产品编制结转分录并登记相应明细账。

借：库存商品——西服	125 000	
——衬衣	30 000	
——文化衫	22 500	
贷：基本生产成本——0411 批次		125 000
——0521 批次		30 000
——0531 批次		22 500

第三节　简化分批法

一、简化分批法的含义及特点

（一）简化分批法的含义

前述的分批法（一般分批法）有一个特点，即对当月发生的各项生产费用，都要在当月计入各批次产品成本中。这样一来，由多个批次共同耗用的间接计入费用，则需要采用一定的方法分配计入各批次产品成本。如果企业当月投产的批次多，而完工产品的批次又较少，将导致间接计入费用在各批次产品之间的分配工作相当繁重。为了简化间接计入费用在各批次产品之间的分配工作，可以采用简化分批法进行成本计算。

简化分批法，指每月只将直接计入费用归集和分配至各批次产品成本明细账，对间接计入费用不是按月在各批次产品之间分配，而是先累计起来，在出现完工产品时，按照一定的标准（通常采用生产工时），将完工批次产品应负担的各项间接计入费用从累计间接计入费用中分配出来，计入该批次产品成本。

（二）简化分批法的特点

1. 必须设置基本生产成本二级账

简化分批法各批次产品成本明细账平时只反映直接计入费用，因此，必须设立基本生产成本二级账来归集和反映本期各批次产品发生的全部生产费用，包括直接计入费用和间接计入费用，并在出现完工产品时分配间接计入费用，计算完工批次产品成本。

2. 不分批计算在产品成本

采用简化分批法，间接计入费用在有完工产品的月份才进行分配，且只分配计算完工批次产品成本，对未完工的在产品则不分配间接计入费用，即不分批计算在产品成本。因此，简化分批法也称为不分批计算在产品成本的分批法。

3. 采用累计分配率来分配间接计入费用

在有完工产品的月份，按照累计分配标准，计算累计分配率，分配各批次完工产品间接计入费用。计算公式为：

$$某项间接计入费用累计分配率 = \frac{该项目间接计入费用累计生产费用}{全部产品累计分配标准}$$

$$完工产品应负担的某项间接计入费用 = \begin{matrix}该批完工产品\\累计分配标准\end{matrix} \times \begin{matrix}该项间接计入费用\\累计分配率\end{matrix}$$

二、简化分批法的成本计算程序

（一）设置成本明细账

1. 按批别设置基本生产成本明细账

简化分批法的成本计算对象仍然是产品批次，因此，基本生产成本明细账按批别（生产任务通知单）分别设置，账内按成本项目设置专栏。由于基本生产成本明细账平时只记录该批产品的直接计入费用，间接计入费用需要等该批产品完工时根据其累计分配标准计算而得，因此，账内还需设专栏记录累计分配标准。其一般格式如表 7-10 所示。

表 7-10　基本生产成本明细账

产品批号：　　　　　　　　　　　　　　　　　　　　　　　　　　　　　投产日期：

产品名称：　　　　　　　　　　　　产品批量：　　　　　　　　　　　　完工日期：

年		凭证字号	摘要	分配标准	成本项目			合计（元）
月	日				直接材料（元）	直接人工（元）	制造费用（元）	

2. 设置基本生产成本二级账

由于简化分批法各批次基本生产成本明细账平时只记录该批产品直接计入费用，这就需要设置基本生产成本二级账对本期各批次产品所耗用的各项费用，包括直接计入费用和间接计入费用，进行全面、完整的记录。其一般格式如表 7-11 所示。

表 7-11　基本生产成本二级账

年		凭证字号	摘要	分配标准	成本项目			合计（元）
月	日				直接材料（元）	直接人工（元）	制造费用（元）	

其他有关成本明细账的设置同一般分批法，此处略过。

（二）归集和分配各项生产费用

按照一般分批法的思路归集各项生产费用，编制分配表。根据各种生产费用分配表，将各批次产品直接耗用费用直接记入有关批次产品基本生产成本明细账中的有关成本项目。同时，将各项生产费用的总额分别记入基本生产成本二级账有关成本项目。

（三）记录分配标准

根据企业确定的分配标准，统计各批次分配标准数记入相应批次基本生产成本明细账分配标准栏，并将各批次分配标准合计数记入基本生产成本二级账分配标准栏。

（四）核对基本生产成本明细账与基本生产成本二级账中直接费用

基本生产成本二级账中的直接计入费用是基本生产成本明细账相应直接计入费用的加总，月末，两者应核对相符。

（五）计算累计间接计入费用分配率，计算完工产品应负担间接计入费用

月末，如有完工产品，分别计算各项间接计入费用累计分配率，分配该批完工产品应负担间接计入费用，登记相应基本生产成本明细账有关成本项目。

（六）计算并结转完工产品成本

计算完工产品成本，编制记账凭证，结转完工产品成本，并登记基本生产成本明细账和基本生产成本二级账。图 7-2 所示为简化分批法产品成本计算的程序图。

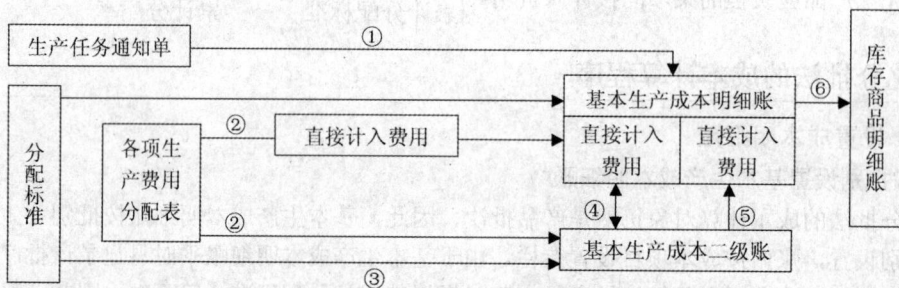

图 7-2　简化分批法产品成本计算程序图

三、简化分批法的应用

【例 7-2】仍以诚生服装公司 201×年 5 月的生产情况为例。已知有关成本计算资料，要求采用简化分批法进行成本计算。

（一）有关资料

1. 月初在产品成本（见表 7-12）

表 7-12　月初在产品成本

产品批别	产品名称	累计工时（小时）	直接材料（元）	直接人工（元）	制造费用（元）	合计（元）
0411	西服	4 000	56 250	20 000	35 000	111 250

2. 本月发生生产费用（见表 7-13）

表 7-13　本月生产费用

产品批别	产品名称	生产工时（小时）	直接材料（元）	直接人工（元）	制造费用（元）
0411	西服	1 000			
0521	衬衣	1 200	13 500		
0531	文化衫	1 050（完工产品：900）	13 500	34 250	59 937
0511	西服	3 600	67 500		

3. 其他资料

（1）产量资料如表 7-3 所示。

（2）公司采用生产工时对间接计入费用进行分配。

（二）成本计算

1. 设置成本明细账并登记期初数据

设置基本生产成本二级账并登记相应期初数据如表 7-14 所示，按产品批别分别设置基本生产成本明细账并登记相应期初数据，如表 7-15～表 7-18 所示。辅助生产成本明细账和制造费用明细账的设置方法同例 7-1，此处略过。

表 7-14　基本生产成本二级账

| 201×年 | | 凭证字号 | 摘要 | 生产工时（小时） | 成本项目 | | | 合计（元） |
月	日				直接材料（元）	直接人工（元）	制造费用（元）	
5	1		月初在产品成本	4 000	56 250	20 000	35 000	111 250
	31		本月发生生产费用	6 850	94 500	34 250	59 937	188 687
			合计	10 850	150 750	54 250	94 937	299 937
			累计间接费用分配率			5	8.75	
			本月完工转出	7 100	79 875	35 500	62 125	177 500
			月末在产品成本	3 750	70 875	18 750	32 812	122 437

表 7-15　基本生产成本明细账

产品批号：0411　　　　　　　　　　　　　　　　　　　　　　　　　　投产日期：4 月 25 日
产品名称：西服　　　　　　　　　产品批量：250 件　　　　　　　　　　完工日期：5 月 8 日

| 201×年 | | 凭证字号 | 摘要 | 生产工时（小时） | 成本项目 | | | 合计（元） |
月	日				直接材料（元）	直接人工（元）	制造费用（元）	
5	1		月初在产品成本	4 000	56 250			56 250
	31		本月发生生产费用	1 000				
			合计	5 000	56 250			56 250
			累计间接费用分配率			5	8.75	
			完工产品应负担间接费用	5 000		25 000	43 750	68 750
			本月完工转出	5 000	56 250	25 000	43 750	125 000
			单位成本		225	100	175	500

表 7-16　基本生产成本明细账

产品批号：0521　　　　　　　　　　　　　　　　　　　　　　　　　　投产日期：5 月 10 日
产品名称：衬衣　　　　　　　　　产品批量：500 件　　　　　　　　　　完工日期：5 月 20 日

| 201×年 | | 凭证字号 | 摘要 | 生产工时（小时） | 成本项目 | | | 合计（元） |
月	日				直接材料（元）	直接人工（元）	制造费用（元）	
5	31		本月发生生产费用	1 200	13 500			13 500
			合计	1 200	13 500			13 500
			累计间接费用分配率			5	8.75	
			完工产品应负担间接费用	1 200		6 000	10 500	16 500
			本月完工转出	1 200	13 500	6 000	10 500	30 500
			单位成本		27	12	21	60

表7-17 基本生产成本明细账

产品批号：0531

产品名称：文化衫　　　　　　　　　产品批量：2 000件

投产日期：5月20日
完工日期：5月31日
完工数量：1 500件
在产品：500件

| 201×年 | | 凭证字号 | 摘要 | 生产工时（小时） | 成本项目 | | | 合计（元） |
月	日				直接材料（元）	直接人工（元）	制造费用（元）	
5	31		本月发生生产费用	1 050	13 500			13 500
			合计	1 050	13 500			13 500
			累计间接费用分配率			5	8.75	
			完工产品应负担间接费用	900		4 500	7 875	12 375
			本月完工转出	900	10 125	4 500	7 875	22 500
			月末在产品成本	150	3 375			

表7-18 基本生产成本明细账

产品批号：0511

产品名称：西服　　　　　　　　　产品批量：200件

投产日期：5月25日
完工日期：

| 201×年 | | 凭证字号 | 摘要 | 生产工时（小时） | 成本项目 | | | 合计（元） |
月	日				直接材料（元）	直接人工（元）	制造费用（元）	
5	31		本月发生生产费用	3 600	67 500			67 500
			合计	3 600	67 500			67 500
			月末在产品成本	3 600	67 500			67 500

2. 归集和分配各项费用

通过归集和分配各项要素费用、辅助生产成本、制造费用（过程同品种法，此处略），最终取得各批次产品本期生产费用情况，如表7-13所示。根据表中数据，直接材料为直接计入费用，根据各批次合计数登记基本生产成本二级账"直接材料"项目，并将各批次数分别登记基本生产成本明细账"直接材料"项目；直接人工和制造费用为间接计入费用，根据各批次合计数登记基本生产成本二级账中的相应项目。

3. 记录分配标准

生产工时有关统计数据如表7-13所示，根据各批次合计数登记基本生产成本二级账"分配标准"项目，并将各批次数分别登记基本生产成本明细账中的"分配标准"项目。

4. 计算累计间接计入费用分配率，计算完工产品应负担间接计入费用

直接人工累计分配率=54 250÷10 850=5

制造费用累计分配率=94 937÷10 850=8.75

0411批次完工产品应负担直接人工=5×5 000=25 000（元）

0411批次完工产品应负担制造费用=8.75×5 000=43 750（元）

0521批次完工产品应负担直接人工=5×1 200=6 000（元）

0521批次完工产品应负担制造费用=8.75×1 200=10 500（元）

0531批次完工产品应负担直接人工=5×900=4 500（元）

0531批次完工产品应负担制造费用=8.75×900=7 875（元）

根据计算结果，将累计分配率分别登记基本生产成本二级账和基本生产成本明细账中的"累计

间接费用分配率"，将各批次完工产品应负担间接计入费用登记基本生产成本明细账中的"完工产品应负担间接费用"。

5. 计算并结转完工产品成本

根据完工产品应负担间接计入费用的计算结果，加上完工产品应负担直接计入费用，得出完工产品总成本，编制结转完工产品成本分录，并登记基本生产成本明细账"本月完工转出"，同时将各批次完工产品成本合计数登记基本生产成本二级账"本月完工转出"。

借：库存商品——西服	125 000
——衬衣	30 000
——文化衫	22 500
贷：基本生产成本——0411 批次	125 000
——0521 批次	30 000
——0531 批次	22 500

练习题

一、选择题

1. 下列情况中，不宜采用简化分批法的是（　　　）。

　　A. 各月间接计入费用水平相差不多　　　　B. 月末未完工产品批数较多

　　C. 同一月份投产的批数很多　　　　　　　D. 各月间接计入费用水平相差较多

2. 采用简化分批法，在产品完工之前，产品成本明细账（　　　）。

　　A. 不登记任何费用　　　　　　　　　　　B. 只登记直接计入费用和生产工时

　　C. 只登记原材料费用　　　　　　　　　　D. 登记间接计入费用，不登记直接计入费用

3. 对于成本计算的分批法，下列说法正确的是（　　　）。

　　A. 不存在完工产品和在产品之间的费用分配问题

　　B. 成本计算期和会计报告期一致

　　C. 适用于小批单件和管理上不要求分步骤计算成本的多步骤生产

　　D. 以上说法全不正确

4. 分批法的成本计算对象通常是根据（　　　）。

　　A. 产品批别　　　B. 产品品种　　　C. 客户要求　　　D. 产品步骤

二、判断题

1. 为了使同一批产品同时完工，避免跨月陆续完工情况，减少在完工产品与月末在产品之间分配费用的工作，产品的批量越小越好。（　　　）

2. 简化的分批法由于只对完工产品分配间接费用，而不分批计算在产品成本，因此也称不分批计算在产品成本的分批法。（　　　）

3. 采用简化分批法，必须设立基本生产成本二级账。（　　　）

4. 如果同一时期内几张订单规定有相同的产品，应按订单确定批别，分批组织生产。（　　　）

5. 分批法的成本计算期和生产周期不一致，与会计报告期一致。（　　　）

三、业务题

1. 顺风公司小批生产甲、乙产品。201×年8月有关资料如下：

（1）生产的产品批次

0801 批次：甲产品 10 台，本月投产，本月完工 9 台。

0802 批次：乙产品 10 台，本月投产，本月完工 4 台。

（2）各批次生产费用情况（见表 7-19）。

表 7-19　生产费用分配表

单位：元

批次	原材料	人工费用	制造费用
0801	4 000	2 550	3 000
0802	4 600	3 050	2 000

（3）其他资料

① 0801 批次甲产品采用约当产量法分配完工产品和在产品成本。其中，原材料在生产开始时一次投入，其他费用均匀发生，在产品完工程度为 50%。

② 0802 批次乙产品完工产品按计划成本结转。每台计划成本：原材料 460 元，工资及福利费 350 元，制造费用 240 元。

要求：根据以上资料，采用分批法，登记产品成本明细账（见表 7-20 和表 7-21），计算各批产品的完工产品成本和月末在产品成本。

表 7-20　基本生产成本明细账

产品批别：　　　　　　　　　　　　　　　　　　　　　　　　　　　　　　　　　单位：

年		凭证字号	摘要	成本项目			合计
月	日			直接材料	直接人工	制造费用	

表 7-21　基本生产成本明细账

产品批别：　　　　　　　　　　　　　　　　　　　　　　　　　　　　　　　　　单位：

年		凭证字号	摘要	成本项目			合计
月	日			直接材料	直接人工	制造费用	

2. 河海公司小批量生产多种产品，产品的批数较多，月末在产品的批数也较多。为了简化产品成本的计算，该企业采用简化分批法计算成本。该企业 9 月有关成本资料如下。

（1）生产的产品批次

0701 批次：A 产品 30 件，系甲工厂订货，7 月 10 日投产，本月 30 日完工。

0801 批次：B 产品 16 件，系乙工厂订货，8 月 10 日投产，本月 3 日完工 10 件。

0802 批次：C 产品 24 件，系丙工厂订货，8 月 6 日投产，尚未完工。

0901 批次：D 产品 20 件，系丁工厂订货，9 月 5 日投产，尚未完工。

（2）各批次生产费用和工时

0701 批次：

7 月：原材料 93 660 元，工时 33 600 小时。

8 月：原材料 56 940 元，工时 22 770 小时。

9 月：原材料 38 790 元，工时 42 660 小时。

0801 批次：

8 月：原材料 115 200 元，工时 25 860 小时。

9 月：工时 47 640 小时。

注：该批产品的原材料费用在生产开始时一次投入。完工 10 件产品的工时为 47 820 小时。

0802 批次：

8 月：原材料 104 850 元，工时 37 050 小时。

9 月：原材料 46 350 元，工时 45 330 小时。

0901 批次：

9 月：原材料 37 110 元，工时 39 630 小时。

（3）8 月末该厂全部在产品的职工薪酬为 106 212 元，制造费用为 192 135 元。

（4）9 月全部产品的职工薪酬为 158 928 元，制造费用为 279 225 元。

要求：根据上述资料，登记生产成本二级账和产品成本明细账（见表 7-22～表 7-26），计算各批完工产品成本，并编制相关会计分录。

表 7-22 基本生产成本二级账

| 年 | | 凭证字号 | 摘要 | 生产工时（小时） | 成本项目 | | | 合计（元） |
月	日				直接材料（元）	直接人工（元）	制造费用（元）	

表 7-23 基本生产成本明细账

产品批号：　　　　　　　　　　　　　　　　　　　　　　　　　　　　　　　投产日期：

产品名称：　　　　　　　　　　　　产品批量：　　　　　　　　　　　　　　完工日期：

| 年 | | 凭证字号 | 摘要 | 生产工时（小时） | 成本项目 | | | 合计（元） |
月	日				直接材料（元）	直接人工（元）	制造费用（元）	

表 7-24 基本生产成本明细账

产品批号：   投产日期：
产品名称：   产品批量：   完工日期：

年		凭证字号	摘要	生产工时（小时）	成本项目			合计（元）
月	日				直接材料(元)	直接人工(元)	制造费用(元)	

表 7-25 基本生产成本明细账

产品批号：   投产日期：
产品名称：   产品批量：   完工日期：

年		凭证字号	摘要	生产工时（小时）	成本项目			合计（元）
月	日				直接材料(元)	直接人工(元)	制造费用(元)	

表 7-26 基本生产成本明细账

产品批号：   投产日期：
产品名称：   产品批量：   完工日期：

年		凭证字号	摘要	生产工时（小时）	成本项目			合计（元）
月	日				直接材料(元)	直接人工(元)	制造费用(元)	

产品成本计算的基本方法——分步法 第八章

【学习目的与要求】

通过本章的学习，读者可以了解逐步结转分步法和平行结转分步法的计算程序；掌握逐步结转分步法和平行结转分步法的实际运用；掌握逐步结转分步法下的成本还原方法；了解逐步结转分步法和平行结转分步法的优缺点。

第一节 逐步结转分步法

分步法是按照产品的生产步骤计算产品成本的一种方法。

一、逐步结转分步法的成本计算程序

采用逐步结转分步法，半成品的成本要随着半成品实物的转移而转移。半成品实物转移方式有两种，即通过半成品仓库收发和不通过半成品仓库收发。半成品实物转移方式不同，计算程序也有所区别。

（一）半成品不通过仓库收发的成本计算程序

（1）按产品生产步骤和品种设置有关成本明细账。逐步结转分步法的成本计算对象为各步骤的半成品和最终完工产品。因此，需要根据生产步骤和产品品种设置基本生产成本明细账。其他成本明细账的设置与品种法相同。

（2）依次归集和分配各步骤生产费用，计算并结转半成品成本。分步法中每一步骤的成本核算内容包括归集和分配本步骤的各项生产费用，并在本步骤的完工半成品和在产品之间分配。其费用归集的内容和分配的方法与品种法的有关核算相同。因此，分步法实际上可以看作多个品种法的结合，每一个步骤的成本计算过程都是对品种法的一次应用。需要注意的是，在逐步结转分步法下，需要按生产步骤依次归集和分配各步骤生产费用，计算完工半成品成本。半成品不经过仓库收发时，完工半成品成本直接结转下一步骤基本生产成本明细账。

（3）归集和分配最后步骤生产费用，计算并结转完工产品成本。最后步骤的成本计算过程仍然是品种法的一次应用。与其他步骤一样，在归集和分配各项生产费用时，也要包括前一步骤结转的半成品成本。不同的是，最后步骤的完工产品即是企业的产成品，将结转至库存商品明细账而不是下一步骤的基本生产成本明细账。逐步结转分步法产品成本计算的程序如图 8-1 所示。

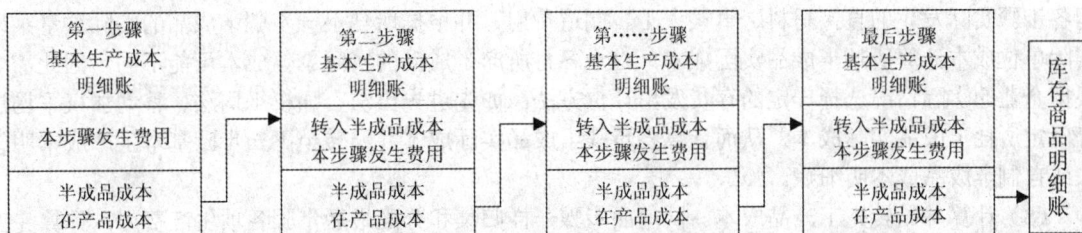

图 8-1　逐步结转分步法产品成本计算程序（半成品不通过仓库）

（二）半成品通过仓库收发的成本计算程序

半成品通过仓库收发的成本计算程序与半成品不通过仓库收发的成本计算程序区别在于各步骤的半成品成本不是直接结转下一步骤基本生产成本明细账，而是先结转自制半成品成本明细账。下一步骤耗用上一步骤半成品时，再将半成品成本从自制半成品成本明细账转入相应步骤基本生产成本明细账。逐步结转分步法产品成本计算程序如图 8-2 所示。

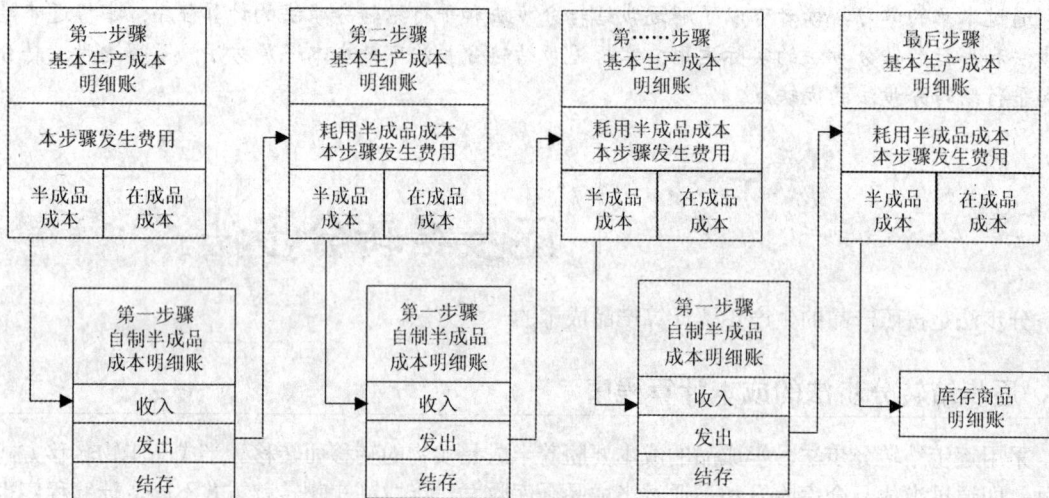

图 8-2　逐步结转分步法产品成本计算程序（半成品通过仓库）

二、半成品成本综合结转法

采用逐步结转分步法，无论半成品实物是否通过半成品仓库，如果被下一步骤耗用，半成品成本都将结转下一步骤基本生产成本明细账。由于基本生产成本明细账账内都是按成本项目来反映，如果将耗用的上一步骤半成品成本作为一个整体，在下一步骤基本生产成本明细账的"直接材料"成本项目下予以反映，或是增设"自制半成品"项目单独予以反映，这种结转方式称为综合结转法。综合结转法在结转半成品成本时可以按实际成本结转，也可以按计划成本结转。

（一）半成品按实际成本综合结转

1. 半成品按实际成本综合结转的成本计算程序

（1）按产品生产步骤和品种设置有关成本明细账。半成品按实际成本综合结转基本生产成本明细账设置如表 8-8 所示。如果半成品通过半成品仓库转移，需要按产品生产步骤和品种设置自制半成品成本明细账，采用数量金额式反映自制半成品的收、发、存情况，其一般格式如表 8-7 所示。其他成本明细账，如辅助生产成本明细账、制造费用明细账等同品种法。

（2）依次归集和分配各步骤实际生产费用，计算并结转各步骤半成品实际成本。依次归集和分配各步骤实际发生的直接材料、直接人工、制造费用，并根据所耗上一步骤半成品的实际数量乘以实际单位成本计算所耗半成品实际成本。由于各月所产半成品的实际单位成本可能不同，因此需要根据企业的实际情况选择一定的存货发出计价方法，如先进先出法、加权平均法、移动加权平均法等确定所耗半成品实际成本，从而计算各步骤半成品实际成本并结转至下一步骤基本生产成本明细账或自制半成品成本明细账。

（3）计算并结转完工产品成本。同前面步骤一样归集和分配最后步骤各项生产费用，计算完工产品和在产品成本，并将完工产品成本结转至库存商品明细账。

2. 半成品按实际成本综合结转的应用

【例8-1】已知亿风钢铁公司201×年9月有关成本计算资料，要求采用半成品按实际成本综合结转法进行成本计算。

1. 有关资料

（1）月初半成品仓库结存半成品成本及各车间在产品成本情况（见表8-1和表8-2）。

表8-1　月初结存仓库半成品

单位：元

名称	数量（吨）	单价	金额
烧结矿	2 000	812.88	1 625 760

表8-2　月初各车间在产品成本

单位：元

项目		自制半成品		直接材料	燃料及动力	直接人工	制造费用	合计
		烧结矿	铁水					
烧结厂	烧结矿			111 540	4 680	780	2 340	119 340
炼铁厂	铁水	326 000		170 000	11 250	2 625	5 000	514 875
炼钢厂	Q235坯		705 000	24 000	30 000	4 500	10 500	774 000

（2）产量资料（见表8-3）。

表8-3　产量资料

单位：元

项目		月初在产品	投入产量	本月完工产品	月末在产品
烧结厂		150	53 060	53 000	210
炼铁厂		250	32 900	33 000	150
炼钢厂	Q235坯	300	8 000	8 200	100
	20MnSi坯		4 000	4 000	
	轻轨钢坯		8 940	8 940	
	LGA坯		4 000	4 000	
	DR510坯		2 000	2 000	
	组合坯		3 000	3 000	
	小计	300	29 940	30 140	100

（3）本月发生生产费用情况（见表8-4）。

表8-4　本月生产费用

单位：元

项目		自制半成品	直接材料	燃料及动力	直接人工	制造费用	合计
烧结厂	烧结矿		37 937 900	3 181 800	530 300	1 590 900	43 240 900
炼铁厂	铁水		22 372 000	2 965 500	691 950	1 318 000	27 347 450
炼钢厂	Q235坯		640 000	1 620 000	243 000	567 000	3 070 000
	20MnSi坯		320 000	2 120 000	316 000	740 000	3 496 000
	轻轨钢坯		694 460	1 841 640	277 140	643 680	3 456 920
	LGA坯		320 000	824 000	124 000	288 000	1 556 000
	DR510坯		184 000	1 540 000	232 000	540 000	2 496 000
	组合坯		240 000	1 590 000	237 000	555 000	2 622 000

（4）本月各种半成品耗用量情况（见表 8-5）。

表 8-5　自制半成品耗用量情况

单位：吨

半成品名称	耗用部门、产品		耗用量
烧结矿	炼铁厂	铁水	52 640
铁水	炼钢厂	Q235 坯	8 805
		20MnSi 坯	4 403
		轻轨钢坯	9 555
		LGA 坯	4 403
		DR510 坯	2 532
		组合坯	3 302
		小计	33 000

（5）其他资料。

① 存货发出计价采用全月一次加权平均法。

② 公司采用约当产量法分配完工产品和在产品成本。各步骤所需材料都是在生产开始时一次投入，其他各项费用均匀发生。各步骤在产品完工程度均为 50%。

2. 成本计算

（1）按生产步骤和产品品种设置有关成本明细账并登记期初余额。公司分三个步骤共生产 6 种产品，分别为每个步骤每种产品设置基本生产成本明细账，如表 8-6、表 8-8～表 8-14 所示。由于烧结厂生产的烧结矿经过仓库结转，为烧结矿设置自制半成品成本明细账如表 8-7 所示。根据表 8-1 和表 8-2 有关数据登记各明细账期初余额。其他成本明细账略。

（2）依次归集和分配各步骤实际生产费用，计算并结转各步骤半成品实际成本。

① 归集和分配烧结厂生产费用，结转烧结矿成本。计算结果如表 8-6 所示。根据计算结果编制烧结矿完工结转分录，并登记有关明细账。

表 8-6　烧结厂基本生产成本明细账

产品名称：烧结矿

单位：元

201×年		凭证字号	摘要	成本项目				合计
月	日			直接材料	燃料及动力	直接人工	制造费用	
9	1		月初在产品成本	111 540	4 680	780	2 340	119 340
	30		本月发生生产费用	37 937 900	3 181 800	530 300	1 590 900	43 240 900
			合计	38 049 440	3 186 480	531 080	1 593 240	43 360 240
			分配率	715.08	60	10	30	815.08
	30	略	结转完工产品成本	-37 899 240	-3 180 000	-530 000	-1 590 000	-43 199 240
			月末在产品成本	150 200	6 480	1 080	3 240	161 000

借：自制半成品——烧结矿　　　　　　　　　　　　　　43 199 240

　　贷：基本生产成本——烧结厂（烧结矿）　　　　　　　　43 199 240

② 计算烧结矿本期发出成本及期末结存成本。计算结果如表 8-7 所示。表中有关数据计算如下：

半成品单位成本=（1 625 760+43 199 240）÷（2 000+53 000）=815（元）

发出半成品成本=815×52 640=42 901 600（元）

结存半成品成本=1 625 760+43 199 240-42 901 600=1 923 400（元）

表 8-7　自制半成品明细账

半产品名称：烧结矿　　　　　　　　　　　数量单位：吨　　　　　　　　　　　单位：元

| 201×年 | | 凭证字号 | 摘要 | 收入 | | | 发出 | | | 结存 | | |
月	日			数量	单价	金额	数量	单价	金额	数量	单价	金额
9	1		月初结存							2 000	812.88	1 625 760
			……									
	30		合计	53 000	815.08	43 199 240	52 640	815	42 901 600	2 360	815	1 923 400

根据计算结果编制发出烧结矿分录，并登记有关明细账。

借：基本生产成本——炼铁厂（铁水）　　　　　　　　　　42 901 600

贷：自制半成品——烧结矿　　　　　　　　　　　　　42 901 600

③ 归集和分配炼铁厂生产费用，结转铁水成本。计算结果如表 8-8 所示。根据计算结果编制铁水完工结转分录，并登记有关成本明细账。

表 8-8　炼铁厂基本生产成本明细账

产品名称：铁水　　　　　　　　　　　　　　　　　　　　　　　　　　单位：元

| 201×年 | | 凭证字号 | 摘要 | 成本项目 | | | | | 合计 |
月	日			自制半成品	直接材料	燃料及动力	直接人工	制造费用	
9	1		月初在产品成本	326 000	170 000	11 250	2 625	5 000	514 875
	30	略	本月发生生产费用	42 901 600	22 372 000	2 965 500	691 950	1 318 000	70 249 050
			合计	43 227 600	22 542 000	2 976 750	694 575	1 323 000	70 763 050
			分配率	1 304	680	90	21	40	2 135
	30	略	结转 Q235 坯成本	−11 481 720	−5 987 400	−792 450	−184 905	−352 200	−18 798 675
	30	略	结转 20MnSi 坯	−5 741 512	−2 994 040	−396 270	−92 463	−176 120	−9 400 405
	30	略	结转轻轨钢坯	−12 459 720	−6 497 400	−859 950	−200 655	−382 200	−20 399 925
	30	略	结转 LGA 坯	−5 741 512	−2 994 040	−396 270	−92 463	−176 120	−9 400 405
	30	略	结转 DR510 坯	−3 301 728	−1 721 880	−227 880	−53 172	−101 280	−5 405 820
	30	略	结转组合坯	−4 305 808	−2 245 360	−297 180	−69 342	−132 080	−7 049 770
			月末在产品成本	195 600	101 880	6 750	1 575	3 000	308 050

借：基本生产成本——炼钢厂（Q235 坯）　　　　　　18 798 675

　　　　　　　　——炼钢厂（20MnSi 坯）　　　　　　9 400 405

　　　　　　　　——炼钢厂（轻轨钢坯）　　　　　20 399 925

　　　　　　　　——炼钢厂（LGA 坯）　　　　　　9 400 405

　　　　　　　　——炼钢厂（DR510 坯）　　　　　5 405 820

　　　　　　　　——炼钢厂（组合坯）　　　　　　7 049 770

贷：基本生产成本——炼钢厂（铁水）　　　　　　　70 455 000

（3）计算并结转各种钢坯完工产品成本。计算结果如表 8-9～表 8-14 所示。根据计算结果编制完工产品结转入库分录，并登记有关明细账。

表 8-9　炼钢厂基本生产成本明细账

产品名称：Q235 坯

单位：元

201×年		凭证字号	摘要	成本项目					合计
月	日			自制半成品	直接材料	燃料及动力	直接人工	制造费用	
9	1		月初在产品成本	705 000	24 000	30 000	4 500	10 500	774 000
	30		本月发生生产费用	18 798 675	640 000	1 620 000	243 000	567 000	21 868 675
			合计	19 503 675	664 000	1 650 000	247 500	577 500	22 642 675
			分配率	2 349.84	80	200	30	70	2 729.84
	30	略	结转完工产品成本	−19 268 688	−656 000	−1 640 000	−246 000	−574 000	−22 384 688
			月末在产品成本	234 987	8 000	10 000	1 500	3 500	257 987

表 8-10　炼钢厂基本生产成本明细账

产品名称：20MnSi 坯

单位：元

201×年		凭证字号	摘要	成本项目					合计
月	日			自制半成品	直接材料	燃料及动力	直接人工	制造费用	
9	30		本月发生生产费用	9 400 405	320 000	2 120 000	316 000	740 000	12 896 405
			合计	9 400 405	320 000	3 120 000	316 000	740 000	12 896 405
			分配率	2 350.10	80	530	79	185	3 224.10
	30	略	结转完工产品成本	−9 400 405	−320 000	−2 120 000	−316 000	−740 000	−12 896 405

表 8-11　炼钢厂基本生产成本明细账

产品名称：轻轨钢坯

单位：元

201×年		凭证字号	摘要	成本项目					合计
月	日			自制半成品（铁水）	直接材料	燃料及动力	直接人工	制造费用	
9	30		本月发生生产费用	20 399 925	694 460	1 841 640	277 140	643 680	23 856 845
			合计	20 399 925	694 460	1 841 640	277 140	643 680	23 856 845
			分配率	2 281.87	77.68	206	31	72	2 668.55
	30	略	结转完工产品成本	−20 399 925	−694 460	−1 841 640	−277 140	−643 680	−23 856 845

表 8-12　炼钢厂基本生产成本明细账

产品名称：LGA 坯

单位：元

201×年		凭证字号	摘要	成本项目					合计
月	日			自制半成品	直接材料	燃料及动力	直接人工	制造费用	
9	30		本月发生生产费用	9 400 405	320 000	824 000	124 000	288 000	10 956 405
			合计	9 400 405	320 000	824 000	124 000	288 000	10 956 405
			分配率	2 350.10	80	206	206	72	3 950.91
	30	略	结转完工产品成本	−9 400 405	−320 000	−824 000	−124 000	−288 000	−10 956 405

表 8-13　炼钢厂基本生产成本明细账

产品名称：DR510 坯　　　　　　　　　　　　　　　　　　　　　　　　　　　　　　单位：元

201×年		凭证字号	摘要	成本项目					合计
月	日			自制半成品	直接材料	燃料及动力	直接人工	制造费用	
9	30		本月发生生产费用	5 405 820	184 000	1 540 000	232 000	540 000	7 901 820
			合计	5 405 820	184 000	1 540 000	232 000	540 000	7 901 820
			分配率	2 702.91	92	770	116	270	3 950.91
	30	略	结转完工产品成本	-5 405 820	-184 000	-1 540 000	-232 000	-540 000	-7 901 820

表 8-14　炼钢厂基本生产成本明细账

产品名称：组合坯　　　　　　　　　　　　　　　　　　　　　　　　　　　　　　　单位：元

201×年		凭证字号	摘要	成本项目					合计
月	日			自制半成品	直接材料	燃料及动力	直接人工	制造费用	
9	30		本月发生生产费用	7 049 770	240 000	1 590 000	237 000	555 000	9 671 770
			合计	7 049 770	240 000	1 590 000	237 000	555 000	9 671 770
			分配率	2 349.92	80	530	79	185	3 223.92
	30	略	结转完工产品成本	-7 049 770	-240 000	-1 590 000	-237 000	-555 000	-9 671 770

借：库存商品——Q235 坯　　　　　　　　　　　　　　22 384 688

　　　　　　——20MnSi 坯　　　　　　　　　　　　12 896 405

　　　　　　——轻轨钢坯　　　　　　　　　　　　　23 856 845

　　　　　　——LGA 坯　　　　　　　　　　　　　10 956 405

　　　　　　——DR510 坯　　　　　　　　　　　　　7 901 820

　　　　　　——组合坯　　　　　　　　　　　　　　9 671 770

　　贷：基本生产成本——炼钢厂（Q235 坯）　　　　　22 384 688

　　　　　　　　——炼钢厂（20MnSi 坯）　　　　　12 896 405

　　　　　　　　——炼钢厂（轻轨钢坯）　　　　　　23 856 845

　　　　　　　　——炼钢厂（LGA 坯）　　　　　　10 956 405

　　　　　　　　——炼钢厂（DR510 坯）　　　　　　7 901 820

　　　　　　　　——炼钢厂（组合坯）　　　　　　　9 671 770

（二）半成品按计划成本综合结转

1. 半成品按计划成本综合结转的成本计算程序

（1）按产品生产步骤和品种设置有关成本明细账。基本生产成本明细账中，对于所耗用半成品的成本，可以按照调整成本差异后的实际成本登记，也可以按照计划成本和成本差异分别登记，以便于分析上一步骤半成品成本差异对本步骤成本的影响。按照计划成本和成本差异分别登记的一般格式如表 8-17 所示。

按计划成本综合结转的自制半成品成本明细账不仅要求反映半成品收发和结存的数量、实际成本，而且要反映其计划成本、成本差异额和成本差异率，其一般格式如表 8-16 所示。

（2）归集和分配各步骤生产费用，结转半成品成本。按实际成本归集和分配第一步骤生产费用，分别将实际成本和计划成本登记自制半成品成本明细账。按半成品计划成本归集和分配各后续步骤生产费用，登记各后续步骤"自制半成品"项目计划成本。

（3）计算结转耗用半成品成本差异，计算各后续步骤产品实际成本。月末，计算半成品成本差异率及本期耗用半成品应负担成本差异额，登记基本生产成本明细账"自制半成品"项目中的成本差异数，得出基本生产成本明细账中"自制半成品"项目实际成本，从而求得产品实际成本。半成品成本差异率和本期所耗半成品应负担成本差异额的计算如下：

$$成本差异率=\frac{月初结存半成品成本差异额+本月收入半成品成本差异额}{月初结存半成品计划成本+本月收入半成品计划成本}$$

本月发出半成品应负担成本差异额=本月发出半成品计划成本×成本差异率

（4）结转完工产品成本。编制记账凭证，登记有关成本明细账及库存商品明细账，结转完工产品成本。

2. 半成品按计划成本综合结转的应用

【例 8-2】已知亿凤钢铁公司 201×年 9 月的成本核算资料，要求采用半成品按计划成本综合结转法进行成本计算。

1. 有关资料

各半成品计划成本分别为：烧结矿 817 元、铁水 2 136 元。8 月末有关成本明细账显示，炼铁厂月末在产品"自制半成品"项目计划成本为 326 800 元，炼钢厂 Q235 坯月末在产品"自制半成品"项目计划成本为 705 330 元。其他资料同【例 8-1】。

2. 成本计算

（1）按生产步骤和产品品种设置有关成本明细账并登记期初余额。明细账设置及期初余额登记如表 8-15～表 8-23 所示。

（2）归集和分配各步骤生产费用，结转半成品成本。

① 归集和分配烧结厂生产费用，结转烧结矿成本。计算结果如表 8-15 所示。根据计算结果登记烧结矿自制半成品成本明细账"本期增加"实际成本，同时根据完工数量与计划单位成本计算登记"本期增加"计划成本。

表 8-15 烧结厂基本生产成本明细账

产品名称：烧结矿 单位：元

201×年		凭证字号	摘要	成本项目				合计
月	日			直接材料	燃料及动力	直接人工	制造费用	
9	1		月初在产品成本	111 540	4 680	780	2 340	119 340
	30		本月发生生产费用	37 937 900	3 181 800	530 300	1 590 900	43 240 900
			合计	38 049 440	3 186 480	531 080	1 593 240	43 360 240
			分配率	715.08	60	10	30	815.08
	30	略	结转完工产品成本	-37 899 240	-3 180 000	-530 000	-1 590 000	-43 199 240
			月末在产品成本	150 200	6 480	1 080	3 240	161 000

② 按自制半成品计划成本归集和分配炼铁厂和炼钢厂的生产费用。根据半成品领用数量和计划单位成本计算耗用半成品计划成本，分别登记自制半成品成本明细账的"本月减少"计划成本和基本生产成本明细账"自制半成品"项目计划成本。

表 8-16　自制半成品明细账

半成品名称：烧结矿　　　　　　　　　　　　　　　　　　　　　　　　计划单位成本：817 元

数量单位：吨

月份	月初结存			本月增加			合计					本月减少		
	数量①	计划成本②	实际成本③	数量④	计划成本⑤	实际成本⑥	数量⑦=①+④	计划成本⑧=②+⑤	实际成本⑨=③+⑥	成本差异⑩=⑨-⑧	差异率⑪=⑩÷⑧	数量⑫	计划成本⑬	实际成本⑭=⑬+⑬×⑪
9	2 000	1 634 000	1 625 760	53 000	43 301 000	43 199 240	55 000	44 935 000	44 825 000	-110 000	-0.244 798%	52 640	43 006 880	42 901 600

表 8-17　炼铁厂基本生产成本明细账

半成品名称：铁水　　　　　　　　　　　　　　　　　　　　　　　　　　　　　单位：元

201×年		凭证字号	摘要	成本项目				自制半成品			合计
月	日			直接材料	燃料及动力	直接人工	制造费用	计划成本	成本差异	实际成本	
9	1		月初在产品成本	170 000	11 250	2 625	5 000	326 800	-800	326 000	514 875
	30	略	本月发生生产费用	22 372 000	2 965 500	691 950	1 318 000	43 006 880	-105 280	42 901 600	70 249 050
			合计	22 542 000	2 976 750	694 575	1 323 000	43 333 680	-106 080	43 227 600	70 763 925
			分配率	680	90	21	40	1 307.20	-3.20	1 304	2 135
	30	略	结转 Q235 坯成本	-5 987 400	-792 450	-184 905	-352 200	-11 509 896	28 176	-11 481 720	-18 798 675
	30	略	结转 20MmSi 坯成本	-2 994 040	-396 270	-92 463	-176 120	-5 755 601.60	14 089.60	-5 741 512	-9 400 405
	30	略	结转轻轨钢坯成本	-6 497 400	-859 950	-200 655	-382 200	-12 490 296	30 576	-12 459 720	-20 399 925
	30	略	结转 LGA 坯成本	-2 994 040	-396 270	-92 463	-176 120	-5 755 601.60	14 089.60	-5 741 512	-9 400 405
	30	略	结转 DR510 坯成本	-1 721 760	-227 880	-53 172	-101 280	-3 309 830.40	8 102.40	-3 301 728	-5 405 820
	30	略	结转组合坯成本	-2 245 360	-297 180	-69 342	-132 080	-4 316 374.40	10 566.40	-4 305 808	-7 049 770
	30	略	月末在产品成本	102 000	6 750	1 575	3 000	196 080	-480	195 600	308 925

表8-18 炼钢厂基本生产成本明细账

半成品名称：Q235坯　　　　　　　　　　　　　　　　　　　　　　　　　　　　单位：元

201×年		凭证字号	摘要	自制半成品			成本项目				合计
月	日			计划成本	成本差异	实际成本	直接材料	燃料及动力	直接人工	制造费用	
9	1		月初在产品成本	705 330	-330	705 000	24 000	30 000	4 500	10 500	774 000
	30	略	本月发生生产费用	18 807 480	-8 805	18 798 675	640 000	1 620 000	243 000	567 000	21 868 675
			合计	19 512 810	-9 135	19 503 675	664 000	1 650 000	247 500	577 500	22 642 675
			分配率	2 350.94	-1.10	2 349.84	80	200	30	70	2 729.84
	30	略	结转完工产品成本	-19 277 708	9 020	-19 268 688	-656 000	-1 640 000	-246 000	-574 000	-22 384 688
			月末在产品成本	235 102	-115	234 987	8 000	10 000	1 500	3 500	257 987

表8-19 炼钢厂基本生产成本明细账

半成品名称：20MnSi坯　　　　　　　　　　　　　　　　　　　　　　　　　　　单位：元

201×年		凭证字号	摘要	自制半成品			成本项目				合计
月	日			计划成本	成本差异	实际成本	直接材料	燃料及动力	直接人工	制造费用	
9	30	略	本月发生生产费用	9 404 808	-4 403	9 400 405	320 000	2 120 000	316 000	740 000	12 896 405
			合计	9 404 808	-4 403	9 400 405	320 000	2 120 000	316 000	740 000	12 896 405
			分配率	2 351.2	-1.1	2 350.1	80	530	79	185	3 224.1
	30	略	结转完工产品成本	-9 404 808	4 403	-9 400 405	-320 000	-2 120 000	-316 000	-740 000	-12 896 405

表8-20 炼钢厂基本生产成本明细账

半成品名称：轻轧铜坯　　　　　　　　　　　　　　　　　　　　　　　　　　　单位：元

201×年		凭证字号	摘要	自制半成品			成本项目				合计
月	日			计划成本	成本差异	实际成本	直接材料	燃料及动力	直接人工	制造费用	
9	30	略	本月发生生产费用	20 409 480	-9 555	20 399 925	694 460	1 841 640	277 140	643 680	23 856 845
			合计	20 409 480	-9 555	20 399 925	694 460	1 841 640	277 140	643 680	23 856 845
			分配率	2 282.94	-1.07	2 281.87	77.68	206	31	72	2 668.55
	30	略	结转完工产品成本	-20 409 480	9 555	-20 399 925	-694 460	-1 841 640	-277 140	-643 680	-23 856 845

表8-21 炼钢厂基本生产成本明细账

半成品名称：LGA坯

单位：元

201×年		凭证字号	摘要	成本项目							合计
月	日			自制半成品			直接材料	燃料及动力	直接人工	制造费用	
				计划成本	成本差异	实际成本					
9	30	略	本月发生生产费用	9 404 808	-4 403	9 400 405	320 000	824 000	124 000	288 000	10 956 405
			合计	9 404 808	-4 403	9 400 405	320 000	824 000	124 000	288 000	10 956 405
			分配率	2 351.2	-1.1	2 350.1	80	80	31	72	2 719.10
	30	略	结转完工产品成本	-9 404 808	4 403	-9 400 405	-320 000	-824 000	-124 000	-288 000	-10 956 405

表8-22 炼钢厂基本生产成本明细账

半成品名称：DR510坯

单位：元

201×年		凭证字号	摘要	成本项目							合计
月	日			自制半成品			直接材料	燃料及动力	直接人工	制造费用	
				计划成本	成本差异	实际成本					
9	30	略	本月发生生产费用	5 408 352	-2 532	5 405 820	184 000	1 540 000	232 000	540 000	7 901 820
			合计	5 408 352	-2 532	5 405 820	184 000	1 540 000	232 000	540 000	7 901 820
			分配率	2 704.18	-1.27	2 702.91	92	770	116	270	3 950.91
	30	略	结转完工产品成本	-5 408 352	2 532	-5 405 820	-184 000	-1 540 000	-232 000	-540 000	-7 901 820

表8-23 炼钢厂基本生产成本明细账

半成品名称：组合坯

单位：元

201×年		凭证字号	摘要	成本项目							合计
月	日			自制半成品			直接材料	燃料及动力	直接人工	制造费用	
				计划成本	成本差异	实际成本					
9	30	略	本月发生生产费用	7 053 072	-3 302	7 049 770	240 000	1 590 000	237 000	535 000	96 517 700
			合计	7 053 072	-3 302	7 049 770	240 000	1 590 000	237 000	555 000	96 517 700
			分配率	2 351.02	-1.10	2 349.92	80.00	530	79	185	3 323.92
	30	略	结转完工产品成本	-7 053 072	3 302	-7 049 770	-240 000	-1 590 000	-237 000	-555 000	-96 517 700

（3）计算结转耗用半成品成本差异，计算各步骤产品实际成本。

① 计算烧结矿成本差异率及发出烧结矿成本差异额，计算铁水实际成本。

$$烧结矿成本差异率=\frac{(1\,625\,760-1\,634\,000)+(43\,199\,240-43\,301\,000)}{1\,634\,000+43\,301\,000}=-0.244\,798\%$$

本月发出烧结矿应负担成本差异额=43 006 880×（-0.244 798%）=-105 280（元）

本月发出烧结矿实际成本=43 006 880-105 280=42 901 600（元）

根据计算结果登记烧结矿自制半成品成本明细账"本月减少"实际成本和铁水基本生产成本明细账"自制半成品"成本差异和实际成本，据此计算铁水实际成本。

② 计算铁水成本差异率和各种产品耗用铁水应分担的差异额，计算各种产品实际成本。

$$铁水成本差异率=\frac{(70\,455\,000-33\,000×2\,136)}{33\,000×2\,136}=-0.046\,816\%$$

本月 Q235 坯耗用铁水应负担成本差异额=18 807 480×（-0.046 816%）=-8 805（元）

本月 Q235 坯耗用铁水实际成本=18 807 480 -8 805=18 798 675（元）

本月 20MnSi 坯耗用铁水应负担成本差异额=9 404 808×（-0.046 816%）=-4 403（元）

本月 20MnSi 坯耗用铁水实际成本=9 404 808-4 403=9 400 405（元）

本月轻轨钢坯耗用铁水应负担成本差异额=20 409 480×（-0.046 816%）=-9 555（元）

本月轻轨钢坯耗用铁水实际成本=20 409 480-9 555=20 399 925（元）

本月 LGA 坯耗用铁水应负担成本差异额=9 404 808×（-0.046 816%）=-4 403（元）

本月 LGA 坯耗用铁水实际成本=9 404 808-4 403=9 400 405（元）

本月 DR510 坯耗用铁水应负担成本差异额=5 408 352×（-0.046 816%）=-2 532（元）

本月 DR510 坯耗用铁水实际成本=5 408 352-2 532=5 405 820（元）

本月组合坯耗用铁水应负担成本差异额=7 053 072×（-0.046 816%）=-3 302（元）

本月组合坯耗用铁水实际成本=7 053 072-3 302=7 049 770（元）

根据计算结果登记各种产品成本明细账"自制半成品"成本差异和实际成本，并计算各种产品实际成本。

（4）结转各种产品完工产品成本。

借：库存商品——Q235 坯		22 384 688
——20MnSi 坯		12 896 405
——轻轨钢坯		23 856 845
——LGA 坯		10 956 405
——DR510 坯		7 901 820
——组合坯		9 651 770
贷：基本生产成本——炼钢厂（Q235 坯）		22 384 688
——炼钢厂（20MnSi 坯）		12 896 405
——炼钢厂（轻轨钢坯）		23 856 845
——炼钢厂（LGA 坯）		10 956 405
——炼钢厂（DR510 坯）		7 901 820
——炼钢厂（组合坯）		9 651 770

3. 半成品按计划成本综合结转的优点

与半成品按实际成本综合结转相比，半成品按计划成本结转具有以下优点：

（1）可以简化和加速半成品成本核算和产品成本计算工作。按计划成本结转半成品成本，平时即可进行半成品收发凭证的计价和记账工作，而不用等到月末计算出实际成本。如果半成品成本差异率不是按半成品品种计算，而是按类别计算，还可省去大量的计算工作。这就不仅能够大大加速，而且还简化了半成品成本核算和产品成本的计算工作。

（2）有利于对各步骤进行成本的考核和分析。按计划成本结转半成品成本，在各步骤基本生产成本明细账中记录了耗用上一步骤半成品的计划成本，这一成本不受上一步骤半成品节约或超支的影响。在分析各步骤产品成本时，就可以剔除上一步骤半成品成本变动对本步骤产品成本的影响，有利于分清经济责任和考核各步骤的经济效益。如果各步骤所耗半成品的成本差异，不调整计入各步骤的产品成本，而是直接调整计入最后的产品成本，还可以进一步简化和加速各步骤的成本计算工作。

（三）综合结转的成本还原

1. 成本还原的含义

采用综合结转法，各步骤耗用上步骤半成品成本是以一个总额反映在各步骤成本明细账的"自制半成品"或"直接材料"成本项目中，以此类推，将使得产成品成本中"自制半成品"或"直接材料"成本项目由于包括了前面步骤的材料、人工和制造费用成本，所占比重很大，而"直接人工"和"制造费用"成本项目仅仅反映的是在最后步骤发生的费用，所占比重很小。这显然不符合产品成本的实际构成情况，不便于从整个企业角度分析和考核成本项目的构成和水平，也不利于加强对产品成本的管理。因此，有必要对综合结转法计算出来的产成品成本，通过将"自制半成品"还原为"直接材料""直接人工""制造费用"等原始成本项目，得到按原始成本项目反映的成本，从而反映产品成本的真实结构，即成本还原。

2. 成本还原的方法

成本还原采用倒顺序法，即从最后一个步骤开始，把各步骤所耗上一步骤的半成品综合成本，按照上一步骤本月完工半成品成本项目的比例分解还原成上一步骤的成本项目。以此类推，直到第一步骤为止。然后将各步骤还原后的"直接材料""直接人工""制造费用"成本项目加以汇总，求得按原始成本项目反映的完工产品成本资料。将半成品成本分解的具体方法有两种：成本还原率法和项目比重法。

（1）成本还原率法。以本月产品成本中所耗上一步骤半成品成本占该种半成品总成本的比例，分别乘以该种半成品本月完工总成本中各成本项目金额进行还原，从而取得完工产品原始成本的方法。

$$成本还原率=\frac{本月完工产品中所耗上步骤半成品成本}{上步骤本月完工半成品总成本}$$

还原的各成本项目金额=上步骤本月完工半成品各成本项目金额×成本还原率

【例8-3】根据上文计算所得的Q235坯产品数据（见表8-9），用成本还原率法进行成本还原，编制成本还原计算表，如表8-24所示。表中有关数据计算如下：

① 铁水成本还原。

铁水成本还原率=19 268 688/70 455 000=0.273 489 291

耗用的铁水中包含烧结矿成本=0.273 489 291×43 032 000=11 768 791（元）

耗用的铁水中包含直接材料成本=0.273 5×22 440 000=6 137 100（元）

耗用的铁水中包含燃料及动力成本=0.273 5×2 970 000=812 263（元）

耗用的铁水中包含直接人工成本=0.273 5×693 000=189 528（元）

耗用的铁水中包含制造费用成本=0.273 5×1 320 000=361 006（元）

② 烧结矿成本还原。

烧结矿成本还原率=11 768 791/43 199 240=0.272 4

耗用的烧结矿中包含直接材料成本=0.272 4×37 899 240=10 324 909（元）

耗用的烧结矿中包含燃料及动力成本=0.272 4×3 180 000=866 329（元）

耗用的烧结矿中包含直接人工成本=0.272 4×530 000=144 388（元）

耗用的烧结矿中包含制造费用成本=0.272 4×1 590 000=433 165（元）

③ 还原后产品成本构成。

直接材料=656 000+6 137 100+10 324 909=17 118 009（元）

燃料及动力=1 640 000+812 263+866 329=3 318 592（元）

直接人工=246 000+189 528+144 388=579 916（元）

制造费用=574 000+361 006+433 165=1 368 171（元）

（2）项目比重还原法。先计算本月该种半成品本月完工总成本中各成本项目所占的比重，然后分别乘以所耗上步骤半成品成本，从而得到完工产品原始成本的方法。

$$\frac{\text{上步骤本月完工半成品}}{\text{各成本项目占总成本的比重}}=\frac{\text{上步骤本月完工半成品各成本项目金额}}{\text{本月完工该种半成品总成本}}$$

$$\frac{\text{还原的各成本}}{\text{项目金额}}=\frac{\text{本步骤所耗上步骤}}{\text{半成品成本}}\times\frac{\text{上步骤本月完工半成品}}{\text{各成本项目占总成本的比重}}$$

【例8-4】仍以上文计算所得的 Q235 坯产品数据为例（见表8-9），用项目比重还原法进行成本还原，编制成本还原计算表，如表8-25所示。表中有关数据计算如下：

① 铁水成本还原。

铁水中包含烧结矿成本比例=43 032 000÷70 455 000×100%=61.077 283%

耗用的铁水中包含烧结矿成本=19 268 688×61.077 283%=11 768 791（元）

铁水中包含直接材料成本比例=22 440 000÷70 455 000×100%=31.850 117%

耗用的铁水中包含直接材料成本=19 268 688×31 850 117%=6 137 100（元）

铁水中包含燃料及动力成本比例=2 970 000÷70 455 000×100%=4.215 457%

耗用的铁水中包含燃料及动力成本=19 268 688×4.215 457%=812 263（元）

铁水中包含直接人工成本比例=693 000÷70 455 000×100%=0.983 607%

耗用的铁水中包含直接人工成本=19 268 688×0.983 607%=189 528（元）

铁水中包含制造费用成本比例=1 320 000÷70 455 000×100%=1.873 536%

耗用的铁水中包含制造费用成本=19 268 688×1.873 536%=361 006（元）

② 烧结矿成本还原。

烧结矿中包含直接材料成本比例=37 899 240÷43 199 240×100%=87.731 266%

耗用的烧结矿中包含直接材料成本=11 768 791×87.731 266%=10 324 909（元）

烧结矿中包含燃料及动力成本比例=3 180 000÷43 199 240×100%=7.361 241%

耗用的烧结矿中包含燃料及动力成本=11 768 791×7.361 241%=866 329（元）

烧结矿中包含直接人工成本比例=530 000÷43 199 240×100%=1.226 873%

耗用的烧结矿中包含直接人工成本=11 768 791×1.226 873%=144 388（元）

烧结矿中包含制造费用成本比例=1 590 000÷43 199 240×100%=3.680 62%

耗用的烧结矿中包含制造费用成本=11 768 791×3.680 62%=433 165（元）

③ 还原后产品成本构成。

直接材料=656 000+6 137 100+10 324 909=17 118 009（元）

燃料及动力=1 640 000+812 263+866 329=3 318 592（元）

直接人工=246 000+189 528+144 388=579 916（元）

制造费用=574 000+361 006+433 165=1 368 171（元）

表 8-24　产品成本还原计算表（成本还原率法）

产品名称：Q235 坯　　　　　　　　　　　201×年 9 月 30 日　　　　　　　　　　　单位：元

项目	成本还原率	成本项目						
		自制半成品		直接材料	燃料及动力	直接人工	制造费用	合计
		铁水	烧结矿					
还原前成本		19 268 688		656 000	1 640 000	246 000	574 000	20 384 688
铁水生产成本			43 032 000	22 440 000	2 970 000	693 000	1 320 000	70 455 000
还原铁水成本	0.2 735	-19 268 688	11 768 791	6 137 100	812 263	189 528	361 006	
烧结矿生产成本				37 899 240	3 180 000	530 000	1 590 000	43 199 240
还原烧结矿成本	0.2 735		-11 768 791	10 342 909	866 329	144 388	433 165	
还原后成本				17 118 009	3 318 592	579 916	1 368 717	20 384 688
还原后单位成本				2 087.56	404.71	70.72	166.85	2 729.84

表 8-25　产品成本还原计算表（项目比重法）

产品名称：Q235 坯　　　　　　　　　　　201×年 9 月 30 日　　　　　　　　　　　单位：元

项目	成本项目						
	自制半成品		直接材料	燃料及动力	直接人工	制造费用	合计
	铁水	烧结矿					
还原前成本	19 268 688		656 000	1 640 000	246 000	574 000	20 384 688
铁水生产成本		43 032 000	22 440 000	2 970 000	693 000	1 320 000	70 455 000
铁水成本构成		61.077283%	31.850117%	4.215457%	0.983607%	1.873536%	100%
还原铁水成本	-19 268 688	11 768 791	6 137 100	812 263	189 528	361 006	
烧结矿生产成本			37 899 240	3 180 000	530 000	1 590 000	43 199 240
烧结矿成本构成			87.731266%	7.361241%	1.226873%	3.6806%	100%
还原烧结矿成本		-11 768 791	10 342 909	866 329	144 388	433 165	
还原后成本			17 118 009	3 318 592	579 916	1 368 717	20 384 688
还原后单位成本			2 087.56	404.71	70.72	166.85	2 729.84

（四）综合结转法的优缺点

综合结转法的优点是可以在各生产步骤的产品成本明细账中反映各步骤完工产品所耗上步骤半成品费用情况和本步骤加工费用水平，有利于各个生产步骤的成本管理。但为了加强企业综合成本管理，必须了解产品成本项目的构成情况，即需要进行成本还原，从而增加了核算工作量。因此，这种结转方法只适宜在半成品具有独立的经济意义，管理上要求计算各步骤完工产品所耗上步骤半成品费用，但不要求进行成本还原的情况下采用。

三、半成品成本分项结转法

将耗用的上一步骤半成品成本，按其原始成本项目分别记入下一步骤基本生产成本明细账对应的成本项目之中，分项反映各步骤所耗上一步骤半成品成本。如果半成品通过半成品仓库收发，自制半成品成本明细账也按成本项目分别登记半成品成本。这种半成品成本结转方式即为分项结转。

分项结转可以按照半成品的实际单位成本结转，也可以按照半成品的计划单位成本结转。如果按计划单位成本结转，则需要分成本项目调整成本差异，将导致计算工作量太大。因此，实际工作中，一般采用实际成本分项结转。

（一）分项结转的成本计算程序

1. 按产品生产步骤和品种设置有关成本明细账

半成品按实际成本分项结转，基本生产成本明细账不需要单独设置"自制半成品"项目，其一般格式如表8-30所示。如果半成品通过半成品仓库转移，需要设置自制半成品成本明细账，账内分成本项目分别反映，其一般格式如表8-29所示。其他成本明细账，如辅助生产成本明细账、制造费用明细账等同综合结转。

2. 依次归集和分配各步骤生产费用，计算并结转各步骤半成品成本

分项结转法归集和分配各步骤生产费用，计算各步骤半成品成本的步骤与综合结转法相同。不同之处是，分项结转在结转半成品成本时，需要区分成本项目将半成品成本分别记入下一步骤基本生产成本明细账或自制半成品成本明细账的相应成本项目中。

3. 计算并结转完工产品成本

分项结转法完工产品成本的计算与结转同综合结转法。

（二）分项结转法的应用

【例8-5】已知亿风钢铁公司201×年9月有关成本计算资料，要求采用半成品成本分项结转法进行成本计算。

1. 有关资料

（1）月初仓库结存半成品成本及各车间在产品成本情况（见表8-26～表8-27）。

表8-26　月初仓库结存半成品成本

单位：元

名称	数量（吨）	单价	金额			
			直接材料	燃料及动力	直接人工	制造费用
烧结矿	2 000	812.88	1 426 300	119 676	19 946	59 838

表8-27　月初各车间在产品成本

单位：元

项目		直接材料	燃料及动力	直接人工	制造费用	合计
烧结厂	烧结矿	111 540	4 680	780	2 340	119 340
炼铁厂	铁水	456 004	35 247	6 625	16 999	514 875
炼钢长	Q235坯	626 309	91 416	16 718	39 557	774 000

（2）产量、本期发生生产费用、各种半成品耗用量情况及其他核算资料同【例8-1】。

2. 成本计算

（1）按产品生产步骤和品种设置有关成本明细账并登记期初余额。基本生产成本明细账和自制半成品成本明细账的设置及期初余额登记如表8-28～表8-36所示。

表8-28　烧结厂基本生产成本明细账

半成品名称：烧结矿

单位：元

201×年		凭证字号	摘要	直接材料	燃料及动力	直接人工	制造费用	合计
月	日							
9	1		月初在产品成本	111 540	4 680	780	2 340	119 340
	30		本月发生生产费用	37 937 900	3 181 800	530 300	1 590 900	43 240 900
			合计	38 049 440	3 186 480	531 080	1 593 240	43 360 240
			分配率	715.08	60	10	30	815.08
	30	略	结转完工产品成本	−37 899 240	−3 180 000	−530 000	−1 590 000	−43 199 240
			月末在产品成本	150 200	6 480	1 080	3 240	161 000

表 8-29　自制半成品明细账

半成品名称：烧结矿　　　　　　　　　　　　　　　　　　　　　　　　　　　　　　　　　　　数量单位：吨

201×年		凭证字号	摘要	收入					
月	日			数量	单价	金额			
						直接材料	燃料及动力	直接人工	制造费用
9	1		月初结存						
			……						
			合计	53 000	815.08	37 899 240	3 180 000	530 000	1 590 000

201×年		凭证字号	摘要	发出					
月	日			数量	单价	金额			
						直接材料	燃料及动力	直接人工	制造费用
9	1		月初结存						
			……						
			合计	52 640	815	37 638 117	3 158 090	526 348	1 579 045

201×年		凭证字号	摘要	结存					
月	日			数量	单价	金额			
						直接材料	燃料及动力	直接人工	制造费用
9	1		月初结存	2 000	812.88	1 426 300	119 676	19 946	59 838
			……						
			合计	2 360	815	1 687 423	141 586	23 598	70 793

（2）依次归集和分配各步骤生产费用，计算并结转各步骤半成品成本。

① 归集和分配烧结厂生产费用，计算并结转烧结矿成本，如表 8-28 所示。

② 计算烧结矿本期发出成本及期末结存成本如表 8-29 所示。表中有关数据计算如下：

本期发出直接材料成本=[（1 426 300+37 899 240）÷（2 000+53 000）]×52 640=37 638 117（元）

本期结存直接材料成本=1 426 300+37 899 240-37 638 117=1 687 423（元）

本期发出燃料及动力成本=[（119 676+3 180 000）÷（2 000+53 000）]×52 640=3 158 090（元）

本期结存燃料及动力成本=119 676+3 180 000-3 158 090=141 586（元）

本期发出直接人工成本=[（19 946+530 000）÷（2 000+53 000）]×52 640=526 348（元）

本期结存直接人工成本=19 946+530 000-526 348=23 598（元）

本期发出制造费用成本=[（59 838+1 590 000）÷（2 000+53 000）]×52 640=1 579 045（元）

本期结存制造费用成本=59 838+1 590 000-1 579 045=70 793（元）

③ 归集和分配炼铁厂生产费用，计算并结转铁水成本如表 8-30 所示。

表 8-30　炼铁厂基本生产成本明细账

产品名称：铁水　　　　　　　　　　　　　　　　　　　　　　　　　　　　　　　　　　　　　单位：元

201×年		凭证字号	摘要	成本项目				合计
月	日			直接材料	燃料及动力	直接人工	制造费用	
9	1		月初在产品成本	456 004	35 247	6 625	16 999	514 875
	30	略	转入烧结矿成本	37 638 117	3 158 090	526 348	1 579 045	42 901 600
	30	略	本月发生生产费用	22 372 000	2 965 500	691 950	1 318 000	27 347 600
			合计	60 466 121	6 158 837	1 224 923	2 914 044	70 763 925
			分配率	1 824.02	186.21	37.03	88.10	2 135.36

续表

| 201×年 | | 凭证 | 摘要 | 成本项目 | | | | 合计 |
月	日	字号		直接材料	燃料及动力	直接人工	制造费用	
	30	略	结转 Q235 坯成本	−16 060 496.10	−1 639 579.05	−326 049.15	−775 720.50	−18 801 844.80
	30	略	结转 20MnSi 坯成本	−8 031 160.06	−819 882.63	−163 043.09	−387 904.50	−9 401 990.08
	30	略	结转轻轨钢坯成本	−17 428 511.10	−1 779 236.55	−353 821.65	−841 795.50	−20 403 364.80
	30	略	结转 LGA 坯成本	−8 031 160.06	−819 882.63	−163 043.09	−387 904.30	−9 401 990.08
	30	略	结转 DR510 坯成本	−4 618 418.64	−417 483.72	−93 759.96	−223 069.20	−5 406 731.52
	30	略	结转组合坯成本	−6 022 914.04	−614 865.42	−122 273.06	−290 906.20	−7 050 958.72
	30		月末在产品成本	273 461	13 907	2 933	6 744	297 045

（3）计算并结转完工产品成本如表 8-31～表 8-36 所示。

表 8-31　炼钢厂基本生产成本明细账

产品名称：Q235 坯　　　　　　　　　　　　　　　　　　　　　　　　　　　　　　　　单位：元

| 201×年 | | 凭证 | 摘要 | 成本项目 | | | | 合计 |
月	日	字号		直接材料	燃料及动力	直接人工	制造费用	
9	1		月初在产品成本	626 309	91 416	16 718	39 557	774 000
	30	略	转入铁水成本	16 060 496.1	1 639 579.05	326 049.15	775 720.50	18 801 844.80
	30	略	本月发生生产费用	640 000	1 620 000	243 000	567 000	3 070 000
			合计	17 326 805.10	3 350 995.05	585 767.15	1 382 277.50	22 645 844.80
			分配率	2 087.57	406.18	71	167.55	2 732.30
	30	略	结转完工产品成本	−17 118 074	−3 330 676	−582 200	−1 373 910	−22 404 860
			月末在产品成本	208 731.10	20 319.05	3 567.15	8 367.50	240 984.80

表 8-32　炼钢厂基本生产成本明细账

产品名称：20MnSi 坯　　　　　　　　　　　　　　　　　　　　　　　　　　　　　　　单位：元

| 201×年 | | 凭证 | 摘要 | 成本项目 | | | | 合计 |
月	日	字号		直接材料	燃料及动力	直接人工	制造费用	
9	30	略	转入铁水成本	8 031 160.06	819 882.63	163 043.09	387 904.30	9 401 990.08
	30	略	本月发生生产费用	320 000	2 120 000	316 000	740 000	3 496 000
			合计	8 351 160.06	2 939 882.63	479 043.09	1 127 904.30	12 897 990.08
			分配率	2 087.79	734.97	119.76	281.98	3 224.50
	30	略	结转完工产品成本	−8 351 160.06	−2 939 883.63	−479 043.09	−1 127 904.30	−12 897 990.08

表 8-33　炼钢厂基本生产成本明细账

产品名称：轻轨钢坯　　　　　　　　　　　　　　　　　　　　　　　　　　　　　　　　单位：元

| 201×年 | | 凭证 | 摘要 | 成本项目 | | | | 合计 |
月	日	字号		直接材料	燃料及动力	直接人工	制造费用	
9	30	略	转入铁水成本	17 428 511.10	1 779 236.55	353 821.65	841 795.50	20 403 364.80
	30	略	本月发生生产费用	694 460	1 841 640	277 140	643 680	3 456 920
			合计	18 122 971.10	3 620 876.55	630 961.65	1 485 475.50	23 860 284.80
			分配率	2 027.18	405.02	70.58	166.16	2 668.94
	30	略	结转完工产品成本	−18 122 971.10	−3 620 876.65	−630 961.65	−1 485 475.50	−23 860 284.80

表 8-34　炼钢厂基本生产成本明细账

产品名称：LGA 坯

单位：元

201×年		凭证字号	摘要	成本项目				合计
月	日			直接材料	燃料及动力	直接人工	制造费用	
9	30	略	转入铁水成本	8 031 160.06	819 882.63	163 043.09	387 904.30	9 401 990.08
	30	略	本月发生生产费用	320 000	824 000	124 000	288 000	1 556 000
			合计	8 351 160.06	1 643 882.63	287 043.09	675 904.30	10 957 990.08
			分配率	2 087.79	410.97	71.76	168.98	2 739.50
	30	略	结转完工产品成本	8 351 160.06	1 643 882.63	287 043.09	675 904.30	10 957 990.08

表 8-35　炼钢厂基本生产成本明细账

产品名称：DR510 坯

单位：元

201×年		凭证字号	摘要	成本项目				合计
月	日			直接材料	燃料及动力	直接人工	制造费用	
9	30	略	转入铁水成本	4 618 418.64	471 483.72	93 759.96	223 069.20	5 406 731.52
	30	略	本月发生生产费用	184 000	1 540 000	232 000	540 000	2 496 000
			合计	4 802 418.64	2 011 483.72	325 759.96	763 069.20	7 902 731.52
			分配率	2 401.21	1 005.74	162.88	381.53	3 951.36
	30	略	结转完工产品成本	-4 802 418.64	-2 011 483.72	-325 759.96	-763 069.20	-7 902 731.52

表 8-36　炼钢厂基本生产成本明细账

产品名称：组合坯

单位：元

201×年		凭证字号	摘要	成本项目				合计
月	日			直接材料	燃料及动力	直接人工	制造费用	
9	30	略	转入铁水成本	6 022 914.04	614 865.42	122 273.06	290 906.20	7 050 958.72
	30	略	本月发生生产费用	240 000	1 590 000	237 000	555 000	2 622 000
			合计	6 262 914.04	2 204 865.42	359 273.06	845 906.20	9 672 958.72
			分配率	2 087.64	734.96	119.76	281.97	3 224.72
	30	略	结转完工产品成本	-6 262 914.04	-2 204 865.42	-359 273.06	-845 906.20	-9 672 958.72

四、逐步结转分步法的优缺点

1. 逐步结转分步法的优点

首先，逐步结转分步法计算各生产步骤半成品成本，能够为分析和考核各生产步骤半成品成本计划的执行情况，正确计算半成品的销售成本提供资料。

其次，逐步结转分步法半成品成本随实物的转移而结转。这样，各生产步骤产品生产成本明细账中的月末在产品成本，与该步骤月末在产品的实物一致，有利于加强在产品和半成品的管理。

最后，采用综合结转法结转半成品成本时，由于各步骤产品成本中包括所耗上一生产步骤半成品成本，从而能全面反映各步骤完工产品中所耗上一步骤半成品费用水平和本步骤加工费用水平，有利于各步骤的成本管理。采用分项结转法结转半成品成本时，可以直接提供按原始成本项目反映的产品成本资料，满足企业分析和考核产品成本项目构成和水平的需要，而不必进行成本还原。

2. 逐步结转分步法的缺点

首先，需要逐步结转半成品成本，核算工作比较复杂，提供核算资料的及时性也较差。

其次，采用综合结转法结转半成品成本，需要进行成本还原；采用分项结转法结转半成品成本，结转的核算工作量较大。半成品成本按计划成本结转，还要计算和调整半成品成本差异；半成品按实际成本结转，各步骤则不能同时计算成本，成本计算的及时性差。

第二节 | 平行结转分步法

一、平行结转分步法的成本计算程序

（一）按产品的生产步骤和产品品种设置成本明细账

平行结转分步法上一步骤的半成品成本不随半成品实物的转移而结转。因此，无论半成品是否通过仓库收发，都不通过"自制半成品"账户进行金额核算，只需对自制半成品数量进行记录。基本生产成本明细账中也无须单独设置"自制半成品"项目，其一般格式与分项结转分步法一样（见表8-30）。不同的是，表8-30中的直接材料、直接人工、制造费用项目核算的内容仅仅是本步骤发生的有关费用，不包括耗用上步骤半成品的成本。

（二）归集各步骤生产费用

根据各项费用有关凭证和各种费用分配表，归集各步骤的生产费用。

（三）将各步骤生产费用在完工产品和广义在产品之间分配，确定各步骤应计入完工产品成本的生产费用份额

月末，将各步骤生产费用在完工产品和广义在产品之间分配。各步骤的广义在产品由两部分组成：一是正在各个生产步骤中生产的在产品，即狭义的在产品；二是本生产步骤完工，实物已经转移至后面各生产步骤或半成品仓库，但尚未形成最终完工产品的那部分半成品。分配给完工产品的生产费用即为各步骤应计入完工产品成本的份额。其计算如下：

$$\begin{array}{l}某步骤费用应计入\\完工产品成本份额\end{array} = \begin{array}{l}完工产品\\数量\end{array} \times \begin{array}{l}单位完工产品耗用\\该步骤半成品数量\end{array} \times \begin{array}{l}该步骤半成品\\单位成本\end{array}$$

公式中半成品单位成本在实际计算时要分别成本项目来计算费用分配率。费用分配率可采用定额比例法或约当产量法求得。

1. 按定额比例法来分配

$$某步骤某项费用分配率 = \frac{该步骤期初结存该项目费用 + 该步骤本期发生该项费用}{完工产品定额消耗量或定额费用 + 广义在产品定额消耗量或定额费用}$$

完工产品定额消耗量或定额费用 = 完工产品数量 × 单位完工产品消耗定额或费用定额

$$\begin{array}{l}广义在产品定额\\消耗量或定额费用\end{array} = \begin{array}{l}月初广义在产品的定额\\消耗量或定额费用\end{array} + \begin{array}{l}本月投入定额\\消耗量或定额费用\end{array} - \begin{array}{l}完工产品定额\\消耗量或定额费用\end{array}$$

$$\begin{array}{l}某步骤某项费用应计入\\完工产品成本份额\end{array} = \begin{array}{l}完工产品定额\\消耗量或定额费用\end{array} \times \begin{array}{l}该步骤该项\\费用分配率\end{array}$$

2. 按约当产量法来分配

$$某步骤某项费用分配率 = \frac{该步骤期初结存该项目费用 + 该步骤本期发生该项费用}{产成品中包含该步骤半成品数量 + 该步骤期末广义在产品约当产量}$$

$$\begin{array}{l}某步骤分配材料费用\\广义在产品约当产量\end{array} = \begin{array}{l}留存后面步骤或半成品\\仓库的月末半成品数量\end{array} + \begin{array}{l}本步骤期末\\在产品数量\end{array} \times \begin{array}{l}本步骤期末\\在产品投料程度\end{array}$$

$$\begin{array}{l}某步骤分配其他费用\\广义在产品约当产量\end{array} = \begin{array}{l}留存后面步骤或半成品\\仓库的月末半成品数量\end{array} + \begin{array}{l}本步骤期末\\在产品数量\end{array} \times \begin{array}{l}本步骤期末\\在产品加工程度\end{array}$$

$$某步骤某项费用应 \atop 计入完工产品成本份额 = {完工产品 \atop 数量} \times {单位完工产品耗用 \atop 该步骤半成品数量} \times {该步骤该项 \atop 费用分配率}$$

（四）计算并结转完工产品成本

将各步骤费用中应计入完工产品成本的份额按成本项目平行结转，编制完工产品成本汇总表，汇总计算出完工产品的实际总成本和单位成本。平行结转分步法成本计算的程序如图8-3所示。

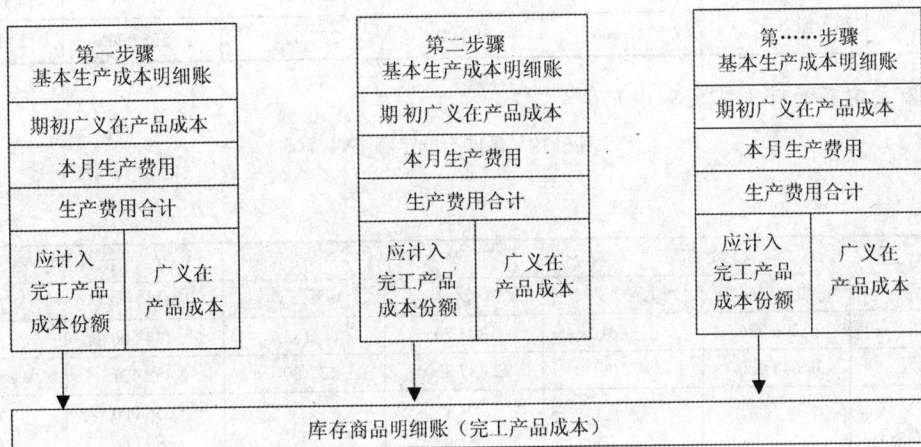

图8-3 平行结转分步法成本计算程序

二、平行结转分步法的应用

（一）按定额比例法计算分配各项费用的应用

【例8-6】沿用亿风钢铁公司例子。已知公司201×年9月有关成本核算资料，要求采用平行结转分步法进行成本计算，并按定额比例法计算分配应计入产成品的各项费用份额。

1. 有关资料

（1）月初广义在产品成本（见表8-37）。

表8-37 月初广义在产品成本

单位：元

成本项目		直接材料	燃料及动力	直接人工	制造费用	合计
烧结厂		2 201 585	180 026	30 083	90 011	2 501 705
炼铁厂		394 543	40 970	9 559	18 208	463 280
炼钢厂	Q235坯	24 000	30 000	4 500	10 500	69 000

（2）本期发生生产费用（见表8-38）。

表8-38 本月生产费用

单位：元

成本项目		直接材料	燃料及动力	直接人工	制造费用	合计
烧结厂	烧结矿	37 937 900	3 181 800	530 300	1 590 900	43 240 900
炼铁厂	铁水	22 372 000	2 965 500	691 950	1 318 000	27 347 450
炼钢厂	Q235坯	640 000	1 620 000	243 000	567 000	3 070 000

续表

成本项目		直接材料	燃料及动力	直接人工	制造费用	合计
炼钢厂	20MnSi 坯	320 000	2 120 000	316 000	740 000	3 496 000
	轻轨钢坯	694 460	1 841 640	277 140	643 000	3 456 920
	LGA 坯	320 000	824 000	124 000	288 000	1 556 000
	DR510 坯	184 000	1 540 000	232 000	540 000	2 496 000
	组合坯	240 000	1 590 000	237 000	555 000	2 622 000

（3）有关定额资料（见表 8-39）。

表 8-39 各种产品定额资料

金额单位：元

工时单位：小时

生产步骤	烧结厂		炼铁厂		炼钢厂	
	定额材料成本	定额工时	定额材料成本	定额工时	定额材料成本	定额工时
月初广义在产品	2 206 926	601	395 705	182	24 600	90
本月投入	38 044 020	10 606	22 437 800	13 180	2 458 421	28 547
其中：Q235 坯					656 000	4 860
20MnSi 坯					328 000	6 312
轻轨钢坯					711 821	5 525
LGA 坯					328 000	2 472
DR510 坯					188 600	4 644
组合坯					246 000	4 734
合计	40 250 946	11 207	22 833 505	13 362	2 483 021	28 637
本月完工产品	38 109 912	10 631	22 656 137	13 348	2 474 821	28 607
其中：Q235 坯	10 354 326	2 888	6 155 732	3 610	672 400	4 920
20MnSi 坯	5 050 892	1 409	3 002 710	1 761	328 000	6 312
轻轨钢坯	10 961 367	3 058	6 516 442	3 882	711 821	5 525
LGA 坯	5 050 892	1 409	3 002 710	1 761	328 000	2 472
DR510 坯	2 904 266	810	1 726 558	1 013	188 600	4 644
组合坯	3 788 169	1 057	2 251 986	1 321	246 000	4 734
月末广义在产品	2 141 034	576	177 368	14	8 200	30

（4）月初半成品结存量、产量、各种半成品耗用量情况同例 8-1，可参见表 8-1、表 8-3 和表 8-5。

2. 成本计算

（1）按生产步骤和产品品种设置成本明细账并登记期初余额。成本明细账设置如表 8-40～表 8-47 所示，并根据表 8-37 的数据登记期初余额。

（2）归集各步骤生产费用。根据表 8-38 有关数据登记各明细账本期发生生产费用数据，从而计算出生产费用合计。

（3）将各步骤生产费用在完工产品和广义在产品之间分配，确定各步骤应计入完工产品成本份额。

① 烧结厂应计入各种产品完工产品成本份额。计算过程如下，根据计算结果登记烧结厂基本生产成本明细账，如表 8-40 所示。

i. 应计入各种产品完工产品直接材料份额。

烧结厂直接材料分配率=（2 201 585+37 937 900）÷（2 206 926+38 044 020）=0.997 231

烧结厂结转 Q235 坯直接材料份额=10 354 326×0.997 231=10 325 654.87（元）

烧结厂结转 20MnSi 坯直接材料份额=5 050 892×0.997 231=5 036 906.08（元）

烧结厂结转轻轨钢坯直接材料份额=10 961 367×0.997 231=10 931 014.97（元）

烧结厂结转 LGA 坯直接材料份额=5 050 892×0.997 231=5 036 906.08（元）

烧结厂结转 DR510 坯直接材料份额=2 904 266×0.997 231=2 896 224.09（元）

烧结厂结转组合坯直接材料份额=3 788 169×0.997 231=3 777 679.56（元）

表 8-40　烧结厂基本生产成本明细账

产品名称：烧结矿　　　　　　　　　　　　　　　　　　　　　　　　　　　　　　　　　　　　　单位：元

201×年		凭证字号	摘要	成本项目				合计
月	日			直接材料	燃料及动力	直接人工	制造费用	
9	1		月初在产品成本	2 201 585	180 026	30 083	90 011	2 501 705
	30		本月发生生产费用	37 937 900	3 181 800	530 300	1 590 900	43 240 900
			合计	40 139 485	3 361 826	560 383	1 680 911	45 742 605
			分配率	0.997 231	299.98	50	149.99	
	30	略	结转 Q235 坯成本	-10 325 654.87	-866 342.24	-144 400	-433 171.12	-11 769 568.23
	30	略	结转 20MnSi 坯成本	-5 036 906.08	-422 671.82	-70 450	-211 335.91	-5 741 363.81
	30	略	结转轻轨钢坯成本	-10 931 014.97	-917 338.84	-152 900	-458 669.42	-12 459 923.23
	30	略	结转 LGA 坯成本	-5 036 906.08	-422 671.82	-70 450	-211 335.91	-5 741 363.81
	30	略	结转 DR510 坯成本	-2 896 224.09	-242 983.80	-40 500	-121 491.90	-3 301 199.79
	30	略	结转组合坯成本	-3 777 679.56	-317 078.86	-52 850	-158 539.43	-4 306 147.85
			月末在产品成本	2 135 099.35	172 738.62	28 833	86 367.31	2 423 038.28

ii. 应计入各种产品完工产品燃料及动力份额。

烧结厂燃料及动力分配率=（180 026+3 181 800）÷（601+10 606）=299.98

烧结厂结转识 Q235 坯燃料及动力份额=2 888×299.98 =866 342.24（元）

烧结厂结转 20MnSi 坯燃料及动力份额=1 409×299.98=422 671.82（元）

烧结厂结转轻轨钢坯燃料及动力份额=3 058 ×299.98=917 338.84（元）

烧结厂结转 LGA 坯燃料及动力份额=1 409×299.98=422 671.82（元）

烧结厂结转 DR510 坯燃料及动力份额=810×299.98=242 983.8（元）

烧结厂结转组合坯燃料及动力份额=1 057×299.98=317 078.86（元）

iii. 应计入各种产品完工产品直接人工份额。

烧结厂直接人工分配率=（30 083+530 300）÷（601+10 606）=50

烧结厂结转 Q235 坯直接人工份额=2 888×50=144 400（元）

烧结厂结转 20MnSi 坯直接人工份额=1 409×50=70 450（元）

烧结厂结转轻轨钢坯直接人工份额=3 058×50=152 900（元）

烧结厂结转 LGA 坯直接人工份额=1 409×50=70 450（元）

烧结厂结转 DR510 坯直接人工份额=810×50=40 500（元）

烧结厂结转组合坯直接人工份额=1 057×50=52 850（元）

iv. 应计入各种产品完工产品制造费用份额。

烧结厂制造费用分配率=（90 011+1 590 900）÷（601+10 606）=149.99

烧结厂结转 Q235 坯制造费用份额=2 888×149.99=433 171.12（元）

烧结厂结转 20MnSi 坯制造费用份额=1 409×149.99=211 335.91（元）

烧结厂结转轻轨钢坯制造费用份额=3 058×149.99=458 669.42（元）

烧结厂结转 LGA 坯制造费用份额=1 409×149.99=211 335.91（元）

烧结厂结转 DR510 坯制造费用份额=810×149.99=121 491.9（元）

烧结厂结转组合坯制造费用份额=1 057×149.99=158 539.43（元）

② 炼铁厂应计入各种产品成本份额。各项费用分配率及应计入各种产品成本份额计算原理同烧结厂，过程略。根据计算结果登记炼铁厂基本生产成本明细账，如表 8-41 所示。

表 8-41　炼铁厂基本生产成本明细账

产品名称：铁水　　　　　　　　　　　　　　　　　　　　　　　　　　　　　　　　　　　单位：元

201×年		凭证字号	摘要	成本项目				合计
月	日			直接材料	燃料及动力	直接人工	制造费用	
9	1		月初在产品成本	394 543	40 970	9 559	18 208	463 280
	30	略	本月发生生产费用	22 372 000	2 965 500	691 950	1 318 000	27 347 450
			合计	22 766 543	3 006 470	701 509	1 336 208	27 810 730
			分配率	0.997 067	225	52.50	100	
	30	略	结转 Q235 坯成本	-6 137 677.24	-812 250	-189 525	-361 000	-7 500 452.24
	30	略	结转 20MnSi 坯成本	-2 993 903.05	-396 225	-92 452.50	-176 000	-3 658 680.55
	30	略	结转轻轨钢坯成本	-6 497 329.28	-859 950	-200 655	-382 200	-7 940 134.28
	30	略	结转 LGA 坯成本	-2 993 903.05	-396 225	-92 452.50	-176 100	-3 658 680.55
	30	略	结转 DR510 坯成本	-1 721 494.01	-227 925	-53 182.50	-101 300	-2 103 901.51
	30	略	结转组合坯成本	-2 245 380.93	-297 225	-69 352.50	-132 100	-2 744 058.43
			月末在产品成本	176 855.44	16 670	3 889	7 508	204 822.44

③ 炼钢厂应计入各种产品成本份额。炼钢厂加工 6 种产品，分别计算每种产品各项费用分配率及应计入产品成本份额，原理同烧结厂，计算过程略。根据计算结果登记炼钢厂各种产品基本生产成本明细账如表 8-42～表 8-47 所示。

表 8-42　炼钢厂基本生产成本明细账

产品名称：Q235 坯　　　　　　　　　　　　　　　　　　　　　　　　　　　　　　　　　单位：元

201×年		凭证字号	摘要	成本项目				合计
月	日			直接材料	燃料及动力	直接人工	制造费用	
9	1		月初在产品成本	24 000	30 000	4 500	10 500	69 000
	30	略	本月发生生产费用	640 000	1 620 000	243 000	567 000	3 070 000
			合计	664 000	1 650 000	247 500	577 500	3 139 000
			分配率	0.975 610	333.33	50	116.67	
	30	略	结转完工产品份额	-656 000.16	-1 639 983.60	-246 000	-574 016.67	-3 116 000.16
			月末在产品成本	7 999.84	10 016.40	1 500	3 483.33	22 999.84

表8-43 炼钢厂基本生产成本明细账

产品名称：20MnSi 坯 单位：元

201×年		凭证 字号	摘要	成本项目				合计
月	日			直接材料	燃料及动力	直接人工	制造费用	
9	30	略	本月发生生产费用	320 000	2 120 000	316 000	740 000	3 496 000
			合计	320 000	2 120 000	316 000	740 000	3 496 000
			分配率	0.975 610	335.87	50.06	117.24	
	30	略	结转完工产品份额	−320 000	−2 120 000	−316 000	−740 000	−3 496 000

表8-44 炼钢厂基本生产成本明细账

产品名称：轻轨钢坯 单位：元

201×年		凭证 字号	摘要	成本项目				合计
月	日			直接材料	燃料及动力	直接人工	制造费用	
9	30	略	本月发生生产费用	694 460	1 841 640	277 140	643 680	3 456 920
			合计	694 460	1 841 640	277 140	643 680	3 456 920
			分配率	0.975 610	333.33	50.16	116.50	
	30	略	结转完工产品份额	−694 460	−1 841 640	−277 140	−643 680	−3 456 920

表8-45 炼钢厂基本生产成本明细账

产品名称：LGA 坯 单位：元

201×年		凭证 字号	摘要	成本项目				合计
月	日			直接材料	燃料及动力	直接人工	制造费用	
9	30	略	本月发生生产费用	320 000	824 000	124 000	288 000	1 556 000
			合计	320 000	824 000	124 000	288 000	1 556 000
			分配率	0.975 610	333.33	50.16	116.50	
	30	略	结转完工产品份额	−320 000	−824 000	−124 000	−288 000	−1 556 000

表8-46 炼钢厂基本生产成本明细账

产品名称：DR510 坯 单位：元

201×年		凭证 字号	摘要	成本项目				合计
月	日			直接材料	燃料及动力	直接人工	制造费用	
9	30	略	本月发生生产费用	184 000	1 540 000	232 000	540 000	2 496 000
			合计	184 000	1 540 000	232 000	540 000	2 496 000
			分配率	0.975 610	331.61	49.96	116.28	
	30	略	结转完工产品份额	−184 000	−1 540 000	−232 000	−540 000	−2 496 000

表 8-47　炼钢厂基本生产成本明细账

产品名称：组合坯　　　　　　　　　　　　　　　　　　　　　　　　　　　　　　　　单位：元

201×年		凭证字号	摘要	成本项目				合计
月	日			直接材料	燃料及动力	直接人工	制造费用	
9	30	略	本月发生生产费用	240 000	1 590 000	237 000	555 000	2 622 000
			合计	240 000	1 590 000	237 000	555 000	2 622 000
			分配率	0.975 610	335.87	50.06	117.24	
	30	略	结转完工产品份额	−240 000	−1 590 000	−237 000	−555 000	−2 622 000

④ 计算并结转完工产品成本。编制完工产品成本汇总表，计算完工产品成如表 8-48 所示。根据计算结果，编制结转分录，并登记相应明细账。

表 8-48　完工产品成本汇总表

201×年 9 月 30 日　　　　　　　　　　　　　　　　　　　　　　　　　　　　　　　　单位：元

产品名称	摘要		直接材料	燃料及动力	直接人工	制造费用	合计
Q235 坯	应转入产品成本份额	烧结厂	10 325 654.87	866 342.24	144 400	433 171.12	11 769 568.23
		炼铁厂	6 137 677.24	812 250	189 525	361 000	7 500 452.24
		炼钢厂	656 000.16	1 639 983.60	246 000	574 016.40	3 116 000.16
	总成本		17 119 332.27	3 318 575.84	579 925	1 368 187.52	22 386 020.63
	单位成本		2 087.72	404.70	70.72	166.85	2 729.99
20MnSi 坯	应转入产品成本份额	烧结厂	5 036 906.08	422 671.82	70 450	211 335.91	5 741 363.81
		炼铁厂	2 993 903.05	396 225	92 452.50	176 100	3 658 680.55
		炼钢厂	320 000	2 120 000	316 000	740 000	3 496 000
	总成本		8 350 809.13	2 938 896.82	478 902.50	1 127 435.91	12 896 044.36
	单位成本		2 087.70	734.72	119.73	281.86	3 224.01
轻轨钢坯	应转入产品成本份额	烧结厂	10 931 014.97	917 338.84	152 900	458 669.42	12 459 923.23
		炼铁厂	6 497 329.28	859 950	200 655	382 200	7 940 134.28
		炼钢厂	694 460	1 841 640	277 140	643 680	3 456 920
	总成本		18 122 804.25	3 618 928.84	630 695	1 484 549.42	23 856 977.51
	单位成本		2 027.16	404.8	70.55	166.06	2 668.57
LGA 坯	应转入产品成本份额	烧结厂	5 036 906.08	422 671.82	70 450	211 335.91	5 741 363.81
		炼铁厂	2 993 903.05	396 225	92 452.50	176 100	3 658 680.55
		炼钢厂	320 000	824 000	124 000	288 000	1 556 000
	总成本		8 350 809.13	1 642 896.82	286 902.50	675 435.91	10 956 044.36
	单位成本		2 087.70	410.72	71.73	168.86	2 739.01
DR510 坯	应转入产品成本份额	烧结厂	2 896 224.09	242 983.80	40 500	121 491.90	3 301 199.79
		炼铁厂	1 721 494.01	227 925	53 182.50	101 300	2 103 901.51
		炼钢厂	184 000	1 540 000	232 000	540 000	2 496 000
	总成本		4 801 718.10	2 010 908.80	352 682.50	762 791.90	7 901 101.30
	单位成本		2 400.86	1 005.45	162.84	381.40	3 950.55
组合坯	应转入产品成本份额	烧结厂	3 777 679.56	317 078.86	52 850	158 539.43	4 306 147.85
		炼铁厂	2 245 380.93	297 225	69 352.50	132 100	2 744 058.43
		炼钢厂	240 000	1 590 000	237 000	555 000	2 622 000
	总成本		6 263 060.49	2 204 303.86	359 202.50	845 639.43	9 672 206.28
	单位成本		2 087.69	734.77	119.73	281.88	3 224.07

借：库存商品——Q235 坯　　　　　　　　　　　　　22 386 020.63

　　　　　——20MnSi 坯　　　　　　　　　　　　12 896 044.36

　　　　　——轻轨钢坯　　　　　　　　　　　　　23 856 977.51

　　　　　——LGA 坯　　　　　　　　　　　　　10 956 044.36

　　　　　——DR510 坯　　　　　　　　　　　　　7 901 101.30

　　　　　——组合坯　　　　　　　　　　　　　　9 672 206.28

　　贷：基本生产成本——烧结厂（烧结矿）　　　　　43 319 566.72

　　　　　　　　　　　——炼钢厂（铁水）　　　　　27 605 907.56

　　　　　　　　　　　——炼钢厂（Q235 坯）　　　　3 116 000.16

　　　　　　　　　　　——炼钢厂（20MnSi 坯）　　　3 496 000

　　　　　　　　　　　——炼钢厂（轻轨钢坯）　　　3 456 920

　　　　　　　　　　　——炼钢厂（LGA 坯）　　　　1 556 000

　　　　　　　　　　　——炼钢厂（DR510 坯）　　　2 496 000

　　　　　　　　　　　——炼钢厂（组合坯）　　　　2 622 000

（二）按约当产量法计算分配各项费用的应用

【例 8-7】沿用亿风钢铁公司例子。已知公司 201×年 9 月有关成本核算资料，要求采用平行结转分步法进行成本计算，并按约当产量法计算分配应计入产成品的各项费用份额。

1. 有关资料

（1）月初广义在产品成本和本期生产费用情况同【例 8-4】，详见表 8-37 和表 8-38。

（2）月初半成品结存量、产量、各种半成品耗用量情况同【例 8-1】，详见表 8-1、表 8-3 和表 8-5。

（3）各步骤产品投入产出比。由于炼钢工艺过程决定，吨钢耗铁水数量，吨铁水耗烧结矿数量存在一定比例，即投入产出比，具体如表 8-49 所示。在计算约当产量时，需要考虑这种比例关系。

表 8-49　各步骤产品投入产出表

单位：吨

吨钢耗铁水						吨铁水耗烧结矿
Q235 坯	20MnSi 坯	轻轨钢坯	LGA 坯	DR510 坯	组合坯	
1.100 63	1.100 75	1.068 79	1.100 75	1.266	1.100 67	1.6

（4）其他资料。各步骤所需材料费用均在该步骤生产开始时一次投入，其他费用随加工进度陆续投入。201×年 9 月，各步骤狭义在产品的完工程度均为 50%。

2. 成本计算

（1）按生产步骤和产品品种设置成本明细账并登记期初余额。成本明细账设置如表 8-50～表 8-57 所示，并根据表 8-37 的数据登记期初余额。

（2）归集各步骤生产费用。根据表 8-38 有关数据登记各明细账本期发生生产费用数据，从而计算出生产费用合计。

（3）将各步骤生产费用在完工产品和广义在产品之间分配，确定各步骤应计入完工产品成本份额。

① 烧结厂应计入各种产品完工产品成本份额。计算过程如下，根据计算结果登记烧结厂基本生产成本明细账，如表 8-50 所示。

完工 Q235 坯包含烧结矿约当产量=8 200×1.100 63×1.6=14 440（吨）

完工 20MnSi 坯包含烧结矿约当产量=4 000×1.100 75×1.6=7 044.8（吨）

完工轻轨钢坯包含烧结矿约当产量=8 940×1.068 79×1.6=15 288（吨）

完工 LGA 坯包含烧结矿约当产量=4 000×1.100 75×1.6=7 044.8（吨）

完工 DR510 坯包含烧结矿约当产量=2 000×1.266×1.6=4 051.2（吨）

完工组合坯包含烧结矿约当产量=3 000×1.100 67×1.6=5 283.2（吨）

烧结厂完工产品约当产量=14 440+7 044.8+15 288+7 044.8+4 051.2+5 283.2=53 152（吨）

i. 计入各种产品完工产品直接材料份额。

烧结厂广义在产品直接材料约当产量=210+2 360+150×1.6+100×1.100 63×1.6=2 986（吨）

其中，2 360 为月末半成品仓库结存烧结矿数量。

烧结厂直接材料分配率=（2 201 585+37 937 900）÷（53 152+2 986）=715.01

烧结厂转入 Q235 坯直接材料份额=14 440×715.01=10 324 744.40（元）

烧结厂转入 20MnSi 坯直接材料份额=7 044.8×715.01=5 037 102.45（元）

烧结厂转入轻轨钢坯直接材料份额=15 288×715.01=10 931 072.88（元）

烧结厂转入 LGA 坯直接材料份额=7 044.8×715.01=5 037 102.45（元）

烧结厂转入 DR510 坯直接材料份额=4 051.2×715.01=2 896 648.51（元）

烧结厂转入组合坯直接材料份额=5 283.2×715.01=3 777 540.83（元）

ii. 应计入各种产品完工产品其他费用份额。分配率计算如下，应计入每种产品成本份额计算与直接材料同理，此处略。计算结果如表 8-50 所示。

烧结厂广义在产品其他费用约当产量=210×50%+2 360+150×1.6+100×1.100 631×1.6=2 881（吨）

烧结厂燃料及动力分配率=（180 026+3 181 800）÷（53 152+2 881）=60

烧结厂直接人工分配率=（30 083+530 300）÷（53 152+288 1）=10

烧结厂制造费用分配率=（90 011+1 590 900）÷（53 152+2 881）=30

表 8-50 烧结厂基本生产成本明细账

产品名称：烧结矿　　　　　　　　　　　　　　　　　　　　　　　　　　　　　　　　　　单位：元

| 201×年 | | 凭证字号 | 摘要 | 成本项目 | | | | 合计 |
月	日			直接材料	燃料及动力	直接人工	制造费用	
9	1		月初在产品成本	2 201 585	180 026	30 083	90 011	2 501 705
	30	略	本月发生生产费用	37 937 900	3 181 800	530 300	1 590 900	43 240 900
			合计	40 139 485	3 361 826	560 383	1 680 911	45 742 605
			完工产品约当量	53 152	53 152	53 152	53 152	
			广义在产品约当量	2 986	2 881	2 881	2 881	
			约当总产量	56 138	56 033	56 033	56 033	
			分配率	715.01	60	10	30	
	30	略	结转 Q235 坯成本	-10 324 744.40	-866 400	-144 400	-433 200	-11 768 744.40
	30	略	结转 20MnSi 坯成本	-5 037 102.45	-422 688	-70 448	-211 344	-5 741 582.45
	30	略	结转轻轨钢坯成本	-10 931 072.88	-917 280	-152 880	-458 640	-12 459 872.88
	30	略	结转 LGA 坯成本	-5 037 102.45	-422 688	-70 448	-211 344	-5 741 582.45
	30	略	结转 DR510 坯成本	-2 896 648.51	-243 072	-40 512	-121 536	-3 301 768.51
	30	略	结转组合坯成本	-3 777 540.83	-316 992	-52 832	-158 496	-4 305 860.83
			月末在产品成本	-2 135 273.48	172 706	28 863	86 351	2 423 193.48

② 炼铁厂应计入各种产品成本份额。约当产量计算如下，各项费用分配率及应计入各种产品成本份额计算原理同烧结厂，过程略。根据计算结果登记炼铁厂基本生产成本明细账，如表 8-51 所示。

完工 Q235 坯包含铁水约当产量=8 200×1.100 63=9 025（吨）

完工 20MnSi 坯包含铁水约当产量=4 000×1.100 75=4 403（吨）

完工轻轨钢坯包含铁水约当产量=8 940×1.068 79=9 555（吨）

完工 LGA 坯包含铁水约当产量=4 000×1.100 75=4 403（吨）

完工 DR510 坯包含铁水约当产量=2 000×1.266=2 532（吨）

完工组合坯包含铁水约当产量=3 000×1.100 67=3 302（吨）

炼铁厂完工产品约当产量=9 025+4 403+9 555+4 403+2 532+3 302=33 220（吨）

炼铁厂广义在产品直接材料约当产量=150+100×1.100 63=260（吨）

炼铁厂广义在产品其他费用约当产量=150×50%+100×1.100 63=185（吨）

表 8-51　炼铁厂基本生产成本明细账

产品名称：铁水　　　　　　　　　　　　　　　　　　　　　　　　　　　　　单位：元

201×年		凭证字号	摘要	成本项目				合计
月	日			直接材料	燃料及动力	直接人工	制造费用	
9	1		月初在产品成本	394 543	40 970	9 559	18 208	463 280
	30	略	本月发生生产费用	22 372 000	2 965 500	691 950	1 318 000	27 347 450
			合计	22 766 543	3 006 470	701 509	1 336 208	27 810 730
			完工产品约当量	33 220	33 230	33 220	33 220	
			广义在产品约当量	260	185	185	185	
			约当总产量	33 480	33 405	33 405	33 405	
			分配率	680	90	21	40	
	30	略	结转 Q235 坯成本	−6 137 000	−812 250	−189 525	−361 000	−7 499 775
	30	略	结转 20MnSi 坯成本	−2 994 040	−396 270	−92 463	−176 120	−3 658 893
	30	略	结转轻轨钢坯成本	−6 497 400	−859 950	−200 655	−382 200	−7 940 205
	30	略	结转 LGA 坯成本	−2 994 040	−396 270	−92 463	−176 120	−3 658 893
	30	略	结转 DR510 坯成本	−1 721 760	−227 880	−53 172	−101 280	−2 104 092
	30	略	结转组合坯成本	−2 245 360	−297 180	−69 342	−132 080	−2 743 962
			月末在产品成本	176 943	16 670	3 889	7 408	204 910

③ 炼钢厂应计入各种产品成本份额。炼钢厂加工 6 种产品，分别计算每种产品各项费用分配率及应计入产品成本份额，原理同烧结厂，计算过程略。根据计算结果登记炼钢厂各种产品基本生产成本明细账如表 8-52～表 8-57 所示。

表 8-52　炼钢厂基本生产成本明细账

产品名称：Q235 坯　　　　　　　　　　　　　　　　　　　　　　　　　　　　单位：元

201×年		凭证字号	摘要	成本项目				合计
月	日			直接材料	燃料及动力	直接人工	制造费用	
9	1		月初在产品成本	24 000	30 000	4 500	10 500	69 000
	30	略	本月发生生产费用	640 000	1 620 000	243 000	567 000	3 070 000
			合计	664 000	1 650 000	247 500	577 500	3 139 000
			完工产品约当量	8 200	8 200	8 200	8 200	
			广义在产品约当量	100	50	50	50	
			约当总产量	8 300	8 250	8 250	8 250	
			分配率	80	200	30	70	
	30	略	结转完工产品份额	−656 000	−1 640 000	−246 000	−574 000	−3 116 000
			月末在产品成本	8 000	10 000	1 500	3 500	23 000

表 8-53　炼钢厂基本生产成本明细账

产品名称：20MnSi 坯　　　　　　　　　　　　　　　　　　　　　　　　　　　　　　　　单位：元

201×年		凭证字号	摘要	成本项目				合计
月	日			直接材料	燃料及动力	直接人工	制造费用	
9	30	略	本月发生生产费用	320 000	2 120 000	316 000	740 000	3 496 000
			合计	320 000	2 120 000	316 000	740 000	3 496 000
			完工产品约当量	4 000	4 000	4 000	4 000	
			广义在产品约当量	0	0	0	0	
			约当总产量	4 000	4 000	4 000	4 000	
			分配率	80	530	79	185	
	30	略	结转完工产品份额	−320 000	−2 120 000	−316 000	−740 000	−3 496 000

表 8-54　炼钢厂基本生产成本明细账

产品名称：轻轨钢坯　　　　　　　　　　　　　　　　　　　　　　　　　　　　　　　　单位：元

201×年		凭证字号	摘要	成本项目				合计
月	日			直接材料	燃料及动力	直接人工	制造费用	
9	30	略	本月发生生产费用	694 460	1 841 640	277 140	84 680	3 456 920
			合计	694 460	1 841 640	277 140	643 680	3 456 920
			完工产品约当量	8 940	8 940	8 940	8 940	
			广义在产品约当量	0	0	0	0	
			约当总产量	8 940	8 940	8 940	8 940	
			分配率	77.68	206	31	72	
	30	略	结转完工产品份额	−694 460	−1 841 640	−277 140	−643 680	−3 456 920

表 8-55　炼钢厂基本生产成本明细账

产品名称：LGA 坯　　　　　　　　　　　　　　　　　　　　　　　　　　　　　　　　单位：元

201×年		凭证字号	摘要	成本项目				合计
月	日			直接材料	燃料及动力	直接人工	制造费用	
9	30	略	本月发生生产费用	320 000	824 000	124 000	288 000	1 556 000
			合计	320 000	824 000	124 000	288 000	1 556 000
			完工产品约当量	4 000	4 000	4 000	4 000	
			广义在产品约当量	0	0	0	0	
			约当总产量	4 000	4 000	4 000	4 000	
			分配率	80	260	31	72	
	30	略	结转完工产品份额	−320 000	−824 000	−124 000	−288 000	−1 556 000

表 8-56　炼钢厂基本生产成本明细账

产品名称：DR510 坯　　　　　　　　　　　　　　　　　　　　　　　　　　　　　　　　单位：元

201×年		凭证字号	摘要	成本项目				合计
月	日			直接材料	燃料及动力	直接人工	制造费用	
9	30	略	本月发生生产费用	184 000	1 540 000	232 000	540 000	2 496 000
			合计	184 000	1 540 000	232 000	540 000	2 496 000
			完工产品约当量	2 000	2 000	2 000	2 000	
			广义在产品约当量	0	0	0	0	
			约当总产量	2 000	2 000	2 000	2 000	
			分配率	92	770	116	270	
	30	略	结转完工产品份额	−184 000	−1 540 000	−232 000	−540 000	−2 496 000

表 8-57　炼钢厂基本生产成本明细账

产品名称：组合坯 　　　　　　　　　　　　　　　　　　　　　　　　　　　　　　　　　　单位：元

201×年 月	201×年 日	凭证 字号	摘要	成本项目 直接材料	成本项目 燃料及动力	成本项目 直接人工	成本项目 制造费用	合计
9	30	略	本月发生生产费用	240 000	1 590 000	237 000	555 000	2 622 000
			合计	240 000	1 590 000	237 000	555 000	2 622 000
			完工产品约当量	3 000	3 000	3 000	3 000	
			广义在产品约当量	0	0	0	0	
			约当总产量	3 000	3 000	3 000	3 000	
			分配率	80	530	79	185	
	30	略	结转完工产品份额	-240 000	-1 590 000	-237 000	-555 000	-2 622 000

（4）计算并结转完工产品成本。编制完工产品成本汇总表，计算完工产品成本如表8-58所示。根据计算结果，编制结转分录，并登记相应明细账。

表 8-58　完工产品成本汇总表

201×年 9 月 30 日 　　　　　　　　　　　　　　　　　　　　　　　　　　　　　　　　　　单位：元

产品名称	摘要		直接材料	燃料及动力	直接人工	制造费用	合计
Q235 坯	应转入产品成本份额	烧结厂	10 324 744.40	866 400	144 400	433 200	11 768 744.40
		炼铁厂	6 137 000	812 250	189 525	361 000	7 499 775
		炼钢厂	656 000	1 640 000	246 000	574 000	3 116 000
	总成本		17 117 744.40	3 318 650	579 925	1 368 200	22 384 519.40
	单位成本		2 087.53	404.71	70.72	166.85	2 729.81
20MnSi 坯	应转入产品成本份额	烧结厂	5 037 102.45	422 688	70 448	211 344	5 741 582.45
		炼铁厂	2 994 040	396 270	92 463	176 120	3 658 893
		炼钢厂	320 000	2 120 000	316 000	740 000	3 496 000
	总成本		8 351 142.45	2 938 958	478 911	1 127 464	12 896 475.45
	单位成本		2 087.79	734.74	119.73	281.87	3 224.45
轻轨钢坯	应转入产品成本份额	烧结厂	10 931 072.88	917 280	152 880	458 640	12 459 872.88
		炼铁厂	6 497 400	859 950	200 655	382 200	7 940 205
		炼钢厂	694 460	1 841 640	277 140	643 680	3 456 920
	总成本		18 122 932.88	3 618 870	630 675	1 484 520	23 856 997.88
	单位成本		2 027.17	404.80	70.55	166.05	3 224.13
LGA 坯	应转入产品成本份额	烧结厂	5 037 102.45	422 688	70 448	211 344	5 741 582.45
		炼铁厂	2 994 040	396 270	92 463	176 120	3 658 893
		炼钢厂	320 000	824 000	124 000	288 000	1 556 000
	总成本		8 351 142.45	1 642 958	286 911	675 464	10 956 475.45
	单位成本		2 087.79	410.74	71.73	168.87	2 739.13
DR510 坯	应转入产品成本份额	烧结厂	2 896 648.51	243 072	40 512	121 536	3 031 768.51
		炼铁厂	1 721 760	227 880	53 172	101 536	2 104 902
		炼钢厂	184 000	1 540 000	232 000	540 000	2 496 000
	总成本		4 802.408.51	2 010 952	325 684	763 072	7 632 670.51
	单位成本		2 401.2	1 005.48	162.84	381.41	3 950.93
组合坯	应转入产品成本份额	烧结厂	3 777 540.83	316 992	52 832	158 496	4 305 860.83
		炼铁厂	2 245 360	297 180	69 342	132 080	2 743 962
		炼钢厂	240 000	1 590 000	237 342	555 000	2 622 342
	总成本		6 262 900.83	2 204 172	359 516	845 576	9 672 164.83
	单位成本		2 087.63	734.72	119.72	281.86	3 223.93

借：库存商品——Q235 坯　　　　　　　　22 384 519.40
　　　　　　——20MnSi 坯　　　　　　　12 896 475.45
　　　　　　——轻轨钢坯　　　　　　　　23 856 997.88
　　　　　　——LGA 坯　　　　　　　　　10 956 475.45
　　　　　　——DR510 坯　　　　　　　　　7 632 670.51
　　　　　　——组合坯　　　　　　　　　　9 672 164.83
　　贷：基本生产成本——烧结厂（烧结矿）　　43 319 411.52
　　　　　　　　　　——炼钢厂（铁水）　　　27 605 820
　　　　　　　　　　——炼钢厂（Q235 坯）　22 384 519.40
　　　　　　　　　　——炼钢厂（20MnSi 坯）　3 496 000
　　　　　　　　　　——炼钢厂（轻轨钢坯）　3 456 920
　　　　　　　　　　——炼钢厂（LGA 坯）　　1 556 000
　　　　　　　　　　——炼钢厂（DR510 坯）　2 496 000
　　　　　　　　　　——炼钢厂（组合坯）　　2 622 342

三、平行结转分步法的优缺点

采用平行结转分步法，各步骤可以同时计算产品成本，然后将应计入完工产品成本的份额平行结转汇总计入完工产品成本，不必逐步结转半成品成本，从而可以简化和加快成本计算工作；同时，平行结转分步法一般是按成本项目平行结转汇总各步骤成本中应计入完工产品成本的份额，因而能够直接提供按原始成本项目反映的产品成本资料，不必进行成本还原。

然而，采用平行结转分步法，由于各步骤不计算和结转半成品成本，因此，不能提供各步骤半成品成本资料及各步骤所耗上一步骤半成品费用资料。这也使得半成品实物转移与费用结转脱节，不能为各步骤半成品的实物管理和资金管理提供资料，不能更好地满足各步骤成本管理的需要。

练习题

一、选择题

1. 下列方法中，属于不计算半成品成本的分步法是（　　　　）。
   A. 逐步结转法　　　B. 综合结转法　　　C. 分项结转法　　　D. 平行结转法

2. 半成品不随实物向下一步骤结转的分步法是（　　　　）。
   A. 综合结转法　　　B. 逐步结转法　　　C. 分项结转法　　　D. 平行结转法

3. 成本还原的对象是（　　　　）。
   A. 产成品　　　　　　　　　　　　　B. 各步骤所耗上一步骤半成品的综合成本
   C. 最后步骤的产成品成本　　　　　　D. 各步骤半成品成本

4. 采用平行结转分步法，（　　　　）。
   A. 不能全面地反映各个生产步骤的生产费用水平
   B. 能够全面反映各个生产步骤的生产费用水平
   C. 不能够全面反映第一个生产步骤的生产费用水平
   D. 能够全面反映最后一个生产步骤的生产费用水平

5. 下列方法中，需要进行成本还原的是（　　　　）。
   A. 综合结转法　　　B. 逐步结转法　　　C. 分项结转法　　　D. 平行结转法

6. 成本还原的依据是（　　　）。

    A. 本月最终完工产品成本的结构　　　　B. 本步骤完工半成品成本的结构

    C. 本步骤完工半成品成本结构　　　　　D. 上一步骤本月所产该种半成品的结构

二、判断题

1. 无论采用何种分步法都需要进行成本还原。（　　　）

2. 分步法的适用范围是大量大批单步骤生产。（　　　）

3. 采用逐步结转分步法，半成品成本的结转与半成品实物的转移是一致的，因而有利于半成品的实物管理和在产品的资金管理。（　　　）

4. 采用分项结转半成品成本，在各步骤完工产品成本中看不出所耗上一步骤半成品的费用和本步骤加工费用的水平。（　　　）

5. 在平行结转分步法下，各步骤完工产品与在产品之间的费用分配，都是指产成品与广义在产品之间的费用分配。（　　　）

6. 采用平行结转分步法，各步骤可以同时计算产品成本，单各步骤间不结转半成品成本。（　　　）

7. 采用逐步结转分步法，按照结转的半成品在下一步骤产品成本明细账中的反映方法，分为综合结转和分项结转两种方法。（　　　）

三、业务题

1. 大发工厂设有三个基本生产车间，大量生产甲产品。第一车间完工的 A 半成品直接转移到第二车间继续加工，第二车间完工的 B 半成品直接转移到第三车间继续加工成甲产品。采用约当产量法分配完工产品和在产品成本，其中，原材料在生产开始时一次投入，各加工步骤狭义在产品的加工程度均为 50%。201×年 11 月有关产量和生产费用资料如表 8-59 和表 8-60 所示。

表 8-59　产量记录

单位：件

摘要	第一车间	第二车间	第三车间	产成品
月初在产品	50	20	70	—
本月投入或上步投入	300	250	200	—
本月完工	250	200	250	250
月末在产品	100	70	20	—

表 8-60　生产费用资料

单位：件

摘要	车间	自制半成品	直接材料	直接人工	制造费用	合计
月初在产品成本	第一车间	—	4 500	550	950	6 000
	第二车间	3 000	—	480	520	4 000
	第三车间	17 500	—	3 850	3 150	24 500
本月发生生产费用	第一车间	—	27 000	6 050	10 450	43 500
	第二车间	—	—	10 800	11 700	22 500
	第三车间	—	24 750	20 250	—	45 000

要求：（1）采用综合结转分步法核算产品成本，并进行成本还原。

（2）采用分项结转分步法核算产品成本。第二车间月初自制半成品成本 3 000 元，包括从上步转入的直接材料 1 800 元，直接人工 440 元，制造费用 760 元；第三车间月初自制半成品成本 17 500 元，包括从上步转入的直接材料 6 300 元，直接人工 4 900 元，制造费用 6 300 元。相关账表如表 8-61～表 8-67 所示。

表 8-61 第一车间基本生产成本明细账（综合结转分步法）

产品名称： 单位：元

年		凭证字号	摘要	成本项目				合计
月	日			自制半成品	直接材料	直接人工	制造费用	

表 8-62 第二车间基本生产成本明细账（综合结转分步法）

产品名称： 单位：元

年		凭证字号	摘要	成本项目				合计
月	日			自制半成品	直接材料	直接人工	制造费用	

表 8-63 第三车间基本生产成本明细账（综合结转分步法）

产品名称： 单位：元

年		凭证字号	摘要	成本项目				合计
月	日			自制半成品	直接材料	直接人工	制造费用	

表 8-64 产品成本还原计算表

产品名称： 年 月 日 单位：元

项目	成本还原率	成本项目				
		自制半成品	直接材料	直接人工	制造费用	合计

表 8-65　第一车间基本生产成本明细账（分项结转分步法）

产品名称：　　　单位：元

年		凭证字号	摘要	成本项目			合计
月	日			直接材料	直接人工	制造费用	

表 8-66　第二车间基本生产成本明细账（分项结转分步法）

产品名称：　　　单位：元

年		凭证字号	摘要	成本项目			合计
月	日			直接材料	直接人工	制造费用	

表 8-67　第三车间基本生产成本明细账（分项结转分步法）

产品名称：　　　单位：元

年		凭证字号	摘要	成本项目			合计
月	日			直接材料	直接人工	制造费用	

　　2. 黄山公司第一步骤生产甲半成品，第二步骤将甲半成品继续加工成乙半成品，第三步骤将乙半成品装配成丙产品。后步骤单位产成品（或半成品）耗用的前一步骤半成品数量均为 1 件。第一步骤的材料在甲半成品生产开始时一次投入；第二步骤的材料随乙半成品的加工进度陆续投入。各步骤月末在产品完工程度均为 50%。完工产品和在产品之间成本划分采用约当产量法。201×年 7 月有关成本计算资料如表 8-68 和表 8-69 所示。

表 8-68　产量记录

单位：件

摘要	第一步骤	第二步骤	第三步骤
月初在产品	40	120	200
本月投入	800	720	760
本月完工	720	760	800
月末在产品	120	80	160

表 8-69　生产费用资料

单位：元

摘要	车间	直接材料	直接人工	制造费用	合计
月初在产品成本	第一步骤	4 700	760	690	6 150
	第二步骤	2 100	550	390	3 040
	第三步骤	—	100	160	260
本月发生生产费用	第一步骤	14 730	3 321	2 478	20 529
	第二步骤	6 400	1 550	1 110	9 060
	第三步骤	—	912	1 248	2 160

要求：采用平行结转分步法核算产品成本。相关账表如表 8-70～表 8-73 所示。

表 8-70　第一车间基本生产成本明细账（平行结转分步法）

产品名称：　　　　　　　　　　　　　　　　　　　　　　　　　　　　单位：元

年		凭证字号	摘要	成本项目			合计
月	日			直接材料	直接人工	制造费用	

表 8-71　第二车间基本生产成本明细账（平行结转分步法）

产品名称：　　　　　　　　　　　　　　　　　　　　　　　　　　　　单位：元

年		凭证字号	摘要	成本项目			合计
月	日			直接材料	直接人工	制造费用	

表 8-72　第三车间基本生产成本明细账（平行结转分步法）

产品名称：　　　　　　　　　　　　　　　　　　　　　　　　　　　　　　　　单位：元

年		凭证字号	摘要	成本项目			合计
月	日			直接材料	直接人工	制造费用	

表 8-73　完工产品成本汇总表

单位：元

产品名称	摘要	直接材料	直接人工	制造费用	合计
	应转入产品成本份额				
	总成本				
	单位成本				

第九章 | 产品成本计算的辅助方法 ——分类法

【学习目的与要求】

通过本章的学习，读者可以了解分类法的成本计算程序；掌握系数分配法的含义及其计算步骤；掌握分类法的实际运用。

第一节 | 分类法的成本计算程序

一、合理确定产品类别

根据产品所用原材料和工艺过程的不同，将相类同的各种规格、品种的产品划为一类。划分类别时，类距应适中，避免类距过大，影响成本计算的正确性；类距过小，使成本计算工作复杂。

二、按产品类别设置有关成本明细账

分类法按产品类别设置基本生产成本明细账，账内分成本项目设置专栏进行核算。其一般格式如表 9-4 所示。

三、归集和分配各类产品生产费用

分类法归集和分配生产费用的步骤为，汇总本期生产过程中发生的各项费用的原始凭证和有关资料，编制各种费用分配表，分配各种生产费用。对于可直接确认属于某类产品的生产费用，直接计入该类产品的基本生产成本明细账；对于类别间共耗的费用采用适当的标准在类别间进行分配，然后计入各类产品基本生产成本明细账。

四、计算各类产品的完工产品和在产品成本

月末，汇总各类别产品基本生产成本明细账的生产费用得到各类产品总成本，并采用适当的分配方法在本类完工产品和月末在产品之间进行分配，计算出本类完工产品成本。

五、将各类产品完工产品成本在类内各种产品之间分配

对计算出的各类完工产品成本，选择适当的分配方法，在类内各种产品之间进行分配，计算类

内各种产品完工产品的总成本和单位成本。分类法产品成本计算的程序如图 9-1 所示。

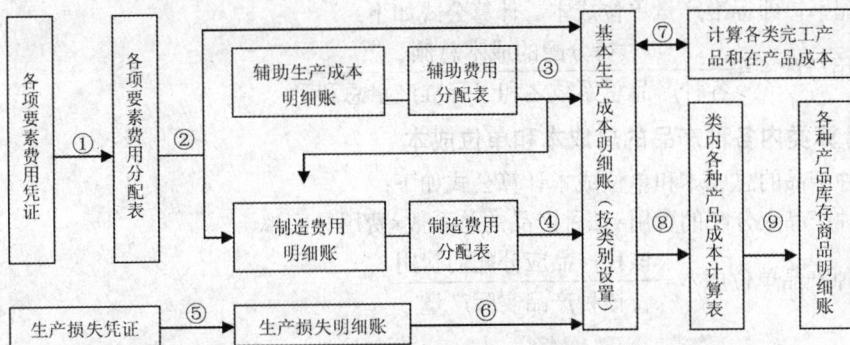

图 9-1　分类法产品成本计算程序

注：①根据原始凭证编制各项要素费用分配表，归集和分配各项要素费用。②根据各项要素费用分配表登记相应明细账。③分配辅助生产费用。④分配制造费用。⑤根据生产损失凭证，归集生产损失。⑥结转生产净损益。⑦计算各类完工产品和在产品成本。⑧计算类内各种产品成本。⑨结转各种产品完工产品成本。

第二节　系数分配法

采用分类法进行成本计算，最大的特点，也是最关键的环节是如何将各类产品成本在类别内的各种产品之间进行分配。为了简化核算工作，实务中通常使用系数分配法。

一、系数分配法的含义

系数分配法一般是在每类产品中选择一种产量较大、生产比较稳定或规格折中的产品作为标准产品，将这种产品的系数定为"1"，然后用其他产品分配标准额与标准产品分配标准额相比较，计算出其他各种产品分配标准额与标准产品分配标准额的比率，即系数。系数一经确定，在一定时期内应相对稳定。计算出各种产品的系数后，用各种产品的实际产量乘以各自的系数即可换算出标准产量。类别总成本即可按各种产品标准产量的比例来分配。

二、系数分配法的计算步骤

（一）确定标准产品

在类别内选择一种产量较大、生产比较稳定或规格折中的产品作为标准产品，将这种产品的系数定为"1"。

（二）计算各种产品系数

用其他产品分配标准额与标准产品分配标准额相比较，计算出其他各种产品分配标准额与标准产品分配标准额的比率，即系数。计算公式如下：

$$某种产品系数 = \frac{该种产品分配标准额}{标准产品分配标准额}$$

（三）计算各种产品总系数（标准产量）及各种产品总系数之和（标准产量总和）

各种产品总系数（标准产量）及各种产品总系数之和（标准产量总和）计算公式如下：

各种产品总系数（标准产量）＝各种产品实际产量×该种产品系数

各种产品总系数之和（标准产量综合）＝∑各种产品总系数（标准产量）

（四）计算费用分配率

费用分配率，即标准产量单位成本。计算公式如下：

$$费用分配率=\frac{待分配的成本总额}{各种产品总系数之和（标准产量总和）}$$

（五）计算类内各种产品的总成本和单位成本

类内各种产品的总成本和单位成本计算公式如下：

某种产品应分配的费用=该种产品的总系数×费用分配率

$$某种产品单位成本=\frac{该种产品应分配的费用}{该种产品实际产量}$$

第三节 分类法的应用

【例9-1】已知201×年6月，华汇焦化厂有关成本计算资料。要求按分类法进行成本计算。

一、有关资料

（一）产量资料（见表9-1）

表9-1 产量资料 单位：吨

产品名称	焦炭			煤气	焦油	硫铵	粗苯
	≥25 mm	10～25 mm	≤10 mm				
产量	40 000	20 000	16 600	18 000	4 000	400	1 000

（二）本期发生生产费用（见表9-2）

表9-2 本月生产费用 单位：元

项目		直接材料	燃料及动力	直接人工	制造费用	合计
焦炭	≥25 mm	78 413 521	3 830 000	766 000	1 532 000	84 541 521
	10～25 mm					
	≤10 mm					
	小计	78 413 521	3 830 000	766 000	1 532 000	84 541 521
煤气		9 765 862	5 400	540	360	9 772 162
焦油		3 316 708	1 200	440	880	3 319 228
硫铵		219 872	1 780	64	264	221 980
粗苯		2 657 637	1 480	300	1 100	2 660 517
合计		94 373 600	3 839 860	767 344	1 534 604	100 515 408

（三）其他资料

1. 在产品情况

本月无月初、月末在产品。

2. 类内产品成本分配方法

公司对分配至焦炭类别产品的成本采用系数分配法在类内各产品之间分配。以粒度≥25mm焦炭作为标准产品，以定额费用作为分配标准进行各项费用分配。各种焦炭产品定额费用如表9-3所示。

表9-3 定额资料   单位：元

产品名称	焦炭		
	≥25 mm	10～25 mm	≤10 mm
定额费用	1 300	920	542

二、成本计算

（一）确定产品类别

公司背景资料表明，公司设置了一个类别——焦炭，其他副产品按产品品种核算。由于各种副产品按产品品种核算，即按品种法进行成本计算，其过程参照第六章品种法进行，此处略。因此，后续各步骤仅对焦炭类别及其类内各种产品的成本计算进行详细说明。

（二）设置成本明细账

为焦炭类别设置基本生产成本明细账如表9-4所示。

表9-4 基本生产成本明细

产品类别：焦炭   单位：元

20×1年		凭证	摘要	直接材料	燃料及动力	直接人工	制造费用	合计
月	日	字号						
6	30	略	分配材料费用	78 413 521				78 413 521
			分配燃料及动力费用		3 830 000			3 830 000
			分配人工费用			766 000		766 000
			分配制造费用				1 532 000	1 532 000
			合计	78 413 521	3 830 000	766 000	1 532 000	84 541 521
	30	略	结转完工产品成本	−78 413 521	−3 830 000	−766 000	−1 532 000	−84 541 521

（三）归集和分配焦炭类别和各种副产品生产费用

生产费用的归集与分配步骤参照品种法，此处不再详述，直接把归集和分配结果以表格形式呈现如表9-2所示。根据表9-2数据登记焦炭基本生产成本明细账本期发生生产费用对应项目数据。

（四）计算焦炭本期完工产品和在产品成本

由于公司本期无月初、月末在产品，因此，本期发生生产费用即为本期完工产品成本。

（五）计算焦炭类内各种产品成本

1. 计算各种产品系数及总系数（见表9-5）

表9-5 产品系数计算表

产品类别：焦炭   单位：吨

产品名称	产量	费用定额（元）	系数	总系数
≥25 mm	40 000	1 400	1	40 000
10～25 mm	20 000	992	0.71	14 200
≤10 mm	16 600	583	0.42	6 972
合计	76 600			61 172

2. 计算费用分配率（见表9-6）

表9-6　费用分配率计算表

产品类别：焦炭　　　　　　　　　　　　　　　　　　　　　　　　　　　　　　　　　　　　　　单位：元

项目	直接材料	燃料及动力	直接人工	制造费用
待分配费用	78 413 521	3 830 000	766 000	1 532 000
总系数（吨）	61 172	61 172	61 172	61 172
费用分配率	1 281.85	62.61	12.52	25.04

3. 计算类内各种产品总成本和单位成本（见表9-7）

表9-7　产品成本计算表

产品类别：焦炭　　　　　　　　　　　　　　　　　　　　　　　　　　　　　　　　　　　　　　单位：元

产品名称	产量	总系数	直接材料	燃料及动力	直接人工	制造费用	总成本	单位成本
分配率			1 281.85	62.61	12.52	25.04		
≥25 mm	40 000	40 000	51 274 000	2 504 400	500 800	1 001 600	55 280 800	1 382.02
10～25 mm	20 000	14 200	18 202 270	889 062	177 784	355 568	19 624 684	981.23
≤10 mm	16 600	6 972	8 937 250①	436 538②	87 416③	174 832④	9 636 037	580.48
合计	76 600	61 172	78 413 521	3 830 000	766 000	1 532 000	84 541 521	

注：① =78 413 521-51 274 000-18 202 270

② =3 830 000-2 504 400-889 062

③ =766 000-500 800-177 784

④ =1 532 000-1 001 600-355 568

根据计算结果编制完工结转分录并根据分录登记焦炭基本生产成本明细账。

借：库存商品——≥25 mm 焦炭　　　　　　　　　　　　　55 280 800

　　　　　　——10～25 mm 焦炭　　　　　　　　　　　 19 624 684

　　　　　　——≤10 mm 焦炭　　　　　　　　　　　　　9 636 037

　　贷：基本生产成本——焦炭　　　　　　　　　　　　 84 541 521

练习题

一、选择题

1. 产品成本计算的分类法适用于（　　　）。

　　A. 品种、规格繁多的产品

　　B. 可以按照一定标准分类的产品

　　C. 品种、规格繁多，而且可以按照产品结构、所用原材料和工艺工程的不同划分为若干类别的产品

　　D. 适用于小批生产的产品

2. 按照系数比例分配同类产品中各种产品的成本方法是（　　　）。

　　A. 一种独立的成本计算法

　　B. 一种简化的分类

　　C. 一种分配间接费用的方法

　　D. 一种在完工产品和月末在产品之间分配费用的方法

3. 采用分类法计算产品成本的主要目的是（　　　）。

　　A. 适应企业生产组织特点　　　　B. 适应企业生产工艺特点

　　C. 简化成本计算工作　　　　　　D. 满足企业管理需要

4. 分类法的特点是（　　　）。

　　A. 按产品品种计算产品成本　　　B. 按产品类别计算产品成本

　　C. 按产品批别计算产品成本　　　D. 按产品步骤计算产品成本

二、判断题

1. 按照系数分配计算类内各种产品成本的方法，是一种简化的分类法。（　　　）

2. 用分类法计算出的类内各种产品的成本具有一定假定性。（　　　）

3. 分类法的适用与否与产品的生产类型有着直接的关系。（　　　）

4. 分类法是以产品类别为成本计算对象的一种成本计算方法。（　　　）

5. 确定系数时，一般在同类产品中选择一种产量较大、生产较稳定或规格适中的产品作为标准产品。（　　　）

6. 分类法的计算结果比其他方法准确。（　　　）

三、业务题

大华公司大量生产甲、乙、丙三种产品。三种产品的生产工艺、结构和所用原材料较为相近，因而可以归为 A 类产品，采用分批法计算产品成本。类内各种产品之间分配费用的标准为：原材料费用按各种产品的原材料费用系数分配，原材料费用系数按原材料费用定额确定，其他费用按定额工时比例确定，以产品为标准产品。有关成本计算资料如表 9-8 和表 9-9 所示。

表 9-8　有关定额、产量资料

项目	原材料费用定额（元）	工时定额（小时）	产量（件）
甲产品	250	10	1 000
乙产品	300	12	1 200
丙产品	400	15	500

表 9-9　A 类产品成本明细账　　　　　　　　　　　　　　　　　　单位：元

项目	直接材料	直接人工	制造费用	合计
月初在产品成本	400 000	300	5 000	405 300
本月发生生产费用	900 500	110 650	170 450	1 181 600
生产费用合计	1 300 500	110 950	175 450	1 586 900
产品成本	1 100 000	111 650	169 450	1 381 600
月末在产品成本	200 000	2 000	6 000	208 000

要求：采用分类法分配计算甲、乙、丙三种产品的成本，计算中所用的表如表 9-10～表 9-12 所示。

表 9-10　产品系数计算表

产品类别：A 类产品

产品名称	产量	定额		系数		总系数	
		材料定额	工时定额	材料	其他	材料	其他
甲产品							
乙产品							
丙产品							

表 9-11　费用分配率计算表

产品类别：A 类产品

项目	直接材料	直接人工	制造费用
待分配费用			
总系数			
费用分配率			

表 9-12　产品成本计算表

产品类别：A 类产品

产品名称	产量	总系数		直接材料	直接人工	制造费用	总成本	单位成本
		材料	其他					
分配率								
甲产品								
乙产品								
丙产品								
合计								

【学习目的与要求】

通过本章的学习，读者可以了解定额法的成本计算程序；掌握定额法下产品实际成本的构成因素及其计算；掌握定额法的实际运用。

第一节 | 定额法的成本计算程序

一、制定定额成本

定额成本是以产品生产耗费的消耗定额和计划价格为依据确定的目标成本，它是衡量生产费用节约或超支的尺度，是计算实际成本的基础。应根据产品实际产量和有关定额资料分成本项目计算。其计算公式为：

直接材料定额成本=产品材料消耗定额×材料计划单位成本

直接人工定额成本=产品生产工时定额×计划小时工资率

制造费用定额成本=产品生产工时定额×计划小时费用率

可见，要计算定额成本就必须先制定各项消耗定额、费用定额。各项定额数据一般由企业的计划、技术、生产和财会等部门共同制定。

不同的企业由于产品的生产工艺过程不同，产品定额成本的计算程序亦不尽相同。如果企业产品的零部件不多，一般先计算零件定额成本，然后汇总零件定额成本计算部件定额成本，最后汇总部件定额成本计算产品定额成本。如果产品的零部件较多，为了简化成本计算工作，可以不计算各零件的定额成本，而是根据列有各种零件原材料消耗定额、工时定额和工序计划的"零件定额卡"，以及原材料计划单价、计划小时工资率和计划小时费用率，计算部件定额成本，然后汇总计算产品的定额成本，或者直接根据"零件定额卡""部件定额卡"直接计算产品定额成本。产品定额成本计算一般通过定额成本计算表来进行。零件定额卡、部件定额卡、产品定额成本计算表一般格式分别如表10-1至表10-3所示。

表10-1 零件定额卡

零件编号：1001 201×年1月 零件名称：×零件

材料编号	材料名称	计量单位	零件材料消耗定额
0001	A材料	B材料	5
工序	零件工时定额		零件累计工时定额
1	4		4
2	6		10

表 10-2　部件定额卡

部件编号：2001　　　　　　　　　　201×年1月　　　　　　　　　　部件名称：M部件

所用零件名称或编号	所用零件数量	材料费用定额						金额合计	工时定额
		0001 材料			0002 材料				
		消耗定额	计划单价	金额	消耗定额	计划单价	金额		
1001	2	10	10	100				100	20
1002	3				12	8	96	96	15
合计				100			96	196	30

定额成本					定额成本合计
直接材料	直接人工		制造费用		
	小时工资率	金额	小时费用率	金额	
196	4	140	2	70	406

表 10-3　　　产品定额成本计算表

产品编号：3001　　　　　　　　　　201×年1月　　　　　　　　　　产品名称：甲产品

所用部件名称或编号	所用部件数量	材料费用定额		工时定额	
		部件定额	产品定额	部件定额	产品定额
1001	2	196	392	35	70
1002	2	180	360	20	40
合计			752		110

定额成本					定额成本合计
直接材料	直接人工		制造费用		
	小时工资率	金额	小时费用率	金额	
752	4	440	2	220	1 412

二、设置成本明细账

定额法作为一种辅助方法，必须与基本方法结合使用。因此，定额法下，基本生产成本明细账根据其结合的基本方法，分别按产品品种、批别或步骤设置，账内按成本项目分设专栏。为了更好地反映各成本项目定额与实际的差异，成本项目内应再分设定额成本、定额差异、定额变动差异等专栏。其一般格式如表 10-7 所示。

三、计算各种差异

（一）脱离定额差异

脱离定额差异是生产过程中各项实际生产费用脱离现行定额的差异，它标志着各项生产费用支出的合理程度。脱离定额差异能够及时反映和监督生产消耗的节约和浪费，有利于加强成本控制，寻找降低成本的途径；也反映了现行定额的执行情况，还是运用定额法进行成本控制的关键因素。

脱离定额差异的日常核算通常是在发生生产费用时，为符合定额的费用和脱离定额的差异分别编制定额凭证和差异凭证，并在有关费用分配表和明细账中予以记载。脱离定额差异的计算应分别成本项目进行，一般分为直接材料定额差异计算、直接人工定额差异计算和制造费用定额差异计算。

1. 直接材料定额差异的计算

从含义上看，直接材料定额差异的计算公式为：

直接材料定额差异=∑（材料实际耗用量×材料实际单价-材料定额耗用量×材料计划单价）

可见，直接材料定额差异是由材料耗用量和材料单价两个因素决定的，包括材料耗用量差异和材料价格差异，即材料成本差异。但在实际工作中，为了便于产品成本的分析和考核，一般单独计算产品的材料成本差异。因此，这里所说的直接材料定额差异主要指生产过程中由于产品实际耗用材料数量与其定额耗用量之间的差异而形成的材料成本脱离定额的差异，即材料耗用量的差异。其计算公式为：

直接材料定额差异=∑（材料实际耗用量-材料定额耗用量）×材料计划单价

实务中，核算直接材料定额差异的方法通常有：限额法、切割法和盘存法。

（1）限额法。在限额法下，材料的领用实行限额领料单制度，对符合定额的原材料应填制限额领料单等定额凭证领发。由于增加产量需增加的用料，在追加限额手续后，也可以根据定额凭证领发。由于其他原因发生的超额领料，属于材料脱离定额超支的差异，应当专设超额领料单等差异凭证，或者以不同颜色或加盖专用戳记的普通领料单代替，并在差异凭证中，填写差异的数量、金额及发生差异的原因，并且差异凭证的填制必须经过有关部门的审批。完成生产任务后，车间余料应编制退料单。退料单是一种差异凭证，退料单中材料的数额和限额领料单中的材料余额都是材料脱离定额差异中的节约差异。

在完成规定的产品批量情况下，限额领料单中规定的材料限额就是该批产品的定额耗用量；根据限额领料单、超额领料单和退料单等凭证以及车间余料盘存资料等就可以计算出材料实际耗用量，从而计算出材料脱离定额差异。定额耗用量和实际耗用量计算公式可表示为：

材料定额耗用量=投产产品数量×产品材料消耗定额

材料实际耗用量=本期领料数量+期初余料数量-期末余料数量

（2）切割法。对于一些需要经过车间或下料工段切割后才能进一步进行加工的材料，如板材、棒材等，应采用切割法，通过编制材料切割核算单，核算材料脱离定额差异。

材料切割核算单应按切割材料的批别开立，填写好切割材料的种类、数量、消耗定额和应切割成的毛坯数量。切割完毕后，填写实际切割的毛坯数量、材料的实际耗用量、退回余料数量和废料实际回收量。根据实际切割成的毛坯数量和消耗定额，求得材料定额消耗量，再将此与材料实际消耗量相比较，即可确定脱离定额差异。材料定额消耗量、脱离定额的差异，以及发生差异的原因均应填入单中。材料切割核算单的一般格式如表10-4所示。

表10-4　材料切割核算单

材料编号或名称：0001　　　　　　　　　材料计量单位：千克　　　　　　　　　材料计划单价：10元
产品名称：甲产品　　　　　　　　　　　零件编号或名称：1001　　　　　　　　　　　　　图纸号：503
切割工人工号和姓名：1020 王和　　　　　　　　　　　　　　　　　　　　　　　　机床编号：312
发交割日期：201×年1月5日　　　　　　　　　　　　　　　　　　　　完工日期：201×年1月8日

发料数量			退回余料数量		材料实际耗用量		废料回收数量
100			8		92		4
单件消耗定额	单位回收废料定额		应割成毛坯数量	实际割成毛坯数量		材料定额耗用量	废料定额回收量
5	0.2		20	18		90	3.6
材料脱离定额差异		废料脱离定额差异			脱离定额差异原因		责任人
数量	金额	数量	单价	金额	未按规定要求操作，因而多留了边料，减少了毛坯		切割工人
2	20	-0.4[①]	15	6			

注：①回收废料超过定额的差异可以冲减材料费用，故列负数；相反，低于定额的差异列正数。

（3）盘存法，指通过定期盘存的方法来核算材料脱离定额差异。在企业大量生产，不能按照分批核算材料脱离定额差异的情况下，应定期（按工作班、工作日或周、旬等）通过盘存的方法核算差异。具体核算程序如下：

① 计算本期投产产品数量。根据产品入库单等凭证记录的完工产品数量和在产品盘存数量算出投产产品数量。公式如下：

本期投产产品数量=本期完工产品数量+期末在产品数量−期初在产品数量

需注意的是，利用上述公式计算本期投产产品数量时，是假定材料在生产开始时一次投入。如果原材料是随着生产的进行陆续投入，则上述公式中的期初和期末在产品数量应按一定方法折算成约当产量。

② 计算材料定额耗用量。

材料定额耗用量=本期投产产品数量×产品材料消耗定额

③ 计算材料实际耗用量。根据限额领料单、超额领料单和退料单等发料凭证以及车间余料的盘存数量，计算材料实际耗用量。

④ 计算材料脱离定额差异。将材料实际耗用量与定额耗用量进行比较，确定材料脱离定额差异。

为了计算产品的实际成本，企业不论采用哪种方法核算材料定额耗用量和脱离定额的差异，都应分批或定期地按成本计算对象汇总材料的核算资料，编制原材料定额费用和脱离定额的差异汇总表，据以登记产品成本明细账。原材料定额费用和脱离定额差异汇总表一般格式如表10-7所示。

2. 直接人工定额差异的计算

直接人工费用脱离定额差异的计算，因工资核算制度的不同而有所区别。

在计件工资形式下，生产工人工资属于直接计入费用。在计价单价不变的情况下，定额工资没有脱离定额差异。只有在因工作条件发生变化而在计件单价之外支付的工资、津贴、补贴等，才是生产工资脱离定额差异。凡是符合定额的生产工资直接反映在有关产量记录中；对脱离定额的差异，设置"工资补付单"等差异凭证予以反映，并在"工资补付单"中填写发生差异的原因。

计时工资形式下，直接人工费用一般为间接计入费用，其脱离定额差异不能在平时计算，只有在月末确定本月实际直接人工费用总额和产品生产工时总数后才能计算。其计算公式为：

$$计划小时工资率=\frac{计划产量下的额定直接人工费用}{计划产量的定额工时总数}$$

$$实际小时工资率=\frac{实际直接人工费用总额}{实际工时总数}$$

产品定额直接人工费用=该产品实际产量的定额工时×计划小时工资率

产品实际直接人工费用=该产品实际工时×实际小时工资率

直接人工费用脱离定额差异=该产品实际直接人工费用−该产品定额直接人工费用

无论采用哪种工资制度，都应按成本计算对象编制定额人工费用和脱离定额差异汇总表，据以登记有关产品成本明细账。其一般格式如表10-9所示。

3. 制造费用定额差异的计算

制造费用一般属于间接费用，不能在费用发生的当时直接按产品确定其定额差异，只能在月末制造费用实际总额确定后，与制定的制造费用预算数相比较计算脱离定额的差异。若制造费用按工时标准分配，则其脱离定额的差异也是由工时差异和小时费用率差异两个因素组成，其计算公式为：

$$计划小时费用率=\frac{某车间定额制造费用总额}{该车间计划产量的定额工时总数}$$

$$实际小时费用率=\frac{某车间实际制造费用总额}{该车间实际工时总数}$$

某产品定额制造费用=该产品实际产量的定额工时×计划小时费用率

某产品实际制造费用=该产品实际工时×实际小时费用率

制造费用脱离定额差异=该产品实际制造费用−该产品定额制造费用

对于制造费用脱离定额的差异也应按月编制定额制造费用和脱离定额的差异汇总表，据以登记有关成本明细账。其一般格式如表 10-10 所示。

此外，废品损失应单独反映。对于不可修复废品的成本应按定额成本计算。由于废品损失并不列入产品定额成本内，所以全部作为定额差异处理，通常可以根据废品损失通知单和废品损失计算表确定。此时，产品实际成本为：

产品实际成本＝产品定额成本±脱离定额差异

（二）材料成本差异

在定额法下，材料的日常核算是以计划成本计价，因此产生的材料实际成本与计划成本的差异便是材料成本差异，这项差异反映了所耗原材料的价格差异。只有分配计入产品成本，才能最终求出产品实际成本。材料成本差异通常由财会部门于月末一次分配计入产品成本。其计算公式为：

某产品应分配材料成本差异＝（产品定额成本±脱离定额差异）×材料成本差异率

此时，产品实际成本为：

产品实际成本＝产品定额成本±脱离定额差异±材料成本差异

（三）定额变动差异

定额变动差异是由于修改定额后，在新旧定额成本之间产生的差额。它与生产费用支出的节约或浪费无关，是定额本身变动的结果，标志着生产技术和生产组织等方面的改善对定额的影响程度，这和定额差异是截然不同的。

消耗定额和定额成本一般是在月初、季初或年初定期进行修订。在修订定额的月份，其月初在产品的定额成本是按照旧定额计算，并未修订。为了将按旧定额计算的月初在产品定额成本与按新定额计算的本月投入定额成本在同一基础上相加，应计算月初在产品的定额变动差异，以调整月初在产品的定额成本。调整方法有直接计算法和系数换算法两种。

1. 直接计算法

根据在产品盘存资料，先求出单位产品变动前后定额差异数，乘以定额变动的产品数量，再乘以材料单价即得出定额变动差异金额。其计算公式为：

$$月初在产品定额变动差异 = \sum \left[\left(\begin{array}{c} 变动前单位产品 \\ 材料定额耗用量 \end{array} - \begin{array}{c} 变动后单位产品 \\ 材料定额耗用量 \end{array} \right) \times \begin{array}{c} 定额变动零件 \\ （产品）数量 \end{array} \times \begin{array}{c} 材料 \\ 单价 \end{array} \right]$$

2. 系数换算法

$$系数 = \frac{按新定额计算的单位产品成本}{按旧定额计算的单位产品成本}$$

月初在产品定额变动差异＝按旧定额计算的月初在产品成本×（1−系数）

由于消耗定额的变动一般表现为不断下降的趋势，因而，月初在产品定额变动差异，一方面应从月初在产品定额成本中扣除；另一方面，由于该项差异是月初在产品生产费用的实际支出，因此，还应该将该项差异计入本月产品实际成本。若消耗定额不是下降，而是提高，则月初在产品定额成本中应加入该项差异，但实际并未发生这部分支出，所以应将其从实际成本中扣除。此时，产品实际成本为：

产品实际成本＝产品定额成本±脱离定额差异±材料成本差异±定额变动差异

四、分配各项差异

计算出各项差异后，为了计算完工产品的实际成本，还应将各项差异在完工产品和月末在产品之间进行分配。

（一）脱离定额差异的分配

由于采用定额法计算产品成本的企业，都有现成的定额成本资料，所以脱离定额差异在完工产品与月末在产品之间的分配，大多采用定额比例法进行。其计算公式为：

$$脱离定额差异分配率=\frac{脱离定额差异合计}{完成产品定额成本+月末在产品定额成本}$$

完工产品分配脱离定额差异＝完工产品定额成本×脱离定额差异分配率

月末在产品分配脱离定额差异＝月末在产品定额成本×脱离定额差异分配率

或

月末在产品分配脱离定额差异＝脱离定额差异合计−完工产品分配脱离定额差异

如果各月在产品的数量比较稳定，也可以采用按定额成本计算在产品成本的方法，将全部差异计入完工产品成本，月末在产品不负担脱离定额差异。

（二）材料成本差异的分配

为简化和加速各步骤成本计算工作，材料成本差异一般都由完工产品成本负担，不计入月末在产品成本。

（三）定额变动差异的分配

对于定额变动差异，一般应该按照定额比例法在完工产品和在产品之间分配。其计算公式为：

$$定额变动差异分配率=\frac{定额变动差异合计}{完工产品定额成本+月末在产品定额成本}$$

完工产品分配定额变动差异＝完工产品定额成本×定额变动差异分配率

月末在产品分配定额变动差异＝月末在产品定额成本×定额变动差异分配率

或

月末在产品分配定额变动差异＝定额变动差异合计−完工产品分配定额变动差异

如果差异数额不大或者差异数额虽然较大，但各月月末在产品数量比较稳定，也可以将定额变动差异全部归完工产品成本负担，不再分配给月末在产品。

五、计算完工产品实际成本

完工产品的实际成本是根据产量记录和产品定额成本资料，在计算出完工产品的定额成本和完工产品应负担的各项差异数额基础上，用完工产品定额成本加减分担的各项差异求得，计算公式为：

完工产品实际成本＝完工产品定额成本±分担脱离定额差异±材料成本差异±分担定额变动差异

定额法产品成本计算程序如图 10-1 所示。

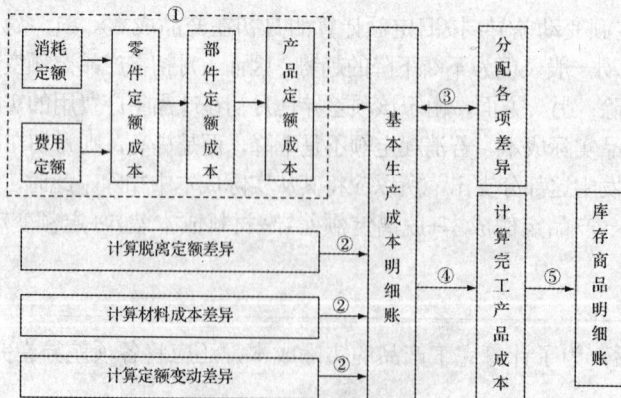

图 10-1 定额法产品成本计算程序

注：①制定各项定额，计算产品定额成本；②计算各种差异；③分配各种差异；④计算完工产品成本；⑤结转完工产品成本

第二节 定额法的应用

【例 10-1】 已知新世纪钢铁公司的有关成本计算资料，要求按定额法进行成本计算。

一、有关资料

201×年年初，新世纪钢铁公司的计划、技术、生产和财会等部门共同制定了螺纹钢的各项定额数据如表 10-5 所示。

表 10-5 产品定额成本

产品名称：螺纹钢　　　　　　　　　　　制定日期：201×年 1 月 1 日　　　　　　　　　　　单位：元

材料名称或编号	计量单位	材料消耗定量	计划单价	材料费用定额
Q235 钢坯	吨	1.01	3 600	3 636
合计				3 636

燃料及动力名称	计量单位	燃料及动力消耗定量	计划单价	燃料及动力费用定额
重油	吨	0.03	4 200	126
水	吨	0.8	2	1.6
电	度	100	0.5	50
合计				177.6

工时定额	直接人工		制造费用		产品定额成本
	小时工资率	金额	小时费用率	金额	
0.2	8.5	1.7	65	13	3 828.3

201×年 2 月，公司完成了一项工艺技术改进项目，使得吨钢耗钢坯由原来的 1.01 吨下降为 1.005 吨。为此，公司于 201×年 2 月底对螺纹钢的材料消耗定额进行了修订，由原来的 3 636 元调整为 3 618 元。201×年 3 月初，螺纹钢的月初在产品定额成本和脱离定额的差异如表 10-6 所示。

表 10-6 月初在产品定额成本和脱离定额差异

单位：元

产品名称：螺纹钢　　　　　　　　　　　201×年 3 月 1 日　　　　　　　　　　　在产品数量：100 吨

项目	成本项目				合计
	直接材料	燃料及动力	直接人工	制造费用	
定额成本	363 600	8 880	85	650	373 215
脱离定额差异	−100	−30	+5	+50	−75
实际成本	3 635 000	8 850	90	700	373 140

201×年 3 月，公司投产螺纹钢 10 000 吨，完工 9 800 吨，月末在产品 300 吨（均为本期投产）。材料在生产开始时一次投入，其他费用随加工进度陆续投入，月初、月末在产品完工程度均为 50%。本月实际耗用材料 10 040 吨，重油 295 吨，水 7 900 吨，电 985 000 度，生产工时 1 950 小时，支付人工工资 17 000 元，发生制造费用 129 000 元。本期材料成本差异率为 0.1%，各种燃料及动力实际单价为：重油 4 200 元，水 2 元，电 0.5 元。

公司规定，定额变动差异和材料成本差异由完工产品负担，脱离定额差异按定额成本比例在完工产品和在产品之间进行分配。

二、成本计算

（一）设置成本明细账并登记期初余额

基本生产成本明细账设置如表 10-7 所示，并根据表 10-6 中数据登记期初余额。

表 10-7　基本生产成本明细账

产品名称：螺纹钢　　　　　　　　　　　　　　　　　　　　　　　　　　　　　　单位：元

201×年 月	日	凭证号数	摘要	直接材料 定额成本	定额调整	定额变动差异	脱离定额差异	材料成本差异	燃料及动力 定额成本	定额变动差异	脱离定额差异	直接人工 定额成本	定额变动差异	脱离定额差异	制造费用 定额成本	定额变动差异	脱离定额差异	合计 定额成本	定额变动差异	脱离定额差异	材料成本差异
3	1		期初在产品成本	363 600	-1 800	+1 800	-100		8 880		-30	85		+5	650		+50	371 415	+1 800	-75	
	31	略	分配材料费用	36 180 000			-36 000											36 180 000		-36 000	
	31	略	分配材料成本差异					+36 144													+36 144
	31	略	分配燃料动力费用						1 758 240		-10 940							1 758 240		-10 940	
	31	略	分配人工费用									16 830		+170				16 830		+170	
	31	略	分配制造费用												128 700		+300	128 700		+300	
	31	略	生产费用合计	36 543 600	-1 800	+1 800	-36 000	+36 144	1 767 120		-10 970	16 915		+175	129 350		+350	38 455 185	+1 800	-46 545	+36 144
	31	略	脱离定额差异率				-0.1%				-0.62%			1.03%			0.27%				
	31	略	完工产品定额成本	35 456 400					1 740 480			16 660			127 400			37 339 140			
	31	略	完工产品负担差异			+1 800	-35 456	+36 144			-10 791			+172			+344			-45 731	+36 144
	31		月末在产品成本	1 087 200			-644		26 640		-179	255		+3	1 950		+6	1 116 045	+1 800	-814	

（二）计算各项差异

1. 脱离定额差异

（1）直接材料定额差异

直接材料定额差异=[10 040-（9 800+300-100）×1.005]×3 600=-36 000（元）

根据计算结果编制原材料定额费用和脱离定额差异汇总表，如表10-8所示。

表10-8　原材料定额费用和脱离定额差异汇总表

201×年3月　　　　　　　　　　　　　　　　　　　　投产量：10 000 吨[①]

产品名称：螺纹钢　　　　　　　　　　　　　　　　　　　　　　　　　单位：元

材料名称	计量单位	计划单价	消耗定额	定额成本		实际成本		脱离定额差异	
				定额耗用量	金额	实际耗用量	金额	数量	金额
Q235 钢坯	吨	3 600	1.005	10 050	36 180 000	10 040	36 144 000	-10	-36 000
合计					36 180 000		36 144 000		-36 000

注：① = 9 800+300-10

（2）燃料及动力定额差异

重油定额差异=295×4 200-（9 800+300×50%-100×50%）×0.03×4 200=-8 400（元）

水费定额差异=7 900×2-（9 800+300×50%-100×50%）×0.8×2=-40（元）

电费定额差异=985 000×0.5-（9 800+300×50%-100×50%）×100×0.5=-2 500（元）

根据计算结果编制燃料及动力定额费用和脱离定额差异汇总表，如表10-9所示。

表10-9　燃料及动力定额费用和脱离定额差异汇总表

201×年3月　　　　　　　　　　　　　　　　　　　　投产量：9 900 吨[①]

产品名称：螺纹钢　　　　　　　　　　　　　　　　　　　　　　　　　单位：元

燃料及动力名称	计量单位	计划单价	消耗定额	定额成本		实际成本		脱离定额差异	
				定额耗用量	金额	实际耗用量	金额	数量	金额
重油	吨	4 200	0.03	297	1 247 400	295	1 239 000	-2	-8 400
水	吨	2	0.8	7 920	15 840	7 900	15 800	-20	-40
电	度	0.5	100	990 000	495 000	985 000	492 500	-5 000	-2 500
合计					1 758 240		1 747 300		-10 940

注：① = 9 800+300×50%-100×50%

（3）直接人工定额差异

直接人工定额差异=17 000-（9 800+300×50%-100×50%）×0.2×8.5=170（元）

根据计算结果编制定额人工费用和脱离定额差异汇总表，如表10-10所示。

表10-10　人工费用和脱离定额差异汇总表

产品名称：螺纹钢　　　　　　　201×年3月　　　　　　　投产量：9 900 吨

定额人工费用			实际人工费用			脱离定额差异
定额工时	计划小时工资率	定额工资	实际工时	实际小时工资率	实际工资	
1 980	8.5	16 830	1 950	8.72	17 000	+170

（4）制造费用定额差异

制造费用定额差异=129 000-（9 800+300×50%-100×50%）×0.2×65=300（元）

根据计算结果编制定额制造费用和脱离定额差异汇总表，如表 10-11 所示。

表 10-11   定额制造费用和脱离定额差异汇总表

产品名称：螺纹钢   201×年 3 月   投产量：9 900 吨

定额制造费用			实际制造费用			脱离定额差异
定额工时	计划小时费用率	定额制造费用	实际工时	实际小时费用率	实际制造费用	
1 980	65	128 700	1 950	66.15	129 000	+300

2. 材料成本差异

应分担材料成本差异=[（9 800+300-100）×1.005×3 600+（-36 000）]×0.1%=36 144（元）

3. 定额变动差异

月初在产品定额变动差异=（1.01-1.005）×100×3 600=1 800（元）

根据以上差异汇总表和计算结果登记基本生产成本明细账有关差异数据。

（三）差异分配

1. 脱离定额差异的分配

（1）材料脱离定额差异的分配

$$材料脱离定额差异分配率=\frac{-3600+（-100）}{36\ 543\ 600}=00.1\%$$

完工产品分配材料脱离定额差异=35 456 400×（-0.1%）=-35 456（元）

月末在产品分配材料脱离定额差异=（-36 100）-（-35 456）=-644（元）

（2）燃料及动力脱离定额差异的分配

$$燃料及动力脱离定额差异分配率=\frac{-10\ 970}{1\ 767\ 120}=-0.62\%$$

完工产品分配燃料及动力脱离定额差异=1 740 480×（-0.62%）=-10 791（元）

月末在产品分配燃料及动力脱离定额差异=（-10 970）-（10 791）=-179（元）

（3）人工脱离定额差异的分配

$$人工脱离定额差异率=\frac{175}{16\ 915}=1.03\%$$

完工产品分配人工脱离定额差异=16 660×1.03%=172（元）

月末在产品分配人工脱离定额差异=175-172=3（元）

（4）制造费用脱离定额差异的分配

$$制造费用脱离定额差异分配率=\frac{350}{129\ 350}=0.27\%$$

完工产品分配制造费用脱离定额差异=127 400×0.27%=344（元）

月末在产品分配制造费用脱离定额差异=350-344=6（元）

2. 材料成本差异的分配

根据公司规定，材料成本差异全部由完工产品承担。因此，本期材料成本差异 36 144 元全部计入完工产品成本。

3. 定额变动差异的分配

根据公司规定，定额变动差异全部由完工产品承担。因此，本期定额变动差异 1 800 元全部计入完工产品成本。

根据以上计算结果登记基本生产成本明细账有关差异分配数据。

（四）计算并结转完工产品实际成本

1. 计算完工产品实际成本

完工产品实际成本=37 339 140-45 731+36 144+1 800=37 331 353（元）

2. 结转完工产品实际成本

借：库存商品——螺纹钢   37 331 353

　　贷：基本生产成本——螺纹钢（定额成本）   37 339 140

　　　　　　　　——螺纹钢（脱离定额差异）   45 731

　　　　　　　　——螺纹钢（材料成本差异）   36 144

　　　　　　　　——螺纹钢（定额变动差异）   18 000

练习题

一、选择题

1. 在完工产品成本中，如果月初在产品定额变动差异是负数，说明（　　）。

　　A. 定额提高了　　　　　　　　　　　　B. 定额降低了

　　C. 定额不变　　　　　　　　　　　　　D. 定额管理和成本管理的水平较低

2. 由于修改定额而产生的新旧定额之间的差额称为（　　）。

　　A. 定额差异　　　　B. 定额变动差异　　C. 材料成本差异　　D. 脱离定额差异

3. 采用定额法计算成本的主要目的是（　　）。

　　A. 为了更准确计算产品成本　　　　　　B. 为了更及时计算产品成本

　　C. 为了更简化成本计算工作　　　　　　D. 更及时、有效地加强企业产品成本的定额管理

4. 原材料脱离定额差异的核算方法不包括（　　）。

　　A. 限额法　　　　　　B. 切割法　　　　　　C. 盘存法　　　　　　D. 分步法

5. 计算和分析脱离定额差异不包括（　　）。

　　A. 材料成本差异　　　　　　　　　　　B. 直接人工脱离定额差异

　　C. 制造费用脱离定额差异　　　　　　　D. 直接材料脱离定额差异

二、判断题

1. 定额成本是一种目标成本，是企业进行成本控制和考核的依据。（　　）

2. 在定额法下，退料单是一种差异凭证。（　　）

3. 限额领料单所列的领料限额就是材料的实际消耗量。（　　）

4. 进行材料切割核算时，回收废料超过定额的差异可以冲减材料费用。（　　）

5. 定额变动差异反映的是生产费用的实际支出符合定额的程度。（　　）

6. 在计算月初在产品定额变动差异时，若是定额降低的差异，应从月初在产品定额成本中减去。（　　）

三、业务题

光华公司生产的 Y 产品采用定额法计算成本。201×年 3 月有关 Y 产品成本计算资料如下：

（1）生产情况。月初在产品 20 件，本月投产 980 件，完工入库 400 件。

（2）单位产品定额费用情况。单位产品定额材料费用 300 元，定额人工费用 50 元，定额制造费用 60 元。

（3）月初在产品成本。定额成本为 8 050 元，其中：直接材料 6 400 元，直接人工 750 元，制造费用 900 元。月初在产品脱离定额的差异为 150 元，其中：直接材料 200 元，直接人工 100 元，制造费用 -150 元。

（4）本月初对 Y 产品消耗定额进行修订，单位产品原材料定额成本由 320 元调整为 300 元。材料成本差异率为 -1%。

（5）本月投入生产费用。原材料定额成本为 294 000 元，按计划单位价格和实际消耗量计算的原材料费用为 296 000 元，实际人工费用为 29 600 元，定额人工费用为 28 500 元，实际制造费用为 27 000 元，定额制造费用为 27 600 元。

（6）脱离定额差异按定额成本的比例在完工产品与月末在产品之间分配。材料成本差异和定额变动差异全部由完工产品成本负担。

要求：登记产品成本明细账如表 10-12 所示，计算完工产品的实际成本。

表 10-12　产品成本明细账

产品名称：Y 产品　　　　　　　　　　　　201×年 3 月　　　　　　　　　　　　单位：元

成本项目		直接材料	直接人工	制造费用	合计
月初在产品成本	定额成本				
	脱离定额差异				
月初在产品定额变动	定额成本调整				
	定额变动差异				
本月生产费用	定额成本				
	脱离定额差异				
	材料成本差异				
生产费用合计	定额成本				
	脱离定额差异				
	材料成本差异				
差异分配率	脱离定额差异				
本月完工产品成本	定额成本				
	脱离定额差异				
	材料成本差异				
	定额变动差异				
	实际成本				
月末在产品成本	定额成本				
	脱离定额差异				

标准成本制度 | 第十一章

【学习目的与要求】

通过本章的学习，读者可以了解标准成本制度的形成情况；一般性了解标准成本制度的作用以及实施标准成本制度的步骤和条件；掌握标准成本的特点，标准成本的分类，标准成本的制定方法，标准成本制度与定额成本制度的主要区别；熟练掌握标准成本差异的计算分析；重点掌握标准成本及成本差异计算和账务处理。

第一节 | 标准成本制度的基本内容

一、标准成本制度的形成

标准成本制度是根据标准成本来计算成本，能将成本计划、成本控制和成本分析有机地结合起来的一种成本制度。标准成本是企业根据产品的各项标准消耗量（如材料、工时等）及标准费用率事先计算出来的产品的标准成本。利用标准成本与实际成本相比较的差异，可以分析差异产生的原因，采取相应的措施，控制费用的支出，逐渐达到标准成本的水平，从而可以不断降低产品的实际成本。

标准成本制度是随着社会生产的不断发展以及管理科学的形成而逐渐产生并完善起来的。20世纪20年代以来，西方发达国家在成本会计职能向成本控制发展方面，取得了不小的成就。标准成本制度的产生和发展就是其中之一，它的产生与1903年泰罗发表的《工厂管理》一书有着密切的联系。该书中提出产品的标准操作程序及时间定额，给标准成本制度产生提供了启示。1904年，泰罗理论的继承者美国效率工程师哈尔顿·爱默森（H.Emeson）首先在美国铁道公司应用标准成本法。1909年，他在《作为经营和工资基础的效率》一文中对标准成本进行了更为详尽的研究，他认为，由实际成本制度获得数据既过时，又缺乏正确性，而标准成本则能随时显示实际成本与标准成本相比的超额部分，使管理者对低于标准的效率予以关注。因为他不是会计师，因此，没有提出标准成本的会计账务处理方法。1911年，美国会计师卡特·哈里逊（C. Chart Harrison）第一次设计出一套完整的标准成本制度。他在1918年至1920年发表了一系列文章，如在《产业经营》杂志上发表了《有助于生产的成本会计》《新工业时代成本会计》和《成本会计的科学基础》，其中介绍了一套分析成本差异的公式，并对科目、分类账及成本分析单叙述得十分详细。1920年，在美国全国成本会计师协会召开的首届年会上，会计人员与工程技术人员设计了一套将实际成本与标准成本结合起来的方法，同时设置"效率差异"与"价格差异"科目，核算实际人工和实际材料与其各自标准之间的差异。1923年，随着间接费用差异分析方法的确定，标准成本差异分析的雏形就基本上完成了。至此，标准成本制度真正形成，脱离实验阶段进入实施阶段。

1930年，哈里逊把他对于标准成本计算所做的研究写成了《标准成本》一书，这本书是世界上第一部论述标准成本制度的专著。他在书中阐述了关于标准成本制度的几个方面内容。他认为只有同会计系统有机地结合起来，才能建立起真正的标准成本会计；他还认为标准成本具有刺激生产和作为衡量生产效率尺度的功能，它同时又是制定售价的基础和衡量销售效率的尺度。哈里逊标准成本计算主要体现在以下几个方面：一是标准成本计算应迅速而正确地提供生产各项目的成本，以及零件、半成品和制成品的成本；二是标准成本计算必须提供有关生产效率方面的全面信息；三是标准成本计算应把每件生产作业的标准成本同其实际成本进行比较；四是标准成本计算必须提供销售效率方面的信息；五是为了经济地实施标准成本计算，不能仅由一般会计部门来进行这项工作，还要同计划部门、生产部门和其他部门协调配合；六是在计划和实施这种制度时，应将工作人员的日常工作程序制定为标准程序，因为这样的规程使人们易于理解。另外，E. A. 坎曼于 1932 年发表了题为《基本标准成本、制造业的控制会计》的文章，丰富了标准成本理论。在这之后，标准成本制度开始兴起和发展起来，而且从美国传入英国、德国、日本和瑞典等国家，这些国家相继推行了标准成本制度。从此，成本会计进入了一个崭新的发展时期。

二、标准成本制度的特点和作用

（一）标准成本制度的特点

（1）标准成本可以起到事前成本控制的作用。由于制定的标准成本一般需要经过努力才能达到，这样，可以调动广大职工积极工作的积极性，使各自负责的成本达到标准成本的要求。因此，标准成本可以作为企业职工工作努力的目标，衡量实际成本节约或超支的尺度。

（2）标准成本可以加强成本的事中控制。标准成本制度的重点在于进行成本的事中控制，用标准成本与实际成本进行比较，可以及时检查差异及其产生的原因，并采取相应的措施加以改进，从而不断地减少不利差异，对有利差异不断加以巩固，从而有效地对成本进行控制。

（3）标准成本可以实现事后的成本控制。对于成本实际执行的结果，应进行分析和总结。对于实际成本与标准成本产生的各种差异，要进行实事求是的分析，找出产生差异的各种因素。对于各种因素要分析具体情况，针对不同的情况采取不同的措施，在下一阶段的成本核算工作中使成本不断降低，实现成本的事后控制。

（二）标准成本制度的作用

（1）有利于加强职工的成本意识。由于在标准成本会计制度下，要对各项标准成本指标进行分解，下达到各个部门及每个员工，作为各部门和人员工作的目标。这样，人人都会关心成本核算和成本控制，增强了成本意识，通过自己的工作，努力达到标准成本的目标。

（2）有利于成本控制。成本控制分为事前、事中、事后控制三个环节。通过事前的成本控制，可以制定出相应的标准成本，对各种资源消耗和各项费用开支规定数量界线，可以事前限制各种消耗和费用的发生；通过事中的成本控制，及时揭示实际成本与标准成本相比是节约还是超支，以便采取措施对成本核算工作加以改进，纠正不利差异，从而达到既定的成本控制目标；通过事后的成本分析，总结经验，找出差异，提出进一步改进的措施。

（3）有利于价格决策。标准成本能提供及时、一致的成本信息，消除经营管理工作中由于低效率或浪费以及偶然因素对成本的影响，避免由于实际成本波动而造成价格波动的后果。以标准成本作为定价的基础更加接近实际情况，并能满足竞争时市场对定价的要求。

（4）有利于简化会计核算工作。在标准成本制度下，在产品、产成品和销售成本均按标准成本计价，这样可以减少成本核算的工作量，简化日常会计核算工作。

（5）有利于正确评价成本控制的业绩。在实际成本会计制度下，通过本期的实际成本与上期的同一产品的实际成本相比较，以评估成本超降情况。在标准成本制度下，以标准成本作为评估业绩的尺度，由于标准成本通常是指在正常生产条件下制造产品应达到的成本水平，因此，以本期实际成本与标准成本相比较，就能正确评价企业的工作质量。此外，在实行责任会计制度下，各成本中心之间的半成品内部转移价的确定，也以标准成本或在标准成本基础上加一定比例的内部利润为依据。这样可以避免各成本中心的责任成本受外界因素的影响，从而有利于正确评价它们的工作业绩。

三、实施标准成本制度的步骤和条件

（一）实施标准成本制度的步骤

实施标准成本制度应包括如下几个步骤：

（1）制定标准成本；

（2）计算标准成本差异；

（3）计算实际成本；

（4）计算实际产量的标准成本（实际产量×单位标准成本）；

（5）标准成本及差异的账务处理。

（二）实施标准成本制度的条件

（1）要完善各项成本管理的基础工作。在制定标准成本时，需较多的资料，这些资料的取得应在管理工作搞得较好的企业才能实现。

（2）要健全管理组织。实行标准成本制度，需要做的工作很多。只有有了组织保证，各项工作才能有效地开展起来。

（3）要树立成本意识。实行标准成本制度，涉及企业的全体人员。不论是职工还是管理者，都应对成本控制问题重视起来。只有这样，才能使标准成本制度得以顺利开展。

第二节
标准成本的制定

产品标准成本的制定是实施标准成本制度的起点和成本控制的基础。要制定产品标准成本，以标准成本为依据进行成本控制，首先必须有明确的标准成本。

一、标准成本的类型

标准成本通常有以下几种类型。

（一）按制定标准成本依据资料分类

（1）历史标准成本。历史标准成本是以某产品过去已实现的实际成本为标准确定的成本。历史标准成本可根据过去实际平均成本或历史最低成本计算。以历史成本作为标准成本，其主要特点是计算简单，资料容易取得，但是指标不够先进。

（2）预期标准成本。预期标准成本是根据现有生产技术条件，考虑未来时期可能变化因素制定的一种标准成本，是在短期内经过努力应达到的成本目标。预期标准成本的特点是计算比较复杂，但可对成本的执行情况进行考核，比较先进。

（二）按制定标准成本使用时间长短分类

（1）基本标准成本。基本标准成本也称固定标准成本，它是指一经企业制定后，只要生产基本条件变化不大，一般就不予变动的一种标准成本。基本标准成本一经确定，在基本条件没有大的变化的情况下，不经常改变，这样可以使以后各期成本在同一基础上进行比较，以观察成本变动的趋势。但企业的基本条件经常会发生变化，如果，这时还采用基本标准成本，就不能有效发挥成本控制的作用。

（2）现行标准成本。现行标准成本是根据企业当前生产基本条件确定的标准成本，并且随着企业生产条件的变化，现行成本标准将随之变动，通常每年制定一次。现行标准成本反映了生产条件的变动对标准成本的影响，便于企业及时对标准成本差异进行分析和考核。

（三）按制定标准成本水平分类

（1）理想标准成本。理想标准成本是指企业在最有效的生产经营条件下所达到的成本。这时企业的全部劳动要素都应达到最佳使用状态，不允许有一点浪费。但这种情况往往很难达到，所以，将理想标准成本作为短期努力目标不太现实，只能作为考核时的参考指标。

（2）正常标准成本。正常标准成本是指在合理工作效率、正常生产能力和有效经营条件下所能达到的成本。这种成本的实现既非轻易可以达到，又是经过生产者的努力可以完成的。因此，它有助于提高工作效率、有效控制成本。

在一般情况下，标准成本必须既先进，又切实可行。如果确定的标准成本可以轻易地达到，那么在成本控制方面就失去了意义；反之，如果标准制定得过高，就难以完成，生产人员就会觉得标准高不可攀，以致失去信心。至于标准成本多长时间制定一次，应根据实际情况来分析。如果修订频繁，既花费人力，又不利于评价企业内部各成本核算单位的工作成绩。不过，假若多年修订一次，由于产品生产技术、工作效率和经营条件的不断变化，这种标准成本便会过时，以致不能有效地发挥成本控制的作用。所以，标准成本应当以每年修订一次为原则。从标准成本制定依据的资料看，预期的成本比历史成本更有现实意义。

二、标准成本制定方法

（一）工程技术测算法

工程技术测算法是根据一个企业的机器设备、生产技术的先进程度，对产品生产过程中的投入产出比例进行估计而计算出的标准成本。这是因为产品成本的高低同机器设备的先进程度，以及先进生产工艺的应用密切相关，先进的机器设备能提高产品的成品率、降低人工费。

（二）历史成本推测法

把企业过去发生的历史数据当作未来产品的标准成本，这种方法叫作历史成本推测法。一般是根据企业前几个月或一年的原材料、人工费用等的实际发生数计算平均数。当然，这里包含着一个假设，即原材料的市场价格、工程技术、工资水平等企业的内外因素变化很小或基本保持不变，否则利用这种方法制定的标准成本就与实际相差甚远。

（三）预测法

变化是绝对的，不变是相对的。实际上，企业在生产过程中许多因素都会随着时间的变化而不断变化，如机器设备的更新、生产工艺的改进、工人技能和工资水平的提高；此外，市场物价水平和汇率的变化都会影响企业的成本水平。因此，在制定产品标准成本时，仅依据历史成本，考虑当前的生产条件是不够的，还应适当考虑未来企业内外因素的变化对标准成本的影响，这就是所谓的预测法。

（四）期望法

作为标准成本，应能够从某种程度上反映企业管理层对成本耗费的期望，这种期望是可以通过引进先进设备、提高技术水平或加强企业管理来实现较高的要求。例如，企业为了跟踪国际国内先进企业，常常以这些企业的成本水平作为自己的标准成本进行考核，要注意的是，这种方法包含着一种主观理想的因素，在具体使用时，必须与以上几种方法配合使用，才能制定出先进而又可行的标准成本。

制定标准成本的方法很多，在实际工作中，一个产品的单位标准成本往往是利用以上两种或两种以上方法结合起来计算的。

三、标准成本各成本项的制定

标准成本是企业根据产品的各项标准消耗量（如材料、工时等）及标准费用率计算出来的产品成本。利用标准成本与实际成本进行比较，可以分析差异产生的原因，采取相应的措施，控制费用的支出，逐渐达到标准成本的水平，从而可以不断降低产品的实际成本。

标准成本制度由于是在标准成本的基础上计算产品成本的，因此，制定产品的标准成本，是进行标准成本计算和进行成本控制、分析的基础。在一般情况下，标准成本可以按零件、部件和各生产阶段成本项目制定，即分别按直接材料、直接人工和制造费用制定。对于其中的制造费用，还可分为变动费用和固定费用两类。在零部件较少的情况下，可以先制定零件的标准成本，在此基础上制定部件和产品的标准成本；在零部件较多的情况下，可以不制定零件的标准成本，而先制定部件的标准成本，再制定产品的标准成本，或直接制定产品的标准成本。

（一）直接材料标准成本的制定

直接材料的标准成本是根据产品或零部件的标准耗用量和材料的标准单价计算的，其计算公式为：

直接材料标准成本＝产品或零部件某种材料标准耗用量×该种材料标准单价

上式中材料的标准耗用量可从工程技术部门提供的制造单位产品所需要的各种原材料消耗量取得，材料的标准单价可由供应部门提供。

将产品的零部件各种材料的标准成本相加，即可计算出产品的直接材料标准成本。

（二）直接人工标准成本的制定

直接人工的标准成本是根据零部件的标准工时和小时标准工资率计算的，其计算公式为：

直接人工标准成本＝产品或零部件单位产品的标准工时×小时标准工资率

上式中的标准工时应按加工工序来制定，制定标准工时应考虑直接加工工时和工人必要的间歇和停工时间等，单位产品消耗的各工序标准工时由技术部门和生产部门提供；小时标准工资率一般采用计划工资率，一般由人力资源部门提供。

将产品各种零部件的标准工资相加，即可计算出产品的直接人工标准成本。

（三）制造费用标准成本的制定

制造费用一般是按责任部门编制制造费用预算的形式进行的，并且分固定制造费用和变动制造费用分别编制，其中变动制造费用一般应按不同的生产量来计算，以适应数量的变动。

制造费用的标准成本是根据零部件的标准工时和固定（或变动）制造费用标准分配率计算的，其计算公式为：

$$\begin{matrix} 固定（或变动）\\ 制造费用标准成本 \end{matrix} = \begin{matrix} 产品或零部件单位\\ 产品的标准工时 \end{matrix} × \begin{matrix} 固定（或变动）制造\\ 费用标准分配率 \end{matrix}$$

上式中固定制造费用标准分配率和变动制造费用标准分配率的计算公式如下：

$$固定制造费用标准分配率 = \frac{固定制造费用预算}{预算工时}$$

$$变动制造费用标准分配率 = \frac{变动制造费用预算}{预算工时}$$

将产品各种零部件的固定（或变动）标准制造费用相加，即可计算出产品的制造费用标准成本。

【例 11-1】某企业生产甲产品，直接耗用两种材料：A 材料的标准消耗量为 150 千克，标准单价为 3.50 元；B 材料的标准消耗量为 210 千克，标准单价为 2.40 元。甲产品的单位标准工时为 500 小时，其中第一工序 300 小时，第二工序 200 小时；小时标准直接人工率第一工序为 8 元，第二工序为 9 元；小时固定制造费用率第一工序为 6 元，第二工序为 5 元；小时变动制造费用率第一工序为 7 元，第二工序为 8.2 元。

根据上述资料，计算甲产品的单位标准成本如下：

直接材料的标准成本=150×3.50+210×2.40=1 029（元）

直接人工的标准成本=300×8+200×9=4 200（元）

变动制造费用标准成本=300×7+200×8.2=3 740（元）

固定制造费用标准成本=300×6+200×5=2 800（元）

根据上述计算结果编制的甲产品单位产品标准成本表如表 11-1 所示。

表 11-1　单位产品标准成本表

单位：元

直接材料	原料名称	单位	数量	标准单价	部门 1	部门 2	合计	直接人工	标准工时	标准工资率	部门 1	部门 2	合计
	A	千克	150	3.50	525		525		300	8	2 400		2 400
	B	千克	210	2.40		504	504		200	9		1 800	1 800
	直接材料成本合计				525	504	1 029		直接人工成本合成		2 400	1 800	4 200

变动制造费用	标准工时	标准分配率	部门 1	部门 2	合计	固定制造费用	标准工时	标准分配率	部门 1	部门 2	合计
	300	7	2 100		2 100		300	6	1 800		1 800
	200	8.2		1 640	1 640		200	5		1 000	1 000
	变动制造费用合计		2 100	1 640	3 740		固定制造费用合计		1 800	1 000	2 800
制造费用合计											2 800
第一单位产品标准成本合计											11 769

第三节　标准成本差异的计算

一、标准成本差异的性质

标准成本差异是指产品的实际成本与产品的标准成本之间的差额，其计算公式如下：

标准成本差异=产品的实际成本-产品的标准成本

如果上式计算的结果为"+"数，表示实际成本大于标准成本的差异，称为不利差异；如果计算的结果为"-"数，表示实际成本小于标准成本的差异，称为有利差异。对于不利差异，应及时找出原因，提出进一步改进的措施，以便尽早消除；对于有利差异，也应及时总结经验，巩固成绩。但成本差异表现为有利或不利，只能作为发现问题的信号，绝不能作为经营决策的依据。因为企业的经济活动是极其复杂的，所谓成本的有利差异或不利差异，只是实际成本与标准成本比较的表面现象，还没有深入的分析研究，故不宜作为决策的依据。因此，从这个意义上讲，必须对生产经营中所产生的成本差异进行深入的分析研究，寻找其中具体原因和责任所在，在此基础之上，制定相应措施，实施成本控制，从而在真正意义上强化标准成本制度的推行。这里从成本差异分析的通用模式入手，介绍各成本项目差异的分析方法和查明差异具体原因的一般原理。

在计算标准成本差异时，一般分为直接材料成本差异、直接人工差异、制造费用差异三个方面。在计算成本差异时，可按如下通用模式进行计算：

标准成本差异=实际成本-标准成本

上式中：

实际成本=实际数量×实际价格

实际数量=标准数量×数量差异

实际价格=标准价格+价格差异

则，实际成本=（标准数量+数量差异）×（标准价格+价格差异）

标准成本=标准数量×标准价格

标准成本差异=（标准数量+数量差异）×（标准价格+价格差异）－（标准数量×标准价格）

上式经过整理后，结果如下：

标准成本差异=标准价格×数量差异+标准数量×价格差异+数量差异×价格差异

上述计算公式可用图 11-1 表示。

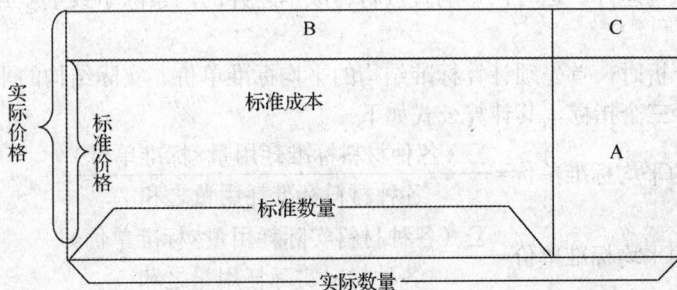

图 11-1 标准成本差异计算图示

在上式中，标准价格乘上数量差异是由于实际数量与标准数量不一致产生的，是纯数量差异；标准数量乘以价格差异是由于实际价格与标准价格不一致而产生的，是纯价格差异；数量差异乘以价格差异是实际数量与标准数量差异、实际价格与标准价格差异结合而产生的差异，也称其为混合差异。对混合差异的处理，通常有两种方式：一种是把数量差异、价格差异、混合差异分别列出；另一种则是不单独计算混合差异，而是把它并至价格差异来处理。因为在现实经济生活中，价格差异因素常常表现为不可控制因素，而数量差异则是成本控制的重点。为了正确进行考核，应使它尽可能不受价格因素的影响，通常是将混合差异全包括在价格差异之中。如果是这样，则标准成本差异的计算公式如下：

标准成本差异=标准价格×（实际数量-标准数量）+实际数量×（实际价格-标准价格）

二、标准成本差异的计算

（一）直接材料标准成本差异的计算

直接材料标准成本差异是指直接材料的实际成本与直接材料的标准成本之间的差异额，其计算公式如下：

直接材料成本差异=直接材料实际成本-直接材料标准成本

上式中的直接材料标准成本按下式计算：

直接材料的标准成本=单位产品直接材料标准成本×产品的实际产量

在进行材料成本差异的分析时，可采用两因素分析法和三因素分析法。

1. 两因素分析法

两因素分析法是将直接材料标准成本差异分为直接材料价格差异和直接材料数量差异两个因素进行分析。这两个因素对差异影响程度可按下式计算：

直接材料价格差异=∑（某种材料实际成本-该种材料实际耗用量×材料标准单价）

=（材料实际单价-材料标准单价）×材料实际耗用量

在计算材料价格差异时，材料的数量还可以采用本月实际购入的数量。其计算公式如下：

直接材料价格差异=∑（材料实际单价-材料标准单价）×材料实际购入量

直接材料数量差异=∑（某种材料的实际耗用量×材料标准单价-该种材料标准成本）

=∑（材料实际耗用数量-材料标准耗用数量）×材料标准单价

2．三因素分析法

在某些加工工业中，如纺织、化学、钢铁以及橡胶制品企业，各种原材料是根据生产工艺的要求，按一定比例结合在一起投入生产使用的。由于不同原材料的单价不同，如果实际配料结构与标准配料结构发生差异，对直接材料成本就会产生影响，这样就产生了直接材料组合差异，也称材料混合差异，或材料结构差异。这时，影响直接材料成本差异的因素除了数量差异和价格差异外，还应包括组合差异。

在采用三因素分析时，首先须计算标准结构的平均标准单价、实际结构的平均标准单价和实际结构的实际平均单价三个指标。其计算公式如下：

$$标准结构的平均标准单价 = \frac{\sum（各种材料标准耗用量×标准单价）}{各种材料标准耗用量之和}$$

$$实际结构的平均标准单价 = \frac{\sum（各种材料实际耗用量×标准单价）}{各种材料实际耗用量之和}$$

$$实际结构的实际平均单价 = \frac{\sum（各种材料实际耗用量×实际单价）}{各种材料实际耗用量之和}$$

现举例说明三因素分析法的计算。

【例 11-2】假定某公司生产甲产品，实际产量为 2 000 件，每单位产品标准配方如表 11-2 所示。

表 11-2　单位产品标准配方表

单位：元

材料名称	单价	混合用量标准（千克）	标准成本
甲材料	21	5	105
乙材料	15	9	135
丙材料	30	10	300
合计	—	24	540

甲产品耗用各种材料的实际成本资料如表 11-3 所示。

表 11-3　材料实际耗用情况表

单位：元

材料名称	实际单价	实际耗用量（千克）	金额
甲材料	25	10 000	250 000
乙材料	14	16 000	224 000
丙材料	30.25	24 000	726 000
合计	—	50 000	1 200 000

根据上述资料计算的有关指标如下：

$$标准结构的平均标准单价 = \frac{21×5+15×9+30×10}{24} = 22.50（元）$$

$$实际结构的平均标准单价 = \frac{10\,000×21+16\,000×15+24\,000×30}{50\,000} = 23.40（元）$$

$$实际结构的平均实际单价 = \frac{25×10\,000+14×16\,000+30.25×24\,000}{50\,000} = 24（元）$$

根据上述资料进行材料成本差异的三因素分析如下。

分析对象=1 200 000-540×2 000=120 000（元）

（1）数量差异

材料数量差异是指一定数量的投料经加工制造后，所生产出的实际产量与应得标准产量的不同而引起的直接材料成本差异，其计算公式为：

数量差异=（材料实际耗用总量-材料标准耗用总量）×标准结构的平均标准单价

=（50 000-24×2 000）×22.50=45 000（元）

（2）组合差异

组合差异是指各种材料实际配比与材料配比之间的差异，确定组合差异对材料成本影响的计算公式如下：

组合差异=材料实际耗用总量×（实际结构的平均标准单价-标准结构的平均标准单价）

=50 000×（23.40-22.50）=45 000（元）

（3）价格差异

价格差异是指材料的实际成本与标准成本之间的差异，其计算公式如下：

价格差异=材料实际总耗用量×（实际结构的平均实际单价-实际结构的平均标准单价）

=50 000×（24-23.40）=30 000（元）

（二）直接人工标准成本差异的计算

直接人工标准成本差异是指直接人工的实际成本与直接人工标准成本之间的差额，其计算公式如下：

直接人工标准成本差异=实际直接人工-标准直接人工

上式中的标准直接人工按下式计算：

标准直接人工=单位产品标准直接人工×实际产量

1. 两因素分析法

两因素分析法是指将直接工资标准成本差异分为工资率差异和效率差异两部分进行分析计算，其计算公式如下：

直接人工的工资率差异=（实际工资率-标准工资率）×实际工时

上式中的实际工资率，是用实际支付的工资除以实际工时计算求得的。

直接人工效率差异=（实际工时-标准工时）×标准工资率

上式中的标准工时，是指实际产量的标准工时，即用实际产量乘以单位标准工时计算求得的。

2. 三因素分析法

采用三因素分析法，即在双因素分析基础上加入组合差异。人工组合差异，是由于在工业企业中，一种产品的生产往往需要几种不同等级的工人来完成，而不同等级的工人的小时工资率是不同的。如果在标准总工时和实际总工时内，不同等级工人完成的工时所占比重发生变动，也会发生差异，这种差异和前面所讲的材料混合差异一样。为深入分析差异原因，便于分清责任，也要计算"人工组合差异"。

在采用三因素分析时，首先须计算以下补充指标，其计算公式如下：

$$标准组合的平均标准工资率=\frac{\sum（各等级工人标准工时×标准工资率）}{各等级工人标准工时之和}$$

$$实际组合的平均标准工资率=\frac{\sum（各等级工人实际工时×标准工资率）}{各等级工人实际工时之和}$$

$$实际组合的平均实际工资率=\frac{\sum（各等级工人实际工时×实际工资率）}{各等级工人实际工时之和}$$

现举例说明三因素分析法的计算。

【例11-3】假设某企业生产甲产品，实际产量为2 000件，直接人工标准成本资料如表11-4所示。

表11-4　直接人工成本表

工人级别	小时工资率	工时（小时）	金额（元）
一级	11.20	200	2 240
二级	10	220	2 200
三级	9	240	2 160
合计	—	660	6 600

直接人工实际成本资料如表11-5所示。

表11-5　直接人工实际成本表

工人级别	小时工资率	工时（小时）	金额（元）
一级	11	210	2 310
二级	9.95	200	1 990
三级	8	270	2 160
合计	—	680	6 460

分析对象：直接人工标准成本差异=6 460-6 600=-140（元）

标准组合的平均标准工资率=$\frac{6\ 600}{660}$=10（元/小时）

实际组合的平均标准工资率=$\frac{210\times11.20+200\times10+270\times9}{680}$=9.97（元/小时）

实际组合的平均实际工资率=$\frac{6\ 460}{680}$=9.50（元/小时）

直接人工标准成本差异的计算方法如下：

（1）人工效率差异的计算

人工效率差异的计算公式如下：

人工效率差异=（实际工时-标准工时）×标准组合的平均标准工资率

＝（680-660）×10=200（元）

（2）人工组合差异的计算

人工组合差异=实际工时×（实际组合的平均标准工资率-标准组合的平均标准工资率）

＝680×（9.97-10）=-20.40（元）

（3）人工工资率差异的计算

人工工资率差异=实际工时×（实际组合的平均实际工资率-实际组合的平均标准工资率）

＝680×（9.50-9.97）=-319.60（元）

（三）制造费用标准成本差异的计算

制造费用标准成本差异是指制造费用实际成本与标准成本之间的差异额，制造费用标准成本差异的分析可采用如下两种方式。

1. 按全部制造费用进行分析

按全部制造费用进行分析是指对制造费用不进行分类，而按其总额进行两因素分析。这时的制造费用差异，是指实际产量的标准费用同其实际费用相比的差额，其计算公式如下：

制造费用差异=实际制造费用-（实际产量标准工时×制造费用预算分配率）

以上费用差异可分解为效率差异和每小时费用分配率差异（耗费差异）。其计算公式为：

效率差异＝（实际工时-标准工时）×制造费用预算分配率

分配率（耗费）差异＝（制造费用实际分配率-制造费用预算分配率）×实际工时

＝实际制造费用-制造费用预算分配率×实际工时

2. 将制造费用分为变动制造费用和固定制造费用进行分析

制造费用可分为变动制造费用和固定制造费用两部分，由此，制造费用标准成本差异的分析可分为变动制造费用差异和固定制造费用差异两部分进行。

（1）变动制造费用标准成本差异的计算

变动制造费用标准成本差异＝变动制造费用实际成本-变动制造费用标准成本

上式中的变动制造费用标准成本按下式计算：

变动制造费用标准成本＝单位产品变动制造费用的标准成本×实际产量

变动制造费用标准成本差异是由变动制造费用率差异和效率差异两部分组成的，其计算公式为：

变动制造费用率差异＝（实际变动制造费用率-变动制造费用预算分配率）×实际工时

上式中实际变动费用率是用实际发生的变动制造费用总额除以实际总工时计算求得的。

变动制造费用效率差异＝（实际工时-标准工时）×变动制造费用预算分配率

（2）固定制造费用标准成本差异的计算

固定制造费用标准成本差异＝固定制造费用实际成本-固定制造费用标准成本

上式中的固定制造费用标准成本是按下式计算的：

固定制造费用标准成本＝单位产品固定制造费用的标准成本×实际产量

固定制造费用标准成本差异一般分为耗费差异、生产能力利用差异和效率差异三部分，其具体计算公式为：

耗费差异＝实际固定制造费用-预算固定制造费用

生产能力利用差异＝（预算工时-实际工时）×固定制造费用预算分配率

效率差异＝（实际工时-标准工时）×固定制造费用预算分配率

【例11-4】假设某企业本月份有关制造费用的资料如表11-6所示。

表 11-6 有关制造费用的资料表

项目	制造费用（元）				工时（小时）		
	变动		固定		实际	标准	预算
	实际	预算	实际	预算			
	180 000	170 000	247 500	240 000	22 500	20 000	30 000

根据上述资料，进行制造费用差异分析的结果如下：

变动制造费用实际分配率＝180 000÷22 500＝8（元）

变动制造费用预算分配率＝170 000÷30 000＝5.67（元）

固定制造费用实际分配率＝247 500÷22 500＝11（元）

固定制造费用预算分配率＝240 000÷30 000＝8（元）

变动制造费用差异的分析：

变动制造费用差异＝180 000-20 000×5.67＝66 600（元）

变动制造费用效率差异＝（22 500-20 000）×5.67＝14 175（元）

变动制造费用率差异＝（8-5.67）×22 500＝52 425（元）

固定制造费用差异的分析：

固定制造费用差异=247 500-20 000×8=87 500（元）

耗费差异=247 500-240 000=7 500（元）

生产能力利用差异=（30 000-22 500）×8=60 000（元）

效率差异=（22 500-20 000）×8=20 000（元）

第四节 标准成本计算的程序和实例

一、标准成本制度下成本计算的程序

标准成本计算与实际成本计算的程序不同，它是在标准成本的基础上进行的。同时，在计算时，还要进行各种差异的计算。其计算程序如下：

（1）制定单位产品的标准成本；

（2）计算实际产量的标准产品成本（按成本项目计算）；

（3）计算标准成本差异，将计算出来的差异记入到各种专设的差异账户中；

（4）根据完工产品的实际产量和单位标准产品成本，计算完工产品的成本，并予以结转；

（5）计算并结转标准成本差异账户，结转销售产品的实际成本。

二、标准成本制度下成本差异的账务处理

（一）标准成本差异账务处理的模式

标准成本差异的处理，应根据具体情况采用不同的方法进行。一般主要有如下几种方式：

（1）将差异全部计入当期损益。采用这种方法处理时，在期末，应将归集在各种差异账户中的标准成本差异，全部记入当期的损益账户中，结平这些差异账户。如果为有利差异，则应增加当期的收益；如果是不利差异，则应冲减当期的收益。这种方法一般适用于月末时标准成本差异的金额不是很大的情况，因为采用这种方式处理不会对当期损益产生较大的影响，且简化了成本核算的工作量。

（2）将标准成本差异根据当月销售产品成本、月末在产品成本和月末库存结存产成品的比例进行分摊。在分摊时，是根据各种销售产品、月末在产品和月末库存产成品的标准成本的比例进行的。这种方法一般适用于月末时标准成本差异金额较大的情况，采用这种处理方式虽然加大了成本会计的工作量，但不会对当期的损益产生较大的影响。

（3）将标准成本差异结转入下期。有些企业各月份标准成本差异不是很大，可能某个月份产生超支差异，下个月份会产生节约差异，这样不同月份的标准成本差异可以相互抵消，这种方法一般适用于各月份标准成本差异可以相互抵消的情况，可以大大简化会计核算的工作量。但这种方法一般只是在年度中间采用，而到了年末，则应采用上述两种方法当中的一种进行处理。

现举例说明标准成本差异账务处理的模式。

【例 11-5】某企业采用标准成本进行成本核算，期末时有关差异类账户的资料如表 11-7 所示。

表 11-7　差异类账户余额表

单位：元

差异类账户名称	差异额
材料价格差异	2 000
材料数量差异	-800
人工效率差异	1 500

续表

差异类账户名称	差异额
人工组合差异	3 000
人工工资率差异	-3 200
制造费用效率差异	1 800
制造费用生产能力利用差异	1 600
制造费用耗费差异	-500
合计	5 400

如果将标准成本差异直接计入当期损益中，则应做如下会计分录：

借：材料数量差异   800

   人工工资率差异   3 200

   制造费用耗费差异   500

   本年利润   5 400

   贷：材料价格差异   2 000

     人工效率差异   1 500

     人工组合差异   3 000

     制造费用效率差异   1 800

     制造费用生产能力利用差异   1 600

从以上的账务处理中可以看出，对于标准成本差异科目，如果确定应转入当期损益类科目时，如为不利差异，应列为当期损益的减项；如为有利差异，则应列为当期损益的加项。

标准成本差异还可以采取按当月销售产品成本、月末在产品成本和月末库存结存产成品成本之间的比例进行分摊的方式，现举例说明如下。

【例 11-6】某企业有关的标准成本资料如表 11-8 所示。

表 11-8 标准成本资料

单位：元

项目	直接材料		直接人工		制造费用		合计	
	金额	百分比（%）	金额	百分比（%）	金额	百分比（%）	金额	百分比（%）
在产品	80 000	20	30 000	15	16 800	14	126 800	17.61
产成品	40 000	10	16 000	8	14 400	12	70 400	9.78
销售产品	280 000	70	154 000	77	88 800	74	522 800	72.61
合计	400 000	100	200 000	100	120 000	100	720 000	100

根据上述标准成本资料，可编制标准成本差异分配表，如表 11-9 所示。

表 11-9 标准成本差异分配表

单位：元

差异项目	生产成本	库存商品	销售成本	合计
材料价格差异	400	200	1 400	2 000
材料数量差异	-160	-80	-560	-800
人工效率差异	225	120	1 155	1 500
人工组合差异	450	240	2 310	3 000
人工工资率差异	-480	-256	-2 464	-3 200
制造费用效率差异	252	216	1 332	1 800

续表

差异项目	生产成本	库存商品	销售成本	合计
制造费用生产能力利用差异	224	192	1 184	1 600
制造费用耗费差异	−70	−60	−370	−500
合计	841	572	3 987	5 400

根据标准成本差异分配表，应做如下会计分录：

借：生产成本　　　　　　　　　　　　　　　　　　　841

　　库存商品　　　　　　　　　　　　　　　　　　　572

　　主营业务成本　　　　　　　　　　　　　　　　3 987

　　材料数量差异　　　　　　　　　　　　　　　　　800

　　人工工资率差异　　　　　　　　　　　　　　　3 200

　　制造费用耗费差异　　　　　　　　　　　　　　　500

　　贷：材料价格差异　　　　　　　　　　　　　　　　　2 000

　　　　人工效率差异　　　　　　　　　　　　　　　　　1 500

　　　　人工组合差异　　　　　　　　　　　　　　　　　3 000

　　　　制造费用效率差异　　　　　　　　　　　　　　　1 800

　　　　制造费用生产能力利用差异　　　　　　　　　　　1 600

下期初，要编制转回分录，把"生产成本"科目和"库存商品"科目的借方所登记差异分配的金额再转回去，使它们恢复到原先按标准成本计算的余额。至于主营业务成本科目的借方金额3 987元则无须编制转回分录，因为该科目的借方所登记差异分配的金额在期末结账时已经结转到损益科目。

转回会计分录如下：

借：材料价格差异　　　　　　　　　　　　　　　　　600

　　人工效率差异　　　　　　　　　　　　　　　　　345

　　人工组合差异　　　　　　　　　　　　　　　　　690

　　制造费用效率差异　　　　　　　　　　　　　　　468

　　制造费用生产能力利用差异　　　　　　　　　　　416

　　贷：材料数量差异　　　　　　　　　　　　　　　　　240

　　　　人工工资率差异　　　　　　　　　　　　　　　　736

　　　　制造费用耗费差异　　　　　　　　　　　　　　　130

　　　　生产成本　　　　　　　　　　　　　　　　　　　841

　　　　库存商品　　　　　　　　　　　　　　　　　　　572

（二）标准成本差异账务处理时设置的账户

（1）"原材料"科目。该科目借方的数额按购入材料数量乘以标准价格来记录；贷方的数额则按发出材料数量乘以标准价格来入账，期末反映的是库存材料的标准成本。

（2）"生产成本"科目。在该科目借方的数额中，材料项目是用实际产量的标准耗用量乘以标准单价求得；人工项目是用实际产量的标准工时乘以标准工资率求得；制造费用项目是用各自的标准费用率乘以标准工时求得。另外，从"生产成本"科目贷方结转入库产成品成本时，也是按其标准成本（产成品数量乘以单位产品标准成本）入账。

（3）"库存商品"科目。该科目借、贷两方分别按入库、出库产成品数量乘以其单位标准成本的数额入账。期末余额反映的是库存商品的标准成本。

（4）差异类科目。实际发生的成本同标准成本相比，产生的差异按其性质设置不同的差异科目，记录和反映各自的差异额。它包括"材料价格差异""材料数量差异""工资效率差异""工资分配率差异""变动费用效率差异""变动费用耗费差异""固定费用效率差异""固定费用生产能力利用差异"和"固定费用耗费差异"等科目。这些差异科目的借方登记实际成本大于标准成本的超支额（即不利差异）；贷方登记实际成本小于标准成本的节约额（即有利差异）。

从标准成本账务处理设置的账户可以看出，标准成本制度的账务处理，是将实际成本分为两个部分：标准成本部分记入"原材料""生产成本"和"库存商品"科目；实际成本同标准成本相比的差异额记入各种差异科目。

三、标准成本制度成本计算的举例

【例 11-7】某企业生产 A 产品，本月预计生产 220 件，实际生产 200 件，本月投产，本月全部完工，并于当月销售 150 件。每件售价为 5 000 元。A 产品的标准成本资料如下：

单件产品耗用甲材料 8.5 千克，每千克标准单价 2.25 元；耗用乙材料 14 千克，每千克标准单价 4.82 元。单位产品的标准工时为 190 小时，标准工资率为 19，固定费用预算分配率为 0.65，变动费用预算分配率为 1.40。

本月份发生的其他有关资料如下：

（1）本月购入甲材料 2 800 千克，每千克 2.20 元，乙材料 3 000 元，每千克 5.10 元；本月实际耗用甲材料 1 800 千克，乙材料 2 900 千克。

（2）本月份生产工人的工资总额为 800 000 元，生产工时为 40 000 小时。

（3）本月实际发生变动制造费用 54 000 元，固定制造费用 24 000 元。

采用标准成本制度计算的结果如下：

（1）单位标准成本的计算

单位产品标准直接材料成本=8.50×2.25+14×4.82=86.61（元）

单位产品标准直接人工成本=190×19=3 610（元）

单位产品标准固定制造费用=190×0.65=123.50（元）

单位产品标准变动制造费用=190×1.40=266（元）

单位产品的标准成本=86.61+3 610+123.50+266=4 086.11（元）

（2）材料成本差异的计算和分析

材料标准成本差异=18 750-17 321=1 429（元）

购入材料价格差异的计算如表 11-10 所示。

表 11-10 材料价格差异计算表

单位：元

材料种类	购入数量（千克）	标准		实际		价格差异
		单价	成本	单价	成本	
甲材料	2 800	2.25	6 300	2.20	6 160	-140
乙材料	3 000	4.82	14 460	5.10	15 300	+840
合计	—	—	20 760	—	21 460	+700

根据材料价格差异计算表中的数字，应做如下会计分录：

借：原材料 20 760
材料价格差异 700
贷：银行存款等科目 21 460

耗用材料数量差异的计算如表 11-11 所示。

表 11-11 材料数量差异计算表

单位：元

| 材料种类 | 标准单价 | 标准 | | | 实际 | | 数量差异 |
		单位耗用量（千克）	总耗用量（千克）	总成本	总耗用量（千克）	总成本	
甲材料	2.25	8.5	1 700	3 825	1 800	4 050	+225
乙材料	4.82	14	2 800	13 496	2 900	13 978	+482
合计	—	—	—	17 321	—	18 028	+707

根据材料数量差异计算表中的数字，应做如下会计分录：

借：生产成本   17 321

    材料数量差异   707

    贷：原材料   18 028

（3）直接人工标准成本差异的计算和分析

    直接人工标准成本差异=800 000-722 000=78 000（元）

直接人工差异的计算如表 11-12 所示。

表 11-12 直接人工差异计算表

单位：元

| 标准 | | | | 实际 | | | 效率差异 | 工资分配率差异 |
每件工时（小时）	总工时数（小时）	小时工资率	总成本	总工时数（小时）	小时工资率	总成本		
190	38 000	19	722 000	40 000	20	800 000	38 000	40 000

根据实际发生的工资费用和直接人工差异，应做如下会计分录：

借：生产成本   722 000

    工资效率差异   38 000

    工资分配率差异   40 000

    贷：应付职工薪酬   800 000

（4）变动制造费用标准成本差异的计算和分析

    变动制造费用差异=54 000-53 200=800（元）

变动制造费用差异的计算如表 11-13 所示。

表 11-13 变动制造费用差异计算表

单位：元

| 预算分配率 | 标准 | | 实际 | | 差异 | |
	总时数（小时）	总成本	总时数（小时）	总成本	效率差异	耗费差异
1.4	38 000	53 200	40 000	54 000	2 800	-2 000

根据实际发生的制造费用，应做如下会计分录：

借：变动制造费用   54 000

    贷：银行存款等科目   54 000

将变动费用计入产品成本时，应做如下会计分录：

借：生产成本   53 200

    贷：已分配变动制造费用   53 200

根据变动制造费用差异，应做如下会计分录：

借：已分配变动制造费用 53 200

变动费用效率差异 2 800

贷：变动制造费用 54 000

变动费用耗费差异 2 000

（5）固定制造费用标准成本差异的计算和分析

固定制造费用差异=24 000-24 700=-700（元）

固定制造费用差异的计算如表11-14所示。

表11-14 固定制造费用差异计算表

单位：元

预算			标准		实际		差异		
总时数（小时）	分配率	总成本	总时数（小时）	总成本	总时数（小时）	总成本	效率差异	生产能力利用差异	耗费差异
41 800	0.65	27 170	38 000	24 700	40 000	24 000	1 300	1 170	-3 170

根据实际发生的固定制造费用，应做如下会计分录：

借：固定制造费用 24 000

贷：银行存款等科目 24 000

固定费用计入产品成本时，应做如下会计分录：

借：生产成本 24 700

贷：已分配固定制造费用 24 700

根据固定制造费用差异，应做如下会计分录：

借：已分配固定制造费用 24 700

固定费用效率差异 1 300

固定费用生产能力利用差异 1 170

贷：固定制造费用 24 000

固定费用耗费差异 3 170

（6）编制的完工产品标准成本计算表，如表11-15所示。

表11-15 完工产品标准成本计算表

单位：元

产品名称	单位产品标准成本	完工产品标准成本		销售产品标准成本	
		入库数量（件）	总成本	销售数量（件）	总成本
A产品	4 086.11	200	817 222	150	612 916.50

产品完工入库时，应做如下会计分录：

借：库存商品 817 222

贷：生产成本 817 222

产品销售与销售成本结转时，应做如下会计分录：

借：银行存款 750 000

贷：主营业务收入 750 000

借：主营业务成本 612 916.50

贷：库存商品 612 916.50

（7）成本差异结转

成本差异结转时，应做如下会计分录：

借：主营业务成本　　　　　　　　　　　　　　　79 507

　　变动费用耗费差异　　　　　　　　　　　　　　2 000

　　固定费用耗费差异　　　　　　　　　　　　　　3 170

　　贷：材料价格差异　　　　　　　　　　　　　　　　700

　　　　材料数量差异　　　　　　　　　　　　　　　　707

　　　　工资效率差异　　　　　　　　　　　　　　38 000

　　　　工资分配率差异　　　　　　　　　　　　　40 000

　　　　变动费用效率差异　　　　　　　　　　　　　2 800

　　　　固定费用效率差异　　　　　　　　　　　　　1 300

　　　　固定费用生产能力利用差异　　　　　　　　　1 170

四、标准成本制度与定额成本计算方法的比较

标准成本制度与定额成本计算方法的不同，主要表现在如下几个方面。

（一）会计科目的登记方法不同

在定额成本计算法下，"生产成本"科目是按实际成本记账的，实际成本与定额成本之间的差异额反映在产品成本计算单上；而标准成本制度下，"生产成本"科目则应按标准成本记账，并且实际成本与标准成本之间的差异额要单独设立会计科目进行反映，与复式记账密切结合起来。

（二）计算成本的方式不同

在定额成本计算法下，需要计算产品的实际成本，因而，就要求直接费用的定额差异按产品分别计算，间接费用差异要按产品分配，计算工作量比较大；标准成本制度下，不要求计算产品的实际成本，成本差异不必按产品分别计算。这样，就有可能把成本差异核算的重点转移为按各个责任中心进行核算，并分别按差异发生的原因反映出来。

（三）差异的处理方法不同

在定额成本计算法下，各种产品的成本差异若数额较大，应将其在完工产品和在产品之间进行分配。当然，若成本差异数额不大，则可不进行分配，直接列入完工产品的成本当中。"库存商品"科目是按实际成本记入，借方所反映的入库产成品按当月完工产成品的实际成本记入，贷方所反映的发出销售产成品按先进先出法或加权平均法计算其实际成本。"主营业务成本"科目的借方，反映销售出去的产成品实际成本，不单独反映产成品成本差异。这样，在利润报表上就不能专门计算成本差异对利润的影响额。标准成本制度下，本期生产所发生的各种成本差异一般不在在产品、库存产品和销售产品当中进行分配，一般将其全部转入到"主营业务成本"科目，把销售产品的标准成本调整为实际成本。这样，销售成本就分为标准成本和成本差异两部分；利润报表上的产品销售利润分为产品销售成本调整前利润和调整后利润两部分。调整前利润即销售产品按标准成本计算的利润，调整后利润即销售产品按实际成本计算的利润。

练习题

一、选择题

1. 标准成本制度的特点是（　　　）。

　　A. 事先制定产品各项目标准成本　　　　B. 事中对比成本的实际消耗与标准消耗

　　C. 事前完善各项成本管理基础工作　　　D. 事后揭示各项成本差异

　　E. 事后计算产品实际成本

2. 标准成本制度的优点是（　　）。
   A. 有利于成本控制　　　　　　　B. 有利于成本核算
   C. 有利于简化会计工作　　　　　D. 有利于正确评价业绩
   E. 有利于价格决策

3. 按制定标准成本依据的资料分类，标准成本可以分为（　　）。
   A. 理想标准成本　　B. 正常标准成本　　C. 历史标准成本
   D. 预期标准成本　　E. 基本标准成本

4. 标准成本有多种制定方法，包括（　　）。
   A. 定额比例法　　　B. 计划成本法　　　C. 实际成本法
   D. 预期标准成本　　E. 工程技术测算法

5. 实施标准成本制度的步骤是（　　）。
   A. 健全成本管理组织　　　　　　B. 揭示实际消耗与标准成本的差异
   C. 完善各项成本管理的基础工作　D. 比较实际成本与标准成本的差异
   E. 计算实际成本

6. 标准成本差异是实际成本与标准成本之间的差额，具体包括（　　）。
   A. 人工生产效率差异　　　　　　B. 人工效率差异
   C. 人工组合差异　　　　　　　　D. 人工工资率差异
   E. 人工工作效率差异

7. 在直接工作三因素分析法下，影响直接工资标准成本差异的因素是（　　）。
   A. 人工生产效率差异　　　　　　B. 人工效率差异
   C. 人工组合差异　　　　　　　　D. 人工工资率差异
   E. 人工工作效率差异

8. 工资率差异产生的原因可能是（　　）。
   A. 工资计算方法改变　　　　　　B. 材料质量和制造方法改变
   C. 劳动态度　　　　　　　　　　D. 工人熟练程度
   E. 工人级别结构的变化

9. 标准成本差异的处理方式一般包括（　　）。
   A. 将差异转入损益科目　　　　　B. 将差异转入销售成本科目
   C. 将差异结转至下期　　　　　　D. 将差异在存货及销售成本之间按比例分摊
   E. 将差异保留在各差异账户中

10. 标准成本制度与定额成本制度的不同之处是（　　）。
   A. 标准成本制度下，生产成本科目按标准成本登记
   B. 定额成本制度下，生产成本科目按实际成本登记
   C. 定额成本制度下，单独设置各种成本差异科目反映成本差异
   D. 定额成本制度下，不单独设置各种成本差异科目反映成本差异
   E. 标准成本制度下不要求计算产品实际成本，而定额成本法要求计算产品实际成本

二、判断题

1. 制造费用标准成本的制定，应以各责任部门为单位，但不需要区分固定费用和变动费用来编制费用预算。（　　）

2. 直接材料三因素分析法，在将影响材料成本差异的因素分为数量和价格差异的基础上，将数量差异进一步区分为产出差异和耗费差异。（　　）

3. 固定制造费用差异的三因素分析法，将固定制造费用差异分为效率差异、耗费差异和生产能力利用差异。（　　）

4. 材料价格差异产生的原因是由于市场价格、采购价格、运输方式变动以及生产技术上产品设计的变更造成的。（　　）

5. 在标准成本制度下，材料数量差异和材料价格差异都属于未来成本差异，可列入"材料成本差异"科目进行核算。（　　）

6. 在标准成本制度下，为了正确计算各种产品实际成本，应选择恰当的分配标准将各种成本差异在各种产品之间进行分配。（　　）

7. 对于标准成本差异的处理方式是将其结转至下期，或是将差异在存货及销售成本之间按比例分摊，也可以将差异转入损益或销售成本科目。（　　）

8. 实行标准成本制度与定额成本制度，对于成本差异的处理方式是相同的。（　　）

9. 在标准成本制度下，各种成本差异的处理有不同方式可供选择，而在定额成本制度下，各种成本差异一般应在各种产品之间进行分配。（　　）

10. 标准成本制度并非一种单纯的成本计算方法，它是把成本计划、控制、计算和分析相结合的一种会计信息系统和成本控制系统。（　　）

三、业务题

WK 企业生产和销售甲产品。甲产品生产需要耗用 A、B 两种材料，只经过一个生产加工过程，本月预计生产 1 000 件。本月预算固定制造费用为 40 000 元，预算变动制造费用为 60 000 元，预算工时为 20 000 工时。变动制造费用分配率和固定制造费用分配率均按直接工资工时计算。甲产品的标准成本资料如表 11-16 所示。

表 11-16　单位产品标准成本

项目	标准消耗量	标准单价（元）	金额（元）
直接材料			
A 材料	20 千克	10	200
B 材料	30 千克	9	270
直接工资	20 工时	5	100
变动制造费用	20 工时	3	60
固定制造费用	20 工时	2	40
单位产品标准成本			
预算分配率	60 000÷20 000=3	固定制造费用预算分配率	40 000÷20 000=2

甲产品月初没有在产品，本月投产 900 件，并于当月全部完工；本月销售甲产品 800 件，每件售价 950 元。本月其他有关实际资料如表 11-17 所示，本期所购材料货款已全部支付，所发生的各项制造费用均通过应付款科目预算。

表 11-17　甲产品生产费用表

项目	采购材料数	实际耗用量	实际单价（元）	实际成本（元）
直接材料				
A 材料	20 000 千克	19 800 千克	9	178 200
B 材料	25 500 千克	25 200 千克	9.5	239 400
直接工资		19 800 工时	5.2	102 960
变动制造费用			2.8	55 440
固定制造费用			2.1	41 580
实际产品成本总额				617 580

如果 WK 企业请你根据上述资料为之进行标准成本的会计处理，那么你将怎样做？并请根据处理结果进行评价。

四、简答题

1. 标准成本制度的特点是什么？
2. 标准成本制度实施的步骤是什么？
3. 如何制定标准成本？
4. 标准成本差异的性质及其分析的通用模式是什么？
5. 直接材料成本差异的影响因素有哪些？如何计算各因素的影响程度？
6. 如何按三因素分析法分析直接材料成本差异？
7. 直接人工成本差异的影响因素有哪些？如何计算各因素的影响程度？
8. 影响制造费用成本差异的因素有哪些？如何计算各因素的影响程度？
9. 各种成本差异产生的主要原因是什么？
10. 标准成本制度账务处理的特点是什么？标准成本差异的主要处理方式是什么？
11. 标准成本制度与定额成本制度相比主要有哪些不同？

第十二章 | 其他行业的成本核算

【学习目的与要求】

相对于工业企业的产品生产成本核算而言，其他行业的企业，同样也"生产产品"，作为商品对外销售，也需要核算与管理成本。因此，产品成本核算的基本原理与方法，也可扩展运用于工业企业之外的其他行业企业。但其他行业的成本核算，有着其自身的特殊性。本章分别阐述了商品流通、农业、建筑施工、运输等企业成本核算的基本特点、内容、程序与方法。

第一节 | 其他行业经营活动成本核算概述

从方法程序的角度而言，其他行业成本核算，是将工业企业产品生产成本核算的基本原理，扩展运用于工业企业之外的各行业生产经营活动的成本核算与管理，而形成的成本会计方法程序。

国民经济中的各行各业，相互联系，构成一个统一整体。其他行业企业的成本核算，其生产经营过程、成本对象、成本核算的方法程序，均有其自身的特殊性，应根据企业所属行业及本企业的特点，确定成本管理及核算的对象与内容，选择、设计成本核算方法，恰当地组织成本核算。

本节主要论述社会再生产过程中商品成本转移的基本原理，与其他行业确定成本管理控制及核算对象的基本方法要点。对于其他行业企业的生产经营过程、成本对象的具体确定、成本核算、成本核算方法程序的特殊性，以及成本核算组织方面的问题，将在后面各节的内容中，进行专门讨论。

一、社会再生产各环节相互关系及商品成本转移的基本原理

（一）社会再生产各环节相互关系

按照辩证法的原理，社会再生产过程中的生产、分配、交换、消费四个环节，以生产过程为起点，以消费为目的与终点，相互连接，互为前提。

生产对分配、交换和消费起着决定性作用。具体表现为：一是生产决定着分配、交换和消费的对象；二是生产决定着分配、交换和消费的水平与结构；三是生产决定着分配、交换和消费的具体形式；四是生产的社会性质决定着分配、交换和消费的社会性质。

分配、交换和消费对生产有着反作用。具体表现为：一是适合生产力发展的分配方式，能够调动生产者的积极性，促进生产的发展，反之则起阻碍作用；二是交换的发展能促进生产的发展，反之则阻碍生产的发展；三是消费使生产出来的产品最终得到实现，消费为生产的发展创造出动力，反之则阻碍生产的发展。

社会再生产各环节的相互关系如图 12-1 所示。

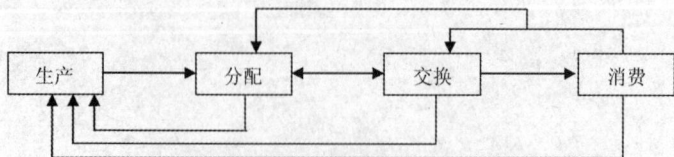

图 12-1 社会再生产各环节的相互关系

（二）商品成本转移原理

商品是企业通过销售给他人，取得收入，以补偿所垫付的成本费用，并获得利润的各种经营对象的总称。根据社会再生产各环节的相互关系原理，任何的经营活动，都是以接受其他企业的商品服务为前提的，是其他企业经营活动的继续，同时也为其他企业的经营活动提供服务。

企业是一个经济实体，是商品经济条件下经营活动链条中的一个环节。为成本核算主体企业提供商品或劳务的企业，为核算主体企业的上游企业；为购进核算主体企业提供商品或劳务的企业，则为核算主体企业的下游企业。

一般而言，商品成本在商品经营链条企业的各环节间，从上至下进行转移。

企业所购进上游企业的商品或劳务成本，属于转移成本，一般包括企业购进商品的全部成本费用，是商品成本的基本组成部分，也是核算主体企业进行成本管理控制、组织成本核算的主要对象。

二、其他行业成本管理控制及核算对象的确定

（一）确定成本管理控制及核算对象的基本原则

确定成本管理控制及核算对象，一般应遵循以下原则。

（1）效益性原则。组成成本会计核算，应该产生净效益，即组织专项成本会计核算所增加的效益，必须大于其会计核算的组织成本。

（2）主营业务原则。对于属于企业主营业务范围的各种经营活动，一般应作为成本对象，实施重点成本管理控制，并相应地组织专门的成本核算。

（3）重要性原则。对于数额大、对企业损益影响大的成本费用项目，一般应作为成本对象，实施重点成本管理控制，并相应地组织专门的成本核算。

（二）确定成本管理控制及核算对象的基本程序

基于成本核算与成本管理控制相互关系的基本原理，可按照以下程序确定成本对象。

（1）了解企业经营组织与管理及成本、费用构成的基本情况，明确企业成本工作重点。

（2）确定企业成本管理控制及核算的具体对象。如商品流通企业的商品采购成本、建筑安装企业的工程建筑成本、运输企业的运输服务成本，必须作为其成本核算对象。

（3）根据所选择、确定的成本核算对象，确定成本管理控制的重点、目标与要求，设计成本会计工作组织与核算的途径、方法与程序。

第二节 商品流通企业成本核算

在社会再生产过程中，流通是将生产者生产的商品，从生产领域转移到消费领域，最终实现其价值的关键环节与重要领域。

商品流通企业一般是指以从事商品流通为主营业务的企业。商品流通经营活动的基本业务是进行商品的购进和销售，但也可能围绕商品购销业务活动，进行商品的调拨、储运、加工、包装、整理及售后服务等经营活动。商品流通企业通过赚取商品进销差价和其他营运收入，在弥补各项费用及税金后，获得利润。

一、商品流通企业成本核算概述

（一）商品流通企业的特点及其种类

单纯的商品流通企业，其经营过程中不包括生产过程，存货库存时间相对较短，商品进出频繁、

周转快，对物流运输的依赖性高。在现实经济生活中，单纯的商品流通企业不多。但只要属于商品流通企业，就会在一定程度上具有上述特点。

对于商品流通企业，可以进行以下分类，以恰当地组织成本核算。

（1）按照商品流通企业业务范围上的差异，可分为工业性商品企业、物流性商品企业与购销性商品企业三类。

工业性商品企业，是指对所购进的商品进行再加工、包装分类整理等工业性生产活动所占比重大，对产品价值及企业损益的影响也大的企业。

物流性商品企业，通常是指要组织对所购进商品的进出运输，其运输费用所占比重大，对产品价值及企业损益的影响也大的企业。

购销性商品企业，是指主要通过商品购销活动，获取经济利益的企业。该类企业虽然在必要时也对所购进的商品进行再加工或包装分类整理等工业性生产活动，组织对所购进商品的运输、储存等活动，但生产加工一般不改变所购进商品的性质，且加工、储存或运输对产品价值及企业损益的影响也不大。购销性商品企业，为一般意义上的商业企业。

这里主要阐述从事购销性商品经营活动的商品流通企业成本核算的特殊内容、方法与程序。对工业性商品企业或物流性商品企业，可以将商品生产成本核算与运输企业成本核算的方法程序结合起来，灵活地组织成本核算。

（2）按照商品流通企业在商品流通过程中所处环节不同，可分为商品批发企业、商品零售企业与批零兼营企业三类。

商品批发企业，是指从生产或其他商品批发企业批量地购进商品货物，批量地销售给其他商品批发或零售企业继续流通，或者销售给其他生产企业进一步加工，从中获取盈利的流通企业。批发企业有时也可能对大宗消费者进行直接销售，但商品批发一般不是商品流通的最终环节。商品批发购销活动的主要特点是：商品品种和规格有限；商品库存数量大，销售数量与金额大；购销关系较稳定；商品赊销与转账结算的比重较大，现金交易的比重相对较小。

商品零售企业，是指以从事零售业务为主，从批发或生产企业购进商品，销售给个人或集体消费者消费，使商品从生产领域，通过流通领域，进入非生产性消费领域的企业。零售企业是商品流通的最终环节，其购销活动具有与批发企业不同的特点。其商品购销活动的主要特点是：商品品种和规格繁多；库存数量不大，销售数量零星，金额较小；购销活动频繁，购销关系通常不是很稳定；商品销售以现金交易为主。

批零兼营企业，是指既从事批发业务，又从事零售业务的企业。

（二）商品流通企业成本核算的对象

单纯从理论的角度而言，成本应该是企业在生产经营过程中所发生的全部费用的对象化。但根据我国现行会计制度规定，对于商品企业在组织商品流通，进行商品采购、储存与销售过程中所发生的商品流通费用，不直接计入所销售商品的成本，而是作为期间费用直接计入当期损益。

因此，狭义的商品流通成本，是指不包括作为期间费用，直接计入当期损益的商品流通费用之外的商品销售成本。从这一意义而言，商品流通企业成本核算的对象主要包括商品销售成本与流通费用两个相对独立的组成部分。此外，其他业务成本也是商品流通企业成本的核算对象之一。

1. 商品销售成本

商品销售成本是企业对外销售的商品的成本。它与工业企业的商品销售成本具有类似的意义。商品销售成本可分为商品采购成本、商品储存（存货）成本和商品销售成本三个层次进行核算。其中，商品采购成本是商品销售成本的基本构成部分。

（1）商品采购成本。从理论上讲，商品采购成本是因采购商品而发生的全部相关支出的对象化。

但根据现行制度规定，为简化会计核算手续，对于采购商品的进价成本和进货费用之外的其他有关费用，不计入商品采购成本，而以经营费用列支，作为期间费用直接计入当期损益。所以，商品采购成本就是采购商品的进价成本和进货费用。商品采购成本应按实际成本计价核算。确定商品采购成本的方法，依企业采购商品的来源不同而有所区别，具体方法如下。

① 国内购进商品。以进货原价和进货费用为其采购成本。购进商品所发生的进货费用，包括购进的用于出口的商品到达交货地车站、码头以前支付的各项费用和手续费。若发生金额不大，也可作为经营费用列入当期损益。

② 进口商品。其采购成本是指进口商品在到达目的港口以前发生的各种支出，包括商品进价、进口税金及代理进口费用。其中，进价是指进口商品按对外承付货款日的汇价结算的到岸价（CIF）；如果进口合同不是到岸价，在商品到达目的港口以前由企业以外汇支付的运费、保险费、佣金等，计入进价；商品到达我国口岸目的港口以后发生的费用，计入经营费用。进口税金是指商品报关时应缴纳的税金，包括进口关税、消费税以及应计入商品成本的增值税等。代理进口费用是指企业委托其他单位代理进口，支付给委托单位的代理进口费用。另外，企业购进商品发生的购货折扣商品经确认的索赔收入，应冲减商品进价；发生的能直接认定的进口佣金也应冲减商品进价，不易按商品认定的，可冲减经营费用。

③ 收购的农副产品。其采购成本包括购进商品的原始进价和购入环节缴纳的税金。按照《增值税暂行条例》的有关规定，一般纳税人向农业生产者购买的免税农业产品，或者向小规模纳税人购买的农业产品，准予按照买价和13%的扣除率计算进项税额。农副产品进行挑选整理而发生的费用开支，以期间费用核算，不计入农副产品成本。因挑选整理而发生的农副产品等级和数量变化，也不改变挑选前的总成本。这是因为挑选整理是为了提高农副产品质量，便于按质论价，不创造价值，不同于加工。

（2）商品储存（存货）成本。商品储存（存货）成本一般以商品采购成本为基础，根据某一存货计价方法计算确定其成本。但由于商品流通企业以"勤进快销"为经营方针，一般不留过多的库存，企业进行商品经营所发生的储存费用和销售费用，都作为企业的经营费用计入当期损益，因此，在一般情况下，商品采购成本及商品存货成本，都不包括商品的储存费用，以简化会计核算手续。

但如果企业的进销货具有季节性时，如采用上述简化方法，就会使商品存货成本失实。在这种情况下，应将商品存货所负担的储存费用计入商品存货成本，以便正确反映商品存货价值。

将商品存货所负担的储存费用计入商品存货成本的方法是：将数额较大的存货费用（如储存保管费），按商品存销比例分摊，即将商品存货所应分摊的费用作为商品存货成本的构成内容。

（3）商品销售成本。商品销售成本包括已销商品的进价成本、存货变现损失准备和分摊计入的商品存货成本等组成部分。企业可选用某种存货计价方法，确定已销商品的进价成本。在实际核算工作中，对于存货变现损失准备，于月末按库存商品的一定比率计提，不作为商品销售成本的组成内容，而是作为企业管理费用列支。

如果发生商品加工成本，则应完全参照产品生产加工企业的成本建设方法进行。

2. 商品流通费用

商品流通企业的流通费用，是指企业根据现行会计制度规定，不直接计入所销售商品的成本，作为期间费用直接计入当期损益的各项费用。与工业企业类似，一般也由管理费用、财务费用与销售费用三个部分构成。其中，管理费用与财务费用核算的内容与方法与工业企业的对应费用相同。

在商品流通企业，销售费用范围更广，对损益的影响更大。商品销售费用，是指企业在销售商品过程中所发生的费用，包括由企业负担的包装费、运输费、广告费、装卸费、保险费、委托代销手续费、展览费、租赁费（不含融资租赁费）和销售服务费、销售部门人员工资、职工福利费、差旅费、办公费、折旧费、修理费、物料消耗、低值易耗品摊销以及其他经费等。

商品销售费用是商品流通企业成本管理控制与核算的重点内容之一。

（三）商品流通企业成本核算方法及其选用

1. 商品流通企业的成本核算方法

商品流通企业的成本核算方法，一般有"进价法"与"售价法"两种。

（1）"进价法"。进价法是以商品采购成本（即进价）为基础，分别按所购进商品的种类或批次，对商品采购成本、商品存货成本及销售成本进行日常核算，确定经营损益的一种核算方法。采用该方法，通常是直接将商品的采购成本转入作为储存产品的存货成本，进而在商品销售时，将其存货成本转入作为商品销售成本，确定经营损益；商品销售成本必须按种类或批次进行明细核算；其商品销售成本一般就是其采购成本，只有在必要时，才单独核算并加入相关的储存成本及存货变现损失。

（2）"售价法"。售价法是不按商品的种类或批次组织商品采购成本、商品存货成本及销售成本的日常核算，只是在成本核算期（月）末，以所经营的全部商品或商品大类的销售收入（售价），按照一定方法倒推其商品销售成本，并确定损益的一种核算方法。采用该方法，不按商品的种类或批次组织商品采购成本、商品存货成本及销售成本的日常核算；平时不需要，也不能够在实现商品销售时，随商品的销售随时核算和结转已销商品的销售成本及进销差价；其商品销售成本是在成本核算期（月）末，以商品实际销售收入（售价）为基础，按照一定方法倒推出来。

按照"售价法"计算的商品销售成本，只是其实际成本的一种近似值。为保证其所计算的成本的合理性，采用"售价法"计算成本，一般应符合以下基本条件：

① 商品购进以后能及时确定其售价，能够及时按售价入账。

② 在同一时间，同一种商品按统一的售价进行销售。

③ 商品售价要比较稳定，不能经常变动，以便提供有关的可比信息。

2. 商品流通企业成本核算方法的选用

（1）商品批发企业一般采用"进价法"进行成本核算，原因如下。

① 根据商品批发购销活动的特点，商品批发企业经营的商品品种和规格不多，单笔商品采购、库存与销售的数量、金额大，只有采用进价法进行成本核算，方能更好地适应管理的要求。

② 批发企业一般不具备"售价法"成本核算的基本条件。商品批发企业购销关系较稳定，商品赊销与转账结算的比重较大，现金交易的比重相对小，与"售价法"成本核算的基本条件相矛盾。

（2）商品零售企业一般采用"售价法"进行成本核算，原因如下。

① 零售企业的商品销售以现金交易为主，提供了采用"售价法"成本核算的基本条件。

② 采用"售价法"可以简化零售企业成本核算工作，节约会计核算成本。由于零售企业经营的商品品种和规格繁多，购销活动频繁，商品销售零星、数量与金额较小，购销关系通常又不是很稳定，如果按照商品品种、规格设置明细账，按照采购、储存、销售的模式，采用"进价法"进行数量金额式明细核算，核算工作量与会计核算成本会很大。

（3）采用"售价法"进行成本核算，能够基本满足零售企业的成本管理及损益核算要求。

因此，根据零售企业购销活动的特点和经营管理的要求，除鲜活商品外，一般采用"售价法"进行商品销售成本核算。

（四）商品流通企业成本核算的账户设置

在商品流通企业，为加强对商品采购成本与库存商品实物的管理，保护商品的安全、完整，并正确计算成本，可根据管理的需要，设置"商品（物资）采购""库存商品""商品销售成本"与"商品进销差价"等账户，进行成本核算。

1. "商品（物资）采购"

该账户是用于商品采购成本核算的专门账户。其账户设置与核算方法与工业企业类似业务的核算基本相同。

2. "库存商品"

该账户是用于核算企业库存商品成本的专门账户，是商品流通成本核算必不可少的基本账户。该账户用以核算库存商品的不含税成本。在购进的商品入库时，按其采购成本，借记该账户；在结转已销售商品的成本时，贷记该账户。账户期末余额，为期末库存商品的成本。

3. "商品销售成本"

该账户是用于核算并结转所销售商品成本的专门账户。其账户设置与核算方法与工业企业类似业务的核算基本相同。

4. "商品进销差价"

该账户是"库存商品"账户的调整账户，用于核算含税的售价与不含税的进价之间的差额，该账户贷方登记由于购入、加工收回以及销售退回等增加的库存商品售价大于进价之间的差额，借方登记已销商品应分配的进销差价。该账户贷方余额为结存商品售价大于进价的差额。该账户明细账的设置应与库存商品明细账的设置一致。在采用"售价法"进行成本核算时，必须设置本账户。

在批发企业，上述各账户均要按照购进商品的种类或批次，设置明细账，并根据有关凭证进行登记核算。在零售企业，可将所经营的全部商品的成本作为整体进行上述各账户的核算。在大中型企业，一般是按照商品的大类或按营业柜组设置并进行明细核算。

下面，根据商品流通企业经营业务特点和管理要求，分别阐述商品批发和零售商品采购和销售成本核算的基本方法。

二、商品批发企业的成本核算

商品批发企业的成本核算，一般应按供货单位、商品类别等设置明细账进行明细核算。

（一）批发企业商品（物资）采购成本的核算

商品批发企业应该设置"商品（物资）采购"或"在途物资"账户，核算购入商品的采购成本。企业为了供应和销售给外单位而购入的各种商品，不论是否通过本企业仓库储存，凡是通过本企业结算货款的，都应当在该账户核算商品采购成本。企业购入商品时，根据增值税专用发票上列示的价款，借记"商品（物资）采购"或"在途物资"账户；根据专用发票上注明的增值税税额，借记"应交税金——应交增值税（进项税额）"账户；根据应付或实付的金额，贷记"应付账款""应付票据""银行存款"等账户。待商品验收入库时，按进价借记"库存商品"账户，贷记"在途物资"账户。该账户如有期末余额在借方，表示企业在途商品的采购成本。按现行制度规定，商业企业可以作为进项税额抵扣的增值税，其在采购环节所支付的增值税税额，不包括在采购成本中。

（二）批发企业商品库存成本的核算

商品批发企业应该设置"库存商品"账户，核算库存商品的成本。在购进的商品入库时，按其采购成本，借记该账户；在结转已销售商品的成本时，贷记该账户。账户期末余额，为期末库存商品的成本。

（三）批发企业商品销售成本的核算

商品销售成本是指已销商品的进价成本。由于同一种商品购入的时间和地点不同，各批已销商品的进价也往往不同，因此必须根据商品经营情况和管理要求等，采用一定的方法正确计算商品销售成本。商品销售成本可供选择的计算方法主要有先进先出进价法、加权平均进价法、移动加权平均进价法、个别进价法和毛利率法五种方法。方法一经确定，为了保证会计信息可比，不能随意变更。其中，先进先出进价法、后进先出进价法、加权平均进价法、移动加权平均进价法和个别进价法可以比照工业企业材料发出的核算，下面主要介绍毛利率法。

毛利率法是根据本期商品销售收入乘以上季度实际毛利率（或本季度计划毛利率），匡算出本期已销商品毛利额，再据以计算本期商品销售成本的一种方法。其有关计算公式如下：

$$上季度实际（或本季度计划）毛利率 = \frac{上季度实际（或本季度计划）已销商品毛利额}{上季度实际（或本季度计划）商品销售收入} \times 100\%$$

$$= \frac{上季度实际（或本季度计划）商品销售收入 - 上季度实际（或本季度计划）已销商品进价成本}{上季度实际（或本季度计划）商品销售收入} \times 100\%$$

本月已销商品毛利额=本月商品销售收入×上季度实际（或本季度计划）毛利率

本月商品销售成本=本月商品销售收入-本月已销商品毛利额

　　　　　　　　=本月商品销售收入×（1-上季度实际或本季度计划毛利率）

一般来说，商业企业同类商品毛利率大致相同，而各类商品的毛利率相差较大，为了简化计算工作，比较正确地计算商品销售成本，可先按商品类别计算出各类商品销售成本，再汇总计算全部商品销售成本。采用这种方法，还应按商品类别增设"库存商品"和"商品销售收入"二级账目，以便于计算各类商品的实际毛利率和销售成本。对于库存商品明细账平时只记数量，不记金额。

【例 12-1】某批发企业第一季度 A 商品销售收入为 5 000 000 元，其销售成本为 4 000 000 元；4 月该商品销售收入为 200 000 元。A 商品 4 月商品销售成本计算如下：

A 商品第一季度毛利率=（5 000 000-4 000 000）÷5 000 000×100%=20%

4 月份 A 商品销售成本=200 000×（1-20%）=160 000（元）

将计算出的商品销售成本从"库存商品"账户转入"主营业务成本"账户，其会计分录如下：

借：主营业务成本　　　　　　　　　　　　　　　　　　　160 000
　　贷：库存商品　　　　　　　　　　　　　　　　　　　　　　160 000

毛利率法下，由于本月毛利额是根据上季度实际毛利率或本季度计划毛利率匡算的，因而计算结果反映的并非是实际成本。为了提高每季度商品销售成本计算的正确性，每季度末应采用前述五种方法中的一种，在库存商品明细账中计算出该季度已销商品的实际成本，用该季度商品实际销售成本减去前两个月已结转的匡算成本，得出该季度第三个月应结转的销售成本，以调整前两个月的销售成本。经过调整计算之后，该类商品的库存商品价值和销售进价成本就与实际相符合了。

毛利率法下，商品销售成本是按商品类别综合计算的，不是按商品品种、规格分别计算的，因而简化了成本计算工作。但如果各月毛利率水平相差很大，或者计划毛利率不够准确，各月成本计算的正确性会受到影响。这种方法只适用于各季度商品实际毛利率差异不大，且经营品种较多、按月计算销售成本有困难的企业。

三、商品零售企业商品采购和销售成本的核算

在商品零售企业，售价金额核算法为多数企业所采用。

（一）售价金额核算法的基本内容及核算要点

售价金额核算法是在建立实物负责制的基础上，利用商品售价金额来控制库存商品的数量，将商品核算和商品管理结合起来的一种方法。售价金额核算法主要有以下几方面的内容。

（1）建立实物负责制。零售企业采用售价金额核算法，库存商品明细账只记金额，不记数量，因此不利于加强库存商品实物的管理。为避免这一缺陷，需要按照经营和保管商品的品种类别，划分若干不同的营业柜组，对其所经营的全部商品的数量、质量负责。

（2）库存商品按售价金额入账。库存商品总账按照售价金额登记，按售价金额总括反映库存商

品的增减变化及其结果。库存商品明细账按营业柜组设置，并用售价金额控制营业柜组所经营和保管的商品。这里的售价是指含增值税的售价。

（3）设置"商品进销差价"账户。零售企业库存商品采用售价金额核算时，应设置"商品进销差价"账户。该账户是"库存商品"账户的调整账户，用于核算含税的售价与不含税的进价之间的差额。该账户贷方登记由于购入、加工收回以及销售退回等增加的库存商品售价大于进价之间的差额，借方登记已销商品应分配的进销差价。该账户贷方余额为结存商品售价大于进价的差额。该账户明细账的设置应与库存商品明细账的设置一致，即按营业柜组设置并进行明细核算。

（4）加强实地盘点制度。每月应对库存商品进行盘点，将各营业柜组所经营的各种商品盘存数量分别乘以各种商品售价的积数总和与账面核对相符，以考核各营业柜组岗位责任制执行情况和加强对库存商品实物的管理。

（5）建立健全各业务环节手续制度，明确经济责任，加强管理。零售企业要建立健全商品购进、销售、调价、盘点、升溢、损耗等各项业务手续制度，并填制有关的业务凭证，加强物价管理、商品管理和销货款管理。

（二）售价金额核算法下商品销售成本的核算方法

采用售价金额核算法的零售企业，在商品销售后，按售价借记"主营业务成本"账户，贷记"库存商品"账户。为了简化核算工作，平时通过"商品进销差价"账户归集购进商品的进销差价，而不随商品的销售随时计算和结转已销商品进销差价。由于"主营业务成本"账户，平时反映不出已销商品的进价成本，因而平时账面上也就反映不出销售商品实现的毛利。为了正确反映商品销售成果以及期末结存商品的实际成本，每月月末需将全部商品进销差价在已销商品和结存商品之间分配，将已销商品应分配的进销差价月末一次转入"主营业务成本"账户的贷方，这样，"主营业务成本"账户按售价反映的借方发生额减去其贷方反映的应分配进销差价，就得出按进价反映的商品销售成本。已销商品应分配的进销差价即销售商品实现的毛利。

已销商品应分配的进销差价计算如下：

（1）已销商品应分配的进销差价计算

① 计算商品进销差价率。商品进销差价率可以按照全部商品的存、销比例计算，也可以按照各柜组或各类商品的存、销比例计算，前者称为综合平均差价率，后者称为分类差价率。采用分类差价率比采用综合平均差价率缩小了计算范围，计算结果比较准确，运用较为普遍。商品进销差价率的计算公式如下：

$$进销差价率=\frac{月末分配前的"商品进销差价"账户余额}{月末"库存商品"账户余额+月末"受托代销商品"账户余额+本月"主营业务收入"贷方发生额}\times100\%$$

公式中的"商品进销差价""库存商品""受托代销商品""主营业务收入"等账户金额均为含增值税的金额。在采用综合平均差价率计算法下，可从有关总账账户记录取得；在采用分类差价率计算法下，可从有关明细账账户记录取得。

② 计算本月已销商品应分配的进销差价。其计算公式如下：

本月已销商品应分配的进销差价=本月"主营业务收入"账户贷方发生额×商品进销差价率

（2）核实和调整商品进销差价

为正确核算商品销售成本与经营成果，在年终结算时应对商品进销差价进行核实并调整。核实和调整商品进销差价的具体做法如下：

① 各柜组对全部商品进行盘点，根据每种商品的实存数量，分别乘以该种商品的进价和售价，计算出每种商品的进价金额和售价金额，并汇总计算出全部结存商品的进价金额和售价金额，再进一步计算出全部商品的进销差价。其计算公式如下：

结存商品进价金额=Σ（各种商品实存数量×各该商品进价）

结存商品售价金额=Σ（各种商品实存数量×各该商品售价）

结存商品进销差价=结存商品售价金额-结存商品进价金额

② 调整商品进销差价。将核实得出的结存商品进销差价与调整前"商品进销差价"账户余额做比较，如果前者大于后者，说明以前月份多转了商品进销差价，少算了销售成本，虚增了毛利，应予以调整，借记"主营业务成本"账户，贷记"商品进销差价"账户；如果前者小于后者，说明以前月份多转了商品进销差价，多算了商品销售成本，应借记"主营业务差价"账户，贷记"商品销售成本"账户。

（三）售价金额核算法下商品销售成本的核算举例

【例12-2】某零售企业商品销售成本采用售价金额核算法进行核算，假定201×年7月31日"库存商品""主营业务收入"和"商品进销差价"账户的有关资料如表12-1所示。

表12-1 有关科目月末余额

201×年7月31日

单位：元

柜组	"库存商品"月末余额	"商品销售收入"本月发生额	"商品进销差价"月末余额
A组	1 000 000	4 000 000	1 100 000
B组	2 000 000	3 000 000	900 000
合计	3 000 000	7 000 000	2 000 000

根据上述资料，计算各柜组差价率及各柜组已销商品应分摊的进销差价（见表12-2）。

表12-2 商品进销差价计算表

单位：元

柜组	月末分配前"商品进销差价"账户余额①	月末"库存商品"账户余额②	本月"商品销售收入"账户贷方发生额③	进销差价率 $④=\dfrac{①}{②+③}×100\%$	已销商品进销差价 $⑤=③×④$	库存商品结存进销差价 $⑥=①-⑤$
A组	1 100 000	1 000 000	4 000 000	22%	880 000	220 000
B组	900 000	2 000 000	3 000 000	18%	540 000	360 000
合计	2 000 000	3 000 000	7 000 000		1 420 000	580 000

根据表12-2的计算结果，编制会计分录如下：

借：商品进销差价——A组　　　　　　880 000

　　　　　　——B组　　　　　　540 000

　贷：主营业务成本——A组　　　　　　　880 000

　　　　　　——B组　　　　　　　540 000

已销商品分配进销差价后，商品销售成本调整为按进价反映的商品销售成本 5 580 000（7 000 000-1 420 000）元。

第三节　农业企业成本核算

农业是国民经济的基础，是一个重要的综合性物质生产部门。广义的农业，包括农、林、牧、渔各业，是指通过生物的种养和生长繁殖取得产品。正确、及时地核算种植、养殖业生产中所耗费的各项支出，计算农产品成本，对于正确制定农产品价格政策，降低成本，提高经济效益，促进农业生产的发展，具有重要的意义。

一、农业企业成本核算概述

农业企业成本核算的特殊性，主要因农业生产活动的特殊性而产生。

农业产品的生产过程为其经营过程中必不可少的基本环节，产品成本是其成本管理与核算的基本内容，其成本核算应该可以参照工业企业进行。但是，农业生产与工业生产有着较大区别，这决定了农业企业不能完全照搬工业企业产品成本核算的方法与程序。

（一）农业生产的特殊性及对成本核算的影响

农业生产具有以下特殊性。

（1）土地，包括水面、山场等自然资源，是农业生产的基本生产资料，也是其最重要的经济资源。但对于土地资源费用如何计入成本，变数很多。

（2）以有生命的动植物为劳动对象。无论是种植业、养殖业、林业还是水产业，其劳动对象都是有生命的，这个特点决定农业生产是一个极其复杂的过程，这增加了其成本计算难度。

（3）商品生产与自给性生产交织，生产的组织形式复杂多样，增加了成本计算难度。

（4）农业的生产过程同时也是一个自然过程，其生产周期与动植物的生命周期融合，生产成果及其成本费用受自然因素变化影响明显，增加了成本计算难度。

（5）农业生产一般采用多种经营的方式，利用同一土地资源，甚至通过同一劳动过程，生产出多种不同的产品，因而各种产品的成本费用交织，不能明确划分，产品成本核算对象确定困难，成本计算过程也会非常烦琐。

（二）农业企业成本核算对象的确定

由于农业生产一般采用多种经营的方式，企业生产的产品具有多样化的特点，如果分别单独计算每一种产品成本，成本核算对象就会很多，成本计算也会非常烦琐。为简化成本核算工作，一般采用主要产品单独计算成本，次要产品分业合并计算成本的方法。

在农产品生产中，通常是将大田作物中的小麦、玉米、大豆、水稻、棉花等主要产品单独作为成本计算对象，其他次要产品则分业合并计算成本；在蔬菜生产中，按照生产方式，如露天蔬菜、温室蔬菜、温床蔬菜等，确定成本计算对象。

在林产品生产中，一般是将橡胶、果、桑、茶等经济林木单独确定为成本对象，并按育苗、定植抚育、采割三个阶段核算成本；其他林木则合并核算成本。

在畜牧业生产成本核算中，原则上按群别作为对象，分群核算成本。但也可计算混群成本。

在水产品养殖中，一般按品种作为成本计算对象，也可以计算混养成本。

（三）成本计算期

由于农、林、牧、渔各种产品的生产要受自然生长周期的制约，因此成本计算期不尽相同。对于一年中只收获一次或几次产品的粮、棉、果、桑、茶等农产品，应在产品收获期计算生产成本，成本计算期与生产周期基本一致，一般不存在完工产品与在产品成本费用分配问题；养殖业一般按年计算成本，对于经常有产品产出的，如家禽、家畜、橡胶等生产，可以按月计算。

（四）农业生产成本核算账户设置

进行农业生产的产品成本核算，应设置"农业生产成本"账户，并按种植业、养殖业、畜牧业、林业和水产养殖业确定成本核算对象和成本项目分别反映。若企业规模大，则应分别设置"农业生产成本""林业生产成本""畜牧业生产成本""渔业生产成本""副业生产成本"等账户进行成本核算并按成本项目分别反映。各账户借方分别登记产品生产中发生的各项生产费用，贷方登记生产完成的各产品生产成本，期末借方余额反映尚未完成的在产品成本。农业生产的成本项目主要包括直接材料、直接人工、其他直接费用、制造费用、往年费用（指多年生作物如人参，投产前所发生的应计入本期产品成本的费用）等项目；林业和畜牧业（包括渔业）生产的成本项目主要包括直接材料、直接人工、其他直接费用、制造费用等项目。

（五）农业生产费用归集与分配的基本原则

农业企业发生的直接材料、直接人工费用，应在发生时直接记入"农业生产成本""林业生产成本""畜牧业生产成本""渔业生产成本"等各成本账户。

发生的其他直接费用，如农业生产的机械作业费、灌溉费等，应在发生时记入"机械作业费""辅助生产成本"等账户，期末再分配转入上述各成本账户的相应成本项目。

发生的间接费用应在发生时记入"制造费用"账户，期末再按一定标准分别转入生产成本。在将各项费用进行核算分配后，各项费用就归集在各业成本计算账户中，经过计算可以得出产品成本。

对于农业企业的管理费用、财务费用与销售费用，一般也是作为期间费用，在生产成本外进行核算。

二、种植业成本核算

（一）大田作物成本核算

大田作物是指粮、棉、豆等农作物。按生长周期可分为当年生大田作物和多年生大田作物两类。

1. 当年生大田作物成本计算

当年生大田作物一般是指当年种植，当年收割一次或多次的农作物，如玉米、大豆等；也有跨年收割的农作物，如北方地区越冬小麦。

当年生大田作物成本计算公式如下：

$$某种农作物单位面积成本=\frac{该种农作物生产总成本}{该种农作物播种面积}$$

$$某种农作物主产品单位成本=\frac{该种农作物生产总成本-副产品价值}{该种农作物主产品总产量}$$

2. 多年生大田作物成本计算

多年生农作物包括一次收割的多年生作物和多次收割的多年生作物，主要有人参、甘蔗、剑麻、胡椒等经济作物品种。多年生大田作物成本计算公式如下：

$$一次收获的多年生某种作物的主产品单位成本=\frac{截至收获月份的累计费用-副产品价值}{该种作物主要产品本年总产量}$$

$$多年生某种作物的主产品单位成本=\frac{往年费用本年摊销费+本年全部费用-副产品价值}{某种作物主产品本年总产量}$$

3. 间种、套种、混种作物以及按作物组核算的各产品成本计算

其计算公式如下：

$$某种作物播种面积=\frac{该种作物实际播种量}{该种作物单播每亩定额播种量}$$

$$某种作物分配的成本费用=该种作物播种的面积×\frac{间种、套种、混种或作物组总成本费用}{间种、套种、混种或作物组播种总面积}$$

在上述公式中，副产品指农业生产过程中附带产生出来的次要产品，如小麦的麦秸、大豆的豆秸、水稻的稻草、棉花的棉籽等，其成本一般按销售价格、计划价格确定。如果副产品不对外出售，如实行秸秆还田，则不计算其成本。

（二）蔬菜生产成本核算

按蔬菜生产环境条件、技术过程不同，可分为露天栽培和工业化栽培两类。

1. 露天栽培蔬菜成本核算

露天栽培蔬菜，是指未加任何保护，在露天土地上及自然条件下，所进行的蔬菜栽培。这种蔬菜生产方式尤其适宜在夏季大面积栽培时采用。

计算露天栽培蔬菜成本时，应按照蔬菜的品种归集生产费用，除以各自的产量就是每种蔬菜的单位成本。如果在栽培面积不大或不以蔬菜为主的情况下，可将各种蔬菜合并设置一个明细账归集生产费用，然后在不同蔬菜间进行费用分配。分配标准可选择计划成本比例法、系数法等。

2. 工业化蔬菜栽培成本核算

工业化蔬菜栽培，是指在温床或温室等有保护的特殊环境下栽培蔬菜。这种蔬菜生产方式主要在冬春两季及秋季栽培反季节蔬菜时采用。

对于工业化蔬菜栽培，可参照简化的分批法计算成本：凡是能分清费用受益对象且能够直接计入成本的各种直接费用，可直接计入该产品的成本；对各种蔬菜共同耗用的费用，如温室折旧费、供暖费等，在产品采摘销售时，采用温室平方米数（温室栽培下）或床格日数（温床栽培下）等标准，计算某项间接费用累计分配率，按比例分配间接费用，计算成本。计算公式如下：

某项间接费用累计分配率=该间接费用累计额/温室平方米（温床格）数×日数

某品种蔬菜应分配的间接费用=该蔬菜生长期×蔬菜占用温室平方米（温床格）数×累计分配率

【例 12-3】某农业企业冬季在温室栽种西红柿、黄瓜等蔬菜。1 月发生的累计温室间接费用为 18 000 元，温室总面积为 1 200 平方米。当月采摘上市的西红柿占用 600 平方米，生长期为 35 天；黄瓜占用 200 平方米，生长期为 40 天。其西红柿、黄瓜应分配的温室间接费用计算如下：

累计间接费用分配率=18 000/（1 200×30）=0.5

西红柿应分配的间接费用=600×35×0.5=10 500（元）

黄瓜应分配的间接费用=300×40×0.5=6 000（元）

月末温室间接费用累计余额=18 000-10 500-6 000=1 500 元，结转下月，在产品采摘上市后分配。

三、林业生产的产品成本核算

林产品与种植业产品的生产有很大不同，其劳动对象通常会形成"生物资产"。

林产品一般是指经济林木的生产，包括橡胶、果、桑、茶等。林业生产成本是指在培育林业产品过程中发生的各项记入"林业生产成本"账户的支出。它按照育苗、定植抚育、采割三个阶段分别核算成本。经济林木抚育成材，可生产林产品后，应按实际成本转入固定资产。

发生育苗成本费用时，借记"林业生产成本——×树苗"，贷记有关科目；对树苗进行抚育时，借记"林业生产成本——×树苗抚育"，贷记"林业生产成本——×树苗科目"；若树苗起用销售，则借记"主营业务成本"，贷记"林业生产成本——×树苗科目"。单株树苗成本可以通过总费用除以总株数确定。

定植抚育阶段（由移苗定植到交付使用的期间）发生的成本费用，如树苗费、人工费、病虫防治费等成本项目与育苗相同。将归集的费用按计划价格或抚育年限在成林与未成林林木间进行分配，将成林部分成本直接转入"固定资产"。

采割阶段是指经济林木在投产后因管理及采割林产品而发生的费用，如采摘费用、肥料费、林木抚育管理费等。按产品成本计算区间为：橡胶算至加工成干胶片，茶算至加工成商品茶，果算至装箱（筐）。没有加工设备的，橡胶算至鲜乳胶，茶算至鲜叶。该阶段的成本包括当年的抚育费及本年度产品产出前停采、停割期间的费用，产品产出后发生的停采、停割期间的费用作为在产品成本结转下年度成本。

四、养殖业成本核算

养殖业可分为畜牧养殖业和水产品养殖、捕捞业两类。

（一）畜牧养殖业生产成本核算

畜牧养殖业是利用畜禽等已经被人类驯化的动物，或者鹿、麝、狐、貂、水獭、鹌鹑等野生动物的生理机能，通过人工饲养、繁殖，以取得肉、蛋、奶、羊毛、山羊绒、皮张、蚕丝和药材等畜产品的生产部门。养殖业是农业的重要组成部分，与种植业并列为农业生产的两大支柱。

畜牧养殖的生产成本，包括饲养成本、增重成本及畜禽产品成本。在原则上，畜牧业应分饲养种群设置明细账并核算成本。畜牧业生产有时也按畜禽种类设置明细账，混群核算成本。

畜牧业生产通过设置"畜牧业生产成本"账户进行成本核算。该账户借方登记归集的各项饲养费用，贷方登记转出的主产品和副产品成本，借方余额为在产品成本。

以下以乳牛业为例，简单介绍其成本计算原理。

在乳牛业成本计算中，可按"基本牛群""未满 6 个月仔牛""6 个月以上幼牛"设置明细账分别归集生产费用。

（1）基本牛群成本。基本牛群有牛乳和仔牛两种主要产品，另外产生副产品（如厩肥、牛毛），所以费用应在两者间进行分配，仔牛与牛乳价值通常按 1 头仔牛 = 100 千克牛乳的比例换算。公式如下：

$$每千克牛乳成本=\frac{基本牛群全年饲料养费用-副产品价值}{全年牛乳产量+全年牛仔数量×100}$$

每头仔牛成本=每公斤牛乳成本×100

在上述计算分配完成后，应将归集的成本费用分别转入"主营业务成本——牛乳""幼畜及育肥畜——6 个月以下仔牛"和"辅助生产——粪肥"等账户。

【例 12-4】某奶牛场本年归集基本牛群饲养费用为 120 800 元，本年繁育仔牛 12 头，生产并出售牛乳 98 800 千克，生产厩肥估计价值 800 元。

每千克牛乳成本=（120 800-800）÷（98 800+12×100）=1.2（元/千克）

（2）未满 6 个月仔牛、6 个月以上幼牛成本。仔牛及幼牛的主产品为增重量，副产品为厩肥及死畜毛皮等。为计算未满 6 个月仔牛、6 个月以上幼牛成本，应设置 "幼畜及育肥畜"账户，下设"未满 6 个月仔牛"及"6 个月以上幼牛"明细账户。该账户借方登记购（转）入数，贷方登记出售（转出）数，借方余额反映结存的活重成本。公式如下：

某畜群增重量=期末该畜群的活重+本期离群活重（包括死亡）-期初结存及本期转入的活重

$$某畜群增重单位成本=\frac{该畜群饲养费用-副产品价值}{该畜群的增重量}$$

增重量与活重量是不可分割的两部分，因此在计算增重成本时同样要计算活重的成本，以便更好地掌握牲畜生长发展的动态结果。活重成本计算公式如下：

某畜群活重量=期末该畜群的活重+本期离群活重（不包括死亡活重）

$$某畜群单位活重成本=\frac{期初活重成本+本期增重成本+本期购（转）入的成本+饲养费用（含死畜费用）-副产品价值（含死畜残值）}{该畜群的增重量}$$

在经过上述成本计算分配后，应编制相应会计分录，将各项费用转入"幼畜及育肥畜"及"辅助生产"等账户。

【例 12-5】某肉牛饲养场某月一年以上牛群累计饲养费用 98 000 元，当月厩肥估价 2 000 元。其生产成本明细账有关资料如下：

表 12-3 肉牛生产成本明细账

摘要	头数	活重（千克）	费用（元）
期初结存	53	21 200	263 500
本期转入	18	5 400	64 800
期内增重（净）	—	832	9 600
合 计	—	27 432	337 900
本期转出（出售）	30	15 000	187 500
本期死亡	1	400	—
期末结存	40	12 032	150 400

根据上述资料，计算当月牛群增重净成本、增重量、活重量、增重单位成本、活重单位成本、本期转出活重成本与期末结存活重成本。

本月增重净成本=9 800-200=9 600（元）

增重量= 12 032 + 15 000+400-21 200-5 400=832（千克）

活重量= 12 032 + 15 000 = 27 032（千克）

增重单位成本=9 600/832=11.54（元/千克）

活重单位成本=（263 500+64 800+9 600）/27 032=12.5（元/千克）

本期转出活重成本=15 000×12.5=187 500（元）

期末结存活重成本=12 032×12.5=150 400（元）

（二）水产品养殖、捕捞业成本核算

水产品养殖、捕捞业生产主要是指对水生动植物的育苗、养殖及捕捞等业务。养殖又包括淡水养殖、海水养殖，具体有淡水养鱼、虾、蟹、珍珠等及贝类、藻类等的海水养殖；捕捞业又包括天然江、河、湖泊及海洋捕捞。

水产品养殖和捕捞业通过设置"渔业生产成本"账户核算成本。该账户借方登记发生的生产费用，贷方登记转出的养殖、捕捞成本，借方余额反映在产品的成本。

以下以养鱼为例，进行简单说明。

育苗阶段的生产费用以鱼苗为成本计算对象，归集各项费用并按鱼苗尾数计算单位成本。育苗阶段的成本主要是鱼苗成本及养殖时期发生的各种费用。

如果属于专池放养一次打捞的，应将各期费用逐期结转，在捕捞时再把一次捕捞费用相加就是成鱼的总成本。将其与产量相除可得单位成本。

如果属于逐年放养逐年捕捞，则归集的当年费用及其捕捞费用可以全部由捕捞的成鱼负担，而不计算池鱼成本（在产品成本）。如果需要，也可以在捕捞时将费用（不包括捕捞费用）采用一定标准分配给成鱼和池鱼，如采用重量比例为分配标准。

第四节 | 建筑施工企业成本核算

施工企业是指从事建筑安装工程施工生产活动的企业。施工工程包罗万象，既有房屋、构建物的建造工程，又有管道施工、矿井开凿、石油钻井、水利工程等。

一、施工企业成本核算概述

（一）施工企业生产活动的特殊性及其对成本核算的影响

与一般的工业企业相比，施工企业的生产主要具有以下一些特点。

（1）施工活动具有分散性，作业地点具有固定性。建筑安装工程生产活动在一项工程未完之前，生产地点是固定的，即在建设单位事先规定的地点、地段从事建筑安装工程施工；但建筑施工企业的施工活动，通常是分散在各个工地进行的。

由于施工活动的分散性及作业地点的固定性，使得在施工企业中，分级核算工作受到充分的重视。

（2）产品具有单件且不重复性，工程项目具有多样性。由于施工企业的施工应按照建设单位的要求，根据设计图纸组织施工，每一项工程一般都有特定的目的和专门用途，具有独特的形式、结构；施工企业在组织生产施工时，应根据工程的具体设计方案以及地形、地貌、水文等自然条件和交通运输、当地风俗习惯等各种社会条件，来确定具体的施工方法，并在必要时根据需要对设计图纸及施工方法、施工组织等进行适当调整。因此，建筑安装工程产品具有单件且不重复性，工程项目具有多样性的特点。

工程项目具有多样性的特点决定了施工企业的成本不能按实物计量单位与上期同类工程成本对比，而只能将实际成本与预算成本进行对比。

（3）工程作业受自然和气候条件影响大。由于建筑安装工程通常是在露天条件下进行施工，因此施工机械设备的使用寿命不仅受使用磨损的影响，还会受到自然力侵蚀的影响。同时，因四季施工条件不同，导致冬季、雨季施工量较少，机械使用情况不平均，尤其是在北方，冬季施工几乎难以进行。

所以，在进行费用分配时，应将当月发生的费用采用合理的方法按照全年工程数量平均分配，而不宜将发生的费用全部计入当月工程成本。还如，在确定施工机械设备的折旧期限时，不仅要考虑预计使用期限，还要考虑实际使用时间。

（4）工程规模大，施工期长。一项大的工程，通常需要跨年度进行。确定成本计算期，应考虑工程工期长这一特点。

（二）施工企业成本、费用的内容

施工企业在一定时期内为建筑安装工程施工所发生的各种耗费的货币表现就是建筑安装生产费用。以工程为对象进行各项生产费用的归集、分配，就形成建筑安装工程成本。生产费用以时间为依据计算，而工程成本按照工程项目计算。两者计算的基础不同，本期发生的生产费用并非全部计入本期工程成本，而本期工程成本却可能负担非本期发生的生产费用。另外，本期发生的生产费用中，有些属于不计入工程成本的期间费用，需要计入发生各期的管理费用和财务费用账户。因此，正确认识建筑安装工程成本费用的内容，对于正确计算成本有非常重要的意义。

1. 按经济用途分类

建筑安装工程成本费用按其经济用途，可以分为计入成本的费用和不计入成本的期间费用两部分。

（1）计入成本的费用。它按成本项目可分为以下内容。

① 材料费，指企业在工程施工过程中所耗用的构成工程实体或有助于工程形成的各种主要材料、辅助材料、结构件、零配件、半成品的费用及周转材料的摊销和租赁费用。

② 人工费，指直接从事建筑安装工程施工的工人（不包括机械施工人员）的工资及福利费用。

③ 机械使用费，指工程施工过程中使用自有施工机械所发生的机械使用费（包括机械操作人员人工费、燃料及动力费、机械折旧费、修理费、替换工具及部件费、养路费、辅助设施费等）及租用外单位施工机械的租赁费与施工机械安装、拆卸和进出场费。

④ 其他直接费用，指施工过程中发生的材料二次搬运费，临时设施摊销费，现场施工用水、电、气、风等费用，冬雨季施工增加费，夜间施工增加费，流动施工津贴，生产工具用具使用费，试验检验费，工程定位复测和场地清理费等。

⑤ 间接费用，指企业各施工单位，如工程处、施工队、工区等为组织和管理施工生产活动而发生的各项费用。它包括临时设施摊销费、施工单位管理人员工资、职工福利费、折旧费、修理费、工具用具使用摊销费、财产保险费、检验试验费、取暖费、水电费、办公费、差旅交通费、劳动保护费等。

（2）不计入成本的期间费用，指施工企业在施工生产过程中发生的、不能归属于工程成本，而应直接计入当期损益的费用。它包括管理费用和财务费用。

① 管理费用。管理费用是指企业行政管理部门为管理和组织经营活动而发生的各项费用。它包括公司经费、工会经费、职工教育经费、劳动保险费、待业保险费、董事会费、咨询费、审计费、诉讼费、排污费、绿化费、税金、土地使用费、土地损失补偿费、技术转让费、技术开发费、无形资产摊销、开办费摊销、业务招待费、坏账准备、存货盘亏及毁损和报废（减盘盈）损失等。

② 财务费用。财务费用是指企业为筹集资金而发生的各项费用。它包括企业经营期间发生的利息净支出、汇兑净损失、金融机构手续费，以及筹资发生的其他财务费用。

费用按照经济用途分类，可以反映工程成本的构成，便于建筑施工企业进行成本费用的考核与控制，明确经济责任，分析成本费用开支的合理性。

2. 按经济性质分类

建筑安装工程成本费用按照其经济性质不同，可分为外购材料、外购燃料、工资与提取的职工福利费、外购动力费、折旧费、利息支出、税金以及其他支出，与工业企业相类似。

3. 按与工程量增减变化之间的关系分类

建筑安装工程成本费用按其与工程量增减变化之间的关系，一般可以分为变动费用和相对固定费用两类。变动费用是指费用总额随工程量的增减而增减的费用，如直接用于工程的材料费，机械使用费中的动力、燃料费等。这些费用会随工程量的增减而成正比例变化。相对固定费用是指费用总额不随工程量的增减而增减的费用，如间接费用，机械使用费中的机械折旧费，各施工单位管理人员的工资、办公费等。这些费用随着工程量的增加分摊到单位工程的费用反而减少。

（三）施工企业成本核算对象的确定

确定建筑安装工程成本核算对象，通常有以下几种情况。

（1）以单位工程为成本核算对象。对具有独立设计文件及施工图预算的单位可作为成本核算对象。

（2）以建筑群体为成本核算对象。对于结构类型相同，施工时间相近，并在同一地点施工的建筑群体，为简化成本计算，可以合并为一个成本核算对象。

（3）以分部工程为成本核算对象。对于规模大、工期长的工程及推行新结构、新材料、新工艺的工程，根据需要，可以按其工程部位作为成本核算对象。

在工程成本核算对象确定后，会计人员应根据成本核算对象，分别设置工程成本明细账，归集和计算其费用及成本。

（四）施工企业成本核算的账户设置

为及时、准确地核算工程实际成本，施工企业应按照一定的程序组织成本核算工作。工程成本的核算一般应设置以下成本会计科目。

（1）"工程施工"（或生产成本——工程施工）。该科目核算施工企业在建筑施工工程中发生的计入工程成本的各项支出。该科目借方核算施工过程中发生的材料费、人工费、机械使用费及其他直接费用等各项直接费用以及分配的间接费用。在直接费用发生时，可直接记入"工程施工"科目的借方；对于发生的间接费用，应在发生时记入"工程施工——间接费用"科目归集，期末再按照一定标准分配，分别计入各有关工程的成本。该科目的贷方核算结转的已完工工程、竣工工程成本，期末余额为期末未完工工程的实际成本。

（2）"机械作业"（或生产成本——机械作业）。该科目核算施工企业及内部独立核算的施工单位、机械站、运输队在使用自有（非租入）施工机械和运输设备进行机械作业时（包括施工、运输作业等）所发生的各项费用。该科目借方登记发生的各项费用，主要包括人工费、燃料及动力费、折旧及修理费、其他直接费用、间接费用（指为组织和管理机械作业生产所发生的费用）等费用项目；贷方登记分配结转的费用。期末对归集的费用根据不同情况进行分配，凡为本单位承包的工程发生的机械作业费，记入"工程施工——机械使用费"科目借方；对外提供机械作业应负担的费用，则结转记入"其他业务支出"科目。在费用分配完成后，该科目应无期末余额。

（3）"辅助生产"（或生产成本——辅助生产）。该科目核算非独立核算的辅助生产部门为工程施工、机械作业、专项工程等提供的各种劳务（如设备修理、水电供应等）所发生的各项费用。该科目的借方为按照各劳务类别及费用项目分别归集的各种费用支出，其费用项目一般包括材料费、人工费、其他直接费用、间接费用（为组织和管理辅助生产所发生的费用）等；贷方核算分配结转的费用。期末将归集的辅助生产费用根据不同的情况分别结转记入"工程施工""机械作业""管理费用""其他业务支出"等科目的借方，期末余额为未完工的辅助生产在产品实际成本。

（五）施工企业的成本按算程序

施工企业成本核算的账务处理的一般程序如下：

（1）按要素费用项目，归集并分配费用；

（2）分配辅助生产费用；

（3）归集、分配机械作业与工程施工的各项间接费用；

（4）归集、分配工程施工成本；

（5）结转工程结算成本。

其成本核算程序如图 12-2 所示。

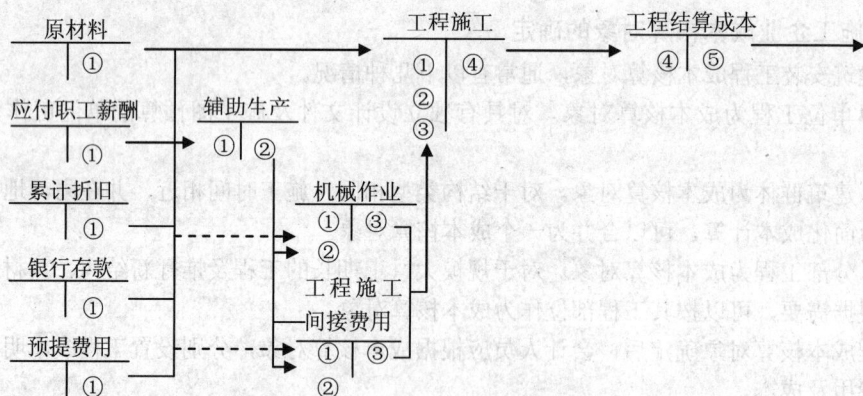

图 12-2　施工企业成本核算账务处理程序

二、建筑施工成本计算的特殊方法

（一）材料费的归集分配方法

建筑安装工程耗用的材料品种较多，数量较大，领用的次数也较频繁，因此，核算工程材料费用时，应区别不同情况，采取不同的方法进行归集和分配。

（1）在领用时能点清数量、分清用料对象的材料。应在领料凭证上填明受益成本计算对象的名称，财会部门据以直接记入受益成本计算对象的"材料费用"项目。

（2）在领用时能点清数量，但属于集中配料或统一下料的材料。如油漆、玻璃、木材等，应在领料凭证上注明"集中配料"字样，月末由材料部门会同领料班组，根据配料情况，结合材料耗用定额编制"集中配料耗用计算单"，据以分配计入各受益成本计算对象。

（3）既不易点清数量，又难分清受益成本计算对象领用量的材料。对此类材料，如砂、石等大堆材料，可根据具体情况，先由材料员或施工生产班组保管，月末进行实地盘点。先用月初结存量加上本月收入量再减去月末盘点结存量求出本月实际耗用总量，然后根据各工程成本计算对象所完成的实物工程量及材料耗用定额，编制"大堆材料耗用计算单"，据以分配记入有关成本计算对象"材料费"项目。

举例说明如下。

【例12-6】某企业各项工程共同耗用大堆材料石子，其费用按月在各项工程间分配。

有关资料如下：

（1）上月盘存148吨，本月收入520吨，月末盘存80吨。石子每吨成本为35元。

（2）各项工程完成的混凝土工程量和每立方米混凝土石子消耗定额及定额耗用量如表12-4所示。

表12-4　石子定额耗用量计算表

工程项目	完成混凝土工程量（平方米）	消耗定额（吨/平方米）	总耗用量（吨）
A 工程	280		392
B 工程	120	1.4	168
合计	400		560

根据上述资料，计算分配各项工程应负担材料成本如下：

（1）计算本月石子实际耗用量：

本月石子实际耗用量=148+520−80=588（吨）

（2）以定额耗用量为分配标准，计算各项工程应负担的实际消耗量。计算结果如下：

分配率=588÷560=1.05

A 工程应负担的石子实际消耗量=392×1.05=411.60（吨）

B 工程应负担的石子实际消耗量=168×1.05=176.40（吨）

（3）根据各项工程实际耗用量和材料单价，计算并结转各项工程耗用材料成本：

A 工程耗用石子成本=411.60×35=14 406（元）

B 工程耗用石子成本=176.40×35=6 174（元）

（4）编制"大堆材料（石子）费用分配表"如表12-5所示。

表12-5　大堆材料（石子）耗用分配表

工程项目	定额消耗量（吨）	分配率	实际消耗量（吨）	费用额（元）
A 工程	392		411.60	14 406
B 工程	168		176.40	6 174
合计	560	588÷560=1.05	588	20 580

（5）结转各项工程耗用材料成本。根据上述分配表，编制会计分录如下：

借：工程施工——A 工程（材料费）　　　　　　　　　　14 406
　　　　　　——B 工程（材料费）　　　　　　　　　　6 174
　　贷：原材料　　　　　　　　　　　　　　　　　　　　　20 580

（二）人工费的归集和分配方法

工程成本的"直接人工"项目，包括直接从事建筑安装工程施工工人及现场从事运料、配料等辅助工人的工资和职工福利费。

在工程成本计算中，计时工人的工资，可根据"工时汇总表"中各项工程耗用的作业工时总数和各施工单位的平均作业工时工资率计算。

$$某施工单位平均作业工时工资率=\frac{建筑安装工人工资总额+建筑安装工人职工福利费}{建筑安装工人作业时总和}$$

某项工程应分配的人工费=该项工程耗用工时×施工单位平均作业工时工资率

【例 12-7】某施工单位在 2015 年 8 月建筑安装工人的工资总额为 62 000 元，职工福利费为 8 700 元，建筑安装工人作业工时总和为 70 000 工时，则：

该施工单位平均工资率=（62 000+8 700）÷70 000=1.01

根据求得的平均作业工时工资率和建筑安装工人"工时汇总表"中各项工程耗用的作业工时数，即可编制"人工费分配表"（见表 12-6），计算各项工程的人工费，据以记入各项工程成本的"人工费"项目。

表 12-6　人工费分配表

工程项目	工时数（小时）	分配率	人工费（元）
A 工程	50 000		50 500
B 工程	20 000		20 200
合计	70 000	1.01	70 700

根据表 12-6，编制会计分录如下：

借：工程施工——A 工程（人工费）　　　　　　　　　　50 500
　　　　　　——B 工程（人工费）　　　　　　　　　　20 200
　　贷：应付职工薪酬——工资　　　　　　　　　　　　　　　62 000
　　　　　　　　——其他职工薪酬　　　　　　　　　　　　　8 700

对计件工资，可直接根据"工程任务书"中工资汇总计入各项工程成本。其他津贴、补贴和职工福利费等，可按占计件工资总额的百分比，分配记入各项工程成本的"人工费"项目。

（三）机械使用费的归集和分配方法

机械使用费的归集，在"机械作业"账户内进行。企业发生的各项机械使用费，都要自"库存材料""低值易耗品""材料成本差异""应付工资""累计折旧"等账户的贷方转入"机械作业"账户的借方。月终，汇总"机械作业"账户发生数，根据机械管理部门报送的"机械使用月报"，计算每台或每类机械台班实际成本或完成单位产量的实际成本，然后按各受益工程分配计入各成本计算对象。根据分配标准不同，有以下两种分配方法。

1. 机械台班分配法

这种方法是以各成本计算对象使用机械台班数为分配标准进行分配。计算公式为：

$$某种机械单位台班实际成本=\frac{该种机械本月发生实际成本}{该种机械本月实际工作台班数}$$

某成本计算对象应分配机械使用费=某种机械单位台班实际成本×该成本计算对象本月实际使用机械台班数

这种方法一般适用于按单机或机组进行成本核算的施工机械。

2. 产量分配法

这种方法是以各成本计算对象使用机械完成的产量为分配标准进行分配。计算公式为：

$$某种机械产量实际成本=\frac{该种机械本月发生实际成本}{该种机械本月实际完成产量}$$

某成本计算对象应分配机械使用费=某种机械单位产量实际成本×该成本计算对象本月使用该种机械实际完成产量

这种方法适用于能计算完成产量的施工机械。

【例 12-8】根据机械使用费的分配计算结果编制"机械使用费分配表"(见表 12-7),并进行账务处理。

表 12-7　机械使用费分配表

| 工程项目 | 提升机每台班成本 45 元 | | 起重机每台班成本 130 元 | | 推土机每立方米成本 8 元 | | 搅拌机每立方米成本 6 元 | | 合计(元) |
	机械台班	应分配机械使用费(元)	机械台班	应分配机械使用费(元)	机械台班	应分配机械使用费(元)	机械台班	应分配机械使用费(元)	
A 工程	30	1 350	8	1 040	200	1 600	120	720	4 710
B 工程	20	900	6	780	175	1 400	80	480	3 560
合计	50	2 250	14	1 820	375	3 000	200	1 200	8 270

根据表 12-7,编制会计分录如下:

借:工程施工——A 工程(机械使用费)　　　　　　　　　　　4 710

　　　　　　——B 工程(机械使用费)　　　　　　　　　　　3 560

　　贷:机械作业　　　　　　　　　　　　　　　　　　　　　8 270

为了简化计算手续,对于各种中型施工机械使用费,也可不分机械类别进行明细分类核算。具体做法为:在月终,先根据"机械使用月报"中各种机械台班(或完成工作量)合计和各机械台班费计划数(或单位工作量机械使用费计划数),计算出当月按台班费计划数计算的机械使用费合计;再计算实际发生的机械使用费占按台班费计划数计算的机械使用费计划数合计的百分比;然后将各个成本计算对象按台班费计划数计算的机械使用费计划数,按算出的百分比,调整为应分担的机械使用费实际数。

（四）其他直接费的归集和分配方法

施工现场发生的其他直接费,一般都应直接计入各成本计算对象。当由于某种原因不能直接确定各成本计算对象受益的数量时,可以根据具体情况,或以定额耗用量,或以工程的工料成本作为分配基础,在月终编制"其他直接费用分配表",分配计入各成本计算对象。

【例 12-9】根据有关记录资料,月终分配其他直接费用,编制"其他直接费用分配表见表 12-8,并进行相应账务处理。

表 12-8　其他直接费用分配表

201×年 8 月　　　　　　　　　　　　　　　　　　　　　　　　　　　单位:元

| 工程项目 | 工料成本比例(%) | 其他直接费用 | | | | |
		材料二次搬运费	临时设施摊销费	生产工具、用具使用费	其他	合计
A 项目	60	4 800	3 600	1 800	1 200	11 400
B 项目	40	3 200	2 400	1 200	800	7 600
合计	100	8 000	6 000	3 000	2 000	19 000

根据表 12-8,编制会计分录如下:

借:工程施工——A 工程(其他直接支出)　　　　　　　　　　11 400

　　　　　　——B 工程(其他直接支出)　　　　　　　　　　7 600

　　贷:应付工资　　　　　　　　　　　　　　　　　　　　　8 000

　　　临时设施摊销　　　　　　　　　　　　　　　　　　　6 000

　　　银行存款　　　　　　　　　　　　　　　　　　　　　5 000

（五）间接费用的归集和分配方法

建筑安装工程成本中，除了各项直接费用外，还包括施工单位（如工程处、施工队、分公司、工区、项目经理部等）为组织和管理施工生产活动所发生的各项费用。这些费用不能确定其具体为某项工程所负担，因而无法将它直接计入各成本计算对象。为了简化核算手续，可将它先记入"工程施工——间接费用"二级账户，然后按照适当的分配标准，分别计入各项工程成本。

间接费用在各项建筑安装工程成本之间的分配，可以按照实际发生数进行分配，也可先按计划分配率计算的分配数进行分配，然后于年末按实际数加以调整。

1. 按实际数分配

它又有直接费比例分配法和人工费比例分配法两种不同分配方法。

（1）直接费比例分配法，通常使用于建筑工程。其计算公式为：

$$间接费用分配率=\frac{本期间接费用总额}{各成本计算对象直接费总额}$$

某成本计算对象应分配的间接费用=该计算对象直接费金额×间接费用分配率

（2）人工费比例分配法，通常使用于设备安装工程。其计算公式为：

$$间接费用分配率=\frac{本期间接费用总额}{各成本计算对象人工费总额}$$

某成本计算对象应分配的间接费用=该计算对象人工费金额×间接费用分配率

上述分配，可通过编制"施工工程间接费用分配表"来完成。

【例 12-10】月末，编制"施工工程间接费用分配表"，如表 12-9 所示。

表 12-9　施工工程间接费用分配表

201×年 8 月　　　　　　　　　　　　　　　　　　　　　　　　　　　单位：元

工程项目	分配标准（直接费）	分配率	分配金额
A 工程	589 000		53 010
B 工程	461 000		41 490
合计	1 050 000	0.09	94 500

根据表 12-9，编制会计分录如下：

借：工程施工——A 工程　　　　　　　　　　　　　　　　53 010

　　　　　　——B 工程　　　　　　　　　　　　　　　　41 490

　　贷：工程施工——直接费用　　　　　　　　　　　　　　　94 500

2. 按计划数分配

其计算公式为：

$$间接费用计划率=\frac{全年间接费用计划数}{全年计划工程量}$$

某月应分配的间接费用=该月实际完成工作量×间接费用计划分配率

（六）已完工工程和未完工程成本的计算方法

作为成本计算对象的工程（一般为单位工程）全部完工后，称为竣工工程。尚未竣工，但已完成预算定额规定的一个组成部分的工程（一般为分部或分项工程），称为已完工程或完工工程。尚未完工的工程称为未完工程或未完施工。

由于施工工程具有规模大、生产周期长的特点，因此，到了成本计算期，往往仍有一些分部或分项工程处在继续施工中。这些分项分部工程，虽然已投入了一定的人工和材料，但尚未完成预算定额所规定的全部工序，因此，只能作为施工企业的"未完施工"。同时，也可能有一些分项分部工程已完成预算定额所规定的全部工序，则应作为施工企业成本计算期的"已完工程"。所以，与工业企业计算完工产品与在产品成本相似，施工企业也要计算"已完工程"和"未完施工"成本。计算公式如下：

本期已完工程实际成本＝期初未完施工成本＋本期施工费用−期末未完工成本

在归集本施工费用之后，计算已完工程实际成本的关键是确定未完施工成本。由于计算未完施工的实际成本是比较困难的，为了简化计算手续，一般以预算成本代替。未完施工成本的计算通常由统计人员在"未完施工盘点表"中进行。计算方法如下。

（1）盘点未完施工，确定未完施工实物量。

（2）计算折合已完工程数量。由于工程预算单价一般是按单位分部工程确定的，所以要计算未完施工成本，必须先将未完施工的实物数量，折合为已完分部工程的实物量。为此，需根据各分部工程的已完工序内容，确定各工序的折合系数。其公式是：

折合已完工程数量＝未完施工数量×折合系数

（3）计算未完施工成本。未完施工成本可按折合已完工程数量、预算单价（直接费）和间接费用定额计算。计算公式为：

$$\text{未完施工成本}（\text{建筑工程}）＝\sum\left(\begin{array}{c}\text{未完施工折合}\\\text{已完工程数量}\end{array}×\begin{array}{c}\text{预算}\\\text{单价}\end{array}\right)×\left(1+\begin{array}{c}\text{间接费}\\\text{用定额}\end{array}\right)$$

$$\text{未完施工成本}（\text{安装工程}）＝\sum\left(\begin{array}{c}\text{未完施工折合}\\\text{已完工程数量}\end{array}×\begin{array}{c}\text{预算}\\\text{单价}\end{array}\right)+\left(\begin{array}{c}\text{未完工程}\\\text{人工费}\end{array}×\begin{array}{c}\text{间接费}\\\text{用定额}\end{array}\right)$$

【例12-11】墙面抹灰工程按规定应抹两遍，若只抹了底层，而底层预算工料费占墙面抹灰工程工料费的80%，则底层抹灰折合系数为80%。2016年4月在1 000平方米墙面抹灰工程上只抹底层，则折合已完抹灰工程数量为：

折合已完抹灰工程数量＝1 000×80%＝800（平方米）

如每平方米墙面抹灰工程预算单价为1.70元，间接费用定额为7%，则1 000平方米墙面抹灰未完施工成本为：

墙面抹灰未完施工成本＝800×1.70×（1+7%）＝1 455.2（元）

【例12-12】施工企业成本计算是在工程施工明细账内进行的，"工程施工成本明细账"如表12-10所示。

表12-10　工程施工成本明细账

工程编号及名称：C工程　　　　　　　　　　　　　　　　　　　　　　　　　　　单位：万元

摘要	工程实际成本						工程预算成本	月末未完施工成本	已完工程	
	材料费	人工费	机械使用费	其他直接费	间接费用	合计			实际成本	预算成本
月初累计余额	60	10	4	2.9	2.1	79	80	18	61.6	62
分配材料费	40					40				
分配人工费		6				6				
分配机械使用费			1.5			1.5				
分配其他直接费			1.5	1.8		3.3				
分配间接费用			5.5		0.7	6.2				
本月合计	40	6	8.5	1.8	0.7	57	56	34	41	40
本月累计	100	16	12.5	4.7	2.8	136	136	34	102.6	102

表中各成本项目的实际成本栏，登记该项工程各月发生和分配的各项费用，根据材料费、人工费等各种分配表计入。"月末未完施工成本"按前述方法根据未完施工实物量、预算单价和定额计算填列。"已完工程预算成本"可根据已完工程实物量、预算单价和定额计算填列。"已完工程实际成本"本月数，则用本月工程实际成本，加月初未完施工成本，减月末未完施工成本计算。即：

已完工程实际成本=570 000+180 000-340 000=410 000（元）

对于已向建设单位进行点交结算的已完工程实际成本，应编制会计分录如下：

借：工程结算成本   410 000
  贷：工程施工   410 000

（七）竣工工程成本决算

竣工工程成本决算是确定竣工单位工程的预算成本和实际成本，考核竣工工程成本节约或超支情况的主要依据。因此，在工程竣工后，应及时编制竣工工程成本决算表，进行竣工工程成本决算，如表 12-11 所示。

表 12-11　竣工工程成本决算表

工程编号及名称：D 工程   单位：万元

项目	预算成本	实际成本	降低额	降低率（%）
材料费	780 000	765 000	15 000	1.92
人工费	154 000	152 000	2 000	1.30
机械使用费	46 000	47 000	-1 000	-2.17
其他直接费	15 000	14 500	500	3.33
间接费用	52 000	51 600	400	0.77
合计	1 047 000	1 030 100	16 900	1.61

表 12-11 中"预算成本"栏内各项目数字，可以根据施工图预算分析填入，也可以根据各月有关该工程"已完工程结算表"中的预算成本按成本项目分别加总填列。"实际成本"栏内各项目数字，根据"工程施工成本明细账"的记录填列。"降低额"栏内各项目数字用各成本项目的预算成本减去实际成本得出，"降低率"则用降低额除以预算成本得出。

若施工单位编有单位工程成本计划，还可在竣工成本决算表中加设"计划成本"和"实际成本较计划成本增减"两栏，以便反映单位工程成本计划的执行情况。

第五节　运输企业成本核算

交通运输企业包括铁路、公路、水路、航空运输、管道运输以及与之配套的机场、港口、外轮代理等各类企业，其生产经营活动是通过使用运输工具使旅客、货物发生空间位移。虽然交通运输业与制造业同样都属于物质生产部门，但与其他行业的企业相比，其"经营活动与成本计算都有很大的不同，有着其自身的特点。

一、运输企业成本核算概述

（一）交通运输企业生产活动的特殊性及其对成本核算的影响

1. 通运输企业生产活动的特殊性

（1）交通运输业是向客户提供运输服务的企业，其提供的产品就是运输服务，即将客人或客户委托的物品从一个地点移送到指定地点的服务活动。生产过程就是商品的运输过程，生产是从商品的启运开始，经过商品的装卸、保管、运输等工作环节，最终将受托运输商品在规定的时间内运抵指定的地点，完成合同或协议规定的各项内容。

（2）生产方式多种多样，广义上讲，交通运输企业包括国民经济中运输部门所有交通运输企业。按运输方式，这些企业可分为公路运输企业、铁路运输企业、水路运输企业、航空运输企业等多种类型。各种类型的企业其生产过程会因运输方式的不同而有较大差别。

（3）运输企业生产活动范围可大可小，既有短途运输，又有长途运输，生产活动具有流动性、灵活性等特点。活动范围一般根据客户需要及交通运输企业的能力而定。

（4）服务行业的一个共同特征是产品的生产过程同时就是被用户所消耗的过程，即生产过程就是产品的消费过程，也是运输产品的销售过程。运输服务这种产品是无法贮存、保留到以后期间的。

（5）由于运输企业不生产有形产品，而仅仅提供运输及其他相关的无形服务，所以，生产的产品不需要像工业企业那样消耗构成产品实体的各种材料，而是在生产过程中只发生劳动资料的消耗。因此，在成本计算过程中仅仅计算营运过程中发生的营运成本和期间费用等各种劳动资料耗费及其他费用。

2. 交通运输企业成本核算的特点

交通运输企业的上述特点，使得其成本核算表现出以下一些特点。

（1）没有生产成本与销售成本的区别，这是由生产过程就是销售过程，以及运输产品的不可贮存性所决定的。

（2）成本计算对象是企业所提供的无形服务，而由于行业内每个企业的生产类型又有所不同，因此各企业成本计算对象也有一定的差异。

（3）产品生产的结果就是提供服务的总量，计算标准包括吨千米、人千米等综合性指标。

（4）成本计算一般情况下是按月进行（特殊情况下例外）。

（二）运输企业成本、费用的内容

为了正确计算交通运输企业的成本费用，对于在营运生产过程中实际发生的与运输、装卸和其他业务支出等直接有关的各种支出均可计入营运成本。其成本组成内容一般包括：

（1）直接材料费用。企业在营运生产过程中实际消耗的各种燃料、材料、油料、备用配件、垫隔材料、轮胎、专用工器具、动力照明、低值易耗品等物质性支出。

（2）直接人工费。企业直接从事营运生产活动人员的工资及福利费、奖金、津贴、补贴等工资及福利性支出。

（3）其他费用。企业在营运生产过程中实际发生的固定资产的累计折旧、修理费用、租赁费用、取暖费、水电费、办公费、保险费、设计制图费、试验检验费、劳动保护费、季节性修理期间的停工损失、事故净损失等。

除上述各项费用外，以下不同类型运输企业还包括如下费用。

（1）铁路运输企业。其营运成本还应包括铁路线路灾害防治费、铁路线路绿化费、铁路护路护桥费、乘客紧急救护费等支出。

（2）公路运输企业。其营运成本还应包括车辆牌照检验费、车辆清洗费、车辆预热费、公路养路费、锅炉费、过桥费、过渡费、过隧道费、司机途中住宿费、行车杂费等支出。

（3）船舶运输企业。其营运成本还应包括饮水费、港务费、拖轮费、停泊费、代理费、理货费、开关舱费、扫舱费、洗舱费、烘舱费、翻舱费、转口费、倒载费、集装箱费（包括空箱保管费、集装箱清洁费等）、破冰费、速遣费、航道养护费、水路运输管理费、船舶检验费、灯塔费、旅客接送费以及航行国外及中国香港和澳门地区船舶发生的吨税、过境税、运河费等支出。

（4）航空运输企业。其营运成本还应包括熟练飞行训练费、乘客紧急救护费等支出。

（三）运输企业成本核算的账户

为进行成本费用核算，交通运输企业可设置下列账户。

（1）"运输支出"。该科目核算沿海、内河、远洋、汽车运输企业经营旅客、货物运输业务所发生的各项费用支出。

（2）"装卸支出"。该科目核算河海港口企业及汽车运输企业因经营装卸所发生的费用。

（3）"堆存支出"。该科目核算企业因经营仓库和堆场业务所发生的费用。

（4）"港务管理支出"。该科目核算河海港口企业所发生的各项港务管理支出。

（5）"辅助营运费用"。该科目核算运输及港口企业发生的辅助船舶费用，以及辅助生产部门为生产产品和提供劳务等所发生的辅助生产费用。

（6）"营运间接费用"。该科目核算企业营运过程中所发生的不能直接计入成本核算对象的各种间接费用。

（7）"船舶固定费用"。该科目核算计算航次成本的海洋运输企业为保持船舶适航状态所发生的费用。

（8）"船舶维护费用"。该科目核算有封冰、枯水等非通航期的内河运输企业所发生的应由通航成本负担的船舶维护费用。

（9）"集装箱固定费用"。该科目核算运输企业所发生的集装箱固定费用。它包括集装箱的保管费、折旧费、修理费、保险费、租金、底盘车费及其他费用。

（10）"其他业务支出"。该科目核算企业除营运业务以外的其他业务所发生的各项支出。它包括相关的成本、费用、营业税金及附加等。

（11）"代理业务支出"。该科目核算企业各种代理业务所发生的各种费用。

（12）"管理费用"。该科目属于期间费用，反映营运期内行政管理部门为管理和组织营运活动而发生的各项支出。

（13）"财务费用"。该科目也属于期间费用，凡是企业在生产营运期间为筹集资金发生的各项费用，都应计入其中。它包括借款利息净支出、汇兑损失、发生的金融机构手续费等。

二、汽车运输成本核算

（一）汽车运输企业成本核算的特点

1. 成本核算对象

汽车运输的成本核算对象是客车和货车运输业务，即按客车运输业务、货车运输业务分别计算分类运输成本。客车兼营货运的，或货车兼营客运的，一般以主要运输业务作为成本计算对象。为了考核同类车型成本和大、中、小型车辆的经济效益，还可进一步计算主要车型成本。汽车运输企业还要考核客货综合运输成本，但客货综合运输成本是客货分类运输成本额的汇总，并不需要另行单独计算。

2. 成本核算单位

客车运输成本核算单位是元/千人千米。货车运输成本计算单位是元/千吨千米。客货车综合成本核算单位是元/千吨千米，即将客车完成的周转量按 1 吨千米等于 10 人千米的比例换算为货车完成的周转量，然后合并计算客货车综合成本；客车运货，将货物周转量由吨千米转换为人千米；货车载客，将旅客周转量由人千米换算为吨千米，换算比例为 1 吨千米等于 10 人千米。

3. 成本计算期

汽车运输成本按月、季、年计算。

4. 成本项目

汽车运输成本项目分为车辆费用和营运间接费用。车辆费用是指营运车辆从事运输生产所发生的各项费用，包括司助人员的工资及福利费，燃料、轮胎、保修、大修理费用，折旧费，养路费，运输管理费，事故费等。营运间接费用是指在营运过程中发生的不能直接计入成本核算对象的各种费用，包括站、队人员的工资及福利费，以及办公费、水电费、差旅费、劳动保护费、折旧费等。

（二）工资及福利费的归集与分配

每月发生的工资支出应先在"应付职工薪酬"账户归集，然后按人员类别分别计入有关的成本中去，工资分配时应编制职工薪酬费用分配表，格式如表 12-12 所示。

表 12-12　职工薪酬费用分配表

单位：元

应借账户	工资总额	其他职工薪酬	合计
一、运输支出			
1. 客运	26 492	3 709	30 201
2. 货运	19 980	1 797	21 777
二、营运间接费用	9 850	1 379	11 229
三、辅助营运费用	10 080	1 411	11 491
四、管理费用	11 435	1 601	13 036
五、应付福利费	1 986	278	2 264
合计	79 823	10 175	89 998

根据表 12-12，做会计分录如下：

借：运输支出——客运（工资）　　　　　　　　　　　　26 492
　　　　　　——货运（工资）　　　　　　　　　　　　19 980
　　营运间接费用——工资　　　　　　　　　　　　　　9 850
　　辅助营运费用——工资　　　　　　　　　　　　　　10 080
　　管理费用——工资　　　　　　　　　　　　　　　　11 435
　　应付职工薪酬——福利费　　　　　　　　　　　　　1 986
　　贷：应付职工薪酬——职工工资　　　　　　　　　　　79 823
借：运输支出——客运（职工福利费）　　　　　　　　　3 709
　　　　　　——货运（职工福利费）　　　　　　　　　2 797
　　营运间接费用——（职工福利费）　　　　　　　　　1 379
　　辅助营运费用——（职工福利费）　　　　　　　　　1 411
　　管理费用——（职工福利费）　　　　　　　　　　　1 879
　　贷：应付职工薪酬——福利费　　　　　　　　　　　10 175

（三）燃料费用的归集和分配

燃料的实际耗用数的计算因企业车存燃料管理方式不同而异。目前有两种管理方法：

1. 实行满油箱制车存燃料管理

在这种方法下，营运车辆在投入运输生产时，由车队根据油箱容积填制领油凭证到油库加满油箱，作为车存燃料。车存燃料只是燃料保管地的转移，仍属库存燃料的一部分，而不能作为燃料消耗。以后每次加油时加满油箱，车辆当月的加油数就是消耗数。

2. 实行盘存制车存燃料管理

在这种方法下，营运车辆在投入运输生产前，也需加满油箱，形成车存燃料。营运车辆日常根据耗用量进行加油，月底对车存燃料进行盘点，按下列公式确定实际消耗数：

本月实际耗用数=月初车存燃料数+本月领用数-月末车存燃料盘存数

月末，企业根据燃料领用凭证编制"燃料消耗分配表"，按不同的用途分别记入各账户。"燃料消耗分配表"格式如表 12-13 所示。

表 12-13　燃料消耗分配表

单位：元

应借账户	汽油		柴油		合计
	计划成本	价格差异	计划成本	价格差异	
一、运输支出					
1. 客运	94 660	4 733			99 393
2. 货运	64 480	3 224	18 420	921	87 045
二、营运间接费用	8 420	421			8 841
三、辅助营运费用	1 520	76	4 340	217	6 153
四、管理费用	5 180	259	3 000	150	8 589
合计	174 260	8 713	25 760	1 288	210 021

根据表 12-13，做会计分录如下：

借：营运支出——客运（燃料）　　　　　　　　　　　　99 393
　　　　　——货运（燃料）　　　　　　　　　　　　87 045
　　营运间接费用　　　　　　　　　　　　　　　　　　8 841
　　辅助营运费用　　　　　　　　　　　　　　　　　　6 153
　　管理费用　　　　　　　　　　　　　　　　　　　　8 589
　贷：燃料　　　　　　　　　　　　　　　　　　　　　　200 020
　　　燃料成本差异　　　　　　　　　　　　　　　　　　10 001

（四）轮胎费用的归集和分配

轮胎是汽车运输企业消耗量最大的一种汽车部件。轮胎分为外胎、内胎和垫带三个部分。内胎和垫带视作材料存货，在"材料"账户内核算，并按实际领用数直接计入成本；领用时，借记"运输支出"等账户，贷记"材料"账户。而外胎费用的核算则通过"轮胎"账户，其费用计入成本，一般可采用按行驶胎千米提取或在领用时一次计入运输成本两种方法。

1. 按行驶胎千米提取

这是月终按照轮胎实际行驶里程和规定的胎千米提取额计算轮胎费用的方法。计算时要对轮胎实际行驶里程加以调控，主要是外胎报废时，实际行驶胎千米与计划行驶胎千米有差额，这个差额即为报废胎超（或亏）里程，这样当月应计提的轮胎费用为：

$$当月应计千胎千米提取额 = \left(本月行驶千胎千米 + 本月报废亏驶千胎千米 - 本月报废超驶千胎千米\right) \times 千胎千米提取额$$

根据提取额，借记"运输支出"等账户，贷记"预提费用"账户。另外，按计划成本核算时，本期领用轮胎的成本差异直接记入"运输支出"账户。

2. 一次摊销法

采用这种方法领用轮胎时，其成本一次全部计入运输成本，借记"运输支出"账户，贷记"轮胎"账户。

【例 12-13】某企业轮胎费用的核算，运输业务采用按行驶胎千米提取，其他部门采用一次摊销法。月末企业编制"轮胎领用、费用提取计算分配表"，格式如表 12-14 所示。

表 12-14　轮胎领用、费用提取计算分配表

单位：元

应借账户	轮胎领用			费用提取		
	计划成本	价格差异	合计	本月提取基数（胎千米）	千胎千米提取额	提取额
一、运输支出						
1. 客运	8 480	424	8 904	3 017 341	4.91	14 815
2. 货运	8 960	448	9 408	1 851 108	5.67	10 496
二、辅助营运费用	2 480	124	2 604			
三、管理费用	1 260	63	1 323			
合计	21 180	1 059	22 239	4 868 449		25 311

根据表 12-14，做会计分录如下：

（1）借：运输支出——客运（轮胎）　　　　　　　　　　424

　　　　　　　　——货运（轮胎）　　　　　　　　　　448

　　　　预提费用　　　　　　　　　　　　　　　　17 440

　　　　辅助营运费用　　　　　　　　　　　　　　　2 604

　　　　管理费用　　　　　　　　　　　　　　　　　1 323

　　　　贷：轮胎　　　　　　　　　　　　　　　　　　　　21 180

　　　　　　材料成本差异　　　　　　　　　　　　　　　　1 059

（2）预提轮胎费用

　　借：运输支出——客运　　　　　　　　　　　　14 815

　　　　　　　　——货运　　　　　　　　　　　　10 496

　　　　贷：预提费用　　　　　　　　　　　　　　　　　25 311

（五）折旧费用的归集与分配

汽车运输企业运输车辆按工作量计提折旧即按营运车辆的行驶里程计提折旧。另外，按外胎成本的两种不同摊销方法，车辆的折旧额计算也有所不同。采用预提轮胎费用方法的，折旧额应扣除外胎价值。采用一次摊销法的，外胎价值应计入折旧额。其计算公式为下：

$$千车千米折旧额 = \frac{车辆原价（1-净残值率）}{预计行驶总里程 \div 1\,000}$$

本月折旧提取额 = 千车千米折旧额 × 实际行驶千车千米

车辆折旧应按不同车型分别计算，月终编制"固定资产折旧费用分配表"，如表 12-15 所示。

表 12-15　折旧费用分配表

单位：元

应借账户		本月计提折旧					合计
		客车	货车	非营运车	机器设备	房屋建筑物	
运输支出	客车	33 066					33 066
	货车		18 896				18 896
	小计	33 066	18 896				51 962
营运间接费用				6 780			6 780
辅助营运费用					1 066		1 066
管理费用						4 723	4 723
合计		33 066	18 896	6 780	1 066	4 723	64 531

根据表 12-15，做会计分录如下：

借：运输支出——客运（折旧）   33 066

     ——货运（折旧）   18 896

  营运间接费用   6 780

  辅助营运费用   1 066

  管理费用   4 723

  贷：累计折旧   64 531

（六）保修费用的归集和分配

汽车的保养及小修，一般由车队的保修班进行。保养小修领用的材料、低值易耗品，可以根据"材料、低值易耗品发出汇总表"直接计入有关成本费用。如由企业修理车间进行，发生的修理费先在"辅助营运费用"账户归集，月终按受益对象进行分配。

【例 12-14】企业本月发生的车辆大修理费用 25 000 元。其中，客运 15 000 元，货运 10 000 元，做如下会计分录：

借：运输支出——客运（修理费）   15 000

     ——货运（修理费）   10 000

  贷：银行存款   25 000

（七）养路费的归集与分配

汽车运输企业缴纳的养路费是由企业按客货收入的一定比例计算的。在没有客车带货或货车带客的情况下，可直接按照客运、货运收入各自乘以规定的养路费率计算；如有兼营的情况，则先将客运、货运收入换算成客车、货车的收入，然后将养路费计入客车、货车分类成本。换算公式如下：

客车收入=（客运平均单位收入×客车旅客周转量）+（货运平均单位收入×客车货物周转量）

货车收入=（货运平均单位收入×货车货物周转量）+（客运平均单位收入×货车旅客周转量）

月末编制"营运车辆养路费计算表"，并据以计入各有关成本。

【例 12-15】企业本月以银行存款缴纳养路费 122 430 元。其中，客运车辆 51 590 元，货运车辆 70 840 元。

借：运输支出——客运（养路费）   51 590

     ——货运（养路费）   70 840

  贷：其他应付款——应付养路费   122 430

（八）其他费用的归集与分配

其他费用如果是通过银行转账或现金支付的，则根据付款凭证直接计入有关的运输成本。如果是从企业仓库内领用的，则根据材料、配件、低值易耗品发出凭证汇总表中各有关成本计算对象领用的金额计入成本。

【例 12-16】企业本月应缴纳的运输管理费为：客车为 5 749 元，货车为 3 209 元。

借：运输支出——客运（运输管理费）   5 749

     ——货运（运输管理费）   3 209

  贷：其他应付款——应付运输管理费   8 958

【例 12-17】企业根据本年度保险费用预算，客车车队的运输车辆应预提保险费用 16 750 元，货车车队的运输车辆应预提保险费用 23 000 元。

借：运输支出——客运（保险费用）   16 750

     ——货运（保险费用）   23 000

  贷：预提费用（或"其他应付款"）   39 750

【例 12-18】企业月末预提客车车队的运输车辆应缴纳的车船使用税为 2 400 元，预提货车车队的运输车辆应缴纳的车船使用税为 3 200 元。

  借：运输支出——客运（车船使用税）   2 400

       ——货运（车船使用税）   3 200

    贷：应交税金——车船使用税   5 600

【例 12-19】企业月末客车车队司机报销的汽车过路费、过桥费为 7 600 元，货车车队司机报销的汽车过路费、过桥费为 11 800 元。

  借：运输支出——客运（其他）   7 600

       ——货运（其他）   11 800

    贷：现金（或"其他应收款"）   19 400

（九）辅助营运费用的归集与分配

  汽车运输企业的辅助营运费用，主要是指为本企业车辆、装卸机械进行保修作业而设置的保养场或车间在供应劳务和生产产品（如工具、备件的生产）时所发生的辅助生产费用。

  发生的辅助营运费用，按领料凭证、工资及福利费计算表等有关凭证，借记"辅助营运费用"账户，贷记"材料""应付工资"等账户。月终按受益部门将辅助营运费用分配至各有关成本计算对象。

  【例 12-20】某运输企业 2016 年 7 月归集的辅助营运费用为 21 214 元，发生修理工时共计 15 000 小时，其中客车 7 000 小时，货车 8 000 小时，则分配率如下：

$$分配率=\frac{21\,214}{7\,000+8\,000}=1.414\,267$$

  客车修理负担费用=7 000×1.414 267=9 899.9（元）

  货车修理负担费用=8 000×1.414 267=11 314.1（元）

  做会计分录如下：

  借：运输支出——客运（辅助营运费用）   9 899.9

       ——货运（辅助营运费用）   11 314.1

    贷：辅助营运费用   21 214

（十）营运间接费用的归集与分配

  根据各种费用分配表及有关付款凭证，将发生的各种营运间接费用归集在"营运间接费用"账户的借方，月终要按实际发生额，在各成本计算对象之间进行分配。分配方法一般按照营运车日比例进行。分配计算公式为：

$$每车日间接费用分配额=\frac{营运间接费用总额}{营运车日总数}$$

  客（货）运分配金额=客（货）车日数×每车日间接费用分配额

  【例 12-21】某运输企业 201× 年 7 月归集的营运间接费用为 145 652 元，本月客车营运数为 67 辆，货车营运数为 92 辆。则：

    客车营运车日数=67×31=2 077（车日）

    货车营运车日数=92×31=2 852（车日）

    每车日间接费用分配额=145 652÷（2 077+2 852）=29.55

    客运分配金额=2 077×29.55≈61 375（元）

    货运分配金额=2 852×29.55≈84 277（元）

根据上述分配金额，做会计分录如下：

借：运输支出——客运（间接费用）　　　　　　　　　61 375

　　　　　——货运（间接费用）　　　　　　　　　84 277

　　贷：营运间接费用　　　　　　　　　　　　　　　　145 652

（十一）汽车运输成本计算

车辆费用、营运间接费用通过归集与分配计入各成本计算对象，将按各成本计算对象设置的成本（运输支出）明细账上归集的费用，汇总编制"汽车运输成本计算表"。根据前面的举例，编制成本计算表，格式如表 12-16 所示。

表 12-16　汽车运输成本计算表

201×年 7 月　　　　　　　　　　　　　　　　　　　　　　　　单位：元

项目	本月实际数			本年累计数		
	合计	客运	货运	合计	客运	货运
一、车辆费用						
1. 工资	46 472	26 492	19 980			
2. 福利费	6 506	3 709	2 797			
3. 燃料	185 438	98 393	87 045			
4. 轮胎	37 183	20 189	16 994			
5. 保修	52 246	30 189	22 100			
6. 折旧	51 962	33 146	18 896			
7. 养路费	157 078	86 238	70 840	（略）	（略）	（略）
8. 运输管理费	8 958	5 749	3 209			
9. 车辆保险费	39 750	16 750	2 300			
10. 税金	5 600	2 400	3 200			
11. 其他	40 611	16 576	24 035			
二、营运间接费用	145 652	61 375	84 277			
三、运输总成本	777 456	401 083	376 373			
四、单位成本		11 790	1 098			
周转量（元/千换算吨千米、千人千米、千吨千米）	341.44	34.02	342.78			

表 12-16 中有关计算如下：

$$客运单位成本=\frac{客运总成本}{客运周转量}=401\,083\div11\,790=34.02（元/千人千米）$$

$$货运单位成本=\frac{货运总成本}{货运周转量}=376\,373\div1\,098=342.78（元/千吨千米）$$

$$客货运换算单位成本=\frac{客货综合总成本}{客货运周转量}=777\,456\div2\,277=341.44（元/千换算吨千米）$$

三、水路运输成本核算

我国陆地面积 960 万平方千米，背靠亚欧大陆，面向广阔的太平洋，拥有几百万平方千米的蓝色国土，因而使我们又有了海上交通之便。在陆地上江河湖泊众多，尤其是长江以南，雨量充沛，水系发达，自古以来就有水上航运的传统。不仅如此，这一切为开展水上运输提供了良好的条件。

水上运输按船舶航行水域不同，可以分为沿海运输、远洋运输与内河运输。各种运输由于使用的船舶、运输距离、航次时间等有很大差别，所以在成本核算上各具特点。

（一）内河运输成本的核算

内河运输是指内河运输企业的船舶航行于江河湖泊航线上，往来于各江湖港口间，负责运送旅客和货物的运输业务。因各种条件所限，内河运输船舶往往是吨位较小的江轮，以拖轮和驳船为主。内河运输航线比较固定，运输距离和航次时间较短。内河运输可分为终年通航、冬季封冻、季节性枯水导致断航等不同情况，故其成本计算有一定特点。

1. 成本核算对象

内河运输企业的成本计算对象是客运业务和货运业务。不仅如此，还要按运输种类计算运输分类成本，可分为以下四种情况。

（1）客运。包括客轮客运、客货轮客运、拖驳客运。

（2）货运。包括货轮货运、客货轮货运、拖驳货运。

（3）油运。包括油轮油运、拖驳油运。

（4）排运。是指拖轮排运。

2. 成本核算单位

内河运输企业客运各运输种类的成本计算单位是千人千米，货运各运输种类的成本计算单位为千吨千米，客、货运计算单位应换算为吨千米。客、货周转量的换算，以1个铺位人千米或3个座位人千米等于1吨千米计算。

3. 成本计算期

内河运输企业以月、季、年为成本计算期。

4. 成本项目

港航合一的内河运输企业，其船舶运输企业费用一般应分为船舶费用和港埠费用两大类。

（1）船舶费用。船舶费用为运输船舶从事运输工作所发生的各项费用。其内容包括：船员的工资、职工福利基金、燃料、润料、材料、船舶折旧、船舶修理基金、事故损失和其他费用。

（2）港埠费用。港埠费用为分配由运输船舶负担的港埠费用，以及直接支付外单位的港口费用。

5. 营运费用的归集和分配

船舶费一般以船舶类型进行归集。船舶的类型有：客轮、客货轮、货轮、油轮、拖轮、客驳、油驳、拖排等。对于吨位较大的船舶也可以按单船进行归集。对于马力和吨位相差悬殊的拖轮和驳船可以按马力和吨位进行分组，以马力和吨位分别归集船舶费用。

在运输分类成本的计算中，应将按船舶类型归集的船舶费用在各运输种类之间进行分配。即客轮的船舶费用应由客轮客运成本负担；客货轮的船舶费用应分别由客货轮客运成本和客货轮货运成本共同负担；货轮的船舶费用应由货轮货运成本负担；油轮的船舶费用应由油轮油运成本负担；拖轮的船舶费用应分别由拖驳客运成本、拖驳货运成本、拖驳油运成本和拖轮排运成本共同负担；客驳、货驳、油驳的船舶费用应分别由拖驳客运成本、拖驳货运成本和拖驳油运成本共同负担；扎排费用由拖轮排运成本负担。

客货轮船舶费用的分配方法，可按客货轮核定的客位定额人天和载货定额吨天比例，以1个铺位人天或3个座位人天等于1吨天计算。

拖轮的船舶费用通常按使用拖轮马力天比例分别由拖驳客运、拖驳货运、拖驳油运、拖驳排运成本负担。各拖驳运输种类成本（包括拖驳客运、拖驳货运和拖驳油运）负担的拖轮船舶费，加上各自的驳船船舶费用（包括客运、货驳和油驳的船舶费用）就是各拖驳运输种类的船舶费用总额。拖轮排运只分担拖轮船舶费用，没有驳船船舶费用。扎排费用应直接计入拖轮排运船舶费用。

港埠费用由各港设立港埠费用明细账进行归集。各港发生的港埠费用应按直接费用比例分别由运输、装卸、堆存和其他业务负担。由运输业务负担的港埠费用加上直接给支付外企业的港口费用，按各运输种类的船舶费用比例分别由各运输种类成本负担。

6. 成本计算

内河运输企业各运输种类负担的船舶费用和港埠费用之和为各运输种类的总成本。各运输种类的总成本除以各自完成的周转量，可以求得各运输种类的单位成本。

（二）沿海运输企业成本核算

沿海运输属于近海、近洋运输，是海运企业船舶在近海航线上航行，往来穿梭于国内各沿海港口之间，负责运送旅客、货物的一种海洋运输服务。与内河运输相比，沿海运输大都是吨位较大的船舶，航线比较固定，运输距离较长。与远洋运输相比，沿海运输的船舶吨位较小，运量也小，运输距离远远短于远洋运输，通常每班航次时间较短，数日即可往返一次。

沿海运输企业一般下设船队，将船队作为内部核算单位。

1. 成本核算对象

河海运输企业，无论是沿海、远洋还是内河运输企业都统一以客、货运输业务作为成本核算对象。为了加强成本管理，不仅需要以客、货运业务作为成本核算对象，还应分别以旅客运输、货物运输、航线、航次、船舶类型（客轮、货轮、客货轮、油轮、拖船、驳船等）及单船作为成本计算对象计算成本，从而满足运输成本管理的要求。上述成本计算应以单船成本计算为基础，由此计算客运成本、货运成本、航线成本及船舶类型成本。而航次成本是单船成本按航次的分解计算。

根据沿海运输的特点，可以采用按单船设立成本明细账，定期或不定期计算客、货运输综合成本及更具体的客运成本、货运成本、单船成本、船舶类型成本，可不必计算航线成本和航次成本。

2. 成本核算单位

客运成本的计算单位是千人海里；货运成本的计算单位是千吨海里；客、货运成本的计算单位是吨海里。客货周转量的换算，以1吨海里等于1个铺位人海里或3个座位人海里计算。（1海里=1.852千米）

3. 成本计算期间

沿海运输企业由于航次时间较短，未完航次费用比较少且较稳定，所以一般以月、季、年为成本计算期。

4. 成本项目

一般包括工资及福利费、燃料、润料、材料、船舶折旧费、船舶修理费、港口费、事故损失及其他等。

5. 营运费用的归集及分配

沿海运输企业不仅需要计算客、货运综合成本，而且经常要求计算客运成本、货运成本、单船成本及船舶类型成本。因此，应按单船设立船舶费用明细账，即按单船归集各项费用。对于按单船归集的营运费用，月末应根据成本计算要求，将其分配给各成本计算对象。比如，在要求计算客运成本和货运成本的情况下，应按照一定的分配标准将营运费用在客运成本与货运成本之间进行分配。一般常用的方法，是按客货轮核定的客位定额人天及载货定额吨天的比例分配（一个铺位人天或3个座位人天等于1吨天）。

6. 成本计算

沿海运输企业因有运输业务负担的船舶费用的总和，构成运输总成本。单位成本是以运输总成本除以同期的周转量计算的。客、货运单位成本，可以分别用客运和货运的成本和完成的周转量计算求得。计算公式为：

$$客运（货运）单位成本 = \frac{客运（货运）成本}{客运（货运）周转量}$$

沿海运输企业应于月末编制运输成本计算表，分别反映运输总成本、项目构成及单位成本。

（三）远洋运输成本核算

随着世界经济一体化进程的加快，国际分工越发明显，我国也以积极的姿态加入到这股浪潮中来。在这样的背景下，我国与世界其他国家在经济等方面的交往日益增多，物资贸易进出口量也是屡创历史新高。而远洋运输企业因其具有的独特优势而在其中发挥着非常重要的作用。

远洋运输是指远洋运输企业的船舶在国际航线上航行，穿梭于国内外各港口之间，负责运送旅客和货物的运输业务。与近海运输、内河运输相比，远洋运输具有船舶吨位大、航线不固定、航程距离远、航次时间长等特点。因此，其成本核算与近海运输有着不同的特点。

1. 成本核算对象

远洋运输业是以客、货运业务作为成本计算对象。但是由于远洋运输航次时间长，按月计算成本困难，通常还需要分别按航次计算成本。

航次是船舶按照出航命令装载货物（旅客）而完成一个完整的运输生产过程。船舶的航次时间计算，应以上一航次最终卸空所载货物（旅客）之时算起，至本航次最终卸空所载货物（旅客）之时止。单程航次是指船舶在两港或多港间进行单程运输；往复航次是指船舶在两港或多港间进行往返运输。船舶航次成本一般按单程航次计算，也可以按往复航次计算。但空放航次不单独计算航次成本，而是必须与载货（客）航次合并计算航次成本。

2. 成本核算单位

客运成本的计算单位是千人海里；货运成本的计算单位是千吨海里。客、货综合成本的计算单位是吨海里。客、货周转量的换算，以1人海里等于1吨海里计算。

3. 成本计算期

远洋运输航次成本的计算期为航次时间。企业只计算报告期内已完航次的成本，期末未完航次的运输费用转入下期。公式如下：

报告期内已完航次成本=报告期期初未完航次成本+报告期运输费用−报告期期末未完航次成本

如果近洋航次时间较短，航次跨进跨出不太悬殊，则也可继续按月、季、年为成本计算期。

4. 成本项目

根据远洋运输的特点及航次成本计算的要求，将成本项目分为航次运行费用和营运固定费用两类。航次运行费用是指船舶在航次运行中所发生的费用，包括燃料、港口及运河费、货物费、客运费、垫舱材料费、事故损失及其他等；营运固定费用是指船舶为保持试航状况所发生的经常性维持费用，包括工资、福利费、润料、材料、船舶折旧、船舶修理费、保险费等。

5. 航次运行费用的归集

航次运行费用按航次归集，直接由该航次成本负担。所以，远洋运输企业发生的船舶运行费用属于直接计入费用，应直接计入按航次开设的船舶航次费用明细账之中。

6. 航次固定费用的归集

航次固定费用的归集是按船进行的，月末根据各船已完航次及未完航次的营运天数进行分配，由各航次成本承担。

7. 成本计算

当船舶航次完成后，根据船舶航次明细账计算该航次的运输总成本和单位成本。公式为：

航次运输总成本=航次运行费用+分配计入的固定费用

$$航次运输单位成本=\frac{航次运输总成本}{周转量}$$

注：上式中周转量应换算为吨千米。

远洋运输企业在报告期内船舶已完航次成本之和为该期远洋运输总成本。报告期内未完航次所发生的船舶运行费用和分配的船舶固定费用，为未完航次成本，转入下期计算。远洋运输企业在报告期末应根据报告期内船舶已完航次的船舶航次明细账汇总编制远洋运输成本计算表。

四、铁路运输成本核算

铁路运输与公路运输相比，具有运力大、运输距离长、运输成本低、长距离运输速度快、节约时间等特点。因此，一直以来铁路运输在我国运输行业中都占据十分重要的地位。

（一）铁路运输企业及其成本核算的特点

1. 铁路运输企业的特点

铁路运输企业辖区广、生产线长、点多，生产的产品主要是运输旅客和货物。由于运输距离远近不同、方向不同、区段不同，所以各种耗费差别较大。从客货运输任务的完成情况来看，一般情况下要由几个铁路局共同完成，而运费则由某个局负责收取，但属于铁路系统共同所有。从支出来看，运输作业是由许多铁路线上的站、段基层单位通过协作方式共同完成的，运输支出基本上发生在这些基层单位，有些支出是由一个路局开支，但由多个路局共同受益。因此，铁路系统在会计核算上采用收支两个核算体系。一定期间内为完成运送旅客和货物运输所发生的全部支出即为铁路系统（局或分局）这一期间的运输总成本。单位运输产品应负担的运输支出则为单位运输成本。

2. 铁路运输企业成本核算的特点

由于铁路运输及其经营管理本身具有的特殊性，决定了其在成本核算中具有以下特点。

（1）成本计量单位采用运输数量和运输距离的复合单位，即客运以人千米、货运以吨千米表示，或按照一定的换算比例将客运、货运不同计量单位换算为以吨千米计算的成本，而不能直接用旅客人数或货运吨数作为产品成本的计量单位。

（2）铁路固定资产比重大。有些设备由铁路系统统一管理使用，而有些则由某一铁路局管理使用，这些设备均为客、货运输共同所有。设备运行维修支出和折旧支出，在成本核算时采用适当方法进行分配。

（3）直通运输跨局进行，在成本核算时有些费用要在有关铁路局之间进行分配。采用间接分配方法的费用所占比例很高，所以，选择适当的标准是关系到能否正确计算客运成本及货运成本的关键。

（4）铁路运输生产费用按分级核算制要求，分散在基层运营站段、分局和路局进行核算。成本核算主要在路局和分局进行。

（5）成本核算分定期计算成本和非定期在具体条件下计算成本两种情况。定期核算成本一般主要是按客运支出和货运支出两部分核算的客、货运成本；非定期在具体条件下核算的运输成本，如为制定客、货运价格需要按客运种别或列车类别核算的软席、硬席客运成本；按货运类别核算的整车货运成本、零担货运成本、集装箱运输成本、具体作业成本等。

（6）以客、货运输业务作为成本核算对象。

（7）成本项目一般包括工资及福利、材料、燃料、电力、其他等。

（二）铁路运输企业成本费用的内容

1. 营运成本

铁路运输企业的营运成本指铁路运输企业营运生产过程中实际发生的与运输、装卸和其他业务等营运生产直接有关的各项支出。其开支范围如下。

（1）铁路运输企业在营运生产过程中实际消耗的各种燃料、材料、备品配件、专用工器具、动力照明、低值易耗品等支出。

（2）铁路运输企业直接从事营运生产活动人员的工资及福利、奖金、津贴和补贴。

（3）铁路运输企业在营运生产过程中发生的固定资产折旧费、修理费、租赁费（不包括融资租赁、固定资产租赁费）、铁路线路灾害防治费（每处不超过 5 000 元）、铁路线路绿化费、铁路护路护桥费及乘客急救费、集装箱费（包括空箱保管费、清洁费、熏箱费等）、车辆冬季预热费、养路费、设计制图费、车辆清洗费、车辆牌照检验费、行车杂费、倒载费、试验检验费、劳动保护费、职工福利费、事故净损失等支出。

2. 期间费用

期间费用包括以下内容。

（1）管理费用。是指铁路运输企业行政管理部门为组织和管理生产运输活动发生的各项费用支出。

（2）财务费用。是指铁路运输企业为筹集资金而发生的各项费用，其内容主要包括：铁路营运期间发生的利息净支出、汇兑净损失、金融机构手续费及筹集资金发生的其他财务费用。

（三）铁路运输企业成本核算

铁路运输企业成本核算的内容是企业一定期间内为完成客货运输而发生的支出，即该期间的运输总成本。客货运输支出一般由铁路局、分局、基层站、段按客运和货运支出两部分进行核算，再通过内部会计报表计算各自运输总成本、旅客人千米成本和货运吨千米成本或换算吨千米成本。

为便于反映铁路运输线生产的各种耗费及成本核算，铁路系统应设置"运输支出"总账科目及相应的客、货运明细账户进行核算。该账户的借方登记发生的各种计入成本的运输费用，贷方为期末转入"本年利润"账户的金额。

1. 运输总成本的计算

铁路运输业务中跨局运输比重大，运输工作要由若干个铁路局共同协作完成，很难做到单独由某个路局、路段完成全部运输任务的情况，因此成本计算工作较为复杂。在分级核算制下，每个基层单位的运输支出不仅属于本单位的直接费用，而且作为运输总成本的一部分，随着运输支出的层层结转，最后在铁路分局、铁路局通过结转汇总得出本系统运输总成本。

2. 单位成本的计算

在计算总成本的基础上，单位成本的计算也是非常重要的。因为据此可以考核运输成本的高低及费用的节约情况，以便加强管理工作。

（1）换算吨千米成本。该种计算方法是将旅客人千米数折算为吨千米（换算比率一般为 1∶1）后再与货物吨千米数汇总在一起，求得该综合指标。公式为：

$$换算吨千米数 = 旅客人千米数 + 货物计费吨千米数$$

$$换算吨千米成本 = \frac{运输支出总额}{换算吨千米总数}$$

$$= \frac{运输支出总额}{旅客人千米数 + 货物计算吨千米数}$$

（2）客运单位成本及货物单位成本计算。为满足成本考核及制定客运单价及货运价格的需要，对于客运、货运这两种业务性质不同的产品有必要分别计算各自单位成本。

客运单位成本是根据运输支出中分离出来的客运支出部分与客运业务旅客人千米数相除求得。公式为：

$$客运旅客人千米成本 = \frac{客运支出总额}{旅客人千米数}$$

货运单位成本是根据运输支出中分离出来的货运支出部分与货运业务计费吨千米数相除求得。公式为下：

$$货物计费吨千米成本 = \frac{货运支出总额}{货物计费吨千米数}$$

3. 费用的核算

铁路运输企业在生产经营活动中，不仅会发生计入"运输支出"的成本费用，而且会发生期间费用。为此，应设置"管理费用"和"财务费用"账户。该账户借方登记各种本期实际发生的期间费用数额，贷方登记期末结转"本年利润"账户的本期发生额合计数。

五、航空运输成本核算

与其他运输方式相比，航空运输具有快捷、安全、用途广泛等特点。航空运输的兴起大大缩短了世界各地之间的空间距离，为超远距离的人员、货物运输带来了极大的方便。

目前我国正处于经济高速发展期，民用航空运输事业发展很快，而且在很多领域都在发挥着非常重要的作用。民航业务包括运输飞行和专业飞行，其中运输飞行分为旅客运输和货邮运输；专业飞行大体上包括如下项目：护林防火、飞播造林、森林普查、航空测量、飞机播种、人工降雨、海上服务、航空探矿、抢险救灾、防治虫害、施肥除草等。

（一）民航运输成本核算的特点

1. 成本计算对象

由于各种机型无论大小还是技术性能差异都很大，因此民航运输成本计算一般只能以每种机型为基础。在归集和分配各类费用的基础上计算每种飞机的机型成本，并进一步计算、考核每种飞机运输周转量的单位运输成本。

2. 成本计算单位

民航运输周转量的成本计算单位是吨千米。货物周转量和旅客周转量的换算比例为：国内航线1人千米=72千克千米，国际航线1人千米=75千克千米。

3. 成本计算期

民航运输企业按月计算成本，成本计算期和会计报告期一致。

4. 成本项目

民航运输企业的运输成本项目，包括直接营运费用、间接营运费用、通用航空成本等。

（二）民航运输成本的核算

1. 直接营运费用的归集和分配

直接营运费用是指民用航空运输企业在费用发生时可直接计入有关机型成本的各项费用。它通过设置"运输支出——直接营运费"科目进行核算。具体费用项目如下。

（1）空勤人员工资及福利费。空勤人员（包括飞行领导人员）的工资及福利费按照所飞的机型分配计入各机型成本。乘务人员工资及福利费按照各机型乘务员配备标准及本月飞行小时比例分配。计算公式为：

$$某机型乘务员工资分配数 = 本月乘务员工资数 \times \frac{某机型乘务员配备标准（人数）\times 某机型本月飞行小时}{本月各机型人时数之和}$$

（2）航空燃料消耗。航空燃料消耗包括飞机在飞行中或在地面检修试车时所消耗的航空油料和润滑油。为保证航空燃料消耗核算的及时性、正确性，对航空燃料消耗一般采用预提的办法，即每月终了，根据核实的加油凭证，按机型、加油地点进行分类，并登记加油数量。国内加油按规定的计划单价计算航油预提数，国外加油按规定的预提单价计算航油预提数，但为了便于计算机型成本，同时按国内计划单价计算航油预提数，两者差数记入"国外加油航油差价"项目。

（3）飞机、发动机的折旧费。民航运输企业的飞机和发动机折旧费的计提可以采用两种方法：一是按实际飞行小时计提折旧，采用这种方法应按机型分别计提折旧；二是按年限计提折旧，采用这种方法要按每架飞机分别计提折旧。

（4）飞机、发动机大修理费。飞机发动机大修理费是指各种机型飞机定时进行大修所发生的费用。民航运输企业对此项大修费可采用预提大修费或大修费发生后分期摊销的方法进行核算。

（5）飞机租赁费。按飞机租赁的不同情况，飞机租赁费的处理有两种方法：一是租赁期满后飞机产权归属不变，这种情况下租赁期内每月应付的租赁费（包括有关的手续费和附加费用，如代付出租方的所得税等）从成本中预提；二是租赁期满后飞机产权归民航运输企业，即承租方所有，此时应比照国家投资购置固定资产的办法作相应处理。

（6）飞机保险费。飞机保险费包括飞机险、战争险、旅客货物意外险及第三者责任险等。民航运输企业对飞机保险金额应以投保时的飞机及发动机的净值为准，并且逐年调整。飞机保险费一般采用摊销的方法，按月平均摊入飞机保险项目。

（7）飞机起降服务费。飞机起降服务费包括飞机在国外的机场按协议或规定的标准支付的起降费、停场费、夜航设施费、地面服务费、通信导航费及特种车辆设施的使用费；飞机飞越国外领空，按协议或规定支付的过境费；借用外航空勤人员在本航空公司飞机上工作支付的费用。飞机起降服务费应在支付之日列入机型成本。

（8）旅客供应服务费。旅客供应服务费是指在飞机上提供各种服务发生的费用，以及由于民航部门原因取消的飞行，按规定由民航部门负责旅客食宿的费用。配给机上的供应品凭乘务员签领的清单，按实际领用数分别计算，直接计入有关的机型成本。

除上述费用外，成本费用还应包括制服费、飞行训练费、飞机修理及日常修理费、客舱服务费、行李赔偿费、航空消耗件摊销、高价周转件摊销及其他费用等。

2. 间接营运费用的归集和分配

凡是本期发生属于成本费用但间接计入各有关机型成本的各项费用。它主要包括飞机维修费及分配转入的各项辅助生产费用等。

（1）飞机维修费。飞机维修费是飞机、发动机维护检修时所发生的费用及零附件的维修费用。飞机维修费的核算分为材料费、人工费和间接维修费三个项目。可以直接归集到机型成本的维修费（如因维修飞机而领用材料费和按耗用工时数而计算的人工费）为直接维修费，属于直接营运费用的不在此列；不能直接归集到机型成本的则需按一定的标准分配到各机型成本中的维修费（如管理维修工作所发生的费用）为间接维修费。民航运输企业发生的维修费先通过"营运间接费用——飞行维修费"科目进行归集。"营运 间接费用——飞机维修费"科目下设"材料费""人工费""间接维修费"三个明细科目，月末再按下列方法分配到各机型成本。

① 材料费。材料费根据领料凭证上所列机型直接计入各机型成本。

② 人工费。人工费按各机型维修实耗工时比例分配到各机型成本。其计算公式为：

$$每工时人工费率=\frac{本月人工费总额}{本月各机型维修实耗工时总数}$$

某机型应分配的人工数=本月该机型维修实耗工时数×每工时人工费率

③ 间接维修费。间接维修费可按各机型维修实耗工时比例分配到各机型成本。其计算公式为：

$$单位工时间接维修费分配率=\frac{本月间接维修费总额}{本月各机型维修实耗工时总数}$$

某机型应负担的间接维修费=本月该机型维修实耗工时数×单位工时间接维修费分配率

（2）分配转入的各项辅助生产费用。企业内部各辅助生产部门，如供电、供水、排污、汽车运输等部门发生的各项费用，在经过费用的归集后，月末可以根据各单位耗用量按上月实际单位成本分配并结转。由运输成本负担的部分应作为间接费用计入运输成本。

3. 通用航空成本

通用航空成本是指民航运输企业从事运输所发生的计入成本，但不属于上述成本项目的费用支出。如飞机日常养护费用等。

民航运输企业各机型成本之和为民航运输总成本。运输总成本与运输周转量相除得到运输单位成本。月末编制民航运输成本计算表，该表不仅可以反映运输总成本及单位成本，而且可以分别反映各机型的总成本及单位成本。

练习题

一、单项选择题

1. 商品流通企业国内购进的商品进价是指（　　　）。
   A. 进货原价及进货运费　　　　　　B. 进货原价及各项采购费用
   C. 进货原价及进货手续费　　　　　D. 进货原价

2. 施工企业一般将（　　）作为施工工程成本核算的对象。
   A. 单位工程　　　B. 建设项目　　　C. 工期　　　　D. 建筑材料

3. 农业企业发生的间接成本应记入的账户是（　　　）。
   A. 农业生产成本　　B. 制造费用　　　C. 基本生产成本　　D. 辅助生产成本

4. 企业的畜禽产品采用混群核算时，其成本计算对象为（　　　）。
   A. 幼畜禽　　　B. 产畜禽　　　　C. 畜禽种类　　　D. 育肥畜禽

5. 数量进价金额核算法适用于（　　　）。
   A. 批发企业　　　　　　　　　　　B. 零售企业
   C. 经营鲜活商品的零售企业　　　　D. 经营日用工艺品的零售企业

6. 下列运输企业生产经营活动的特点，说法正确的是（　　　）。
   A. 企业的产品分为生产过程和销售过程
   B. 企业在营运生产过程中不断产生新的实物形态的产品
   C. 企业产品的位移不仅与数量有关，还与距离有关
   D. 企业的营运生产地点比较集中

二、多项选择题

1. 商品流通进口企业的商品，应冲减商品进价的项目包括（　　　）。
   A. 购货商品的索赔收入　　　　　　B. 能直接认定的进口佣金
   C. 购货折扣　　　　　　　　　　　D. 购货转让
   E. 购货退回

2. 商品销售成本包括（　　　）。
   A. 已销产品税金　　　　　　　　　B. 已销产品负担的经营费用
   C. 已销商品进价成本　　　　　　　D. 存货变现损失准备
   E. 商品销售费用

3. 国外购进商品进价成本包括（　　　）。
   A. 进口税金　　　　　　　　　　　B. 代理进口费用
   C. 商品到达目的港口后发生的费用　D. 商品到达目的港口前发生的运保费
   E. 应负担的购进外汇价差

4. 批发企业在采用数量进价金额核算法时，计算商品销售成本的方法有（　　　）。
   A. 进销差价率法　　B. 先进先出法　　　C. 个别进价法
   D. 实地盘存差价法 E. 毛利率法

5. 零售企业采用售价金额核算法时，确定已销商品进销差价的计算方法有（　　）。

    A. 加权平均法　　B. 综合平均差价率法　　C. 毛利率法

    D. 分类差价率法　　E. 实地盘存差价法

6. 农业企业生产成本的构成包括（　　）。

    A. 直接材料　　　　B. 直接人工　　　　C. 其他直接费用

    D. 制造费用　　　　E. 往年费用

7. 施工企业成本核算（　　）。

    A. 需以单位工程为成本计算对象

    B. 需按月定期计算成本

    C. 需按施工周期计算成本

    D. 需在已完工程和未完工程之间分配工程成本

    E. 不需在已完工程和未完工程之间分配工程成本

8. 运输企业成本核算的特点有（　　）。

    A. 成本计算对象的单一性

    B. 成本计算对象的多样性

    C. 没有生产成本与销售成本的区别

    D. 营运成本与计入本期营运成本的费用一致

    E. 采用复合计量单位

三、判断题

1. 批发企业的库存商品一般采用数量金额核算法。（　　）

2. 进口商品的国外进价，一律以离岸价为基础。（　　）

3. 毛利率法适用于经营品种较多，按月计算销售成本有一定困难的企业。（　　）

4. 运输企业都应按月定期计算营运成本。（　　）

5. 施工企业的成本计算方法与制造业企业的分批法相同。（　　）

6. 农业企业为生产产品所发生的生产费用，都需要在完工产成品和在产品之间进行分配。（　　）

四、业务题

1. 某批发企业第一季度 A 商品销售收入为 25 000 000 元，其销售成本为 19 500 000 元；4 月份该商品销售收入为 700 000 元。

    要求：采用毛利率法，计算 4 月份 A 商品的商品销售成本，并编制结转成本的会计分录。

2. 某零售企业商品销售成本采用售价金额核算法进行核算。201×年 7 月 31 日"库存商品""主营业务收入"和"商品进销差价"账户的有关资料如表 12-17 所示。

表 12-17　有关账户资料

201×年 7 月 31 日

单位：元

柜组	"商品进销差价"月末余额	"库存商品"月末余额	"商品销售收入"本月发生额
A 组	2 300 000	2 000 000	8 000 000
B 组	3 200 000	3 000 000	13 000 000
合计	5 500 000	5 000 000	21 000 000

    要求：根据上述资料，计算各柜组差价率及各柜组已销商品应分摊的进销差价，并编制结转商品进销差价的会计分录。

3. 某农业企业冬季在温室栽种草莓和小白菜等果菜。2 月温室间接费用累计 30 000 元，温室总面积为 2 000 平方米。当月采摘上市的草莓占用 1 500 平方米，生长期为 30 天；小白菜占用 500 平方米，生长期为 20 天。

要求：计算草莓、小白菜应分配的温室间接费用与月末间接费用累计余额。

4. 某养猪场某月出栏猪群当月饲养费用合计 9 800 元，产生厩肥估价 200 元。有关资料如表 12-18 所示。

表 12-18　出栏猪群生产成本明细账

摘要	头数（头）	活重（公斤）	成本金额（元）
期初结存	53	6 360	15 790
本期购入	18	11 080	4 980
从仔猪转入	12	960	2 710
期内增重（净）	—	2 995	9 600
合计			
本期转出（出售）	8	1 840	
本期死亡	1	82	—
期末结存		9 473	

要求：根据上述资料，计算当月猪群增重净成本、增重量、增重单位成本、活重量、活重单位成本、本期转出活重成本与期末结存活重成本，并登记明细账。

5. 某企业各工程共同耗用大堆材料水泥，其费用按月在各工程间分配。资料如下：

（1）上月末盘存 50 吨，本月收入 120 吨，月末盘存 60 吨。水泥每吨成本为 1 200 元。

（2）各工程完成的混凝土工程量和每立方米混凝土石子消耗定额及定额耗用量如表 12-19 所示。

表 12-19　水泥定额耗用量计算表

工程项目	完成混凝土工程量（平方米）	消耗定额（吨/平方米）	定额耗用量（吨）
A 工程	280	0.3	84
B 工程	120		36
合计	400		120

要求：根据上述资料，计算本月水泥实际耗用量、各工程应负担的实际消耗量、各工程应分配负担材料成本，编制大堆材料（水泥）费用分配表，并结转各工程耗用材料成本。

五、简答题

1. 商品流通、农业、建筑施工、交通运输等企业（行业）的经营活动及成本核算有何特殊性？

2. 结合实际，归纳国民经济中某一特殊行业企业的经营活动及成本核算的特殊性。

专项成本会计的核算 | 第十三章

【学习目的与要求】
　　成本是管理控制的对象，会计是一种方法程序，成本会计是运用会计方法程序，以成本为对象所进行的核算与管理。对于任何的社会经济活动而言，都必然要有投入，会发生成本费用，都可以运用成本会计的方法程序，来计算并管理控制其成本。随着计算机与网络信息技术的发展，成本会计的运用领域正在被日益拓展。质量成本、资本成本、人力资源成本、自然资源成本等专项成本的会计核算，是当代成本会计的方法程序被拓展运用的重要新领域。本章基于成本会计的基本原理，讨论当代成本会计的方法程序在质量成本、人力资源成本、自然资源成本、资本成本等专项成本管理控制领域被拓展运用的相关问题。

第一节　专项成本核算及组织原理

　　组织专项成本核算，应在明确成本会计核算与管理控制相互关系基本原理的基础上，考虑并控制会计核算的组织成本，根据各专项成本的内容及管理控制要求，恰当地组织核算。

一、专项成本核算与产品成本核算及成本管理控制的关系

（一）专项成本核算、产品成本核算与成本管理控制的关系

　　管理控制是目的，而成本核算，无论是产品成本核算，还是专项成本核算，核算都是手段。会计，特别是成本会计，是应管理的需要而产生并发展的。没有财产管理的需要，就不会产生会计；没有资产所有权与支配、使用权的分离，就不会产生现代意义上的会计。成本会计与管理会计，均是基于企业内部管理控制的目的而产生，并服务于管理控制的手段与方法。

（二）专项成本与产品成本会计的比较

　　专项成本核算与产品成本核算既相互统一又相互区别。无论是产品成本核算，还是专项成本核算，都属于成本会计的范畴，都是企业管理的对象，都要利用会计账户进行核算，都采用货币价值计量，都必须为管理提供会计信息等。它们在上述基本方面是统一的。

　　但相对于产品成本会计而言，专项成本会计属于成本会计的新领域。专项成本，是产品成本概念之外的成本领域；专项成本会计，是将产品成本核算的方法程序，运用于产品成本概念之外的某一特定成本领域，组织专门的核算，以利于实现产品成本管理与控制的方法程序。因此，专项成本会计与产品成本会计存在明显区别，主要表现为以下几个方面。

　　（1）成本核算对象的性质不同。产品成本会计的成本核算对象是产品。所谓产品，一般是指被企业作为独立的商品，单独计价、对外销售的商品产品。专项成本会计的核算对象不是独立的商品产品，一般不作为商品单独对外计价销售。在当前，有些商品产品甚至还不是经济学意义上的"商品"。

　　（2）成本的内容构成不同。在理论上，商品产品成本即商品成本，由已耗费的生产资料转移的价值（C）和劳动者为自己创造的价值（V）两部分组成。但各专项成本，其内容完全根据管理的要求确定，其构成也各不相同。

（3）与财务会计的关系不同。我国企业当前的产品成本核算，从某种意义上而言，是财务会计的明细核算，其成本范围、账户设置等，完全从属于财务会计。但专项成本核算的范围与内容，完全根据管理的要求确定，可以与费用、支出、资本化成本相交叉；它既可以利用现有的财务会计账户体系，也可以单独设计专门的账户体系组织核算。

（4）会计确认的标准不同。计算产品成本，必须符合财务会计确认的基本标准，且必须根据权责发生制原则，明确划分各不同成本计算期的成本界限。但进行专项成本核算，不一定要符合财务会计确认的基本标准，且没有明确的成本分期的界限。

（5）专项成本核算及管理控制的组织方式更为灵活。进行专项成本核算，可以根据实际情况，采用以下三种组织模式。

① 基于现行财务及成本会计核算的账户设置的"二级会计科目核算"形式。这是一种在完全不打乱现有会计核算体系的基础上，通过在有关一级科目下，专门单独设置专项成本核算的二级科目，来组织专项成本核算的形式。如在"生产成本"一级账户下增设"废品损失""质量管理费""质量损失费""停工损失"等二级账户，在"制造费用"和"管理费用"一级账户下增设"质量管理费"等二级账户，进行质量成本的专项成本核算。

② 基于现行财务及成本会计核算的账户设置的"一级会计科目核算"形式。这是一种按照所确定的专项成本会计核算对象，单独设置"专项成本"（如"质量成本"）一级会计科目，下设若干二级及三级科目或明细科目，来组织专项成本核算的一种形式。该核算形式也不会打乱传统的会计核算体系的基础，但必须在原有会计科目体系的基础上增加新的会计科目。

③ 在现行财务及成本会计核算所设置的账户体系之外，设置"专项成本会计科目核算"的形式。此时，专项成本核算与财务会计没有直接关系，独立地为专项成本管理与控制服务。

（6）组织专项成本管理与控制，所追求的目的，可以有不同的层次或境界。

二、专项成本核算的成本效益原则

一般来说，会计核算通过提供财务状况与效益信息，总会对管理控制产生一定程度的帮助。但组织会计核算也会发生一定的成本费用。是否专门组织某一专项成本的会计核算，应该在组织专项成本会计核算的成本与收益之间进行权衡。

（一）会计核算成本的内容

会计核算成本一般应包括以下基本内容。

（1）会计人员及机构费用。专项成本核算是在一般会计核算的基础上开展的，对组织专项成本核算与管理而言，其会计核算成本只应包括为达到专项成本管理控制的目的，所新增加的会计人员及机构的费用，如人员薪酬、业务培养（训）费用，等等。

（2）簿记成本。是指因开展某一专项成本核算而增加的计算机等信息工作的硬、软件及笔墨、纸张等方面的费用。

（3）信息传递费用。主要是指因组织专项成本核算与管理，新增加的信息传递网络的费用。

（二）组织专项成本会计核算的基本原则

企业组织的任何活动，都必须符合成本效益原则，成本会计也不例外。

1. 组织专项成本会计核算的基本原则

组织专项成本会计核算的基本原则是：组织会计核算应该产生净效益，即组织专项成本会计核算所增加的效益，必须大于其会计核算的组织成本。

只要符合这一原则，就应该组织专门的成本会计核算。

2. 会计核算效益的内容

组织会计核算所产生的效益，应该包括因组织专项成本会计核算，所减少的全部成本费用与支出，对此应该特别加以注意。

在专项成本核算的条件下，会计核算效益可以包括以下不同层次的内容。

（1）因组织专项成本会计核算，所减少的产品（服务）生产（提供）成本；

（2）因组织专项成本会计核算，所减少的会计期间费用，如管理、销售财务方面的费用；

（3）因组织专项成本会计核算，所减少的生产成本与期间费用之外的支出与损失。

三、组织专项成本核算的目的及层次

组织专项成本管理与控制，达到核算为管理控制服务的目的，可以有四个不同的层次或境界。

（1）成本信息主要为产品生产成本管理控制服务，不能服务于产品生产成本之外的其他领域。

在该服务层次下，成本核算所生产的信息，主要是为产品生产成本的管理控制服务；此时，虽然企业可能存在某些专项成本管理控制的要求与活动，但由于没有组织专项成本核算，成本核算信息常常不能符合专项成本管理控制的需要，成本会计核算尚处于自然状态。

在该服务层次下，由于不组织专门的专项成本核算，也不会增加成本核算费用。

（2）根据实施专项成本管理控制的要求，专门组织某些专项成本核算，为所确定的专项成本管理控制提供服务。

在该服务层次下，按照专项成本管理控制的要求，专门组织成本核算，专门提供特定专项成本管理控制所必需的信息。此时，成本信息一般能够满足专项成本管理控制的需要，但由于要组织专门的专项成本管理控制与核算，必然会增加会计工作成本。专门组织专项成本核算，必须进行会计核算成本与效益的权衡。该层次为成本会计的较高层次。

（3）结合产品成本核算与管理，虽然不专门组织专项成本核算，但可以为若干具体、确定的专项成本管理控制服务。

在该服务层次下，因不专门组织专项成本核算，也不增加成本核算费用，但可以为某些特定专项成本管理控制提供必要信息。但在该服务层次下，成本会计信息服务的领域相对有限。该层次为成本会计的更高层次。

（4）结合产品成本核算与管理，虽然不专门组织专项成本核算，但可以为企业所需要的、全部的成本管理控制服务。

该层次为成本会计的最高层次。此时，成本会计核算回复到其原始、自然状态，但异常精细，是成本会计工作组织的理想状态。

四、组织专项成本管理控制与核算的基本程序

基于成本核算与成本管理控制相互关系的基本原理，应该按照以下程序进行专项成本管理控制与核算工作的组织。

（1）了解企业经营组织与管理及成本、费用构成的基本情况，明确企业成本工作重点，确定组织专项成本管理控制与核算的特定领域。质量成本、资本成本、人力资源成本、自然资源成本、产品生命周期成本、环境成本，还有其他的专项成本，皆可被选择确定为会计核算的专门领域。

（2）基于所选择确定的专项成本特定领域，根据其核算目的、内容与要求，进行专项成本管理控制及会计核算组织的初步设计，并对组织专项成本会计核算的成本与效益进行计量。

（3）如果所选择确定的专项成本特定领域，在专门组织专项成本会计核算后，可以产生净效益，则以初步设计的会计核算组织模式为基础，进行专项成本会计工作的具体设计，并组织实施。

先确定成本管理控制的重点、目标与要求，再设计成本会计工作组织与核算的途径、方法与程序，是组织专项成本管理控制与核算工作的基本要点。

第二节 | 质量成本会计

质量成本会计是将成本会计的方法程序，运用于质量成本管理，而形成的一个新的会计领域。

一、质量成本会计概述

（一）质量成本会计的形成与发展

质量成本会计的形成与质量管理的发展密切相关。质量管理发展的过程包含着质量成本的萌芽和形成的过程。在国外，质量管理经历了近百年的发展历史，这段历史大体上可分为三个发展阶段，即标准化质量管理、统计质量管理和全面质量管理三个阶段。

标准化质量管理主要是指 1924 年以前的泰罗质量管理，其特点是依靠质量检验的专业化队伍，按照既定的质量技术标准进行事后检验和质量把关，以减少废次品。标准化质量管理是在传统经验管理的基础上向科学管理迈出的可喜一步。

在统计质量管理阶段，企业经营者的质量经济性观念得到增强，质量成本的范围不断扩大，内容不断完善，质量成本理论基本成型。美国质量管理专家 A. V. 菲根堡姆、J. M. 朱兰、J. 哈林顿等对质量成本会计的发展作出了重大贡献；"量、本、利"分析促进了质量与成本的结合，全面质量管理推动了质量成本会计的形成。

20 世纪 80 年代初，我国在借鉴全面质量管理的过程中，引进了质量成本会计并在试点企业中应用。

（二）质量成本的概念

当前质量成本的概念尚处于发展和完善之中，国内外专家对质量成本概念则是见仁见智，但一般包括以下要点。

（1）质量成本在本质上是一种资源耗费。在此意义上，它和其他的成本概念并无本质区别。但质量成本的资源耗费，仅仅是与产品的质量活动有关的资源耗费，而不是其他方面的资源耗费。这是它区别于其他成本费用的基本特征。

作为因质量所引发的资源耗费，按其构成内容的有效性，可分为有效质量劳动耗费和无效质量劳动耗费。前者表现为必要投入的费用支出，包括预防费用和检验费用；后者表现为发生的损失性支出，包括内部损失和外部损失。在不同时期、不同条件的情况下，质量费用与质量损失的计算范围可以不同，但其本质特征是不会改变的。

（2）质量成本是与产品质量活动有关的成本，没有质量活动便没有质量成本。

根据上面所述，可将质量成本的概念归纳为：质量成本是企业在实施质量管理过程中所发生的各种资源耗费。

质量成本是指与产品质量活动有关的成本。质量成本中的显性成本（即账面成本），一般包括在产品成本之中，是产品成本的一个组成部分，且通过其所实现的销售收入获得补偿；而质量成本中的隐性成本则不计入产品成本。质量成本所包括的内容，涉及产品研制、生产、销售和服务的产品生命周期全过程；产品成本是指与产品生产制造有关的成本，只涉及生产制造过程。产品成本核算只能采用会计方法，而质量成本核算既可以采用会计方法，也可以采用统计方法。

（三）质量成本的内容

质量成本性质特殊，构成复杂，品名繁多，用途各异。根据管理需要，质量成本从不同的角度可分为不同类型，其中最基本的就是按照质量成本的经济用途分类，将质量成本分为预防成本、鉴定成本、内部损失成本和外部损失成本四项。

（1）预防成本。预防成本主要指用于保证和提高产品质量，防止产生废次品的各种预防性费用，如质量管理部门或质量检验部门为提高员工素质发生的培训费、宣传费和其他预防性日常管理费，以及设计、工艺和生产部门发生的质量改进措施费和质量预防专职人员的工资性费用等。

（2）鉴定成本。鉴定成本也称检验成本，主要指用于质量检验活动的各种不同性质的质量费用，如检验部门对原材料、零部件、半成品和产成品进行质量检验、试验、测试和鉴定所发生的料、工、费等各项费用。

（3）内部损失成本。内部损失成本也称厂内损失或内部故障损失，主要指产品出厂前，因质量未达到规定标准而发生的损失，以及因质量原因造成的其他损失，如废品损失、返修损失、停工损失、减产损失、降级损失、质量事故分析处理费用等。

（4）外部损失成本。外部损失成本主要是产品出厂后，因质量未达到规定的质量标准而发生的损失，以及因未能满足规定的质量要求所发生的费用和损失，如索赔费用、诉讼费用、保修费用、退货损失、降价损失，以及其他发生于厂外的质量损失，如应承担的质量处置费用等。

二、质量成本控制

质量成本控制是企业为达到质量成本目标的各种管理活动（方法、手段、措施等）的总称。它是成本管理控制的一个重要组成部分。

质量成本控制是一种过程控制。它包括以下三个方面的内容。

（一）对质量成本目标制定过程的控制

质量成本控制首先应表现为对质量成本目标本身的控制。质量成本目标的制定，应符合效益性原则，即应以最少的投入，取得最大的效益。一旦质量成本目标与此原则有悖，质量成本控制则具有重新审定和修正质量成本目标的积极作用，使其始终保持先进水平。

（二）对质量成本发生过程的控制

目标一经制定，重要的就是执行。质量成本目标完成的过程，也就是质量成本的形成过程。在此过程中，企业应采取一系列的措施和手段，对生产经营活动中发生的各种质量费用实施有效控制，一旦发现偏差便及时采取纠正措施，从而保证质量成本目标的实现。

它具体可包括以下内容。

（1）材料物资采购及储存过程的质量成本控制。主要内容包括：

① 所采购材料物资的质量控制；

② 所储存材料物资的质量控制。

进行材料物资采购及储存过程的质量成本控制，应展开材料物资采购成本与质量成本，以及材料物资储存成本与质量成本间的数量分析，以作出最优决策。

（2）生产过程的质量成本控制。主要内容包括：

① 生产技术准备的质量控制；

② 工序的质量控制；

③ 技术检验工作控制；

④ 加强不合格品管理，降低厂内厂外损失。

（3）销售过程的质量成本控制。主要内容包括：

① 产品包装、贮运的质量管理；

② 产品售后服务的质量管理；

③ 索赔处理的质量管理。

（4）质量成本的日常控制。主要内容包括：

① 建立质量成本管理系统，确定质量成本控制网点；

② 建立质量成本分级归口控制的责任制度；

③ 建立高效灵敏的质量成本信息反馈系统。

（5）新产品开发设计阶段的质量成本控制。其主要目的是要以最低的成本设计出质量最佳的产品。主要内容包括：

① 将产品质量控制在适宜水平；

② 加强设计的论证和评审，以保证产品的设计质量，实现预期的质量目标；

③ 加强样品的试制和试验，以完善产品的设计质量；

④ 加强技术文件的管理，控制技术管理成本。

（三）着眼于未来质量工作的改进目标，组织成本管理

质量成本控制不仅仅局限于对当前质量成本的控制，还要着眼于未来，为改进以后的工作，不断降低质量成本，促进提高产品质量，寻找更加切实有效的措施。

三、质量成本核算的组织

质量成本是一种专项成本，一般是在财务会计核算体系之外专门组织核算。为管理提供信息，也可以将质量成本纳入会计核算体系，但这样做有较大难度，且核算成本较高。

（一）质量成本的会计核算形式

在我国，各行业企业质量成本核算的形式多种多样，概括起来主要有两种形式。

1. 一级会计科目核算形式

这是一种通过单独设置"质量费用"一级会计科目，下设"预防成本""鉴定成本""内部损失成本""外部损失成本""隐含成本调整"等若干二级科目，在二级科目下再设置若干三级或明细科目，来组织质量成本核算的一种形式。除上述质量成本项目之外，企业还可设置外部质量保证成本，用于归集、核算为满足用户的需要而提供客观质量保证所发生的有关费用，如生产者为了向用户提供可证明产品可靠性和安全性的客观证据，而将产品送交权威质量检测机构进行试验、测试、评审所支付的费用。随着用户对产品质量要求的提高，此种质量成本将有增大的趋势。

2. 二级会计科目核算形式

这是一种在不打乱传统的会计核算体系基础上，通过在有关一级科目下，单独设置质量费用的二级科目，来组织质量成本核算的形式。企业通常会在"生产成本"一级账户下增设"废品损失""质量管理费""质量损失费""停工损失"四个二级账户，在"制造费用"和"管理费用"一级账户下增设"质量管理费"二级账户。其中，对质量管理费的三个组成部分，即预防成本、鉴定成本和外部损失成本，还可设置相应的明细科目。

（二）质量成本会计核算的基本程序

1. 审查质量费用

根据质量成本开支范围，明确划清质量费用与非质量费用，将符合质量成本开支范围内的费用计入质量成本。对质量费用进行认真清查，是确保质量成本真实性与准确性的必要与首要步骤。

2. 归集质量费用

对于经过审核无误的质量费用，根据质量费用形成的特点和管理要求，将各类质量费用的原始凭证或记录，如"质量损失计算表""废品通知单""返修通知单""工资结算表"等按照质量成本项目进行归集，计算出预防成本、鉴定成本、内部损失成本和外部损失成本。

3. 分配质量费用

将按质量成本项目归集的各项质量费用，分别在各产品之间进行分配，以确定各产品的质量费用，为质量成本的决策提供有价值的资料。

对于已归集的质量费用，凡能分清产品的直接质量费用的，应直接计入产品；凡不能分清产品的间接质量费用的，应按照一定的标准，在各种产品之间进行分配，以计算各种产品的质量总成本和单位成本。

4. 在完工产品和在产品之间分配质量费用

在成本计算期末，如果企业本期生产的产品到期末只有一部分完工，另一部分却没有完工，这时便需要将质量费用在本期完工产品和期末在产品之间进行分配。

第三节 资本成本会计

资本成本会计是将成本会计的方法程序，运用于资本成本管理过程，而形成的一个新的会计领域。

一、资本成本会计概述

（一）资本成本会计的形成与发展

20 世纪 70 年代初，西方学者开始从财务会计的角度发展"资本成本"概念，并以此作为理论依据，构建"资本成本会计"模式。美国会计学家 R. N. 安东尼（R. N. Anthony）教授在 1973 年的《哈佛商业评论》上发表题为《权益资本成本会计》的论文，提出了为权益资本计量其成本的思想；后来，他进一步发表了一系列相关论著，在会计学界引起了极大的反响，继而资本成本会计成为会计界所关注和争论的一个焦点。

（二）资本成本会计的概念

企业进行生产经营活动，必须有资金；筹集和使用资金，必然会发生费用。一般而言，资本成本就是企业为进行生产经营活动筹集、使用资金而发生的费用。

资本成本原本是经济学和财务学的一个范畴，亦称资金成本。早期的资本成本，仅指取得借入资本所实际支付的利息或使用费。股份制企业的出现，使企业的资金来源发生变化，也丰富和完善了资本成本的概念与内容。当前理论界对资本成本的表述，主要有以下两种。

（1）资本成本是企业为取得资金的使用权而实际支付的代价或实际发生的资金使用费，以及借入资金所支付的利息。

（2）资本成本是企业取得和应用全部资金而付出的代价或发生的使用费，包括实际发生的使用费和应该发生的使用费，如借入资金的利息和自有资金（权益资金）、优先股与普通股的股利和投资者分配的利润。

尽管在经济学和财务学中，对资本成本定义的文字表述不尽相同，但资本成本一般包括筹资过程中的咨询评估费用、印刷费用、代理费用等支出，以及使用资金过程中的利息费用、股利等。由于股利不是所筹集的股权资金的"必须"或"必要"成本，对股东所要求的最低回报率或所投资金的机会成本也应包括在资本成本之中。

（三）资本成本会计与财务会计的比较

资本成本会计与现行财务会计有着明显不同：现行的财务会计只确认、计量和报告债务资本成本，而忽略权益资本成本（权益资本成本只是作为税后利润分配）；而资本成本会计则认为，企业使用的各种资本成本都应像生产成本一样计算，从企业收入中扣除，以确定企业的利润。也就是说，对于资本成本会计而言，利息费用中既包括属于债务资本成本的部分，也包括属于权益资本成本的部分。权益资本成本属于隐含成本，而债务资本成本则和直接材料成本、直接人工成本、间接费用等一样属于显性成本。资本成本会计的理论构想，从实质上说，就是将会计信息领域加以扩展，使财务报告反映企业在生产经营过程中所发生的一切资本成本，既包括显性成本，也应包括隐含成本。

与传统财务会计相比，将股权资本成本纳入资本的范围，将使企业的成本发生以下变化。

（1）财务费用将扩展为企业的资本成本，既包括债务资本的利息成本，也包括股权资本的成本。而且财务费用可能不再作为一项期间费用，而被当作一项成本处理。

（2）企业存货成本和销货成本中，将包含在生产产品过程中所耗用的资本成本。

（3）自建固定资产的成本中，将包括在建期间所占用全部资本的成本。

除使企业的成本发生变化外，股权资本成本会计还会影响企业的资产和净利润，并最终引起企业所有者权益的变化。

二、资本成本的管理控制

资本成本管理与控制的目的，是实现资本成本的最小化或资本收益的最大化。它有以下三种不同的管理目标模型。

（一）在收益既定的条件下，追求资本成本的最小化

这是一种单变量目标模型，又包括以下几个不同层次或方面的内容：

（1）债务资本成本的最小化；

（2）股权资本成本的最小化；

（3）长期资本成本的最小化；

（4）全部资本成本的最小化。

（二）在资本成本既定的条件下，追求收益的最大化

这也是一种单变量目标模型，但一般不可能，也不需要组织专门的核算与考核。

（三）成本最低、收益最大的双变量目标模型

由于在资本成本与收益双双变化的条件下，管理控制的目标难以把握，同时计量与考核困难，且资金使用效益为综合指标，也不可能组织专门的核算与考核。

因此，资本成本的最小化，应该是企业资本成本管理控制目标的一种较为现实的选择。

三、资本成本的核算

资本成本会计是对全部资本成本，包括债务资本成本与股权资本成本的确认、计量、账务处理和信息披露。

关于债务资本成本的确认、计量、账务处理和信息披露，在我国当前一般按照《企业会计准则——借款费用》的规定进行。债务资本成本的会计核算的主要内容如下。

（1）债务资本成本的确认。这里需要解决的问题是：企业每期发生的债务资本的费用是应该费用化，直接计入当期损益，还是应该资本化，计入相关资产的成本。在我国的《企业会计准则——借款费用》中具体规定：因专门借款而发生的利息、折价或溢价的摊销和汇兑差额，在符合本准则规定的资本化条件的情况下，应当予以资本化，计入该项资产的成本；其他的借款利息、折价或溢

价的摊销和汇兑差额，应当于发生当期确认为费用。因安排专门借款而发生的辅助费用，属于在所购建固定资产达到预定可使用状态之前发生的，应当在发生时予以资本化；以后发生的辅助费用应当于发生当期确认为费用。如果辅助费用的金额较小，也可以于发生当期确认为费用。因安排其他借款而发生的辅助费用应当于发生当期确认为费用。

（2）债务资本成本的计量。债务资本成本的计量，主要是对资本化和费用化的债务金额、利率和期限的确定问题，在我国《企业会计准则——借款费用》中也有规定。债务资本主要包括公司发行的长期债券和借入的长期借款两个项目，长期债券资本成本的计量通常需要以市场利率把未来应支付的利息与本金折现为现值，从而确定债券的发行价格。这里所用的折现率就是市场利率。在完善发达的金融市场环境下，这一折现率就是债券持有者所要求得到的报酬率，即债券的资本成本。长期借款资本成本的计量，多用债券资本成本计算公式计算得出。

对股权资本成本进行确认、计量和记录，是资本成本计算的关键与难点，当前还处于探索过程之中。有人认为可以采用财务管理中资本成本的计算方法进行计算，但其是否适用于会计核算，尚需进一步探讨。

在计算企业全部资本成本的基础上，有人还进一步提出，将资本成本比照制造费用的分配方法，分配计入所生产产品的生产成本、所储存材料商品的存货成本，或是固定资产的建造成本的设想。但该设想显然不符合我国现行会计法规。

第四节 人力资源成本会计

人力资源成本会计是将成本会计的方法程序，运用于人力资源成本管理过程，而形成的一个新的会计领域。人力资源成本是现代企业成本管理与控制的一个重要内容。

一、人力资源成本会计概述

（一）人力资源成本会计的形成和发展

人力资源成本会计是人力资源会计的一个组成部分。人力资源会计形成于 20 世纪 60 年代，发展于 70 年代。最早进行人力资源会计研究的，首推美国密歇根州立大学企管研究所的霍曼逊（Roger H. Hermanson）。20 世纪 60 年代初，他在自己的博士论文中首先提出了人力资源价值的计量和会计问题，并于 1964 年在《人力资产会计》一文中，提出了人力资源是企业最有效的经营资产，会计报表中应当包括人力资源的观点。1966 年 10 月，密歇根大学利克特教授领导的"人力资源会计联合开发小组"在巴里公司率先开展人力资源会计的应用研究。1967 年，利克特出版了《人力组织：管理和价值》一书，设专章论述了人力资源会计问题。1968 年以后，美国会计学术团体开始介入人力资源会计的研究。1971—1973 年，美国会计学会（AAA）人力资源会计委员会在《会计评论》增刊上陆续发表了有关人力资源会计的研究报告，对人力资源会计的发展给予了积极的评价，提出对未来研究的建议。与此同时，英国、澳大利亚、日本等国家也对人力资源会计展开了研究，并提出多种会计程序和方法，使人力资源会计得到迅速发展。进入 20 世纪 80 年代，人力资源会计的应用研究和具体实施进入了一个新的阶段。

在我国，人力资源成本会计的研究始于 20 世纪 80 年代初期。1980 年，上海《文汇报》发表了著名会计学家潘序伦先生的文章，提出我国必须开展人力资源会计研究。潘序伦先生建议，进行我国的人力资源会计研究，既要计量人才成本，又要讲求效益。

（二）人力资源成本的概念

从企业的角度而言，对于人力资源成本，可以从两个相互联系的不同角度考虑：一是与取得、开发和使用人力资源有关的人事管理的职能成本，如进行招募、选拔、雇用、安排和培训人力资源等人事管理活动的成本。二是人力资源本身的成本，包含不同等级人员的取得和开发成本，可称为"人力资产会计"。由于上述原因，当前无论是国内还是国外，对人力资源成本概念的表述均为见仁见智。有人认为，"人力资源成本是指取得或重置人员而发生的费用支出，包括人力资源的取得成本（历史成本）和人力资源的重置成本"。也有人认为，"人力资源成本是企业为了获得人力资源，而发生的招聘、录用、教育、培训、医疗、保险、福利、使用、管理等的费用或支出"。美国的会计学者埃里克·G. 弗兰霍尔茨认为，人力资源成本会计是"组织为取得、开发和重置作为资源的人，所引起的成本"。

归纳多数有关人力资源成本的概念表述，它一般包括以下要点。

（1）人力资源成本在本质上是一种资源耗费。它和其他的成本范畴并无本质区别。但人力资源成本概念中的耗费，仅仅是与企业人力资源管理活动有关的资源耗费。

（2）人力资源成本是与专门的人力资源管理活动有关的成本费用。没有专门的人力资源管理活动，就不会产生人力资源成本的观念。

（3）人力资源成本一般包括企业为了获得与使用人力资源，而发生的费用或支出。

因此，可将人力资源成本的概念归纳为：人力资源成本是企业在实施人力资源管理的过程中，因取得、开发、使用与持有人力资源，而发生的各种资源耗费。

（三）人力资源成本的内容构成

人力资源成本包括以下内容。

（1）人力资源取得及开发成本。人力资源取得成本，是指为取得适合企业的人才而付出的必要支出，包括招募、选拔、录用和安置成本；人力资源开发成本，是指企业为提高职工的生产技术能力，为增加人力资产的价值而发生的成本，如岗前教育、岗位培训、脱产培训等费用。

（2）人力资源使用及保障成本。人力资源使用及保障成本是指企业在使用职工的过程中发生的成本，一般包括支付给职工的各种薪酬，应该与现行会计制度中"应付职工薪酬"的核算内容相衔接。

（3）人力资源持有成本。人力资源持有成本主要是指人力资源的闲置成本，如企业支付给职工的感情维系费用、为使某些人员不离开而支付的费用、空职成本等等。

（4）人力资源流失成本。人力资源流失成本是指由于职工离开企业而产生的损失，它是一种机会成本。

（5）人力资源管理成本。人力资源管理成本是指企业劳动人事部门发生的费用。劳动人事调度亦包括在内。

二、人力资源成本的核算

（一）人力资源成本核算的账户设置

人力资源成本会计自产生以来，会计界许多学者对人力资源成本会计账户体系的设置进行了探讨，初步确立了人力资源成本会计账户体系。一般认为，人力资源成本根据管理需要，可设置以下账户进行核算。

（1）"人力资产"账户。该账户反映企业对人力资源取得、开发、使用方面的投资所引起的人力资产原值的增加、减少及其余额。其借方登记企业对人力资源取得、开发、使用等活动进行投资所引起的人力资产的增加额。平时该账户贷方无发生额，当人力资源从企业退出或消失时，才贷记该账户，冲减企业人力资源原值。期末借方余额为企业人力资源投资所形成的人力资产总额。该账户一般使用多栏式账簿，按照人力资源的取得成本、开发成本、使用成本设置明细账户或专栏。

（2）"人力资源取得成本"账户。该账户核算企业在人力资源的取得方面投资支出总额的增加、减少及其余额。该账户的借方发生额反映企业在取得人力资源时，对其人力资源投资的增加额；贷方发生额反映转入"人力资产"账户的人力资源取得成本；期末该账户借方余额反映还未转入"人力资产"账户的人力资源取得成本。"人力资源取得成本"账户一般使用多栏式账簿，按人力资源招聘成本、选拔成本、录用成本和安置成本，设置明细账户或专栏。在结转所登记的人力资源取得成本的贷方金额时，可用红字在借方栏内登记。

（3）"人力资源开发成本"账户。该账户核算企业在开发人力资源时所发生的费用支出。企业在开发人力资源时所发生的费用支出，记入该账户的借方；将其费用转入"人力资产"账户时，记入该账户的贷方。该账户的期末借方余额反映还未转入"人力资产"账户的人力资源开发利用成本；结转所登记的人力资源开发成本的贷方金额时，可用红字在借方栏内登记。

（4）"人力资源使用成本"账户。该账户核算企业人力资源使用成本的增加、减少及其余额。该账户的借方登记企业人力资源使用成本的增加额；贷方登记作为费用计入当期损益而转出的人力资源使用成本；期末结转后该账户无余额。该账户按人员或部门类别设置明细账进行明细核算。明细账采用多栏式，在借方栏目下设置"维持成本""奖励成本"和"调剂成本"专栏进行明细核算。因为人力资源使用成本业务大都在借方，所以设置的专栏只反映借方金额；期末结转所登记的贷方金额时，可用红字在借方栏内登记。

（5）"人力资产费用"账户。该账户的借方发生额反映企业当期应该计入生产经营成本的人力资产费用；期末该账户无余额。该账户可按照各类人力资产类别，如总经理、副总经理、部门经理、高级技术人员、中级技术人员、初级技术人员、徒工等，设置明细账户或专栏进行反映核算。

（6）"人力资产摊销"账户。该账户核算摊销的人力资源取得成本、开发成本，还包括计入当期生产经营成本的人力资源使用成本的累计数额。该账户贷方发生额反映企业当期应该计入生产经营成本的人力资产费用。平时该账户借方无发生额。当人力资源从企业退出或消失时，才借记该账户，冲减企业已经摊销的人力资源费用。该账户的期末贷方余额为企业人力资产成本的累计摊销额。该账户应该与"人力资产"账户设置相同的明细账户。

（7）"人力资产损益"账户。该账户的借方发生额反映当人力资产退出企业或消失时，转销的人力资产成本的未摊销额；贷方发生额反映当人力资产退出企业或消失时，转销的人力资产成本的多摊销额。如果期末该账户的借方发生额大于贷方发生额，将其差额从该账户贷方转入"本年利润"账户的借方，冲减本年利润；如果期末该账户的贷方发生额大于借方发生额，将其差额从该账户借方转入"本年利润"账户的贷方，增加本年利润，结转之后该账户期末无余额。

（二）人力资源成本会计信息的会计报告

对于人力资源成本信息应该在对外公布的财务报表中揭示和报告。人力资源成本会计报告至今并无统一的设计，企业应根据组织的情况具体设计管理用报表，进行报告。

第五节 自然资源成本会计

自然资源成本会计是将成本会计的方法程序，运用于自然资源成本管理过程，而形成的一个新的会计领域。特别是对于资源开采型企业而言，组织全面的资源成本管理与控制，尤为重要；否则，后果极为严重。

一、自然资源成本会计概述

（一）自然资源成本的概念

自然资源（natural resources）是人类生存的物质基础，一般是指自然界所存在的、人类可以在经济上加以利用的物质与能量。它主要包括气候、生物、水、土地和矿产五大资源。

在商品货币经济条件下，企业在生产经营过程中使用自然资源，一般会发生一系列的费用开支。对于自然资源成本，可以理解为企业为使用自然资源，而发生的开发、储存、使用、保护、恢复、所耗费的且需要补偿的价值。

（二）自然资源成本的内容构成

自然资源成本一般应包括取得成本、建设开发成本、使用成本、保护与恢复成本四个方面。

（1）取得成本。取得成本是企业为获得自然资源的使用权而发生的各项费用开支。如在申请资源使用权的过程中所发生的费用、缴纳的资源使用权证书费等。

（2）建设开发成本。建设开发成本是企业在获得自然资源使用权的基础上，为实现利用自然资源获利的目的，而对资源进行建设开发方面的各种活动所发生的各项费用开支。它一般包括：①勘探成本，是指与地质和地理作业相联系的费用和支出。②开发成本，是指在资源开发开采过程中所发生的耗费。③配套建设成本，是为实现自然资源利用的目的，在自然资源本体之外，建设相关配套设施而发生的费用开支。

（3）使用成本。使用成本是企业使用自然资源的过程中而发生的各项费用开支。如缴纳的资源使用费等。

（4）保护与恢复成本。保护成本是指企业使用自然资源的过程中，根据国家法律规定，进行资源保护而发生的耗费；恢复成本是指企业在使用自然资源的过程中或过程结束后，根据国家法律规定，进行资源的恢复（如消除污染、环境重建等）而发生的耗费。

二、自然资源成本会计的核算

自然资源是企业的一项资源性资产，加强对资源的会计核算，不仅对保证自然资源的可持续利用、保护环境等有着重要意义，而且对企业持续经营、提高经济效益也有着重大意义。

（一）自然资源成本会计的核算方式

在当前的会计实践中，组织自然资源的成本核算，主要有三种不同的方式。

（1）全部费用法。全部费用法是将自然资源的全部取得、建设开发、使用成本及后期的保护与恢复成本，全部作为当期费用处理的方法。

（2）有效资本法。有效资本法是将自然资源的全部成本，按照其与收益期的配比关系，一部分进行资本化，另一部分作为当期费用处理的方法。

（3）全部资本法。全部资本法即将自然资源的全部支出，即取得、建设开发、使用成本及预计的后期保护与恢复费用，都进行资本性处理，转为递耗资产的一种方法。

当前，西方企业通常采用的是有效资本法。

（二）自然资源成本会计核算的账户设置

组织自然资源成本核算的方式不同，其设置的会计账户与核算方法皆不相同。如果采用有效资本法进行核算，一般应设置以下账户。

（1）"自然资源资产"账户。该账户为资本性账户，核算因取得、建设开发、保护自然资源所实际发生的，应在资源使用期内进行合理推销的成本。该账户借方登记反映企业进行资源资产取得、开发建设等活动的投资所引起的资源资产的增加额；贷方登记进行资源资产费用的摊销，自然资源的转出额；其期末借方余额为企业对自然资源进行投资所形成的资产总额。对应计入当期成本费用的资源使用费及合理预计的后期资源恢复费用，不通过该账户进行核算。该账户一般使用多栏式账簿，按照自然资源的取得成本、开发成本等设置明细账户或专栏。

（2）"自然资源成本"账户。该账户为成本费用性账户，核算应计入当期成本费用的资源使用费、资源资产的摊销费用及合理预计的后期资源恢复费用。发生的应计入当期成本费用的资源使用费、资源资产的摊销费用、合理预计后期应计入当期成本费用的资源恢复费用，借记本账户；结转当期自然资源成本，贷记本账户；该账户期末一般无余额。该账户一般使用多栏式账簿，按照自然资源成本的内容设置明细账户或专栏组织核算。

三、自然资源成本信息的报告与考核

根据现行企业会计准则，为了充分揭示生产企业的财务状况，凡具有重要的、与自然资源有关的生产活动的上市公司，在公布年度财务报表时，除了公布正式的财务报表外，还应特别披露以下相关信息资料。

（1）自然资源资本化资产的计量模式。资产计价的原则虽然是历史成本原则，但一项资产的资本化成本必须尽可能地反映出该项资产的价值，即资本化成本较高的资产，其价值也比较大。例如，对于"矿区财产"而言，其资本化成本和价值的不统一性大于统一性：越是埋层浅、易开采、价值大的油气储量，其勘探成本反而较低；而埋层深、难开采、价值小的油气储量，其勘探成本反而较高。也就是说，"矿区财产"的资本化成本的金额并不反映资源储量的实际价值。美国证券交易委员会也曾经试图用"现值法"取代"历史成本法"，但由于"现值法"中存在许多主观判断的因素，所以并没有被学术界和企业所接受。

（2）有关自然资源资本化的补充资料，如与自然资源有关的总的资本化成本和有关的累计折耗、折旧、摊销、备抵估价等。

（3）与自然资源有关的生产活动的取得成本、勘探成本、开发成本和生产成本。该项补充资料应揭示在年度内发生的取得成本、勘探成本、开发成本和生产成本。如果某些"探区"发生大量的取得成本、勘探成本、开发成本，则应单独揭示。

第六节　产品生命周期成本会计

产品生命周期成本会计，是将成本会计的方法程序，运用于企业的商品产品从研制、开发开始，到生产、销售与售后服务，直到放弃生产的善后处理的全部过程的成本管理，而形成的一个新的会计领域。

传统的成本管理过分注重企业内部的生产过程，忽视对企业的供应、销售以及售后服务环节的成本管理，已不再适应新形势的要求。企业成本控制的目标必须首先是全过程的控制，而不应仅是控制产品的生产成本。实践证明，只有当产品的寿命周期成本得到有效控制，成本才会显著降低。

一、产品生命周期成本概述

（一）产品生命周期

产品生命周期是指从产品的产生直至消亡的整个过程。典型的产品生命周期一般可以分成五个

阶段，即开发期、引入期、成长期、成熟期和衰退期。产品生命周期曲线的过程及特点如下：在产品开发期，该产品销售额为零，公司投资不断增加；在引入期，销售缓慢增加，初期通常利润偏低或为负数；在成长期，销售快速增长，利润也显著增加；在成熟期，利润在达到顶点后逐渐走下坡路；在衰退期，产品销售量显著下降，利润也大幅度滑落。

（二）产品生命周期成本

产品生命周期成本是指企业在产品生命周期内所涵盖的各阶段所发生的成本总和。将产品生命周期与成本核算相结合是成本管理理论的新领域，为成本管理理论提供了新的视角，扩展了企业成本管理的空间范畴。

产品生命周期成本有狭义和广义之分。狭义的产品生命周期成本，是指企业内部及其相关联方发生的由生产者负担的成本，包括成本策划、开发、设计、制造、营销、物流等过程中的成本；广义的产品生命周期成本，不仅包括上述生产者及其相关联方发生的成本，而且包括客户购入后所发生的使用成本、废弃成本和处置成本等。如果从更广义的角度来看，产品的全生命周期成本还包括社会责任成本。

社会责任成本并不是一种单一成本，它是贯穿在产品生产、使用、处理和回收等过程中的成本，主要是环境卫生、污染处理等所发生的成本支出。

（三）企业产品生命周期成本的内容

从企业的角度而言，产品的生命周期成本的重点是生产者成本。生产者成本主要包括研究开发成本、制造成本和营销成本等一些方面的内容。

（1）研究开发成本。研究开发成本是企业研究开发新产品、新技术、新工艺所发生的产品设计费、工艺规程制定费、原材料和半成品试验费等。由于产品研制的结果具有不确定性，开发设计成本能否得到补偿尚不确定，在会计上可以根据实际需要，确定是否将这部分列为当期支出。但是，在成本管理中对其进行单独归集，有利于做出科学的决策。

（2）制造成本。它包括在产品生产的全部过程中（如生产准备、产品制造、生产转换、生产计划安排、产品检验）所发生的材料物资消耗与人工费用。制造成本是传统产品成本核算的主要内容。

（3）营销成本。营销成本是为推销产品和提高客户满意度而发生的成本，包括产品包装、存储、运输成本、为销售产品所发生的广告销售费用、用户培训成本、保修服务成本等。

（四）产品生命周期成本核算的意义

1. 有助于企业的定价决策

在现代经济社会里，随着客户消费观念的改变，越来越多的客户对产品的选择标准已经不仅仅是价格这一唯一因素了，更多的客户在购置商品时不仅考虑商品的初始售价，还要考虑商品的使用成本、绿色成本，甚至未来的处置成本等。企业仅关心产品的生产成本，不仅不能增加企业的竞争力，而且会因为没有关注客户的成本而损失产品的竞争能力。由于传统的成本会计核算重视产品在生产制造阶段的成本，价格是由制造成本的高低和利润决定的。产品生命周期成本从战略的角度对产品生命周期内发生的成本进行统一核算，使企业的成本管理系统将产品生命周期的每一阶段的成本进行归集，制定出合理的产品价格，确保产品生命周期内收回成本，为企业提供合理的利润，并以此成本作为定价的依据。企业通过产品生命周期成本为产品制定价格，对定价决策具有指导性的意义，从而增强了企业产品的市场竞争能力。

2. 有助于企业分析自身的竞争环境

在传统成本分析模式中，企业只注重有形的成本，而忽视无形的成本，如对产品在使用过程中产生的环境破坏以及处置中产生的社会成本往往并不关心。因此，单纯依靠低廉的售价来占领市场的做法已经不能满足企业长远发展的需要，为了保证稳定的市场占有率，企业必须将成本核算与管理的重心从强调生产者成本转移到产品的全生命周期成本。同时，企业利用产品生命周期成本分析判断是进入市场还是退出市场、是扩大生产规模还是缩小生产规模，有利于企业在产品不同的生命周期阶段作出积极的反应和投资决策，企业可以将处于不同周期阶段的产品组合，实现收益的优化、均衡和长期性；有利于企业根据产品全生命周期成本各阶段的分布情况，确定成本监督控制的主要阶段以及不同阶段的不同关注点。

3. 有助于企业管理者关注企业的长期和潜在收益

企业一旦建立，其生产体系在短期内很难随意变动。在传统的成本管理中，管理者只能通过短期行为，寻求成本的降低，导致企业经营活动经常具有短期性。在现代的成本管理中，企业可根据预期的产量水平，通过规划、调整，建立一定的生产规模，实现使长期成本最优化的有效资源配置组合。企业应改变在传统成本管理模式下仅仅关注产品制造过程的成本，将对成本的理解与核算扩大到产品开发设计阶段和客户使用阶段，克服管理者短期行为的管理倾向，使得产品能够形成长期的盈利模式。

二、产品生命周期成本的确定方法

在现行条件下，产品的生命周期成本的内容尚难以完整确定，其数量也难以准确进行会计计量，特定产品的生命周期成本中的生产者成本、客户成本和社会成本可以相互交叉，并相互产生影响，给生命周期成本的核算带来了较大的难度。目前，虽然产品生命周期成本的管理理念日益得到重视，但其会计核算和产品生命周期的成本核算还处于理论探索阶段，作为一种真正意义上的会计核算模式尚未形成。

当前，确定产品生命周期成本，并以之为基础实施成本管理的方法，主要有如下几种。

（1）滚动预算法。滚动预算法是将滚动预算的方法，运用于整个产品生命周期中的成本管理，而形成的一种成本管理方法。该方法基于生命周期成本分期与滚动预算的基本理论，在产品生命周期中对收益进行全面预算和估算，来计算产品生命周期成本。著名的管理会计学家霍尔格伦提出采用滚动预算法计算产品生命周期成本的基本会计关系式：

生命周期营业利润=生命周期收益-生命周期成本

（2）数学模型法。数学模型法是根据相关历史资料，先通过回归分析建立确定产品生命周期成本的数学模型，然后运用所建立的模型，对产品生命周期成本进行计算与管理的一种成本管理方法。

数学模型法具体又分为类推模型法、参数模型法与详细模型法三种方法。类推模型法，是基于相似产品或零件的成本资料，考虑类似产品或零件与目标产品的差异，建立数学模型，以类推目标产品生命周期成本的一种管理方法。该方法的有效性，主要取决于对已有案例和那些将要进行比较的产品之间差别的正确识别。类推模型估计的主要缺点是需要专家判断和完全熟悉产品和类推的过程，以便识别和处理相似性，对不易察觉的区别进行调整。参数模型法，是基于以往的系统历史数据，进行回归分析，建立数学模型，以确定并控制产品生命周期成本的一种管理方法。使用参数模型需要从整体或从各种具体活动的角度预测产品（或零部件）的成本。例如，设计制造成本通过使用基于历史成本和技术信息的回归分析得到。参数通常包括制造复杂性、设计熟悉性、重量和性能等。参数模型通常是在产品系统生命周期早期使用。详细模型法，是基于产品生产过程中的生产时间、物料消耗量及其价格等，"自下至上"地估计产品或活动的直接成本、间接成本或日常开支，建立数学模型，确定产品生命周期成本的一种管理方法。采用该方法，需要掌握非常详细的产品和生产过程的知识，是最耗时间的方法。

第七节 | 环境成本会计

环境成本会计是基于环境保护的目的，将成本会计的方法程序，运用于与环境相关的成本管理，而形成的一个新的会计领域。环境成本会计与前述自然资源成本会计有着密切的关系。在某种意义上，也可以将环境会计视为资源会计的一个特殊组成部分，根据管理需要，纳入自然资源会计一并组织管理核算，或是单独组织管理核算。

一、环境成本会计概述

（一）环境成本的概念

在当前，对于环境成本的概念或定义，存在着多种不同的表达。很多不同性质的国际组织、政府机构、民间组织，还有专家学者，都提出了有关的环境成本概念。其中影响较大的是联合国有关机构所做的定义表达。

1. 联合国有关机构所做的定义表达

联合国有关机构所做的定义主要有两个，一份是联合国国际会计和报告标准政府间专家工作组第15次会议通过的文件《环境会计和财务报告的立场公告》，其将环境成本定义为：环境成本是"本着对环境负责的原则，为管理企业活动对环境造成的影响而被要求采取的措施的成本，以及因企业执行环境目标和要求所付出的其他成本"；联合国的另一份会议报告文件《环境管理会计——政策与联系》中，将环境成本广义地定义为："与破坏环境和环境保护有关的全部成本，包括外部成本和内部成本。"在目前，外部成本内部化还是一个亟待解决的难题。

2. 我国一些专家学者的定义表达

我国专家学者关于环境成本的定义表达很多。

（1）黄种杰认为，环境成本是指企业为防止其经营活动对自然环境造成不良影响而采取相应措施的成本，以及为达到环境目标所付出的治理成本。

（2）黄蕙萍与王毅成认为，环境成本是指商品在生产、使用、运输、回收过程中，为解决和补偿环境污染、生态破坏和资源流失所需的费用之和。

（3）徐泓等将环境成本分为自然资源耗减费用、生态资源降级费用、维持自然资源基本存量费用和生态资源保护费用四个方面。

（4）李明辉则从总体上将环境成本分为微观环境成本和宏观环境成本两个方面。

3. 企业会计意义上环境成本的概念

我们认为，从企业的角度，可以将环境成本简单、明了地定义为：环境成本是企业为保护环境而产生的成本净现值。

（1）环境成本是以企业为主体进行的核算、管理与考核。环境成本的核算与考核，可以由不同的主体进行。在这里，对于环境成本的核算与考核，不是由政府或社会所进行的核算与考核，不包括企业外部的成本。外部成本是企业难以确定，且难以计量并加以核算的。

（2）环境成本是企业因为进行环境保护而发生的成本。环境成本与企业实施环境保护措施相关。企业实施环境保护措施，就会对其经济利益产生影响，主要是增加相关费用，但也可能是导致收入的减少，还可能是因为未履行相应的法律责任而导致的罚款。企业实施环境保护措施，可能是主动的（如责任行为），也可能是被动的（如法律约束）；企业的环境成本，可能是现实支出，也可能是未来责任。

（3）环境成本是企业由于采取环境保护措施而导致的经济利益的减少或流出的净额。实施环境保护措施，在发生费用支出或减少收入的同时，也可能因为环境保护而产生了环境保护收益和成本节约。如果环境保护措施在发生费用支出或减少收入的同时，也产生了环境保护收益和成本节约，其成本就应该是环境保护措施所发生的费用支出或减少的收入，减去其环境保护收益和节约的成本额之后的净额。

（4）进行环境成本的管理与核算，应该引入"时间价值"观念，采用恰当的会计计量模式。因为企业所发生的环境成本，在时间上可能是一个相当长的数列。

（二）环境成本的内容

环境成本所包括的内容与其定义相关，而环境成本所包括的内容的确定，又会影响到环境成本的会计核算。对环境成本，从不同的视角有不同的分类。

（1）按照成本是否应由本企业承担，可分为内部环境成本和外部环境成本。

（2）根据企业所发生环境成本的功能不同，可分为事前的环境保全预防成本、维护环境现状的环境成本、弥补已发生环境损失的环境成本和预防将来可能出现的不利环境影响的环境成本。

（3）按照环境成本发生的时间分类，可分为当前成本和未来成本。

（4）根据企业的经营活动与环境影响的关系，可分为环境保护运行成本、环境管理成本、环境研发成本、环境采购和销售环节成本以及其他环保成本五类。

二、环境成本的核算

组织企业的环境成本会计核算，应基于环境成本的概念与确定的核算内容，设置某些专门的会计账户，根据费用的不同性质及影响时间长短，分别采取"资本化"或是"当期费用化"的不同会计处理方法。

（一）环境成本核算的专门账户

如果将环境成本纳入现行企业会计核算体系，可以根据具体情况，通过设置"环境资产""环境负债""环境成本摊销"与"环境费用"四个会计科目进行全面、系统的核算。

（1）"环境资产"。用于核算企业应该予以资本化的环境成本。在企业实际发生应该资本化的环境成本时，借记该科目，贷记"在建工程""银行存款"等科目；当某项资本化的环境成本被全部摊销完毕时，借记"环境成本摊销"等科目，贷记该科目。该账户可以按照具体用途项目设置明细科目组织核算。其期末借方余额，为企业现有资本化环境资产的累计总额。

（2）"环境负债"。用于核算企业所合理预计的、将来可能支付的与环境有关的费用或损失。在合理预计环境负债时，借记各相关的收入或是资产类科目，贷记本科目；在所预计的费用或损失实际发生时，借记本科目，贷记所对应的相关资产、费用或是损失类科目。该账户亦可以按照具体用途项目设置明细科目组织核算。其期末贷方余额，为企业现有环境负债的累计总额。

（3）"环境成本摊销"。该账户的性质相当于"累计折旧"，专门用于将资本化的环境成本摊销计入当期费用。

（4）"环境费用"。该账户的性质相当于"管理费用"，专门用于核算将资本化的环境成本摊销计入当期损益的费用额。

（二）环境成本的会计处理方法

根据环境成本费用性质的不同，环境成本可采取"资本化"或是"当期费用化"两种不同的方法进行处理。

1. "资本化"处理

将企业为实施环境预防和治理而购置或建造与环境相关的资产的支出作为资本性支出，借记"固定资产"或是专门设置的"环境资产"科目，贷记"在建工程""银行存款"等科目；摊销环境资产成本或是计提资产折旧时，借记"环境费用"或"管理费用"等科目，贷记"累计折旧"或是专门设置的"环境成本摊销"科目。

2. "费用化"核算

即将所实际发生的环境成本，直接计入当期损益。当环境费用发生时，借记"管理费用"或是专门设置的"环境费用"科目，贷记"原材料""累计折旧""在建工程""银行存款"等科目。

在合理预计有关环境负债时，借记各相关的资产、费用类科目或是"营业外支出"科目，贷记"环境负债"科目。当所预计的费用或损失实际发生、责任消除时，借记本科目，贷记所对应的相关资产、费用、损失类科目或是"营业外收入"科目。该账户亦可以按照具体用途项目设置明细科目组织核算。其期末贷方余额，为企业现有环境负债的累计总额。

三、环境成本的报告

目前，环境成本的报告模式基本有两类。一类为环境成本效益比较型模式，主要反映以获取环保经济效益为主的企业的环境保护支出情况。其环保经济效益来自于环保产品的收入、资源成本的节约、环境损害成本的降低等。这种对比均可采用货币化计量，金额一目了然。另一类为环境成本效果比较型模式，主要反映企业以降低环境负荷为主的环境保护进展情况。

环境成本信息披露的内容可以放在财务报告内，也可以列入财务报告附注中，在某些情况下，还可以作为其他报告的组成部分。对于企业依据对环境成本确认、计量的结果，应将与环境成本有关的会计科目及其余额列示在资产负债表及损益表的相应位置；对于那些可能使企业的环境受到直接或间接的影响、对信息使用者的决策可能有重大影响、无法进行合理计量的环境成本，比如对企业环保准备金的计提政策、企业向周围环境废弃物的排放情况、环境标准指标和实际指标、废弃物、污染排放、再循环使用、企业因环境问题涉及的诉讼事件等信息，就需要用非货币指标和文字表述在企业财务报告的附注部分进一步说明。

练习题

一、单项选择题

1. 进行专项成本会计核算的最高层次是（   ）。
   A. 成本信息完全为产品生产成本管理控制服务
   B. 专门组织某种专项成本核算，为所确定的专项成本管理控制提供服务
   C. 不专门组织专项成本核算，但可以为若干具体、确定的专项成本管理控制服务
   D. 不专门组织专项成本核算，但可以为企业所需要的、全部的成本管理控制服务

2. 组织专项成本核算，其完全不打乱现有会计核算体系的组织模式为（   ）。
   A. "二级会计科目核算"形式　　　　　　B. "生产成本科目核算"形式
   C. "一级会计科目核算"形式　　　　　　D. "专项成本会计科目体系核算"形式

二、多项选择题

1. 在当今社会已经引起注意的一些重要的专项成本领域，包括（   ）。
   A. 资本成本　　　B. 资源成本　　　C. 材料采购成本
   D. 质量成本　　　E. 环境成本

2. 质量成本的内容，一般包括（   ）。
   A. 会计人员薪酬　　B. 会计机构费用　　C. 信息传递费用
   D. 簿记成本　　　　E. 业务培训费用

3. 专项会计核算成本，是指在原有会计核算的基础上，组织开展专项成本核算与管理，而新增加的费用，包括（　　　）。

    A. 预防成本　　　　B. 反内部损失成本　C. 鉴定成本

    D. 环境修复成本　　E. 外部损失成本

4. 资本成本一般包括在筹资与用资过程中所发生的（　　　）。

    A. 利息费用　　　　　　　　　　　　B. 股利

    C. 咨询评估代理费用　　　　　　　　D. 广告费用

    E. 印刷费用

5. 自然资源成本一般应包括（　　　）。

    A. 取得成本　　　B. 建设开发成本　　C. 使用成本

    D. 保护成本　　　E. 恢复成本

6. 按照成本是否应由本企业承担，可分为（　　　）。

    A. 当前环境成本　　B. 内部环境成本　　C. 外部环境成本

    D. 环境保护成本　　E. 未来环境成本

三、判断题

1. 组织质量成本核算的一级科目会计核算形式，是在不打乱传统会计核算体系的基础上，通过在有关一级科目下设置质量费用二级科目来组织质量成本核算的形式。（　　　）

2. 早期的资本成本概念，仅指取得借入资本所实际支付的利息或使用费。（　　　）

3. 人力资源的使用、保障成本，是指企业在使用活劳动的过程中所发生的成本，相当于我国现行会计制度中"应付职工薪酬"的核算内容。（　　　）

4. 所谓产品生命周期，也就是企业生命周期。（　　　）

四、简答题

1. 专项成本核算与成本管理控制的关系如何？

2. 应该按照怎样的基本程序来组织专项成本的管理控制与核算？

3. 什么是质量成本？质量成本包括哪些内容？

4. 什么是资本成本会计？怎样理解资本成本管理与控制的目的？

5. 简述人力资源成本会计的发展历程与核算内容。

6. 对自然资源成本会计与环境成本会计进行比较。

7. 环境成本会计是在什么背景下提出来的？怎样理解环境成本核算的意义？

8. 如何理解产品生命周期和产品生命周期成本？

第十四章 成本报表及其分析利用

【学习目的与要求】

企业成本会计工作所形成的各种信息，一般要通过编制成本报表的方式，向各有关方面进行反馈，并运用于管理决策。要使成本信息更好地服务于管理，在成本会计工作中，不仅要根据管理的要求，规范地编制成本报表，还要根据各不同成本报表的种类与性质，恰当地组织成本信息的传递；同时，还要根据管理的要求，科学地对成本报表信息进行分析。因此，本章以成本报表编制为重点，是必须掌握的基本知识；成本报表信息分析及利用的理论与方法则是难点。

第一节 成本报表概述

成本报表是会计报表体系的重要组成部分，对于加强企业成本管理有着极为重要的作用。为了更好地发挥其作用，应按照一定的规范编制成本报表。

一、成本报表的作用

成本报表是根据日常成本核算资料定期编制，反映企业一定时期内产品成本构成及其变动情况，分析和考核企业一定时期内成本计划执行情况及其结果的会计报表。

成本报表所提供的成本资料通常属于企业的商业秘密，一般不向外报送，也不对外公开，而主要用于满足企业内部管理的需要，因而它是一种内部会计报表，其种类、格式、内容、编制方法、编制时间等均可由企业根据其生产经营特点和管理要求自行确定，具有很强的灵活性。编制成本报表，可以提供各种成本信息，以供企业内部管理部门对成本进行考核、分析、预测、控制，加强企业内部经营管理和增强企业竞争实力，并最终提高企业的经济效益。成本报表主要具有以下作用。

（一）反映企业一定时期内产品成本水平及其构成情况

成本报表所提供的产品成本是一项综合性指标，它反映了企业产品产量的增减、产品质量的优劣、企业资源消耗的多少、劳动效率和技术水平的高低、资金周转的快慢以及管理水平的高低等各方面的信息。利用这些信息，能够及时发现企业在生产、技术、质量、管理等方面存在的问题，寻求降低产品成本的途径，并调整生产策略。

（二）提供一定时期内各责任部门的费用水平及其构成情况

成本费用发生于日常的零星支出中，执行者可以是各管理部门，也可以是企业的各个员工。成本报表所提供的各项费用，既可以考核和明确生产、技术、质量、管理等有关部门和人员执行成本计划的情况，了解成本结构的变化趋势，发现成本管理工作中存在的问题；又可以评价各部门、各岗位执行成本计划的成绩和效果，总结经验，实施合理的奖惩；还可以结合其他相关资料，进行综合分析，为企业经营决策提供及时有效的依据。

（三）为分析成本差异和编制成本计划提供依据

将成本报表提供的成本资料，与预先制订的成本计划进行对比，可以发现产品成本的超支或节约情况；再将超支或节约的差异分解为若干个因素，则可以分析各因素产生的原因及其影响程度，特别是重点分析那些属于不正常的、不符合常规的关键性差异对产品成本升降的影响，这为查明成本升降的主要原因和责任，加强成本控制提供了依据。

成本报表作为本期成本计划完成情况的系统总结，在本期产品成本实际水平的基础上，管理部门将考虑计划期内可能出现的有利因素和不利因素，重新制定计划期内的成本计划水平。同时，管理部门也根据成本报表资料对未来时期的成本进行预测，为企业制定正确的经营决策和加强成本控制与管理提供必要的依据。

（四）为确定产品定价策略和进行产品定价提供参考

企业的最终目的是盈利，科学地制定产品定价策略、合理地进行产品定价，是企业实现盈利最大化经营目标的一个关键环节。在现实生活中，尽管有着众多的产品定价策略和产品定价方法可供企业选择，但产品成本则是企业产品定价的底线，成本加利润也是企业产品定价的一种基本方法。因此，成本报表提供的相关资料，是确定产品定价策略和进行产品定价的基本参考资料之一。

二、成本报表的种类

成本报表作为一种企业内部会计报表，国家对其报表的种类、内容和格式一般不作统一的规定，而是由企业根据自身管理的需要自行掌握和确定。对当前企业所编制的成本报表，一般可进行以下一些分类。

（一）成本报表按其报送的对象不同，可分为对内报送报表和对外报送报表

对内报送报表是指企业为了经营管理的需要而编制的报表，其主要目的在于让各部门了解企业日常成本预算执行情况，以便调动相关人员的积极性来控制成本费用的发生，并为企业的经营管理决策提供信息。

对外报送报表是指向企业外部单位，如上级主管部门、联营主管单位等报送的成本报表。目前，国有企业和国有联营企业的主管部门为了监督和控制下属企业的成本费用，了解目标成本完成情况，进行行业的对比分析，并为成本预测和决策提供依据，需要了解企业的经营状况和效益，要求企业提供成本资料。投资者为了投资决策也需要企业提供成本资料。此外，部分企业为了某些需要，如举行价格听证会，也会对外提供部分成本资料。

（二）成本报表按其反映的经济内容不同，可分为反映成本情况的报表和反映费用情况的报表

反映成本情况的报表是反映企业产品生产成本情况的报表，包括产品生产成本表、主要产品单位成本表、责任成本表、质量成本表等。这类报表侧重于揭示企业为生产一定种类和数量的产品所花费的成本是否达到了预定的目标，通过分析比较，找出差距，明确薄弱环节，进一步采取有效措施，为挖掘降低成本的内部潜力提供有效的资料。

反映费用情况的报表是反映企业期间费用的发生情况和费用预算执行情况的报表，包括制造费用明细表、营业费用明细表、管理费用明细表等。这类报表侧重于揭示企业在一定时期的费用支出总额及其构成情况，以了解费用支出的合理性以及支出变动的趋势，有利于管理部门正确制定费用预算，控制费用支出，考核费用支出指标的合理性，明确有关部门和人员的经济责任，防止随意扩大费用开支范围。

（三）成本报表按其编制的时间不同，可分为定期成本报表和不定期成本报表

定期成本报表一般按月、季、年编制，根据企业内部管理的要求，也可以按旬、周、日乃至工作班来编制。

不定期成本报表是为了将成本管理中急需解决的问题及时反馈给有关部门，随时编制的与该问

题相关的成本报表。

（四）成本报表按编制的范围不同，可分为全厂成本报表、车间成本报表、班组成本报表或个人成本报表

此外，各企业还可以根据其生产特点和管理要求，对上述成本报表作必要的补充，也可以结合本企业经营决策的实际需要，编制其他必要的成本报表。

三、成本报表编制与传递的基本要求

成本报表作为会计报表的重要组成部分，在编制与传递的过程中应符合下列基本要求。

（1）数字真实、准确。成本报表的各项数字指标要真实可靠、计算准确，能如实反映企业实际发生的各项成本费用。因此，成本报表不但必须根据审核无误的账簿资料编制，还必须保证存在着钩稽关系的各种成本报表之间、主表与附表之间、各项目之间的各项数字应相互一致。此外，还应注意本期报表与上期报表数字之间有关的数字应相互衔接。

（2）内容完整。内容的完整性表现为应编制的各种成本报表必须齐全，应填列的指标和文字说明必须全面，表内项目和表外补充资料不论是根据账簿资料直接填列，还是根据分析计算填列，都应当完整无缺，不得随意取舍。

（3）与决策相关。成本报表所反映的各项数字指标必须与企业的经营决策的制定相关联。重要的项目应单独列示，次要的项目可以合并反映，使决策者能更迅速地抓住该份成本报表的要领。

（4）报送及时。信息都是具有时效性的，因此成本报表也必须按规定日期报送，以便各方面使用和分析成本报表，以充分发挥成本报表的作用。

（5）注意保密。一般来说，成本报表上的信息是企业的商业机密，如为竞争对手所掌握，将造成严重后果，给企业造成极大的损失。因此，有关成本信息的相关人员必须遵循保密原则。

尤其是在信息传递的过程中，应根据各不同成本报表的种类与性质，恰当地选择信息传递渠道与方法，组织成本信息传递工作，以防泄密。

企业还可以建立必要的保密制度。

第二节 成本报表的编制

产品生产成本表、主要产品单位成本表、制造费用明细表、营业费用明细表和管理费用明细表是当前制造业企业普遍编制的几种成本报表。

一、产品生产成本表

产品生产成本表是反映一定时期内生产产品发生的全部生产费用的报表。产品生产成本表可以分别按成本项目、成本性态和产品品种进行编制和反映。

（一）按成本项目反映的生产成本表

按成本项目反映的生产成本表可以反映企业在一定时期内全部产品生产成本发生的全貌；可以考核全部产品成本计划的执行结果，了解产品成本升降情况；可以揭示成本差异，分析产生成本差异的原因，挖掘降低成本的潜力。

该表的结构是按成本项目列示产品总成本，并按上年实际数、本年计划数、本月实际数和本年累计实际数分项分栏反映，如表 14-1 所示。

表 14-1　产品生产成本表（按成本项目反映）

201×年×月　　　　　　　　　　　　　　　　　　　　　　　单位：元

成本项目	上年实际数	本年计划数	本月实际数	本年累计实际数
直接材料	88 800	85 300	7 600	90 500
直接人工	65 400	65 400	5 050	64 300
制造费用	43 800	35 300	3 550	38 200
产品生产成本	198 000	186 000	16 200	193 000

该表的填列方法如下。

（1）"上年实际数"项目反映全部产品的上年实际总成本，应根据上年度本表所列全部产品总成本及对应成本项目的本年累计实际数填列。

（2）"本年计划数"项目反映全部产品的本年计划总成本，应根据年度成本计划的有关数字填列。

（3）"本月实际数"项目反映全部产品的本月实际总成本，应根据当月成本计算单的有关数字填列。

（4）"本年累计实际数"项目反映全部产品自年初起至本月末止的实际总成本，应根据自年初起至本月末止的成本计算单的有关数字加总填列。

（二）按成本性态反映的生产成本表

按成本性态反映的生产成本表可以有效控制成本，正确制订成本计划，充分提高成本信息在管理中的作用。

该表的结构是将成本按成本性态分为变动成本和固定成本列示产品总成本，并按上年实际数、本年计划数、本月实际数和本年累计实际数分项分栏反映，如表 14-2 所示。

表 14-2　产品生产成本表（按成本性态反映）

201×年×月　　　　　　　　　　　　　　　　　　　　　　　单位：元

成本构成	上年实际数	本年计划数	本月实际数	本年累计实际数
变动成本：				
直接材料	88 800	85 300	7 600	90 500
直接人工	65 400	65 400	5 050	64 300
变动制造费用	8 610	5 610	825	6 210
小计	162 810	156 310	13 475	161 010
固定成本：				
固定制造费用	35 190	29 690	2 725	31 990
产品生产成本	198 000	186 000	16 200	193 000

该表的填列方法如下。

（1）"上年实际数"项目反映全部产品的上年实际总成本，应根据上年度本表所列全部产品总成本及对应成本项目的本年累计实际数填列。

（2）"本年计划数"项目反映全部产品的本年计划总成本，应根据年度成本计划的有关数字填列。

（3）"本月实际数"项目反映全部产品的本月实际总成本，应根据本月成本计算单和各成本费用账簿记录的有关数字填列。

（4）"本年累计实际数"项目反映全部产品自年初起至本月末止的实际总成本，应根据自年初起至本月末止的成本计算单和各成本费用账簿的有关数字累计填列。

（三）按产品品种反映的生产成本表

按产品品种反映的生产成本表是反映企业一定时期内的全部产品的生产总成本，以及各种主要产品的单位成本和总成本的成本报表。该表可以考核全部产品和主要产品成本计划的执行情况，分析可比产品成本降低任务的完成情况，分析成本增减变化的原因，指出进一步降低产品成本的途径。

该表由基本报表和补充资料两部分组成。在基本报表中，一般将全部产品分为可比产品和不可比产品两大类，并分栏列示实际产量、单位成本、本月总成本和全年累计总成本，各栏还分别设置了上年、计划、本月或本年成本数。可比产品是指上年度或者以前年度生产过，拥有完备的成本资料的产品；不可比产品是指本年度初次生产的新产品，或虽非初次生产，但以前仅是试制而并未正式投产的产品，缺乏可比的成本资料。该表的结构如表 14-3 所示。

表 14-3　产品生产成本表（按产品品种反映）

201×年×月　　　　　　　　　　　　　　　　　　　　　　　　　　　　　　单位：元

产品名称		可比产品			不可比产品		产品生产成本
		A 产品	B 产品	合计	C 产品	合计	
规格		略	略		略		
计量单位		件	件		件		
实际产量	本月	100	200		50		
	本年累计	1 500	2 700		315		
单位成本	上年实际平均	47	33				
	本年计划	46	32		85		
	本月实际	48	35		88		
	本年累计实际平均	45	36		89.84		
本月总成本	按上年实际平均单位成本计算	4 700	6 600	11 300			
	按本年计划单位成本计算	4 600	6 400	11 000	4 250	4 250	15 350
	本月实际	4 800	7 000	11 800	4 400	4 400	16 200
本年累计总成本	按上年实际平均单位成本计算	70 500	89 100	159 600			
	按本年计划单位成本计算	69 000	86 400	155 400	26 775	26 775	182 175
	本年实际	67 500	97 200	164 700	28 300	28 300	193 000

补充资料：（1）可比产品成本降低额为-5 100 元。

（2）可比产品成本降低率（本年计划数）-3.2%。

该表的填列方法如下。

（1）"产品名称"项目应填列主要的可比产品与不可比产品的名称，对于主要产品的品种，要按规定注明其名称、规格和计量单位。

（2）"实际产量"项目是反映本月和自年初起至本月末止各种主要产品的实际产量，要依据成本计算单的记录计算填列。

（3）"单位成本"项目内，"上年实际平均"栏是反映各种主要可比产品的上年实际平均单位成本，应分别根据上年度本表所列各种可比产品的全年实际平均单位成本填列；"本年计划"栏是反映各种主要产品的本年计划单位成本，应根据年度成本计划的有关数字填列；"本月实际"栏是反映本月企业生产的各种产品的实际单位成本，应根据成本计算单的有关数字并按下列公式计算填列；"本年累计实际平均"栏是反映自年初起至本月末止企业生产产品的实际平均单位成本，应根据成本计算单的有关数字并按下列公式计算填列：

$$某产品本月实际单位成本=\frac{该产品本月实际总成本}{该产品本月实际产量}$$

$$某产品本年累计实际平均单位成本=\frac{该产品本年累计实际总成本}{该产品本年累计实际产量}$$

（4）"本月总成本"项目内，"按上年实际平均单位成本计算"栏是用本月实际产量乘以上年实际平均单位成本计算填列；"按本年计划单位成本计算"栏是用本月实际产量乘以本年计划单位成本计算填列；"本月实际"栏是根据本月产品成本计算单的资料填列。

（5）"本年累计总成本"项目内，"按上年实际平均单位成本计算"栏是用本年累计实际产量乘以上年实际平均单位成本计算填列；"按本年计划单位成本计算"栏是用本年累计实际产量乘以本年计划单位成本计算填列；"本年实际"栏是根据本年成本计算单的资料填列。

（6）"补充资料"是产品成本表的重要组成部分，是为了完整反映企业成本管理状况而提供的补充成本信息，一般包括"可比产品成本降低额"与"可比产品成本降低率"两个指标。其计算公式分别如下：

$$可比产品成本降低额=\sum[（上年平均单位成本-本年平均单位成本）\times本年实际产量]$$

$$可比产品成本降低率=\frac{可比产品成本降低额}{\sum（上年单位成本\times本年实际产量）}\times100\%$$

若在计算过程中，本年实际总成本比上年总成本高时，补充资料中的实际降低额和实际降低率均以"-"表示。

二、主要产品单位成本表

主要产品单位成本表是反映企业在一定时期内生产的各种主要产品单位成本的构成情况和各项主要技术经济指标执行情况的报表。通过该表，可以分析各主要产品单位成本计划的执行情况，查明各主要产品单位成本升降的原因；可以将各主要产品单位成本水平与上年实际和历史先进水平进行比较，找出差距，挖掘降低产品成本的潜力；还可以分析和考核各主要产品的主要经济技术指标的执行情况。

该表的结构可分为上、下两个部分：上半部反映的是单位产品的成本项目，并分别列出历史先进水平、上年实际平均、本年计划、本月实际和本年累计实际平均的单位成本；下半部反映的是单位产品的主要技术经济指标。其格式如表14-4所示。

表14-4 主要产品单位成本表

201×年×月

产品名称：A产品　　计量单位：件　　本月计划产量：108　　本年累计计划产量：1 550
产品规格：略　　产品销售单价：60元　　本月实际产量：100　　本年累计实际产量：1 500

成本项目	历史先进水平	上年实际平均	本年计划	本月实际	本年累计实际平均
直接材料	20	22	22.5	23	21.8
直接人工	15	16	16	17	15.5
制造费用	7	9	7.5	8	7.7
产品生产成本	42	47	46	48	45
主要技术经济指标	用量	用量	用量	用量	用量
1. 主要材料	8千克	10千克	10.5千克	11千克	9.8千克
2. 燃料	1千克	1.2千克	1.2千克	1.5千克	1.1千克
3. 生产工人工时	3小时	3.2小时	3.2小时	3.4小时	3.1小时
……					

该表的填列方法如下：

（1）"本月计划产量"和"本年累计计划产量"根据本年度生产计划填列，"本月实际产量"和"本年累计实际产量"根据有关生产记录填列，"产品销售单价"根据有关产品销售收入明细账填列。

（2）"历史先进水平"根据历史上该产品最低成本年度实际平均单位成本填列。

（3）"上年实际平均"根据上年度本表中实际平均单位成本填列。

（4）"本年计划"根据本年度生产计划填列。

（5）"本月实际"根据产品成本计算单上的实际成本资料填列。

（6）"本年累计实际平均"根据自年初至本月末止的已完工产品成本计算单等有关资料，采用加权平均方法计算后填列，其计算公式如下：

$$某产品的实际平均单位成本 = \frac{该产品累计总成本}{该产品累计总产量}$$

（7）"主要技术经济指标"部分根据企业成本管理的具体需要设计和填列。

对于不可比产品，不填列"历史先进水平"和"上年实际平均"的单位成本资料。

在填列过程中还应注意：表中"上年实际平均""本年计划""本月实际"和"本年累计实际平均"等栏的"产品生产成本"项目，应与按产品品种反映的产品生产成本表中该种产品的单位生产成本核对相符。

三、费用明细表

费用明细表是企业编制的反映期间费用耗费情况的报表，如营业费用明细表、管理费用明细表等，通常也将制造费用明细表包括在这类报表中。

（一）制造费用明细表

制造费用明细表是反映企业在一定时期内发生的各项制造费用及其构成情况的成本报表。利用该表，可以考核制造费用计划的执行情况，分析制造费用超支或节约的原因，以便采取措施，压缩开支，降低费用，从而降低产品的制造成本；此外，还可以根据制造费用的构成及其增减变动的情况，为编制制造费用计划和预测未来的费用水平提供依据。

该表按制造费用各费用项目设置，分别反映各项费用的本年计划数、上年同期实际数、本月实际数和本年累计实际数。其基本结构如表 14-5 所示。

表 14-5　制造费用明细表

201×年×月

单位：元

费用项目	本年计划数	上年同期实际数	本月实际数	本年累计实际数
职工薪酬费用	20 900	22 900	1 742	21 900
办公费	1 500	2 000	125	1 800
折旧费	6 000	6 000	500	6 000
水电费	1 300	2 100	150	1 670
修理费	850	2 500	120	590
租赁费	3 600	3 600	300	3 600
机物料消耗	270	2 200	350	1 310
劳动保护费	380	380	32	380
差旅费	130	1 040	150	540
保险费	310	310	26	310
低值易耗品摊销	60	770	55	100
合计	35 300	43 800	3 550	38 200

　　企业根据管理的需要，也可以将制造费用按成本性态划分为变动成本和固定成本，为企业的生产经营决策提供相应的信息。其基本结构如表 14-6 所示。

表 14-6　制造费用明细表

201×年×月

单位：元

费用项目	本年计划数	上年同期实际数	本月实际数	本年累计实际数
变动制造费用				
水电费	1 300	2 100	150	1 670
修理费	850	2 500	120	590
机物料消耗	270	2 200	350	1 310
低值易耗品摊销	60	770	55	100
差旅费	130	1 040	150	540
小计	2 610	8 610	825	4 210
固定制造费用				
劳动保护费	380	380	32	380
保险费	310	310	26	310
职工薪酬费用	20 900	22 900	1 742	21 900
办公费	1 500	2 000	125	1 800
折旧费	6 000	6 000	500	6 000
租赁费	3 600	3 600	300	3 600
小计	32 690	35 190	2 725	33 990
	35 300	43 800	3 550	38 200

　　制造费用明细表的填列方法如下。

　　（1）"本年计划数"栏各项数字根据制造费用的年度计划数填列。

　　（2）"上年同期实际数"栏各项数字根据上年度本表的"本年累计实际数"填列。若表内所列费用项目与上年度的费用在名称或内容上不相一致时，应对上年度的各项数字按表内所规定的项目进行调整。

　　（3）"本月实际数"栏各项数字根据本月制造费用明细账合计数汇总填列。

　　（4）"本年累计实际数"栏各项数字根据自年初起至本月末止的制造费用明细账累计实际发生额计算填列。

　　由于各行业、各企业的制造费用明细项目可能并不完全一致，因此，制造费用明细表的费用项目栏的内容，可由企业根据其生产经营特点和管理要求自行确定。对于同一行业的企业来说，为了便于对企业的制造费用进行可比性分析，可由行业主管部门统一规定。

　　（二）营业费用明细表

　　营业费用明细表是反映企业在一定时期内发生的营业费用及其构成情况的报表。该表按费用项目分别反映各项费用的本年计划数、上年同期实际数、本月实际数和本年累计实际数。其基本结构如表 14-7 所示。

表 14-7　营业费用明细表

201×年×月

单位：元

费用项目	本年计划数	上年同期实际数	本月实际数	本年累计实际数
包装费	4 030	3 340	384	4 725
运输费	4 257	3 215	354	4 018

续表

费用项目	本年计划数	上年同期实际数	本月实际数	本年累计实际数
装卸费	2 290	2 000	191	1 957
保险费	980	823	93	1 010
广告费	5 000	3 800	400	6 800
展览费	0	0	180	540
职工薪酬费用	16 160	20 800	973	25 000
合计	32 717	33 978	2 175	44 050

该表的填列方法如下。

（1）"本年计划数"栏各项数字根据营业费用的年度计划数填列。

（2）"上年同期实际数"栏各项数字根据上年度本表的"本年累计实际数"填列。若表内所列费用项目与上年度的费用在名称或内容上不相一致时，应对上年度的各项数字按表内所规定的项目进行调整。

（3）"本月实际数"栏各项数字根据本月营业费用明细账合计数汇总填列。

（4）"本年累计实际数"栏各项数字根据自年初起至本月末止的营业费用明细账累计实际发生额计算填列。

（三）管理费用明细表

管理费用明细表是反映企业在一定时期内发生的管理费用及其构成情况的报表。该表一般按照费用项目反映各项费用的本年计划数、上年同期实际数、本月实际数和本年累计实际数。其基本结构如表 14-8 所示。

表 14-8　管理费用明细表

201×年×月　　　　　　　　　　　　　　　　　　　　　　　单位：元

费用项目	本年计划数	上年同期实际数	本月实际数	本年累计实际数
工资及福利费	16 500	19 850	1 460	17 692
折旧费	11 844	9 764	1 005	12 094
工会经费	3 000	2 580	260	3 093
业务招待费	1 100	1 940	345	1 230
办公费	7 800	6 753	624	7 565
税金	800	862	70	846
无形资产摊销	850	795	82	980
薪酬费用	225	194	20	232
保险费	3 500	2 530	290	3 530
坏账损失	300	290	350	350
其他	300	569	48	498
合计	46 219	46 127	4 554	48 110

该表的填列方法如下。

（1）"本年计划数"栏各项数字根据管理费用的年度计划数填列。

（2）"上年同期实际数"栏各项数字根据上年度本表的"本年累计实际数"填列。若表内所列费用项目与上年度的费用在名称或内容上不相一致时，应对上年度的各项数字按表内所规定的项目进行调整。

（3）"本月实际数"栏各项数字根据本月管理费用明细账合计数汇总填列。

（4）"本年累计实际数"各项数字根据自年初起至本月末止的管理费用明细账累计实际发生额计算填列。

企业除了应及时编制上述成本、费用报表以外，还需要按特定的生产工艺和成本管理要求，设置和编制一些其他成本报表，如产量及成本状况表、材料成本考核表、人工成本考核表、责任成本表、质量成本表等。这些报表具有较大的灵活性、多样性和及时性，可细致地反映出产品成本的细小变动，有助于管理人员及时获取成本信息，采取有效措施加以控制。

第三节　成本报表的分析

一、成本报表分析概述

成本分析是按照一定的原则，采用的一定的方法，根据成本计划、成本核算资料和其他相关资料，对成本计划完成情况进行全面分析，查明影响成本升降的各个因素及其相互作用，确定各因素对成本的影响程度，寻求降低成本的途径和方法，达到以较少的资金耗费取得较大经济效益的目的。

成本分析是成本核算和成本控制的继续，贯穿于成本管理工作的全过程。通过系统、全面的成本分析，可以对成本计划本身的合理性以及完成情况作出正确的评价，总结实施成本计划的经验教训，以便今后更好地编制和完成成本计划；可以揭示成本差异，查明和测定影响成本差异的因素及其影响程度，从而逐步认识和把握成本变动的特性和规律，以便采取措施，进一步提高企业经营管理水平。

成本分析可以分为事前、事中或事后分析；可以是完全以成本报表为对象，也可以涉及成本报表之外的其他成本资料。但以成本报表为主要对象的事后分析，是成本分析的基本内容。

成本分析是对成本信息加以利用的基础环节。

二、成本分析的方法

成本分析的方法很多，通常有会计的方法、统计的方法或数学的方法，具体采用哪种方法则要根据企业自身的特点、成本分析的目的要求和所掌握资料的情况确定。在成本分析工作中，常用的方法主要有以下几种。

（一）指标对比分析法

指标对比分析法主要是通过相互关联的经济指标的对比来确定数量差异，借以了解经济活动的成绩和问题的一种分析方法。它是成本分析中应用最为普遍的方法之一，经常被用于以下一些方面。

1. 本期实际数与本期计划数或本期定额数的对比分析

通过对比，可以检查成本计划或定额的完成情况，为进一步分析指明方向。但在比较时，必须检查计划指标本身的合理性，如果计划或定额保守或冒进，都会失去可比的客观基础。

2. 本期实际数与前期实际数或历史最好水平的对比分析

通过对比，可以考察企业成本的变动趋势，有助于吸取历史经验，改进成本工作。

3. 本期实际数与国内外同类企业先进指标的对比分析

通过对比，可以发现企业与先进水平之间的差距，以找出差距，扬长避短，学习和赶超先进。

指标对比分析法只适用于同质指标的数量对比，因此，在使用时既要注意到指标的内容、计价标准、时间长度和计算方法的可比性，还要考虑到对于同一类型企业各自的有关条件基本接近或类型的可比性。

（二）比率分析法

比率分析法是利用两个指标的相互关系，通过计算它们的比率来考察、计量和评价经济活动业绩优劣的一种分析方法。其形式主要有以下几种。

1. 相关比率分析法

相关比率分析法是以同一时期两个性质不同却又相关的指标加以对比，求出比率，并进行数量分析，以便更深入地认识某方面的经济活动情况。例如，将利润指标同销售成本指标对比，求出成本利润率，从而可以观察比较企业成本效益水平的高低。

2. 构成比率分析法

构成比率分析法是通过计算某项指标的各个组成部分占总体的比率，并进行数量分析，来观察它的结构及其变化。其计算公式为：

$$构成比率 = \frac{某个组成部分数额}{总体数额}$$

采用这种方法计算各成本项目占成本总额的比率，并同一定标准进行比较，便可从中了解到成本结构的变化，明确进一步降低成本的重点；还可分析制造费用、营业费用、管理费用等的构成是否合理，找出管理和控制的重点。

3. 趋势比率分析法

趋势比率分析法是将几个时期同类指标的数字进行对比，求出比率，揭示和预测该指标的发展趋势，并从中发现企业在经营方面所取得的成果和不足。在进行比较时，既可以用绝对数比较，也可以用相对数比较。例如，可以计算连续 5 年的主营业务成本，用绝对数进行比较，也可以计算 5 年的成本利润率，用相对数进行比较。

用相对数进行比较时，根据对比标准的不同，它又可以分为定比指数和环比指数两种方法。

（1）定基指数，又称定比指数。以某一时期为基数，其他各期均与该期的基数进行比较，所得到的指数叫作基期指数。其计算公式为：

$$基期指数 = \frac{报告期指标数额}{固定期指标数额}$$

（2）环比指数。分别以上一时期为基数，将下一时期与上一时期的基数进行比较，所得到的指数叫作环比指数。其计算公式为：

$$环比指数 = \frac{报告期指标数额}{前一期指标数额}$$

（三）因素分析法

因素分析法是根据分析指标与其影响因素之间的数量关系，按照一定程序和要求，从数值上测定各因素对有关经济指标差异影响程度的一种分析方法。通过这种分析方法，可以测定各因素对指标差异的影响程度，有利于分清原因和责任，使分析工作更具有说服力。

1. 连环替代分析法

连环替代分析法又称连锁分析法，是因素分析法中最常用的一种方法，它是将某一综合指标分解为若干个相互联系的因素并按顺序分别计算和分析各因素影响程度的一种分析方法。连环替代分析法的计算程序如下。

（1）确定分析指标，并确定影响指标变动的各个因素。在进行因素分解过程中，要注意：分解出的各项构成经济指标因素，必须在客观上存在着必然的因果联系，否则就失去了其存在的价值。

（2）根据各项因素与指标的内在依存关系，安排各项因素的顺序。

各项因素的替代顺序，要根据各项因素相互依存关系合理排列。不同的替代顺序，虽然不会改变各项因素的影响数值之和，但可以改变各项因素的影响数值。

各项因素的替代顺序必须遵循以下"四先四后"原则：先替代数量因素，后替代质量因素；先替代实物量因素、劳动量因素，后替代价值量因素；先替代原始的、主要的因素，后替代派生的、次要的因素；在有除号的关系中，先替代分子，后替代分母。

（3）以计划期（或基期）指标为基础，按预定的顺序，依次将每一因素的计划数（或基期数）替换为实际数。替换过的因素固定在实际数上，未替换过的因素固定在计划数（或基期数）上。每次替换后，将该因素的变动结果与这一因素被替换前的结果进行对比，两者的差额，就是这一因素变动对指标的影响程度。有多少个因素就要替换多少次。

设某一经济指标 M 由相互联系的 X、Y、Z 三个因素组成。其计划指标 M_0 是 X_0、Y_0、Z_0 三个因素相乘的结果；实际指标 M_1 是 X_1、Y_1、Z_1 三个因素相乘的结果；该指标计划与实际的差异为 $C=M_1-M_0$。计算上述各个因素的变动对差异 C 的影响，可按照以下替换程序与公式进行：

第一次替换，将计划指标 $M_0=X_0 \times Y_0 \times Z_0$ 中的 X_0 替换为 X_1，计算出变动后的结果 $M_{(X)}$，进而计算因素 X 的变化对主体指标 M 所产生的影响 $C_{(X)}$。

$M_{(X)}=X_1 \times Y_0 \times Z_0$；

$C_{(X)}=M_{(X)}-M_0$，其差额为影响因素 X 的变化，对总体指标所发生的影响。

第二次替换，在第一次替换的基础上，将 Y_0 替换为 Y_1，计算出 $M_{(Y)}$，进而计算因素 Y 的变化对主体指标 M 所产生的影响 $C_{(Y)}$。

$M_{(Y)}=X_1 \times Y_1 \times Z_0$；

$C_{(Y)}=M_{(Y)}-M_{(X)}$，其差额为影响因素 Y 的变化，对总体指标所发生的影响。

第三次替换，在第二次替换的基础上，将 Z_0 替换为 Z_1，计算出 $M_{(Z)}$，进而计算因素 Z 的变化对主体指标 M 所产生的影响 $C_{(Z)}$。

$M_{(Z)}=M_1=X_1 \times Y_1 \times Z_1$；

$C_{(Z)}=M_1=(M_{(Z)})-M_{(Y)}$，其差额为影响因素 Z 的变化，对总体指标所发生的影响。

（4）将各项因素对指标的影响程度数值相加，应等于分析指标实际数与计划数（或基期数）的差异总额。在计算某一因素变动对分析指标的影响程度时，总是在前一因素计算的基础上进行的，并采用连环比较的方法确定各因素变化的影响结果，因此，所计算出的各因素影响数值之和必然等于指标变动的总差异。

（5）最后进行分析评价。

此外，在运用该方法时，还需要注意的是，由于采用连环替代分析法所计算的各个因素变动的影响数值，会因替代顺序的不同而有差别，因此，计算结果在一定程度上具有假定性和近似性。

2. 差额分析法

差额分析法是连环替代分析法的简化计算方法，是利用各个因素的实际与基数之间的差额，直接计算出各个因素对经济指标差异的影响数值。差额分析法的计算程序如下。

（1）确定某因素的实际数与计划数（或基期数）的差额。

（2）以各因素的差额，乘以函数关系式中排在该因素前面各个因素的实际数和排在该因素后面各个因素的计划数（或基期数），所得乘积就是该因素变动对分析指标的该因素后面各个因素的计划数（或基期数），所得乘积就是该因素变动对分析指标的影响数值。

（3）将各个因素的影响数值相加，其代数和应同该项经济指标的实际数与计划数（或基期数）之差相符。

在实际工作中普遍采用的是差额分析法，因为它与连环替代分析法计算的结果完全相同，且简化了计算步骤。

三、成本分析方法举例

成本分析的内容主要包括成本计划完成情况分析、产品单位成本分析和成本的效益分析三个方面。

（一）成本计划完成情况分析

进行成本计划完成情况分析，可以在初步了解和评价有关成本计划完成情况的基础上，分析影响产品成本变动的因素，为进一步查明成本升降原因指明方向。

成本计划完成情况分析包括全部产品成本计划完成情况分析、影响产品总成本变动因素分析以及可比产品成本分析等。

1. 全部产品成本计划完成情况分析

全部产品成本计划完成情况分析，就是将全部产品本年实际成本与按本年实际产量调整的上年总成本（或计划总成本）进行比较，计算出降低额和降低率，借以分析全部产品成本的升降情况。分析全部产品成本一般在季度或年度终了进行，利用全部产品成本表并结合其他成本资料进行。

在进行分析时要注意以下两点：第一，全部产品可能包括可比产品和不可比产品两个部分，而不可比产品没有历史成本资料。在进行分析时，若全部产品中没有不可比产品，则可采用本年实际与上年实际或本年计划进行比较分析；若全部产品中包括不可比产品，则只可采用本年实际与本年计划进行比较分析。第二，由于本年实际与上年实际或本年计划的产量基础不一致，为了使成本对比指标具有可比性，在进行分析时，应剔除产量变动对成本计划完成情况的影响。本年实际总成本、上年实际总成本、本年计划总成本一律按实际产量来计算。

成本降低额和成本降低率的计算公式为：

成本降低额=计划总成本（或上年实际总成本）-本年实际总成本

$$=\sum\left(\begin{array}{c}实际\\产量\end{array}\times\begin{array}{c}计划单位成本或\\上年实际单位成本\end{array}\right)-\sum\left(\begin{array}{c}实际\\产量\end{array}\times\begin{array}{c}本年实际\\单位成本\end{array}\right)$$

$$成本降低率=\frac{成本降低额}{\sum(实际产量\times计划单位成本或上年实际单位成本)}\times100\%$$

对全部产品成本计划完成情况的分析，通常可从以下三个方面进行。

（1）按成本项目分析

按成本项目汇总全部产品的总成本，将实际总成本与计划总成本对比，确定各成本项目的降低额和降低率。根据表14-1的资料，其分析结果如表14-9所示。

表14-9　全部产品成本分析表（按成本项目）

201×年×月 单位：元

成本项目	本年实际产量的总成本		降低指标		各成本项目差异对总成本的影响程度（%）
	计划总成本	实际总成本	降低额	降低率（%）	
直接材料	91 444	90 500	944	1.03	0.52
直接人工	59 939.5	64 300	-4 360.5	-7.27	-2.39
制造费用	30 791.5	38 200	-7 408.5	-24.06	-2.39 -4.07
产品成本	182 175	193 000	-10 825	-5.94	-5.94

从表14-9中可以看出，本年全部产品实际总成本比计划总成本增加10 825元，增加率为5.94%。但从成本项目来看，除了直接材料略有降低之外，总成本的增加主要是由于直接人工、制造费用两项超支所引起的，且制造费用超支的幅度较大。对此，应进一步对各成本项目升降的原因进行分析，

以便采取相应措施，扩大有利差异，消除不利差异。

（2）按成本性态分析

按成本性态将全部产品划分为变动成本和固定成本，并确定变动成本和固定成本的降低额和降低率。根据表 14-9 的资料，其分析结果如表 14-10 所示。

表 14-10　全部产品成本分析表（按成本性态）

201×年×月　　　　　　　　　　　　　　　　　　　　　　　　　单位：元

成本项目	本年实际产量的总成本		降低指标		各成本项目差异对总成本的影响程度（%）
	计划总成本	实际总成本	降低额	降低率（%）	
变动成本：					
直接材料	91 444	90 500	944	1.03	0.52
直接人工	59 939.5	64 300	-4 360.5	-7.27	-2.39
变动制造费用	3 854.5	4 210	-355.5	-9.22	-0.20
固定成本：					
固定制造费用	26 937	33 990	-7 053	-26.18	-3.87
产品成本	182 175	193 000	-10 825	-5.94	-5.94

从表 14-10 中可以看出，企业超支的主要原因在于固定成本中的固定制造费用超支的幅度较大，而直接人工与变动制造费用同样也超支，只有直接材料尚未超支，应进一步分析各成本项目超支和降低的具体原因。

（3）按产品品种分析

按产品品种分析是将全部产品划分为可比产品和不可比产品，分别确定可比产品、不可比产品和全部产品的降低额和降低率。根据表 14-3 的资料，其分析结果如表 14-11 所示。

表 14-11　全部产品成本分析表（按产品品种）

201×年×月　　　　　　　　　　　　　　　　　　　　　　　　　单位：元

产品名称		可比产品		不可比产品	全部产品成本
		A 产品	B 产品	C 产品	
规格		略	略	略	
计量单位		件	件	件	
产量	计划	1 550	2 500	310	
	实际	1 500	2 700	315	
单位成本	上年	47	33		
	计划	46	32	85	
	实际	45	36	89.84	
本年产量的总成本	上年	70 500	89 100		
	计划	69 000	86 400	26 775	182 175
	实际	67 500	97 200	28 300	193 000
本年比上年降低指标	降低额	3 000	-8 100		
	降低率	4.26	-9.09		
本年比计划降低指标	降低额	1 500	-10 800	-1 525	-10 825
	降低率	2.17	-12.5	-5.70	-5.94
各产品成本差异对总成本影响		0.82	-5.93	-0.84	-5.94

从表 14-11 中可以看出，全部产品实际总成本比计划总成本要超支，主要原因在于可比产品中

的 B 产品超支幅度较大，而不可比产品 C 产品的超支幅度也不小，因此虽然可比产品 A 产品有较小幅度的节约，但总体情况仍是超支。应进一步分析各产品成本计划完成的原因和超支的原因。

最后需要注意的是，在对全部产品成本计划完成情况进行分析时，如果成本计划本身制订得不太准确，应适当加以调整；如果发现成本核算没有严格遵循会计准则的要求，或没有正确划分各个月份、各种产品以及产成品和在产品之间的费用界限，或制造费用在可比产品和不可比产品之间的分配不太合理，应对实际资料加以调整；要分清成本的升降是由于主观因素还是由于客观因素造成的，如果是由于客观因素造成的，则应剔除这些因素对成本的影响。只有做到以上几点，才能提高成本分析质量，正确客观地评价企业生产经营的经济效果。

2. 可比产品成本降低任务完成情况分析

在全部产品成本中，可比产品成本占很大的比重，因此，应对可比产品的成本进行重点分析。可比产品成本降低任务完成情况分析，就是将可比产品的实际成本与按实际产量和上年实际单位成本计算的上年实际总成本相比较，确定可比产品实际成本的降低额和降低率，同计划成本降低额和降低率相比，评定企业完成可比产品成本降低的情况；同时，还应进一步确定影响可比产品成本的各项因素及其影响程度，为挖掘潜力，降低成本指明方向。

首先，评定可比产品成本降低任务完成情况。评定过程可根据下列公式完成：

$$计划成本降低额 = \sum（计划产量 \times 上年实际单位成本）- \sum（计划产量 \times 本年计划单位成本）$$

$$计划成本降低率 = \frac{计划成本降低额}{\sum（计划产量 \times 上年实际单位成本）} \times 100\%$$

$$实际成本降低额 = \sum（实际产量 \times 上年实际单位成本）- \sum（实际产量 \times 本年实际单位成本）$$

$$实际成本降低率 = \frac{实际成本降低额}{\sum（实际产量 \times 上年实际单位成本）} \times 100\%$$

【例 14-1】资料如表 14-11 所示。则计算结果如下：

$$计划成本降低额 = （1\,550 \times 47 + 2\,500 \times 33）-（1\,550 \times 46 + 2\,500 \times 32）= 4\,050（元）$$

$$计划成本降低率 = \frac{4\,050}{1\,550 \times 47 + 2\,500 \times 33} \times 100\% = 2.61\%$$

$$实际成本降低额 = （1\,500 \times 47 + 2\,700 \times 33）-（1\,500 \times 45 + 2\,700 \times 36）= -5\,100（元）$$

$$实际成本降低率 = \frac{-5\,100}{（1\,500 \times 47 + 2\,700 \times 33）} \times 100\% = -3.2\%$$

由上述计算首先可以看出，从绝对数看，可比产品实际成本降低额比计划成本降低额增加 9 150元；从相对数看，实际成本降低率比计划成本降低率增加了5.81%，说明可比产品的成本降低任务没有完成。

其次，还可以进一步分析影响可比产品成本降低任务完成的原因以及影响程度。影响降低额的因素有产量、品种结构和单位成本，影响降低率的因素有品种结构和单位成本。

（1）产量因素

可比产品成本降低额是根据可比产品的实际产量进行计算的，因此，产量的变动必然会直接影响成本降低额；但当产品的单位成本和品种结构不变时，产品产量的变动会引起成本降低额发生同比例变动，因此，产量的变动不会影响成本降低率的变动。

【例 14-2】各种可比产品实际产量分别为 A 产品生产 1 240 件，B 产品生产 2 000 件，实际单位成本与计划单位成本相等，其他相关资料如表 14-11 所示。

则：

$$本年成本降低额 = （1\,240 \times 47 + 2\,000 \times 33）-（1\,240 \times 46 + 2\,000 \times 32）= 3\,240（元）$$

$$本年成本降低率=\frac{3\,240}{(1\,240×47+2\,000×33)}×100\%=2.61\%$$

由上述计算可以看出，A、B 两种产品实际产量均比计划产量减少 20%，降低额相应减少 20%，而降低率仍是 2.61%。这说明产量变动只影响降低额，不影响降低率。

产量变动对成本降低额的影响的计算公式如下：

产量变动对成本降低额的影响=Σ［（实际产量-计划产量）×上年实际单位成本］×计划成本降低率

其中：

$$计划成本降低率=\frac{计划成本降低额}{Σ（上年实际单位成本×计划产量）}×100\%$$

计划成本降低额=Σ［（上年实际单位成本-本年计划单位成本）×计划产量］

【例 14-3】成本资料见表 14-11，则产量变动的影响结果为：

产量变动对成本降低额的影响=Σ［（1 500-1 550）×47+（2 700-2 500）×33]×2.61%=110.93（元）

其中：

$$计划成本降低率=\frac{4\,050}{47×1\,550+33×2\,500}×100\%=2.61\%$$

计划成本降低额=（47-46）×1 550+（33-32）×2 500=4 050（元）

（2）品种结构因素

品种结构是指各种产品的产量占全部产品总产量的比重。在进行计算时，各种产品的实物量由于计量单位不同不能简单地相加，因而必须将其转化成可相加的计量单位。所以在对可比产品成本进行分析时，一般以上年平均单位成本或本年计划单位成本为基础来计算品种结构，其计算公式如下：

$$\frac{某产品的}{品种构成}=\frac{某产品实际产量×该产品上年实际单位成本（或本年计划单位成本）}{Σ[各产品实物量×各产品上年实际单位成本（或本年计划单位成本）]}×100\%$$

则，依据上式公式，表 14-11 中 A、B 两种可比产品的计划品种构成分别为：

$$A产品的计划品种构成=\frac{69\,000}{(69\,000+86\,400)}=44.40\%$$

$$B产品的计划品种构成=\frac{86\,400}{(69\,000+86\,400)}=55.60\%$$

实际上，全部可比产品成本降低率是以各种可比产品的个别降低率为基础、以各种可比产品的产量比重为权数计算的平均成本降低率。因此，可比产品成本降低率和降低额必然受到各种产品品种结构变动的影响。其计算公式如下：

$$\frac{产品品种结构变动}{对成本降低额的影响}=Σ\left\{实际产量×\left(\frac{上年实际}{单位成本}-\frac{本年计划}{单位成本}\right)\right\}-Σ\left(\frac{实际}{产量}×\frac{上年实际}{单位成本}\right)×\frac{计划成本}{降低率}$$

$$产品品种结构变动对成本降低率的影响=\frac{产品品种结构变动对成本降低额的影响数}{Σ（实际产量×上年实际单位成本）}×100\%$$

【例 14-4】成本资料见表 14-11，则品种结构变动的影响结果为：

产品品种结构变动对成本降低额的影响=[1 500×（47-46）+2 700×（33-32）]-（1 500×47+2 700×33）×2.61%=34.44（元）

$$产品品种结构变动对成本降低率的影响=\frac{34.44}{1\,500×47+2\,700×33}×100\%=0.02\%$$

（3）单位成本因素

可比产品成本计划降低额是以本年计划单位成本和上年实际单位成本相比较确定的。而实际成本降低额是以本年实际单位成本和上年实际单位成本相比较确定的。因此，可比产品成本降低任务的完成程度，是各种产品单位成本发生变动造成的。本年实际单位成本比计划单位成本降低或升高时，必然会引起可比产品成本降低额和降低率的变动，且变动方向是相反的。其计算公式如下：

单位成本变动对成本降低额的影响＝Σ［实际产量×（本年计划单位成本−本年实际单位成本）］

$$单位成本变动对成本降低率的影响=\frac{单位成本变动对成本降低额的影响数}{\Sigma（实际产量×上年实际单位成本）}×100\%$$

【例 14-5】成本资料如表 14-11 所示，则单位成本变动的影响结果为：

单位成本变动对成本降低额的影响＝1 500×（46−45）+2 700×（32−36）=−9 300（元）

$$单位成本变动对成本降低率的影响=\frac{-9\,300}{1\,500×47+2\,700×33}×100\%=-5.83\%$$

通过上述分析可以看出，由于 A 产品实际产量比计划产量减少 50 件，B 产品实际产量比计划产量增加 200 件，使成本降低额减少 110.93 元；由于品种结构变动，使成本降低额和降低率分别减少 34.44 元和 0.02%；由于单位成本变动，使成本降低额和降低率分别减少 9 300 元和 5.83%。这说明，企业在本年度的成本降低任务完成过程中，不利因素比较多，所制定的各项决策贯彻乏力，并应深入研究各影响因素变动的原因，再次制定策略进行有效的成本控制。

上述分析采用的是传统分析方法，该方法把因产量变动引起单位固定成本变动对成本降低任务的影响都归结为单位成本变动的影响，掩盖了成本中两种不同性态构成的区别，不能真正揭示影响总成本变动的因素及影响程度，虚增了成本降低额和成本降低率。因此，应尽可能按成本性态来分析成本降低额和成本降低率。

（二）主要产品单位成本分析

为了揭示各种产品单位成本及其各成本项目消耗定额的超支或节约情况，查明各种产品成本升降的具体原因，寻求降低成本的具体途径，还需要对主要产品的单位成本进行分析。

对主要产品单位成本进行分析，既包括单位成本完成情况的分析，还包括技术经济指标变动对单位成本的影响。

1. 单位成本完成情况分析

对单位成本完成情况的分析，首先应从总的方面分析主要产品单位成本的变动情况，然后进一步按照成本项目分析其成本变动情况。

分析主要产品单位成本变动的总体情况，主要是根据"主要产品单位成本表"，利用比较分析法，分析本期比上期或计划的成本升降情况。

按照表 14-4 的资料，对 A 产品单位成本的分析如表 14-12 所示。

表 14-12　A 产品单位成本分析表

201×年×月　　　　　　　　　　　　　　　　　　单位：元

成本项目	单位成本		本年比上年		各项目对单位成本的影响率（%）
	上年实际	本年实际	降低额	降低率（%）	
直接材料	22	21.8	−0.2	−0.91	−0.43
直接人工	16	15.5	−0.5	−3.13	−1.06
制造费用	9	7.7	−1.3	−14.44	−2.77
合计	47	45	−2	−4.26	−4.26

由表 14-12 可知，A 产品本年实际单位成本比上年实际单位成本下降了 2 元，降低率为 4.26%，完成了成本计划。成本下降的主要原因是由于直接材料减少了 0.2 元，降低了 0.91%；直接人工减少

了 0.5 元，降低了 3.13%；制造费用减少了 1.3 元，降低了 14.44%。为了查明产品单位成本及其成本项目变动的原因，还须进一步结合企业的生产技术、生产组织的状况、经营管理水平和采取的技术组织措施等因素，重点分析变动影响大的成本项目。

（1）直接材料单位成本分析

影响直接材料成本的因素主要有单位产品材料消耗量（单耗）和材料单价，影响程度可用以下公式表示：

单位产品材料消耗量变动的影响=（本年实际单耗-上年实际单耗）×上年单价

材料单价变动的影响=本年实际单耗×（实际单价-上年单价）

【例 14-6】A 产品材料费用如表 14-13 所示，其他成本资料如表 14-4 所示。

表 14-13　A 产品材料费用表

201×年×月

单位：元

材料名称	计量单位	单耗		单价		单位成本	
		上年实际	本年实际	上年实际	本年实际	上年实际	本年实际
主要材料	千克	10	9.8	1.96	2	19.6	19.6
燃料	千克	1.2	1.1	2	2	2.4	2.2
合计						22	21.8

则：

单耗变动的影响=（9.8-10）×1.96+（1.1-1.2）×2=-0.59（元）

单价变动的影响=9.8×（2-1.96）+1.1×（2-2）=0.39（元）

主要材料单耗下降使成本减少了 0.59 元，但单价上升使成本增加了 0.39 元，两者共同影响使 A 产品材料费用下降了 0.2 元。可见 A 产品材料费用下降的根本原因是产品单耗下降所引起的，这是企业自身的因素，应从产品零部件结构、原材料加工方法、原材料利用率、材料质量、配料比例等技术指标入手分析单耗降低的原因，这是下一步分析的重点。

（2）直接人工单位成本分析

分析直接人工项目依不同的工资制度和工资费用计入成本方法的不同而有所区别。在计件工资下，计件单价不变，单位成本中的工资费用也不变，除非生产工艺和劳动组织方式发生变化。在计时工资下，如果企业生产各种产品，产品成本中的工资费用一般按生产工时比例分配计入。因此，直接人工费用取决于单位工时和小时工资率两个因素，影响程度可用以下公式表示：

单位工时变动的影响=（实际单位工时-上年单位工时）×上年小时工资率

小时工资率变动的影响=实际单位工时×（实际小时工资率-上年小时工资率）

【例 14-7】A 产品成本资料如表 14-4 所示，则分析结果如下：

单位工时变动的影响=（3.1-3.2）×5=-0.5（元）

小时工资率变动的影响=3.1×（5-5）=0（元）

以上计算结果表明，由于实际单位生产工时比上年实际单位生产工时缩短，使单位产品的直接人工成本减少 0.5 元；由于小时工资率没有变动，因此两者共同作用的结果使 A 产品单位直接人工成本降低。可见 A 产品人工费用下降的根本原因是单位产品生产工时缩短所致，表明企业的劳动生产率水平有所提高，应结合机器设备性能、材料质量、生产工艺及产品设计的改变、工人劳动技术熟练程度、工作态度等主客观原因进行分析，并采取一定措施抑制不利影响，进一步提高劳动生产率。小时工资率的大小受直接人工成本总额和生产工时总额变动的影响，这又主要取决于出勤率和工时利用率的高低，也应进行深入分析。

（3）制造费用单位成本分析

制造费用如果全部视为固定费用处理，并按工时消耗比例分配制造费用，则制造费用便取决于单位产品生产工时和小时费用率两个因素，影响程度可用以下公式表示：

单位工时变动的影响＝（实际单位工时-上年单位工时）×上年小时工资率

小时工资率变动的影响＝实际单位工时×（实际小时工资率-上年小时工资率）

【例 14-8】A 产品成本资料如表 14-4 所示，则分析结果如下：

单位工时变动的影响＝（3.1-3.2）×2.81=-0.28（元）

小时工资率变动的影响=3.1×（2.48-2.81）=-1.02（元）

以上计算结果表明，由于实际单位生产工时比上年实际单位生产工时缩短，使单位产品的制造费用减少 0.28 元；由于本年小时工资率比上年小时工资率降低，使单位产品的制造费用减少 1.02 元，因此两者共同作用的结果使 A 产品单位制造费用降低。

为了进一步了解制造费用变动的具体原因，提出改进措施，降低单位产品成本，应按制造费用细目，将制造费用划分为固定制造费用和变动制造费用进行分析。这样，单位产品制造费用成本将取决于三个因素：单位变动制造费用、总固定制造费用及总产量。影响程度可用以下公式表示：

单位变动制造费用变动的影响＝实际单位变动成本-上年单位变动成本

$$总固定制造费用变动的影响＝\frac{1}{实际总产量}×（实际固定制造费用-上年固定制造费用）$$

$$总产量变动的影响＝\frac{1}{实际总产量}-\frac{1}{上年总产量}×上年固定制造费用$$

2．技术经济指标分析

技术经济指标是指与企业生产技术特点具有内在联系的一系列指标，如劳动生产率、产品质量、材料利用率等。这些技术经济指标的变动都会直接或间接地影响到产品成本，因此，为了从生产、技术领域查明影响成本升降的内在因素，采取相应的技术组织措施，使产品成本不断降低，也需要对技术经济指标进行分析。

（1）产量变动对单位成本的影响

按照成本性态的分类，单位成本也可分为单位变动成本和单位固定成本。其中，单位变动成本不随产量的增减变化而变化，而单位固定成本则会随着产量的增减变化呈反方向变化。即，当产量增加时，单位固定成本会减少；当产量减少时，单位固定成本会增加。根据变动成本、固定成本与产量的依存关系，产量变动对单位成本是有影响的，影响程度可用以下公式表示：

$$单位产品成本降低额＝基期或计划单位固定成本×（1-\frac{1}{1+产量增长率}）$$

$$单位产品成本降低率＝\frac{单位产品成本降低额}{基期或计划单位成本}×100\%$$

$$＝（1-\frac{1}{1+产量增长率}）×基期或计划单位固定成本占单位成本的比重$$

【例 14-9】甲产品有关资料如表 14-14 所示。

表 14-14　甲产品成本资料表

单位：元

成本构成	产量（件）		单位成本		总成本	
	计划	实际	计划	实际	计划	实际
变动费用			180	180	270 000	302 400
固定费用			120	100	180 000	168 000
单位成本	1 500	1 800	300	280	450 000	470 000

$$单位产品成本降低额＝120×（1-\frac{1}{1+20\%}）=20（元）$$

$$单位产品成本降低率=\frac{20}{300}×100\%=6.67\%$$

其中：$产量增长率=\frac{1\,800-1\,500}{1\,500}×100\%=20\%$

以上分析结果表明，产量从 1 500 件增加到 1 800 件，产量增长率为 20%，使单位成本降低了 20 元，这是由于产量增加而使单位固定成本相对节约所造成的。

（2）产品质量变动对单位成本的影响

在企业生产的等级产品中，不同等级的产品耗用的材料、加工过程是相同的，因此单位成本应该是一致的。而反映产品生产工作质量的合格品率、返修率和废品率对产品的单位成本会产生较大影响，以废品率为例，废品率变动对单位成本的影响程度可用以下公式表示：

$$单位产品成本降低额=基期或计划单位成本中的废品损失×\left(1-\frac{实际废品率×基期或计划合格品率}{基期或计划废品率×实际合格品率}\right)$$

$$单位产品成本降低率=\frac{单位产品成本降低额}{基期或计划单位产品成本}×100\%$$

$$=基期或计划单位成本中废品损失所占的比重×\left(1-\frac{实际废品率×基期或计划合格品率}{基期或计划废品率×实际合格品率}\right)$$

【例 14-10】乙产品本年度计划单位成本中废品损失项目为 12 元，计划单位成本为 250 元，报告期内制定的计划废品率为 5%，实际废品率为 3%。

则：

$$单位产品成本降低额=12×\left(1-\frac{3\%×95\%}{5\%×97\%}\right)=4.95（元）$$

$$单位产品成本降低率=\frac{4.95}{250}×100\%=1.98\%$$

以上分析结果表明，由于废品率从 5%下降到 3%，降低了 40%，废品损失项目也相应减少了 40%，则报告期单位成本中废品损失项目由 12 元降到 7.2 元，降低额为 4.8 元；同时，由于合格品率由 95%上升到 97%，在总产量不变的情况下，合格品产量增长了 2.11%，则本应由每件产品负担 7.2 元的废品损失，又变动为每 1.021 1 件产品负担 7.2 元废品损失，使报告期单位成本中废品损失项目又降到 7.05 元，降低额为 0.15 元。由此，总降低额共 4.95 元，降低率达到 1.98%。

（3）劳动生产率变动对单位成本的影响

劳动生产率的提高表明单位产品所消耗的工时减少，从而每种产品所分摊的人工成本会相应减少；但劳动生产率的提高往往伴随着工资率的增长，从而使单位产品成本提高。因此，只有当劳动生产率的增长速度高于工资率的增长速度时，才能使产品成本降低。由此，劳动生产率变动对单位成本的影响程度可用以下公式表示：

$$单位产品成本降低额=\left(1-\frac{1+平均工资增长率}{1+劳动生产增长率}\right)×基期或计划单位产品的工资成本$$

$$单位产品成本降低率=\frac{单位产品成本降低额}{基期或计划单位成本}×100\%$$

$$=\left(1-\frac{1+平均工资增长率}{1+劳动生产增长率}\right)×基期或计划生产工人工资占单位产品成本的比重$$

其中：

$$劳动生产增长率=\frac{单位产品基期或计划工时消耗-单位产品实际工时消耗}{单位产品实际工时消耗}×100\%$$

$$平均工资增长率=\frac{实际平均小时工资率-基期或计划平均小时工时工资率}{基期或计划平均小时工资率}\times100\%$$

【例 14-11】丙产品有关成本资料如表 14-15 所示。则：

表 14-15 丙产品成本资料表

指标	本年计划	本年实际
单位产品工时消耗（工时）	30	24
小时平均工资率（元/工时）	8	8.5
单位产品人工成本（元）	240	204
单位产品成本（元）	960	900

$$劳动生产增长率=\frac{30-24}{24}\times100\%=25\%$$

$$小时平均工资增长率=\frac{8.5-8}{8}\times100\%=6.25\%$$

$$单位产品成本降低额=（1-\frac{1+6.25\%}{1+25\%}）\times240=36（元）$$

$$单位产品成本降低率=\frac{36}{960}\times100\%=3.75\%$$

以上分析结果表明，劳动生产率比计划提高 25%，小时平均工资率比计划提高了 6.25%。这两个因素共同作用的结果使丙产品的单位产品工资成本下降了 36 元，降低率为 3.75%。

（4）材料消耗量变动对单位成本的影响

材料费用在产品成本中占较大比重，因此，材料消耗量的降低必然会使单位材料成本降低。企业降低材料消耗量的措施一般包括：降低单位产品材料消耗量，提高材料利用率，提高材料综合利用程度，合理采用代用材料，以及改进产品设计、减轻产品重量等。每一种措施对单位成本的影响程度都有所不同。

① 单位产品材料消耗量变动对单位成本的影响

在材料单价不变的情况下，降低单位产品材料消耗量与降低材料成本成正比例关系，其影响程度可用以下公式表示：

单位产品成本降低额=基期或计划单位产品的材料费用×材料单耗平均降低率

$$单位产品成本降低率=\frac{单位产品成本降低额}{基期或计划单位产品成本}\times100\%$$

$$其中：材料单耗平均降低率=\frac{1-\Sigma（某种材料实际单耗×实际产量）}{\Sigma（某种材料单耗定额×实际产量）}\times100\%$$

【例 14-12】丁产品计划单位成本 500 元，其中直接材料 240 元。该产品单位产品材料消耗定额 20 千克，报告期采取合理的工艺措施，单位产品材料实际消耗量 18 千克。

则：

$$单位产品成本降低额=240\times（1-\frac{18}{20\times100\%}）=24（元）$$

$$单位产品成本降低率=\frac{24}{500}\times100\%=4.8\%$$

② 材料利用率变动对单位成本的影响

材料利用率通常是指材料投入量与产品产出重量之间的比例关系，其计算公式如下：

$$材料利用率=\frac{材料产品净重}{材料单耗}\times100\%$$

由该公式可以看出，提高材料利用率与产品的材料成本成反比，它对单位产品成本的影响程度可用以下公式表示：

$$单位产品成本降低额=基期或计划单位成本材料费用×（1-\frac{基期或计划材料利用率}{实际材料利用率}）$$

$$单位产品成本降低率=\frac{单位产品成本降低额}{基期或计划单位产品成本}×100\%$$

$$=（1-\frac{基期或计划材料利用率}{实际材料利用率}）×\frac{基期或计划材料成本占}{单位产品成本的比重}$$

【例 14-13】戊产品有关成本资料如表 14-16 所示。

表 14-16　戊产品成本资料表

指标	本年计划	本年实际
投入材料量（千克）	8 000	8 000
实际消耗量（千克）	7 200	7 680
产量（件）	600	680
材料利用率（%）	90	96
材料单价（元/千克）	9	9
材料总成本	72 000	72 000
单位产品材料成本（元）	120	105.88
单位产品成本（元）	200	178

则：

$$单位产品成本降低额=120×（1-\frac{90\%}{96\%}）=7.5（元）$$

$$单位产品成本降低率=\frac{7.5}{200}×100\%=3.75\%$$

第四节　成本信息在管理中的利用

成本信息的利用，是将成本信息运用于管理活动，依据相关成本信息进行预测、决策、计划、控制与考评等。

一、成本信息在预测中的利用

成本预测是以成本的历史资料或相关资料为依据，根据影响成本的各因素与成本的关系，结合企业发展前景采取的措施，运用科学的方法，对未来的成本水平及其变化趋势作出的科学测算。

在现代企业管理工作中，成本预测的内容相当广泛。一般来讲，凡是投入资金并发生相应成本耗费的生产经营活动，都涉及成本预测问题。成本预测涉及生产技术、生产组织以及经营管理等各个方面，主要包括以下几个方面。

（1）产品开发阶段的成本预测。企业要面对市场进行认真的调查研究，根据市场需要确定经营目标及目标成本，要认真预测本企业的产品结构、目标成本水平在市场竞争中的竞争力及其对利润额的影响，测算增减产量对产品成本的影响，测算各种订货能否接受，测算社会技术经济政策对企业成本的影响等。

（2）产品设计阶段的成本预测。产品设计阶段的成本预测主要是通过对产品设计方案的成本进行测算、分析、比较，为正确进行方案的评价选优提供客观依据。如新产品设计、老产品更新换代的成本水平预测及保本点的预测等。

（3）计划编制阶段的成本预测。计划编制阶段的成本预测主要是根据企业的生产发展情况和物资消耗水平的变化，测算计划期的成本水平及其变化趋势以及降低成本的潜力等，为企业组织生产、正确编制成本计划、科学制定目标成本提供可靠依据。如计划期产品单位成本、总成本的预测，产品成本降低幅度及保本点的预测等。

（4）计划实施阶段的成本预测。计划实施阶段的成本预测主要是通过分析前一阶段成本计划的执行情况，预测下一阶段成本计划可能完成的程度，揭示脱离计划的偏差和产生偏差的原因以及成本变动的发展趋势，以便有针对性地采取措施，狠抓薄弱环节，保证成本计划或目标的完成。

趋势分析法，是根据历史成本资料，预测未来经济活动的成本与效益的一种常用方法。

在进行成本分析的基础上，对成本作出科学的预测，是保证成本决策的正确性和整个成本管理工作的有效性的一个重要前提。

二、成本信息在决策中的利用

在决策过程中，成本是必不可少的决策依据。主要包括以下内容。

（1）根据"成本较低"原则，进行投资决策。

（2）根据成本的现实结构或根据成本的变动情况，确定成本管理控制的重点、方法等。因素分析法，是确定成本管理控制重点的一种基本方法。

（3）进行成本决策。成本决策是为了实现目标成本，在取得成本预测资料和大量成本信息的基础上，借助一定手段、方法进行计算和判断，比较各种可行方案的不同成本和收益，从中选定一个技术上先进、经济上合理的最佳成本方案的过程。成本决策与成本预测同属于成本的事前管理，成本计划是对成本决策所选定的成本方案作出的具体实施安排。因此，成本决策的正确性对于成本计划的制订和整个成本管理工作的有效性有着举足轻重的影响。

成本决策一般包括生产经营规划中的成本决策和生产经营过程中的短期成本决策两个方面的内容。

进行成本决策，不能脱离现实的成本状况。

三、成本信息在计划中的利用

成本信息在计划工作中的利用，集中体现在成本计划的编制上。

成本计划是以货币形式预先规定计划期内生产耗费和各种主要产品的成本水平，确定成本降低任务，提出为达到规定的成本水平应采取的主要措施的书面文件。编制成本计划，是企业成本会计工作的重要组成部分。

收集和整理相关历史成本资料，是编制成本计划的基础工作。财务部门应从各方面收集和整理编制成本计划所需要的资料，如各项成本降低指标及有关规定；计划期各种原材料、人工费用的消耗定额和工时定额；计划期企业的生产、劳动工资、物资供应和技术组织措施等方面的计划；各项费用开支标准及有关规定；厂内计划价格目录；上期成本核算的分析数据等。

预计和分析上年成本计划的执行情况，总结经验，吸取教训，找出规律，提出降低成本方案的重要依据。

成本计划的编制方法，主要有直接计算法和因素测算法两种。直接计算法是根据各项消耗定额、费用预算等资料，按照成本组成项目，通过一定的成本计算方法，计算出各种产品及其各成本项目的计划成本，然后再汇总编制全部产品的成本计划的一种方法。 采用该方法编制成本计划，其各项成本费用指标，主要是基于历史成本资料，采用一定的方法，直接匡算出来。因素测算法又称试算平衡法、概算法。采用该方法编制成本计划，其各项成本费用指标，是以相关的历史成本资料为基础，根据现实情况和以往的经验，测算各影响因素对成本可能产生的影响，对上年实际成本按各项降低措施进行调整修正后形成的。

四、成本信息在控制中的利用

成本控制是成本管理的基本内容。对现代企业而言，为了更有效地实现企业经营管理的目标，需要事先确定成本管理所要达到的目标，然后据此衡量执行的效果并反映目标实现的情况，分析实现过程中出现的偏差并及时纠正和控制。

成本控制可按成本发生的时间先后，划分为事前控制、事中控制和事后控制。历史成本资料是成本控制的基本参照。

事前成本控制主要包括产品设计阶段的成本控制和产品投产前的成本控制。产品设计阶段的成本控制，对今后的成本水平有着重大的影响，如果产品设计不合理，将会造成难以挽回的不可估量的损失和浪费。产品投产前的成本控制，指在产品投产前，通过对成本计划、费用预算、目标成本的制定和审查以及对实现目标的措施的可行性研究，保证成本、费用目标的实现。

事中控制是在实际发生生产费用的过程中，按成本标准控制费用，及时显示节约还是浪费，并预测今后的发展趋势，把可能导致损失和浪费的苗头消灭在萌芽状态，并随时把各种成本偏差信息反馈给责任者，以利于及时采取纠正措施，保证成本目标的实现。事中控制包括对原材料、燃料和动力费用、工资、制造费用等各成本项目的控制和对期间费用的控制。

事后控制是在产品成本形成之后的综合分析和考核。它主要是查明实际成本脱离目标（计划）成本的主客观原因，进行深入分析，确定责任归属，提出改进措施，并为下一个成本循环，提出积极有效的措施，消除不利的差异，发展有利的差异，修正原定的成本控制标准，以促使成本不断降低。

五、成本信息在考评中的利用

成本考核是指在财务报告期结束时，通过将报告期实际成本与计划指标、定额指标、预算指标进行对比，来评价成本管理工作成绩和水平的一项工作。成本考核是成本管理的最后一个环节，是检验成本管理目标是否实现的基本途径，也是督察有关责任单位及个人不断降低成本的重要手段。

成本考核是评价各责任中心特别是成本中心业绩的主要手段，通过考核，可以促进各责任中心控制和降低各种耗费，并借以控制和降低各种产品的生产成本。考核工作主要有编制和修订责任成本预算、确定成本考核指标和分析、评价最终业绩等几个方面。

成本考核的方法有很多，如我国传统的成本归口分级管理、班组分级核算等方法。当前较为流行的成本考核与评价方法，是责任成本会计制度。它是集核算、控制、监督、考核四大职能为一体的一种内部经济责任制度。

将考评对象单位的本期实际成本与本期计划数或本期定额数，与上期实际数，或与其他相关单位的本期实际成本进行对比分析，是进行责任考评、确定业绩的基本方法。

练习题

一、单项选择题

1. 一般来说，只有劳动生产率（   ）人工的增长速度时，产品成本才会降低。
　　A. 等于　　　　　B. 超过　　　　　C. 小于　　　　　D. 等于或小于

2. 确定全部产品成本表的本年累计总成本的根据是不同的单位成本和（　　）。

    A. 本年计划产量　　　　　　　　　B. 本年实际产量

    C. 本年累计实际产量　　　　　　　D. 上年累计实际产量

3. 计算实际成本降低率时，应当用实际成本降低额除以（　　）。

    A. 实际产量按上年单位成本计算的总成本

    B. 计划产量按上年单位成本计算的总成本

    C. 实际产量按计划单位成本计算的总成本

    D. 实际产量按本年单位成本计算的总成本

二、多项选择题

1. 同时影响可比产品成本计划降低额和降低率完成情况的主要因素有（　　）。

    A. 产品产量　　　B. 产品单位成本　　C. 产品单位售价

    D. 产品品种结构　E. 产品成本结构

2. 比率分析法主要包括（　　）。

    A. 构成比率分析　B. 连环替代分析　　C. 趋势比率分析

    D. 差额计算法　　E. 相关比率分析

3. 企业成本报表的编报，必须做到（　　）。

    A. 数字准确　　　B. 对外报送　　　　C. 内容完整

    D. 编报及时　　　E. 便于分析利用

4. 在进行产品单位成本分析时，主要应考虑的技术经济指标主要有（　　）。

    A. 产品产量　　　B. 产品质量　　　　C. 材料消耗

    D. 人工消耗　　　E. 燃料消耗

三、判断题

1. 作为内部报表的成本报表一律不对外报送。（　　）

2. 进行产品成本计划完成情况分析，产量的变动会引起成本降低额和成本降低率的变动。（　　）

3. 对本期成本报表的分析是一种事后分析。（　　）

4. 可比产品成本计划降低额是按上年实际平均单位成本计算的可比产品成本与本年可比产品实际总成本的差额。（　　）

5. 单一产品成本降低率变动不受产品结构变动的影响。（　　）

6. 成本报表的内容、格式、种类、编制方法和时间均由国家根据宏观管理确定。（　　）

四、业务题

1. 兴华工厂 201×年度有关产品成本资料如表 14-17 所示。

表 14-17　产品产量及单位成本资料表

产品名称		可比产品		不可比产品
		甲产品	乙产品	丙产品
产量（件）	上年实际	3 500	4 800	
	本年计划	4 000	5 000	2 000
	本月实际	350	430	180
	本年实际	4 500	4 700	2 300
单位成本（元）	上年实际	35	21	
	本年计划	32	19	50
	本月实际	33	21.8	47
	本年实际	34	23	46

要求：按产品品种编制产品生产成本表。

2. 振宇工厂 201×年度 A 产品材料消耗资料如表 14-18 所示。

表 14-18　A 产品材料消耗资料表

项目	计量单位	计划指标	实际指标
产品产量	件	500	490
材料单耗	千克	4	3.8
材料单价	元	3	3.5

要求：

（1）用连环替代分析法分析各因素对材料成本的影响。

（2）用差额计算分析法分析各因素对材料成本的影响。

（3）试分析上述两种分析方法的不同之处。

五、简答题

1. 成本报表有哪些种类？

2. 简述成本报表的作用与编制要求。

3. 成本分析的方法有哪些？

4. 简述产品生产成本表的结构、编制与分析方法。

5. 简述主要产品单位成本表的编制与分析的意义。

6. 如何进行全部产品成本计划完成情况的分析？

关于印发《企业产品成本核算制度（试行）》的通知

财会[2013]17 号

国务院有关部委、有关直属机构，各省、自治区、直辖市、计划单列市财政厅（局），新疆生产建设兵团财务局，有关中央管理企业：

为加强企业产品成本核算，保证产品成本信息真实、完整，促进企业和经济社会的可持续发展，根据《中华人民共和国会计法》、企业会计准则等国家有关规定，我部制定了《企业产品成本核算制度（试行）》，现予印发，自 2014 年 1 月 1 日起在除金融保险业以外的大中型企业范围内施行，鼓励其他企业执行。执行本制度的企业不再执行《国营工业企业成本核算办法》。

执行中有何问题，请及时反馈我部。

附件：企业产品成本核算制度（试行）

财政部

2013 年 8 月 16 日

企业产品成本核算制度（试行）

第一章　总则

第一条　为了加强企业产品成本核算工作，保证产品成本信息真实、完整，促进企业和经济社会的可持续发展，根据《中华人民共和国会计法》、企业会计准则等国家有关规定制定本制度。

第二条　本制度适用于大中型企业，包括制造业、农业、批发零售业、建筑业、房地产业、采矿业、交通运输业、信息传输业、软件及信息技术服务业、文化业以及其他行业的企业。其他未明确规定的行业比照以上类似行业的规定执行。

本制度不适用于金融保险业的企业。

第三条　本制度所称的产品，是指企业日常生产经营活动中持有以备出售的产成品、商品、提供的劳务或服务。

本制度所称的产品成本，是指企业在生产产品过程中所发生的材料费用、职工薪酬等，以及不能直接计入而按一定标准分配计入的各种间接费用。

第四条　企业应当充分利用现代信息技术，编制、执行企业产品成本预算，对执行情况进行分析、考核，落实成本管理责任制，加强对产品生产事前、事中、事后的全过程控制，加强产品成本核算与管理各项基础工作。

第五条　企业应当根据所发生的有关费用能否归属于使产品达到目前场所和状态的原则，正确区分产品成本和期间费用。

第六条　企业应当根据产品生产过程的特点、生产经营组织的类型、产品种类的繁简和成本管理的要求，确定产品成本核算的对象、项目、范围，及时对有关费用进行归集、分配和结转。

企业产品成本核算采用的会计政策和估计一经确定，不得随意变更。

第七条　企业一般应当按月编制产品成本报表，全面反映企业生产成本、成本计划执行情况、产品成本及其变动情况等。

第二章　产品成本核算对象

第八条　企业应当根据生产经营特点和管理要求，确定成本核算对象，归集成本费用，计算产品的生产成本。

第九条　制造企业一般按照产品品种、批次订单或生产步骤等确定产品成本核算对象。

（一）大量大批单步骤生产产品或管理上不要求提供有关生产步骤成本信息的，一般按照产品品种确定成本核算对象。

（二）小批单件生产产品的，一般按照每批或每件产品确定成本核算对象。

（三）多步骤连续加工产品且管理上要求提供有关生产步骤成本信息的，一般按照每种（批）产品及各生产步骤确定成本核算对象。

产品规格繁多的，可以将产品结构、耗用原材料和工艺过程基本相同的产品，适当合并作为成本核算对象。

第十条　农业企业一般按照生物资产的品种、成长期、批别（群别、批次）、与农业生产相关的劳务作业等确定成本核算对象。

第十一条　批发零售企业一般按照商品的品种、批次、订单、类别等确定成本核算对象。

第十二条　建筑企业一般按照订立的单项合同确定成本核算对象。单项合同包括建造多项资产的，企业应当按照企业会计准则规定的合同分立原则，确定建造合同的成本核算对象。为建造一项或数项资产而签订一组合同的，按合同合并的原则，确定建造合同的成本核算对象。

第十三条　房地产企业一般按照开发项目、综合开发期数并兼顾产品类型等确定成本核算对象。

第十四条　采矿企业一般按照所采掘的产品确定成本核算对象。

第十五条　交通运输企业以运输工具从事货物、旅客运输的，一般按照航线、航次、单船（机）、基层站段等确定成本核算对象；从事货物等装卸业务的，可以按照货物、成本责任部门、作业场所等确定成本核算对象；从事仓储、堆存、港务管理业务的，一般按照码头、仓库、堆场、油罐、筒仓、货栅或主要货物的种类、成本责任部门等确定成本核算对象。

第十六条　信息传输企业一般按照基础电信业务、电信增值业务和其他信息传输业务等确定成本核算对象。

第十七条　软件及信息技术服务企业的科研设计与软件开发等人工成本比重较高的，一般按照科研课题、承接的单项合同项目、开发项目、技术服务客户等确定成本核算对象。合同项目规模较大、开发期较长的，可以分段确定成本核算对象。

第十八条　文化企业一般按照制作产品的种类、批次、印次、刊次等确定成本核算对象。

第十九条　除本制度已明确规定的以外，其他行业企业应当比照以上类似行业的企业确定产品成本核算对象。

第二十条　企业应当按照第八条至第十九条规定确定产品成本核算对象，进行产品成本核算。企业内部管理有相关要求的，还可以按照现代企业多维度、多层次的管理需要，确定多元化的产品成本核算对象。

多维度，是指以产品的最小生产步骤或作业为基础，按照企业有关部门的生产流程及其相应的成本管理要求，利用现代信息技术，组合出产品维度、工序维度、车间班组维度、生产设备维度、客户订单维度、变动成本维度和固定成本维度等不同的成本核算对象。

多层次，是指根据企业成本管理需要，划分为企业管理部门、工厂、车间和班组等成本管控层次。

第三章　产品成本核算项目和范围

第二十一条　企业应当根据生产经营特点和管理要求，按照成本的经济用途和生产要素内容相结合的原则或者成本性态等设置成本项目。

第二十二条　制造企业一般设置直接材料、燃料和动力、直接人工和制造费用等成本项目。

直接材料，是指构成产品实体的原材料以及有助于产品形成的主要材料和辅助材料。

燃料和动力，是指直接用于产品生产的燃料和动力。

直接人工，是指直接从事产品生产的工人的职工薪酬。

制造费用，是指企业为生产产品和提供劳务而发生的各项间接费用，包括企业生产部门（如生产车间）发生的水电费、固定资产折旧、无形资产摊销、管理人员的职工薪酬、劳动保护费、国家规定的有关环保费用、季节性和修理期间的停工损失等。

第二十三条 农业企业一般设置直接材料、直接人工、机械作业费、其他直接费用、间接费用等成本项目。

直接材料，是指种植业生产中耗用的自产或外购的种子、种苗、饲料、肥料、农药、燃料和动力、修理用材料和零件、原材料以及其他材料等；养殖业生产中直接用于养殖生产的苗种、饲料、肥料、燃料、动力、畜禽医药费等。

直接人工，是指直接从事农业生产人员的职工薪酬。

机械作业费，是指种植业生产过程中农用机械进行耕耙、播种、施肥、除草、喷药、收割、脱粒等机械作业所发生的费用。

其他直接费用，是指除直接材料、直接人工和机械作业费以外的畜力作业费等直接费用。

间接费用，是指应摊销、分配计入成本核算对象的运输费、灌溉费、固定资产折旧、租赁费、保养费等费用。

第二十四条 批发零售企业一般设置进货成本、相关税费、采购费等成本项目。

进货成本，是指商品的采购价款。

相关税费，是指购买商品发生的进口关税、资源税和不能抵扣的增值税等。

采购费，是指运杂费、装卸费、保险费、仓储费、整理费、合理损耗以及其他可归属于商品采购成本的费用。采购费金额较小的，可以在发生时直接计入当期销售费用。

第二十五条 建筑企业一般设置直接人工、直接材料、机械使用费、其他直接费用和间接费用等成本项目。建筑企业将部分工程分包的，还可以设置分包成本项目。

直接人工，是指按照国家规定支付给施工过程中直接从事建筑安装工程施工的工人以及在施工现场直接为工程制作构件和运料、配料等工人的职工薪酬。

直接材料，是指在施工过程中所耗用的、构成工程实体的材料、结构件、机械配件和有助于工程形成的其他材料以及周转材料的租赁费和摊销等。

机械使用费，是指施工过程中使用自有施工机械所发生的机械使用费，使用外单位施工机械的租赁费，以及按照规定支付的施工机械进出场费等。

其他直接费用，是指施工过程中发生的材料搬运费、材料装卸保管费、燃料动力费、临时设施摊销、生产工具用具使用费、检验试验费、工程定位复测费、工程点交费、场地清理费，以及能够单独区分和可靠计量的为订立建造承包合同而发生的差旅费、投标费等费用。

间接费用，是指企业各施工单位为组织和管理工程施工所发生的费用。

分包成本，是指按照国家规定开展分包，支付给分包单位的工程价款。

第二十六条 房地产企业一般设置土地征用及拆迁补偿费、前期工程费、建筑安装工程费、基础设施建设费、公共配套设施费、开发间接费、借款费用等成本项目。

土地征用及拆迁补偿费，是指为取得土地开发使用权（或开发权）而发生的各项费用，包括土地买价或出让金、大市政配套费、契税、耕地占用税、土地使用费、土地闲置费、农作物补偿费、危房补偿费、土地变更用途和超面积补交的地价及相关税费、拆迁补偿费用、安置及动迁费用、回迁房建造费用等。

前期工程费，是指项目开发前期发生的政府许可规费、招标代理费、临时设施费以及水文地质勘察、测绘、规划、设计、可行性研究、咨询论证费、筹建、场地通平等前期费用。

建筑安装工程费，是指开发项目开发过程中发生的各项主体建筑的建筑工程费、安装工程费及精装修费等。

基础设施建设费，是指开发项目在开发过程中发生的道路、供水、供电、供气、供暖、排污、排洪、消防、通信、照明、有线电视、宽带网络、智能化等社区管网工程费和环境卫生、园林绿化等园林、景观环境工程费用等。

公共配套设施费，是指开发项目内发生的、独立的、非营利性的且产权属于全体业主的，或无偿赠与地方政府、政府公共事业单位的公共配套设施费用等。

开发间接费，指企业为直接组织和管理开发项目所发生的，且不能将其直接归属于成本核算对象的工程监理费、造价审核费、结算审核费、工程保险费等。为业主代扣代缴的公共维修基金等不得计入产品成本。

借款费用，是指符合资本化条件的借款费用。

房地产企业自行进行基础设施、建筑安装等工程建设的，可以比照建筑企业设置有关成本项目。

第二十七条　采矿企业一般设置直接材料、燃料和动力、直接人工、间接费用等成本项目。

直接材料，是指采掘生产过程中直接耗用的添加剂、催化剂、引发剂、助剂、触媒以及净化材料、包装物等。

燃料和动力，是指采掘生产过程中直接耗用的各种固体、液体、气体燃料，以及水、电、汽、风、氮气、氧气等动力。

直接人工，是指直接从事采矿生产人员的职工薪酬。

间接费用，是指为组织和管理厂（矿）采掘生产所发生的职工薪酬、劳动保护费、固定资产折旧、无形资产摊销、保险费、办公费、环保费用、化（检）验计量费、设计制图费、停工损失、洗车费、转输费、科研试验费、信息系统维护费等。

第二十八条　交通运输企业一般设置营运费用、运输工具固定费用与非营运期间的费用等成本项目。

营运费用，是指企业在货物或旅客运输、装卸、堆存过程中发生的营运费用，包括货物费、港口费、起降及停机费、中转费、过桥过路费、燃料和动力、航次租船费、安全救生费、护航费、装卸整理费、堆存费等。铁路运输企业的营运费用还包括线路等相关设施的维护费等。

运输工具固定费用，是指运输工具的固定费用和共同费用等，包括检验检疫费、车船使用税、劳动保护费、固定资产折旧、租赁费、备件配件、保险费、驾驶及相关操作人员薪酬及其伙食费等。

非营运期间费用，是指受不可抗力制约或行业惯例等原因暂停营运期间发生的有关费用等。

第二十九条　信息传输企业一般设置直接人工、固定资产折旧、无形资产摊销、低值易耗品摊销、业务费、电路及网元租赁费等成本项目。

直接人工，是指直接从事信息传输服务的人员的职工薪酬。

业务费，是指支付通信生产的各种业务费用，包括频率占用费，卫星测控费，安全保卫费，码号资源费，设备耗用的外购电力费，自有电源设备耗用的燃料和润料费等。

电路及网元租赁费，是指支付给其他信息传输企业的电路及网元等传输系统及设备的租赁费等。

第三十条　软件及信息技术服务企业一般设置直接人工、外购软件与服务费、场地租赁费、固定资产折旧、无形资产摊销、差旅费、培训费、转包成本、水电费、办公费等成本项目。

直接人工，是指直接从事软件及信息技术服务的人员的职工薪酬。

外购软件与服务费，是指企业为开发特定项目而必须从外部购进的辅助软件或服务所发生的费用。

场地租赁费，是指企业为开发软件或提供信息技术服务租赁场地支付的费用等。

转包成本，是指企业将有关项目部分分包给其他单位支付的费用。

第三十一条　文化企业一般设置开发成本和制作成本等成本项目。

开发成本，是指从选题策划开始到正式生产制作所经历的一系列过程，包括信息收集、策划、市场调研、选题论证、立项等阶段所发生的信息搜集费、调研交通费、通信费、组稿费、专题会议费、参与开发的职工薪酬等。

制作成本，是指产品内容制作成本和物质形态的制作成本，包括稿费、审稿费、校对费、录入费、编辑加工费、直接材料费、印刷费、固定资产折旧、参与制作的职工薪酬等。电影企业的制作成本，是指企业在影片制片、译制、洗印等生产过程所发生的各项费用，包括剧本费、演职员的薪酬、胶片及磁片磁带费、化妆费、道具费、布景费、场租费、剪接费、洗印费等。

第三十二条 除本制度已明确规定的以外，其他行业企业应当比照以上类似行业的企业确定成本项目。

第三十三条 企业应当按照第二十一条至第三十二条规定确定产品成本核算项目，进行产品成本核算。企业内部管理有相关要求的，还可以按照现代企业多维度、多层次的成本管理要求，利用现代信息技术对有关成本项目进行组合，输出有关成本信息。

第四章 产品成本归集、分配和结转

第三十四条 企业所发生的费用，能确定由某一成本核算对象负担的，应当按照所对应的产品成本项目类别，直接计入产品成本核算对象的生产成本；由几个成本核算对象共同负担的，应当选择合理的分配标准分配计入。

企业应当根据生产经营特点，以正常生产能力水平为基础，按照资源耗费方式确定合理的分配标准。

企业应当按照权责发生制的原则，根据产品的生产特点和管理要求结转成本。

第三十五条 制造企业发生的直接材料和直接人工，能够直接计入成本核算对象的，应当直接计入成本核算对象的生产成本，否则应当按照合理的分配标准分配计入。

制造企业外购燃料和动力的，应当根据实际耗用数量或者合理的分配标准对燃料和动力费用进行归集分配。生产部门直接用于生产的燃料和动力，直接计入生产成本；生产部门间接用于生产（如照明、取暖）的燃料和动力，计入制造费用。制造企业内部自行提供燃料和动力的，参照本条第三款进行处理。

制造企业辅助生产部门为生产部门提供劳务和产品而发生的费用，应当参照生产成本项目归集，并按照合理的分配标准分配计入各成本核算对象的生产成本。辅助生产部门之间互相提供的劳务、作业成本，应当采用合理的方法，进行交互分配。互相提供劳务、作业不多的，可以不进行交互分配，直接分配给辅助生产部门以外的受益单位。

第三十六条 制造企业发生的制造费用，应当按照合理的分配标准按月分配计入各成本核算对象的生产成本。企业可以采取的分配标准包括机器工时、人工工时、计划分配率等。

季节性生产企业在停工期间发生的制造费用，应当在开工期间进行合理分摊，连同开工期间发生的制造费用，一并计入产品的生产成本。

制造企业可以根据自身经营管理特点和条件，利用现代信息技术，采用作业成本法对不能直接归属于成本核算对象的成本进行归集和分配。

第三十七条 制造企业应当根据生产经营特点和联产品、副产品的工艺要求，选择系数分配法、实物量分配法、相对销售价格分配法等合理的方法分配联合生产成本。

第三十八条 制造企业发出的材料成本，可以根据实物流转方式、管理要求、实物性质等实际情况，采用先进先出法、加权平均法、个别计价法等方法计算。

第三十九条 制造企业应当根据产品的生产特点和管理要求，按成本计算期结转成本。制造企业可以选择原材料消耗量、约当产量法、定额比例法、原材料扣除法、完工百分比法等方法，恰当地确定完工产品和在产品的实际成本，并将完工入库产品的产品成本结转至库存产品科目；在产品数量、金额不重要或在产品期初期末数量变动不大的，可以不计算在产品成本。

制造企业产成品和在产品的成本核算，除季节性生产企业等以外，应当以月为成本计算期。

第四十条 农业企业应当比照制造企业对产品成本进行归集、分配和结转。

第四十一条 批发零售企业发生的进货成本、相关税金直接计入成本核算对象成本；发生的采购费，可以结合经营管理特点，按照合理的方法分配计入成本核算对象成本。采购费金额较小的，可以在发生时直接计入当期销售费用。

批发零售企业可以根据实物流转方式、管理要求、实物性质等实际情况，采用先进先出法、加权平均法、个别计价法、毛利率法等方法结转产品成本。

第四十二条 建筑企业发生的有关费用，由某一成本核算对象负担的，应当直接计入成本核算对象成本；

由几个成本核算对象共同负担的，应当选择直接费用比例、定额比例和职工薪酬比例等合理的分配标准，分配计入成本核算对象成本。

建筑企业应当按照《企业会计准则第 15 号——建造合同》的规定结转产品成本。合同结果能够可靠估计的，应当采用完工百分比法确定和结转当期提供服务的成本；合同结果不能可靠估计的，应当直接结转已经发生的成本。

第四十三条　房地产企业发生的有关费用，由某一成本核算对象负担的，应当直接计入成本核算对象成本；由几个成本核算对象共同负担的，应当选择占地面积比例、预算造价比例、建筑面积比例等合理的分配标准，分配计入成本核算对象成本。

第四十四条　采矿企业应当比照制造企业对产品成本进行归集、分配和结转。

第四十五条　交通运输企业发生的营运费用，应当按照成本核算对象归集。

交通运输企业发生的运输工具固定费用，能确定由某一成本核算对象负担的，应当直接计入成本核算对象的成本；由多个成本核算对象共同负担的，应当选择营运时间等符合经营特点的、科学合理的分配标准分配计入各成本核算对象的成本。

交通运输企业发生的非营运期间费用，比照制造业季节性生产企业处理。

第四十六条　信息传输、软件及信息技术服务等企业，可以根据经营特点和条件，利用现代信息技术，采用作业成本法等对产品成本进行归集和分配。

第四十七条　文化企业发生的有关成本项目费用，由某一成本核算对象负担的，应当直接计入成本核算对象成本；由几个成本核算对象共同负担的，应当选择人员比例、工时比例、材料耗用比例等合理的分配标准分配计入成本核算对象成本。

第四十八条　企业不得以计划成本、标准成本、定额成本等代替实际成本。企业采用计划成本、标准成本、定额成本等类似成本进行直接材料日常核算的，期末应当将耗用直接材料的计划成本或定额成本等类似成本调整为实际成本。

第四十九条　除本制度已明确规定的以外，其他行业企业应当比照以上类似行业的企业对产品成本进行归集、分配和结转。

第五十条　企业应当按照第三十四条至第四十九条规定对产品成本进行归集、分配和结转。企业内部管理有相关要求的，还可以利用现代信息技术，在确定多维度、多层次成本核算对象的基础上，对有关费用进行归集、分配和结转。

第五章　附则

第五十一条　小企业参照执行本制度。

第五十二条　本制度自 2014 年 1 月 1 日起施行。

第五十三条　执行本制度的企业不再执行《国营工业企业成本核算办法》。

参考文献

[1] 财政部会计司编写组. 企业会计准则讲解 2008[M]. 北京：人民出版社，2008.

[2] 中华人民共和国财政部. 企业会计准则——应用指南 2006[M]. 北京：中国财政经济出版社，2006.

[3] 中华人民共和国财政部. 企业会计准则 2006[M]. 北京：经济科学出版社，2006.

[4] 万寿义，任月君. 成本会计[M]. 3 版. 大连：东北财经大学出版社，2013.

[5] 万寿义，任月君，李日昱. 成本会计习题与案例[M]. 2 版. 大连：东北财经大学出版社，2010.

[6] 于富生，黎来芳，张敏. 成本会计学[M]. 6 版. 北京：中国人民大学出版社，2012.

[7] 韩庆兰，骆从艳. 成本会计学[M]. 北京：机械工业出版社，2015.

[8] 杨洛新，欧阳歆，陈秀芳. 成本会计[M]. 北京：北京大学出版社，2012.

[9] 胡玉明，潘敏虹. 成本会计[M]. 3 版. 厦门：厦门大学出版社，2010.

[10] 魏永宏. 财务报表分析[M]. 北京：机械工业出版社，2017.

[11] 魏永宏. 行业会计比较[M]. 北京：电子工业出版社，2017.